utb 4447

Eine Arbeitsgemeinschaft der Verlage

W. Bertelsmann Verlag · Bielefeld
Böhlau Verlag · Wien · Köln · Weimar
Verlag Barbara Budrich · Opladen · Toronto
facultas · Wien
Wilhelm Fink · Paderborn
A. Francke Verlag · Tübingen
Haupt Verlag · Bern
Verlag Julius Klinkhardt · Bad Heilbrunn
Mohr Siebeck · Tübingen
Ernst Reinhardt Verlag · München
Ferdinand Schöningh · Paderborn
Eugen Ulmer Verlag · Stuttgart
UVK Verlagsgesellschaft · Konstanz, mit UVK / Lucius · München
Vandenhoeck & Ruprecht · Göttingen
Waxmann · Münster · New York

Studientexte Bildungswissenschaft

herausgegeben von
Thorsten Bohl, Hans-Ulrich Grunder,
Bernd Hackl und Heike Schaumburg

Heike Schaumburg, Dr. phil., geb. 1969, ist Wissenschaftliche Mitarbeiterin am Institut für Erziehungswissenschaften der Humboldt-Universität zu Berlin. Ihre Forschung beschäftigt sich mit dem Einsatz digitaler Medien in Schule und Unterricht, z.B. der Einführung von Laptopklassen, dem individualisierten Lernen im Kontext der Inklusion oder den Bedingungen der Vermittlung informations- und computerbezogener Kompetenzen.
Doreen Prasse, Prof. Dr., geb. 1969, lehrt und forscht an der Pädagogischen Hochschule Schwyz. In ihrer Forschung beschäftigt sie sich mit der Integration digitaler Medien in Lehr-Lernprozesse, z.B. dem Lernen mit persönlichen digitalen Geräten (Tablets), der Förderung selbstregulierten Lernens in digitalen Lernumgebungen oder den Bedingungen schulischer (Medien-) Innovationsprozesse.

Heike Schaumburg
Doreen Prasse

Medien und Schule
Theorie – Forschung – Praxis

Verlag Julius Klinkhardt
Bad Heilbrunn • 2019

Online-Angebote oder elektronische Ausgaben zu diesem Buch und der Reihe „Studientexte Bildungswissenschaft" sind erhältlich unter www.utb-shop.de

Die Deutsche Bibliothek – CIP-Einheitsaufnahme
Die Deutsche Nationalbibliothek verzeichnet diese Publikation in der Deutschen Nationalbibliografie; detaillierte bibliografische Daten sind im Internet über http://dnb.d-nb.de abrufbar.

2019.Kk. © by Julius Klinkhardt.
Das Werk ist einschließlich aller seiner Teile urheberrechtlich geschützt.
Jede Verwertung außerhalb der engen Grenzen des Urheberrechtsgesetzes ist ohne Zustimmung des Verlages unzulässig und strafbar. Das gilt insbesondere für Vervielfältigungen, Übersetzungen, Mikroverfilmungen und die Einspeicherung und Verarbeitung in elektronischen Systemen.

Satz: Kay Fretwurst, Spreeau.
Umschlagbild: © Katarzyna Bruniewska-Gierczak / 123RF.
Einbandgestaltung: Atelier Reichert, Stuttgart.

Druck und Bindung: Friedrich Pustet, Regensburg.
Printed in Germany 2019.
Gedruckt auf chlorfrei gebleichtem alterungsbeständigem Papier.

utb-Band-Nr.: 4447
ISBN 978-3-8252-4447-7

Inhalt

Vorwort der Herausgeberschaft 9
1 Einleitung: Medien und Schule 11
2 Grundbegriffe: Medien und Pädagogik 17
    2.1 Der Medienbegriff in der Medienpädagogik 17
        2.1.1 Die technische Perspektive 18
        2.1.2 Die wahrnehmungstheoretische Perspektive 20
        2.1.3 Die semiotische Perspektive 20
        2.1.4 Die systemische und kulturtheoretische Perspektive 21
    2.2 Aufgabe und Leitidee der Medienpädagogik 25
    2.3 Felder der Medienpädagogik 28
    2.4 Medienpädagogik oder Medienbildung? 31
3 Medien in der Lebenswelt von Kindern und Jugendlichen 37
    3.1 Medien im Alltag von Kindern und Jugendlichen 39
        3.1.1 Medienbesitz und Mediennutzung von Kindern und
             Jugendlichen 43
        3.1.2 Mediennutzung von Mädchen und Jungen im Vergleich 50
    3.2 Medien und Motivation: Nutzen, Bedürfnisse, Belohnungen 52
    3.3 Medien und Kognition: Wahrnehmen, Entschlüsseln, Verstehen ..57
        3.3.1 Informationsverarbeitung und Aufmerksamkeitslenkung 57
        3.3.2 Medialitätsbewusstsein und Realitätswahrnehmung 59
    3.4 Medien und Emotion: Lust, Angst, Aggression 64
        3.4.1 Emotionstheoretische Grundlagen 64
        3.4.2 Emotionalisierende Gestaltung von Medien und
             „Affektfernsehen" 66
        3.4.3 Emotionales Erleben von Medieninhalten 67
        3.4.4 Medien als Mittel zur Stimmungsregulation 69
        3.4.5 Emotionale Verarbeitung von Mediengewalt bei Kindern und
             Jugendlichen 70

3.5 Medien und Sozialisation: Aufwachsen mit Medien 77
   3.5.1 Mediensozialisation und Medienaneignung 78
   3.5.2 Die Rolle von Medien bei der Bearbeitung von
       Entwicklungsaufgaben 81
   3.5.3 Wissenskluft und digitale Spaltung 86
3.6 Problematische Medienwirkungen 91
   3.6.1 Cybermobbing 92
   3.6.2 Computerspiel- und Internetsucht 94
   3.6.3 Medienkonsum und Schulleistungen 97
3.7 Zusammenfassung 102

4 Medien als Unterrichtsgegenstand: Förderung von Medienkompetenz 105
4.1 Zielperspektive: Medienkompetenz 106
4.2 Standards für die Medienbildung 116
4.3 Bildungspolitische und curriculare Vorgaben zur Medienbildung 121
4.4 Konzepte schulischer Medienerziehung 127
   4.4.1 Bewahren 128
   4.4.2 Reparieren 134
   4.4.3 Aufklären 139
   4.4.4 Reflektieren 144
   4.4.5 Handeln/Partizipieren 149
4.5 Zusammenfassung 153

5 Medien als Mittel zur Anregung von Lernprozessen 155
5.1 Lerntheoretische Grundannahmen 156
   5.1.1 Lernen mit Medien aus Sicht des Behaviorismus 156
   5.1.2 Lernen mit Medien aus Sicht der Kognitionspsychologie 159
   5.1.3 Lernen mit Medien aus Sicht des Konstruktivismus 167
5.2 (Medien-)didaktische Modelle 170
5.3 Funktionen von Medien im Unterricht 176
   5.3.1 Motivieren mit Medien 177
   5.3.2 Präsentieren und Veranschaulichen mit Medien 183
   5.3.3 Aktivieren und Vertiefen mit Medien 187
   5.3.4 Individualisieren und Differenzieren mit Medien 193
   5.3.5 Kooperieren und Kommunizieren mit Medien 200
   5.3.6 Herausforderungen im Unterricht mit (digitalen) Medien 207
5.4 Instructional Systems Design 210
5.5 Lerneffektivität von Medien 213
   5.5.1 Forschungsdesigns zur Überprüfung der Lerneffektivität
       von Medien 213
   5.5.2 Empirische Befunde zur Lerneffektivität digitaler Medien 217
5.6 Zusammenfassung 222

6 Rahmenbedingungen der (digitalen) Medienintegration in Schulen........225
6.1 Wie kann Medienintegration gelingen?................225
6.2 Individuelle Bedingungen: Lehrpersonen als zentrale Akteure bei der Medienintegration................230
    6.2.1 Die Rolle medienbezogener Einstellungen für das Medienhandeln von Lehrerinnen und Lehrern................231
    6.2.2 Medienbezogene Überzeugungen: Nutzen und Kosten des Medieneinsatzes aus der Sicht von Lehrerinnen und Lehrern........235
    6.2.3 Das Zusammenspiel von pädagogischen, epistemologischen und medienbezogenen Überzeugungen................240
    6.2.4 Innovationsbereitschaft und Medienintegration................241
    6.2.5 Medienbezogene Kompetenzen von Lehrerinnen und Lehrern.....244
6.3 Organisationale Bedingungen: Medienintegration zwischen Medienplanung und Schulentwicklung....249
    6.3.1 Infrastruktur und Support................252
    6.3.2 Schulleitung und andere potentielle Promotoren................254
    6.3.3 Schulkultur und Medienklima: Ein professionelles Klima zusammen entwickeln................256
6.4 Bedingungen der Medienintegration auf Schulsystemebene................258
    6.4.1 Ziele und Strategien der Bildungsadministration und Bildungspolitik................258
    6.4.2 Digitale Medien als Bestandteil von Lehrplänen................259
    6.4.3 Verbindlichkeit medienbezogener Kompetenzen in der Aus- und Weiterbildung................259

Verzeichnisse 258
Literaturverzeichnis 258
Stichwortverzeichnis 286

Vorwort der Herausgeberschaft

In diesem wissenschaftlichen Sach- und Fachbuch zum Thema ‚Medien und Schule' skizzieren die beiden Autorinnen zunächst das zu bearbeitende Problemfeld, bevor sie den zentralen Medienbegriff und dessen medienpädagogische, mediendidaktische und medienhistorische Konnotationen erläutern. Dabei verweisen sie auf die jeweilige theoretische Perspektiviertheit des Terminus, die es für die nachfolgenden Argumentationen zu berücksichtigen gilt. Das bedeutet: Sind Medien zunächst lediglich Träger und Vermittler von Signalen in kommunikativen Zusammenhängen, lassen sie sich bei näherer Betrachtung und auch in medienpädagogischer Hinsicht als Kommunikationsmittel in einer technischen, einer wahrnehmungstheoretischen, einer semiotischen und einer systemisch-kulturtheoretischen Perspektive bestimmen.

Was diese Grundlegung für das Thema *Medien und Schule* impliziert, beleuchten die Autorinnen, wenn sie in einem ersten vertiefenden Teil unter dem Zielhorizont ‚Medienkompetenz' nach einem Hinweis auf die Frage, ob von Medienpädagogik oder (wie seit der Jahrtausendwende üblich) von Medienbildung zu sprechen sei, sowie nach einem ausführlichen und stark empirisch grundierten Abstecher den lebensweltlichen Bereich Medien im Alltag von Kindern und Jugendlichen thematisieren. Dort ist zu erfahren, wie Heranwachsende Medien nutzen, welche Bedürfnisse sie leiten, wie sie Medieninhalte wahrnehmen und verstehen, welche Gefühle mit der Mediennutzung verbunden sind, was es bedeutet, in einer medialen Umwelt aufzuwachsen und welche (problematischen) Wirkungen der Medienkonsum zeitigen kann. In den beiden folgenden, umfangreichen und auf Unterricht und Schule bezogenen Kapiteln analysieren die Autorinnen die Medien als unterrichtlichen Lerngegenstand und die Medien als Mittel zur Anregung von Lernprozessen. Im abschließenden vierten Kapitel erörtern sie das Verhältnis von Pädagogik, Schule und Medien, was die gegenwärtig verlangte digitale Medienintegration angeht – in individueller, organisationaler und schulsystemischer Hinsicht.

Die Lektüre dieses Bandes veranschaulicht, dass die Bezüge von Pädagogik, von Schule und Medien, nicht konfliktfrei sind und es nie waren. In der öffentlichen Diskussion entspinnen sich seit der ‚Warnung vor einem Medium' (1771; gemeint war das Buch, dessen Schädlichkeit für die ‚unteren Volksklassen' als erwiesen galt) immer wieder Kontroversen um Nutzung und Konsum, Verarbeitungsmodi und (vermeintliche) Wirkungen auf Individuen und Gruppen. Stehen heute die jeweils ‚neuen Medien' im Zentrum, gilt dies insbesondere für die seit bald zwanzig Jahren

oft genug aggressiv geführte Debatte um positive und schädliche Effekte der Digitalisierung auf Erwachsene und Kinder und Jugendliche.
Neben dem Streit um die Mediennutzung von Kindern im familiären Umfeld stellt bereits seit der vorletzten Jahrhundertwende die Frage nach der Positionierung von Medien und ihrer Gehalte im schulischen Unterricht medienpädagogische und mediendidaktische Brennpunkte schulpädagogischer Argumentation dar. Nach mehreren lebensweltlich bedingten, sie immer verunsichernden ‚Anstößen' der Institution Schule, die in den vergangenen Jahrzehnten, auf den Einbezug von Medien als Lehrplaninhalte und/oder auf eine unterrichtsmethodische Modernisierung schulischen Lehrens abzielten, ist offenkundig, dass die Schule als eine Bildungsinstitution die jeweils ‚neuen Medien' als Unterrichtsgegenstand nicht ignorieren darf.
Wie es aber um den medienpädagogisch sinnvollen und den mediendidaktisch begründeten Einbezug der ‚neuesten', der konvergierenden Medien (PC, Notebooks, Tablets, Handy) und des Internets (sowie die damit verbundenen medialen Kombinationen) bestellt ist, illustrieren die beiden Autorinnen, wenn sie mehrmals auf die locker und selbstbestimmt mit Medien umgehenden Heranwachsenden, die jüngsten ‚digital natives' verweisen, daraus Folgerungen für die Ausbildung von Lehrerinnen und Lehrern aller Stufen (worunter sich zwangsläufig mehr ‚digital natives' als früher befinden) ziehen, sowie wenn sie auf die Risiken und Chancen ‚neuer Medien' im Hinblick auf Schulentwicklungsprozesse verweisen.

Wir wünschen diesem Buch zahlreiche interessierte Leserinnen und Leser, nicht nur, aber vor allem unter den Lehrerinnen und Lehrern aller Schularten und Schulstufen. Der Band richtet sich aber auch an angehende Lehrkräfte, Studierende der Lehrämter und des Fachs Erziehungswissenschaft – deshalb, weil seine Autorinnen grundlegend zum Thema ‚Medien und Schule' informieren, theoretisch basiert vorgehen, deskriptiv-empirisch argumentieren und dabei die Schulwirklichkeit nicht außer Acht lassen. Diese Leser/innengruppen sind genau deshalb angesprochen, weil die Schule als eine Institution der Gesellschaft beauftragt ist, ihren Schülerinnen und Schülern ‚selbstbestimmtes und verantwortliches Handeln und gesellschaftliche Teilhabe in einer medial geprägten Welt sowie einen verantwortungsbewussten Umgang mit den Medien' zu vermitteln (Einleitung) und weil das ‚Nachdenken über Schule' das Thema ‚Medien und Schule' nicht ignorieren kann.

Bernd Hackl, Graz
Hans-Ulrich Grunder, Basel
Thorsten Bohl, Tübingen
Heike Schaumburg, Berlin   im April 2017

1 Einleitung: Medien und Schule

Medien sind in der Schule allgegenwärtig: In jedem Klassenraum finden wir Tafeln, Bücher, Arbeitshefte, Bilder und Wandkarten. Lehrerinnen und Lehrer bringen Modelle, Filme und Hörbeispiele in den Unterricht, Schülerinnen und Schüler recherchieren im Internet und lernen mit digitalen Lernprogrammen. Inzwischen befinden sich in den meisten Schultaschen (von Schülern *und* Lehrern) neben Büchern auch Smartphones, Tablet-PCs oder Notebooks. Nicht selten drehen sich Gespräche in der Schule um die Fernsehsendungen des vorherigen Abends, ein neues Computerspiel oder die letzten Entwicklungen in den sozialen Netzwerken. Schule ist – wie unsere heutige Gesellschaft als Ganzes – von Medien durchdrungen. (Angehende) Lehrerinnen und Lehrer kommen deshalb nicht umhin, sich mit der Rolle von Medien in der Schule auseinanderzusetzen, denn Medien beeinflussen schulische Lernprozesse auf zahlreichen Ebenen.

Medien sind ein bewusst eingesetztes Mittel der Unterrichtsgestaltung. Im Rahmen ihrer didaktischen Entscheidungen denken Lehrerinnen und Lehrer immer auch darüber nach, ob, und wenn ja, welche Medien sie an welcher Stelle des Unterrichts einsetzen wollen. Lehrerinnen und Lehrer sollten deshalb eine Vorstellung davon haben, welche besonderen Potenziale Medien zur Förderung schulischen Lernens haben und wie die Lernprozesse durch den Medieneinsatz konkret unterstützt werden können. Bezogen auf den Unterricht sollten sie sich im Klaren sein, welche Funktion(en) Medien in ihrem Unterricht übernehmen können und sollten wissen, wie sie effektiv in das Unterrichtsgeschehen eingebettet werden und welche Probleme auftreten können.

Medien werden aber nicht nur von Lehrerinnen und Lehrern gesteuert und geplant in den Unterricht eingebracht. Sie werden auch von den Schülerinnen und Schülern in den Unterricht hineingetragen, beispielsweise indem diese ihre eigenen medialen Vorerfahrungen nutzen und sich unterschiedlicher Medien selbstständig bedienen, um schulische Aufgaben zu lösen. Alltag und Freizeit von Schülerinnen und Schülern sind schon seit langem von Medien, und inzwischen immer mehr durch digitale Medien geprägt. Eine didaktische Prämisse guten Unterrichts besteht darin, dass dieser an die Lebenswelt der Schülerinnen und Schüler anknüpfen sollte. Deswegen ist es notwendig, als Lehrperson zu wissen, wie die medialen Erfahrungen und Praktiken von Schülerinnen und Schülern sinnvoll in den Unterricht einbezogen werden können.

Als gesellschaftliche Institution hat Schule weiterhin die wichtige Aufgabe, Schülerinnen und Schüler zu selbstbestimmtem und verantwortlichem Handeln und gesellschaftlicher Teilhabe zu befähigen. In einer von Medien geprägten Welt bedeutet dies immer auch, Schülerinnen und Schülern einen kompetenten und verantwortlichen Umgang mit Medien zu vermitteln. Dies ist deshalb unerlässlich, weil die alltägliche Nutzung nicht notwendig in einen reflektierten und kritischen Umgang mit Medien mündet und sich Partizipationschancen nicht automatisch mit dem Zugang zu Medien erhöhen. Lehrpersonen benötigen deshalb Wissen darüber, was medienkompetentes Handeln ausmacht und wie sie dieses bei ihren Schülerinnen und Schülern anbahnen und fördern können. In diesem Zusammenhang werden Lehrerinnen und Lehrer auch medienerzieherisch tätig. Deshalb sollten sie ebenfalls Konzepte der Medienerziehung bzw. Medienbildung kennen und umsetzen können.

Rahmenlehrpläne und Curricula sehen zumeist eine fachintegrierte Beschäftigung mit dem Thema Medien vor. Die Vermittlung von Medienkompetenz ist also eine fächerübergreifende Aufgabe und damit eine, mit der sich eine ganze Schule auseinandersetzen muss. Auch Fragen des Medieneinsatzes in der Schule und Fragen der Medienerziehung betreffen nicht nur einzelne Lehrpersonen und ihre Schülerinnen und Schüler, sie betreffen die Schule als Ganzes. Wie mit Medien in einer Schule gelernt wird, welchen Stellenwert sie haben, wie sie in das schulische Miteinander eingebunden werden, ist damit auch eine Frage der Schulentwicklung. Lehrerinnen und Lehrer sollten deshalb schließlich über Medien im Kontext der Entwicklung der ganzen Schule nachdenken. Sie sollten Faktoren einer erfolgreichen Medienintegration kennen und sich der Hürden und Barrieren bewusst sein, die es auf dem Weg zu einer umfassenden Integration mediengestützten Lernens an der Schule zu überwinden gilt.

Die vorangegangene Aufzählung macht deutlich, dass Lehrerinnen und Lehrer über vielfältige Kenntnisse und Fertigkeiten zur erfolgreichen Arbeit mit Medien in Unterricht und Schule verfügen müssen. Diese Kenntnisse und Fähigkeiten werden unter dem Begriff „medienpädagogische Kompetenz" von mehreren Autoren zusammengefasst, analysiert und systematisiert (Mayrberger 2012; Tiede/Grafe/Hobbs 2015; Tulodziecki 2013). Der vorliegende Band möchte angehende Lehrerinnen und Lehrer beim Aufbau einer solchen medienpädagogischen Kompetenz unterstützen, indem er wesentliches Grundlagenwissen und Forschungsergebnisse, ergänzt um Beispiele und Ideen für die Umsetzung in Unterricht und Schule, vermittelt.

In seinem Aufbau knüpft dieses Buch an das Modell von Sigrid Blömeke (2000) an, die medienpädagogische Kompetenz in fünf Teilbereiche untergliedert (vgl. Abb. 1).

Einleitung: Medien und Schule | 13

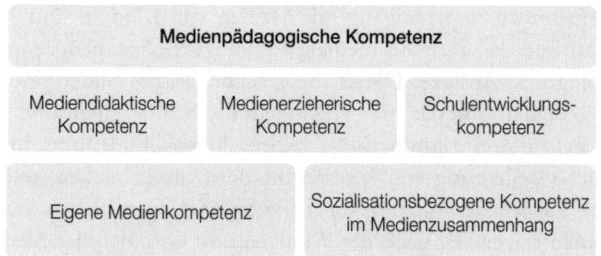

Abb. 1: Medienpädagogische Kompetenz nach Blömeke (2000) (eigene Darstellung)

Die Basis für medienpädagogische Kompetenz bildet nach Blömeke immer die *eigene Medienkompetenz* der Lehrerinnen und Lehrer, da alles, was sie Schülerinnen und Schülern im Umgang mit Medien vermitteln, davon bestimmt ist, was sie selbst über Medien wissen und welche Kompetenzen sie persönlich im Umgang mit Medien haben. Blömeke (ebd., 172) formuliert in diesem Zusammenhang die Anforderung an Lehrerinnen und Lehrer, dass diese die „Fähigkeit zu sachgerechtem, selbstbestimmten, kreativen und sozialverantwortlichen Handeln mit Medien und Informationstechnologien" besitzen sollten. Dieser grundlegende Bereich wird im vorliegenden Buch durchgängig, wenn auch nur implizit adressiert. Wir beanspruchen nicht, konkrete Anwendungskompetenzen im Umgang mit Medien zu vermitteln und verzichten auch auf eine Darstellung von technischen Grundlagen oder von Hintergrundwissen zur Medienlandschaft in Deutschland. Dennoch bieten wir im zweiten und dritten Kapitel Anlässe, sich den Stellenwert von Medien in der eigenen Lebenswelt vor Augen zu führen und das eigene Medienhandeln – auch vor dem Hintergrund pädagogischer Zielvorstellungen – zu reflektieren und kritisch zu hinterfragen. Im zweiten Kapitel dieses Buchs nehmen wir eine Klärung von Grundbegriffen, Konzepten und pädagogischen Leitvorstellungen vor. Ausgehend von der Definition des Medienbegriffs, der sich bei näherer Betrachtung als ausgesprochen facettenreich und vielschichtig erweist, gehen wir auf die Medienpädagogik als wissenschaftliche Disziplin ein und beschreiben ihre Aufgaben und Felder. Den Abschluss dieses Kapitels bildet eine Auseinandersetzung mit dem Begriff „Medienbildung", der vor einigen Jahren in Konkurrenz zu den Bezeichnungen „Medienpädagogik", „Medienerziehung" und „Medienkompetenz" trat.

Als weitere wichtige Voraussetzung kompetenten medienpädagogischen Handelns im Unterricht bezeichnet Blömeke die *sozialisationsbezogene Kompetenz im Medienzusammenhang*, womit sie die Fähigkeit von Lehrpersonen meint, die medienbedingten Lernvoraussetzungen der Schülerinnen und Schüler im Unterricht angemessen und konstruktiv zu berücksichtigen. Hierzu möchten wir im dritten Kapitel eine Hilfestellung leisten, in dem wir einen Überblick über Theorien und aktuelle

Forschungsergebnisse zum Umgang mit Medien von Kindern und Jugendlichen geben. Wir stützen uns dazu auf medienpsychologische, medienpädagogische und mediensoziologische Ansätze. Dieses theoretische Wissen bildet eine Grundlage, den Mediengebrauch und das Medienhandeln der Schülerinnen und Schüler besser zu verstehen und einzuordnen. Nach einer kurzen Einleitung, in der wir die gesellschaftliche Bedeutung von Medien ins Bewusstsein rücken, resümieren wir einige Zahlen zur Mediennutzung von Kindern und Jugendlichen. In den folgenden Teilkapiteln fragen wir nach den Motiven und Gründen der Mediennutzung sowie nach ihrer Wirkung. Dabei werden kognitive und entwicklungstheoretische, emotionale und sozialisatorische Erklärungen vorgestellt. Abschließend gehen wir auf Risiken des Mediengebrauchs und auf problematische Mediennutzungen, wie Cybermobbing und Internet- bzw. Computerspielsucht ein.

Die eigene Medienkompetenz und die sozialisationsbezogene Kompetenz im Medienzusammenhang bilden die Grundlage für die Kernkompetenzen medienpädagogischen Handelns im Unterricht nach Blömeke: die *mediendidaktische Kompetenz*, d.h. die Fähigkeit zur reflektierten und didaktisch sinnvollen Verwendung von Medien in Lehr- und Lernkontexten, und die *medienerzieherische Kompetenz*, d.h. die Fähigkeit, Medienthemen im Sinn pädagogischer Leitideen im Unterricht zu behandeln. Die beiden Felder „Mediendidaktik" und „Medienerziehung" sind deshalb zentrale Themen des vorliegenden Buches und werden in jeweils eigenen Kapiteln ausführlich behandelt.

Anknüpfend an die im dritten Kapitel dargestellten Grundlagen zur Mediennutzung, ihren Wirkungen und Anforderungen beschäftigen wir uns im vierten Kapitel zunächst mit den medienerzieherischen Aufgaben von Lehrkräften. Ausgehend vom Konzept der Medienkompetenz erläutern wir zunächst, welche inhaltlichen und methodischen Teilfertigkeiten im Umgang mit Medien Schülerinnen und Schüler erwerben sollten. Dabei gehen wir sowohl auf Versuche, entsprechende Bildungsstandards zu formulieren ein, als auch auf bildungspolitische und curriculare Vorgaben, die diesbezüglich bestehen. Den Abschluss dieses Kapitels bilden konkrete Beispiele für die Förderung verschiedener Aspekte von Medienkompetenz im Unterricht im Rahmen unterschiedlicher medienerzieherischer Grundhaltungen.

Bis zu diesem Punkt thematisieren wir in den Kapiteln jeweils ein breites Spektrum an Medien, das von den klassischen Massenmedien Fernsehen, Radio und Zeitung bis zu Internet, Computer und Smartphone reicht. Wir halten dies deshalb für sinnvoll, weil Studien belegen, dass Kinder und Jugendliche ein breites Medienangebot nutzen, das sowohl analoge wie auch digitale Medien einschließt. Zahlreiche grundlegende Theorien zu Medienrezeption und Medienwirkungen beziehen sich dabei auf (vormals) analoge Medien, insbesondere auf Film und Fernsehen. Wir sind der Auffassung, dass sich deren Annahmen in vielen Bereichen auf die Nutzung digitaler Medien übertragen lassen. Auch setzen diverse Modelle der Medienerziehung bei der klassischen Wirkungsforschung an, weshalb wir es für uner-

lässlich halten, neben neuen Befunden zur Wirkung und Nutzung digitaler Medien ebenso ausgewählte ältere Modelle und Theorien der Medienpsychologie und Medienwirkungsforschung im dritten und vierten Kapitel vorzustellen, die sich nach wie vor als einflussreich erweisen.
Im fünften und sechsten Kapitel richten wir den Fokus dann ausdrücklich auf digitale Medien. In der Vergangenheit haben sich Schulen und Lehrpersonen – zumindest in Deutschland – mit der Integration digitaler Medien in den Unterricht oft noch schwergetan und ihre Unterrichtsnutzung fällt deutlich hinter die in anderen OECD-Ländern zurück (Bos et al. 2014). Das Thema digitale Medien rückt aber bildungspolitisch immer stärker auf die Agenda, wie sich in verschiedenen Stellungnahmen der Kultusministerkonferenz zeigt (z.B. KMK 2016), die u.a. eine weitreichende Integration des Themas digitale Medien in die Lehrerausbildung fordern. Von der zurzeit in Ausbildung befindlichen Lehrkräftegeneration, die mit digitalen Medien aufgewachsen ist und diese (zumindest im Alltag) weitaus selbstverständlicher und vielfältiger nutzt als frühere Generationen, wird erwartet, dass sie digitale Medien zu einem integrativen Bestandteil ihres Unterrichts machen. Untersuchungen, wie die von Biermann (2009), zeigen jedoch, dass dies nicht unbedingt so ist. Aus der privaten Mediennutzung resultiert nicht notwendigerweise die Bereitschaft zu ihrer Einbindung in den Unterricht und noch weniger das Wissen um sinnvolle Einsatzszenarien. Im fünften Kapitel dieses Buchs reflektieren wir deshalb insbesondere, welche mediendidaktischen Potenziale und Probleme digitale Medien bieten und was bei ihrem Einsatz im Unterricht zu bedenken ist. Den Ausgangspunkt des Kapitels bilden lerntheoretische Annahmen zur Lernwirksamkeit von Medien. Darauf aufbauend gehen wir auf didaktische Modelle der Unterrichtsgestaltung mit Medien ein. Für ausgewählte Medienfunktionen (z.B. motivieren, individualisieren) geben wir anschließend forschungsbasierte Hinweise, wie zur Unterrichtsgestaltung mit digitalen Medien und beschäftigen uns mit Problemen bei der Unterrichtsorganisation mit digitalen Medien. Am Ende des fünften Kapitels setzen wir uns mit den empirischen Befunden zur Lernwirksamkeit von Medien auseinander.
Gerade für die Integration digitaler Medien in Unterricht und Schule ist schließlich auch die fünfte und letzte Teilkompetenz des Kompetenzmodells von Blömeke (2000) besonders relevant, die *Schulentwicklungskompetenz im Medienzusammenhang*. Darunter versteht Blömeke die Fähigkeit von Lehrpersonen, die schulischen Rahmenbedingungen in Bezug auf Medien innovativ mitzugestalten. Das sechste Kapitel weitet deshalb den Fokus auf die Rahmenbedingungen an der Schule. Es thematisiert die Bedeutung individueller Voraussetzungen der Lehrpersonen, die die Nutzung von Medien im Unterricht beeinflussen, wie ihre Überzeugungen, ihr Wissen und ihre Kompetenzen. In diesem Kapitel gehen wir auch noch einmal auf das hier einleitend vorgestellte Modell der medienpädagogischen Kompetenz von Blömeke ein. Anschließend werden schulorganisatorische Bedingungen in den Blick genommen und Medienentwicklung als eine Aufgabe der Schulentwicklung

diskutiert. Den Abschluss des Buchs bildet eine Erweiterung der Perspektive auf die Ebene des Bildungssystems, die den Medieneinsatz an Schulen ebenfalls fördern oder hemmen kann.

Schließlich noch ein paar Worte zur spezifischen Perspektive dieses Bandes und zur Frage: „Warum ein weiteres Buch zum Thema Schule und Medien?" Das Anliegen des vorliegenden Buchs ist es, medienpädagogisches Grundlagenwissen verständlich und übersichtlich darzustellen. Wir richten uns mit diesem Band an angehende Lehrerinnen und Lehrer und wollen ihnen die wichtigsten Strömungen und Diskussionsstränge in der wissenschaftlichen Auseinandersetzung zu einem pädagogisch angemessenen Umgang mit Medien nahebringen. Das Buch verbindet dazu mehrere Charakteristika, die wir für zweckmäßig halten, um sich das Feld der Medienpädagogik zu erschließen und die wir in dieser Form in anderen Büchern zum Thema vermisst haben:

Es versammelt Modelle, Theorien, und Ansätze aus unterschiedlichen wissenschaftlichen Disziplinen. Damit reflektieren wir, dass die Medienpädagogik kein einheitliches, disziplinär geschlossenes Arbeitsgebiet darstellt. Einen Schwerpunkt nimmt in unserer Darstellung die Beschäftigung mit psychologischen Theorien und Modellen ein, die das notwendige Wissen über individuelle Vorgänge von Lernen und Entwicklung, Emotion und Motivation sowie das Verhalten von Menschen in sozialen Kontexten liefern, die wir für medienpädagogisches Handeln von Lehrkräften in der Schule in besonderem Maße für relevant erachten.

Unsere Darstellung ist weiterhin evidenzbasiert, d.h. wir tragen in diesem Buch nicht nur Theorien und Modelle, sondern auch Ergebnisse und Befunde zur Nutzung und Wirkungsweise, zu Potenzialen und Risiken von Medien zusammen, die auf sozialwissenschaftlicher empirischer Forschung beruhen. Dabei berücksichtigen wir die Ergebnisse aktueller Untersuchungen ebenso wie solche älterer Studien, bei denen wir der Auffassung sind, dass man sie aufgrund ihres prägenden Einflusses auf die Diskussionen in der Medienpädagogik kennen sollte.

Schließlich verknüpfen wir die theoretischen und empirischen Perspektiven mit Anwendungsbezügen und praktischen Beispielen. Unser Anspruch ist es dabei nicht, einen Unterrichtsratgeber zu schreiben, wohl aber, eine Brücke von der Theorie in die Praxis zu schlagen und so auf anschauliche Weise zu zeigen, welche Alltagsrelevanz theoretische Modelle und empirische Befunde in der Schule haben.

2 Grundbegriffe: Medien und Pädagogik

2.1 Der Medienbegriff in der Medienpädagogik

In der Einleitung dieses Buches wurde bereits ganz selbstverständlich über Medien, ihre Wirkungen und ihre Bedeutung in der Schule gesprochen, ohne dass bisher geklärt worden wäre, was unter „Medien" überhaupt verstanden wird. Die Begriffe „Medien" bzw. „Medium" sind in der Alltagssprache sehr gebräuchlich und so bereitet es Ihnen wahrscheinlich zunächst keine Schwierigkeiten, mehrere Beispiele für Medien aufzuzählen. Allerdings dürften Sie dabei auch feststellen, dass unter dem Begriff „Medium" recht unterschiedliche „Gegenstände" verstanden werden können. Das Spektrum umfasst technische Geräte (z.b. Computer, Fernseher, Radio, Smartphone) und Informationsträger (z.b. Buch, Bild, Tonband); es schließt Organisationen (z.b. Fernsehsender, Verlage) genauso ein wie grundsätzliche Formen der Informationsvermittlung (Sprache, Schrift).

Es ist deshalb notwendig, sich differenzierter mit dem Medienbegriff auseinanderzusetzen. Das Ziel soll es dabei nicht sein, eine „allgemeingültige" Definition festzulegen. Vielmehr illustrieren wir, dass es mehrere theoretische Perspektiven auf den Medienbegriff gibt, aus denen unterschiedliche Definitionen resultieren, was ein Medium ist und welche Rolle es für das Individuum und die Gesellschaft und damit auch für die Erziehung und die Bildung spielt. Die Medienpädagogik lehnt sich dabei in ihren Begriffsbestimmungen an andere Wissenschaften an, allen voran an die Medientheorie, die Kommunikationswissenschaft, die Soziologie und an die Kulturwissenschaft.

Der Begriff „Medium" stammt von dem lateinischen Adjektiv *medius*, das soviel bedeutet wie „in der Mitte von", „vermittelt". Medien sind – soweit besteht in verschiedenen Disziplinen Einigkeit – „Mittler". Mock (2006) sieht hierin bereits die Schwierigkeit des Begriffs begründet: Medien beziehen sich nicht auf ein „Realobjekt". Es gibt nicht das Medium „an sich". Vielmehr handelt es sich beim Medienbegriff um einen sogenannten Beziehungs- oder Funktionsbegriff, d.h. ein Gegenstand wird erst dadurch zum Medium, dass er zwischen Objekten oder Menschen vermittelt. So rücken ganz unterschiedliche Dinge als „Medien" ins Blickfeld.

Zunächst kann im Kontext der Medien- und Kommunikationswissenschaft aber dennoch als Gemeinsamkeit festgehalten werden, dass Medien als *Träger und Vermittler von Signalen in kommunikativen Zusammenhängen* verstanden werden können (vgl. Abb. 2).

Grundbegriffe: Medien und Pädagogik

Abb. 2: Einfaches Sender-Empfänger-Modell der Medienkommunkation (eigene Darstellung)

In Anlehnung an Mock (2006) und Swertz (2009) lassen sich vier Perspektiven von Medien als Mittel der Kommunikation voneinander abgrenzen: (1) Die technische Perspektive: Medien als Mittel der Verbreitung, (2) die wahrnehmungstheoretische Perspektive: Medien als Mittel der Wahrnehmung, (3) die semiotische Perspektive: Medien als Mittel der Verständigung und (4) die systemisch-kulturtheoretische Perspektive: Medien als Form oder Raum der Kommunikation.
Je nachdem, von welchem Grundverständnis ausgegangen wird, ergibt sich ein anderer theoretischer Fokus für die Analyse von Medienwirkungen bzw. den menschlichen Umgang mit Medien.

2.1.1 Die technische Perspektive

Die technische Perspektive ist diejenige, die dem Alltagsverständnis von Medien am nächsten kommt. Unter dieser Perspektive werden unter Medien technische Mittel verstanden, mit denen über die räumlichen und zeitlichen Grenzen direkter Kommunikation hinweg Signale zwischen einem Sender und einem Empfänger übertragen werden können. Dabei können „technische Mittel" sowohl einfache Artefakte sein, wie z.B. ein beschriftetes Blatt Papier oder die Kreidetafel im Klassenraum, oder auch komplexe technische Geräte betreffen, wie z.B. das Radio, Fernsehen oder den Computer. Pross (1972) unterscheidet in diesem Zusammenhang sogenannte *Primär-, Sekundär-* und *Tertiärmedien. Primärmedien* betreffen menschliche, nicht-technische Kommunikationsmittel, wie die Mimik, Gestik oder Sprache. Sie erfordern das direkte Beisammensein der Kommunikationsteilnehmer. Davon abgegrenzt werden die technischen Sekundär- und Tertiärmedien. *Sekundärmedien* benötigen ein technisches Medium für die Herstellung bzw. als Träger von Kommunikationssignalen. Diese können aber ohne technische Hilfsmittel vom Empfänger rezipiert werden. Typisch hierfür sind die Schreib- und Druckmedien: So braucht eine Zeitung als Trägermedium das Papier, auf dem sie gedruckt ist, sowie die Technik des Drucks selbst, kann aber vom Leser direkt ohne weitere Hilfsmittel gelesen werden. *Tertiärmedien* (elektronische Medien) verlangen dagegen sowohl auf der Produktions- wie auf der Rezeptionsseite nach einem technischen Gerät. Beispielsweise braucht man für die Signalübermittlung im Fernsehen sowohl bei der Herstellung einer Fernsehsendung technische Geräte (Kameras, Mikrofone, Übertragungstechnik) als auch beim Anschauen im häuslichen Wohnzimmer (Fernseher, Kabel etc.).

Faßler (1997) fügt dieser Systematik noch eine vierte Kategorie hinzu, die sogenannten *Quartärmedien* (Online-Medien). Nach der Systematik von Pross würden diese ebenfalls als Tertiärmedien eingeordnet, da sie auf beiden Seiten technische Geräte erfordern. Faßler sieht jedoch bei den Online-Medien eine neue Qualität: diese bezieht sich auf die sogenannte *Massenkommunikation*. Massenkommunikation bezeichnet einen Vorgang, bei dem Informationen von einem Sender in identischer Form an eine Vielzahl von Empfängern verteilt werden, wobei die Empfänger diese in der Regel lediglich mehr oder weniger passiv rezipieren können. Dies geschieht so beim Fernsehen oder Radio hören: Wir können den Sender wechseln, haben aber ansonsten kaum weitere Eingriffsmöglichkeiten. Online-Medien bieten im Vergleich dazu wesentlich mehr Entscheidungs-, Eingriffs- und Interaktionsmöglichkeiten. Eine Nachrichtenmeldung auf der Internetseite einer Zeitung kann beispielsweise mit einem kritischen Kommentar versehen werden, worauf hin diese möglicherweise angepasst oder vom Netz genommen wird. Darüber hinaus können Online-Medien sowohl für den individuellen Austausch von Informationen als auch für die Kommunikation einer Information an einen weiten Empfängerkreis eingesetzt werden, wie das mit E-Mail, Chat, Twitter und anderen Diensten möglich ist. Hier verschwimmt die Grenze zwischen Sender und Empfänger, weil jeder Empfänger auch zum Sender werden kann. Quartärmedien ermöglichen somit wie auch die Primärmedien Interaktivität. Sie verbinden also die Eigenschaften von Primär- und Tertiärmedien.

Auch die Unterscheidung in *analoge* und *digitale Medien* macht auf die besonderen Eigenschaften computerbasierter Medien aufmerksam. Ein Charakteristikum digitaler Medien ist es, dass bei diesen Medieninhalte in Algorithmen übersetzt und mithilfe von Rechenprozessen gestaltet und verändert werden können (Zorn 2011). Anders als bei analogen Medien ist es bei digitalen Medien somit auch möglich, dass diese aufgrund ihrer zugrundeliegenden Programmierung „eigenständig" mediale Inhalte erzeugen oder verändern können. Das ist bei dynamischen Webseiten oder sogenannten intelligenten Agenten der Fall, wie beispielsweise in Online-Diensten, die Preisvergleiche verschiedener Hersteller anstellen oder Nutzern auf Webseiten jeweils zu ihren Suchanfragen und ihrem Surfverhalten passende Werbung einblenden. Urheber digitaler Information müssen also keine Menschen mehr sein, technische Geräte können autonom als Sender in Erscheinung treten.

Der technische Medienbegriff weist in der Medienpädagogik und Medienforschung eine ungebrochene Aktualität auf. Mit der Ausbreitung von Computer- und Netztechnologien wird in der Medien- und Kommunikationstheorie intensiv über die gesellschaftlichen Auswirkungen dieser technischen Innovationen geforscht und diskutiert. Auch medienpädagogische Überlegungen und Untersuchungen gehen häufig von einem technischen Medienbegriff aus (vgl. 2.1.5 und 3.1).

2.1.2 Die wahrnehmungstheoretische Perspektive

Ähnlich wie bei der technischen Perspektive wird auch bei der wahnehmungstheoretischen Perspektive von einer Übertragung von Informationen zwischen einem Sender und einem Empfänger ausgegangen. In diesem von der Psychologie beeinflussten Grundverständnis sind Medien Sender physikalischer Reize, deren Eigenschaften (z.B. optisch, akustisch) zu den menschlichen Sinneswahrnehmungen (Sehen, Hören, ...) in Beziehung gesetzt werden. Hier steht die Frage im Vordergrund, welche menschlichen Sinne durch welche Medieneigenschaften oder Mediensignale besonders angesprochen werden und wie sich dies auf die Kommunikation zwischen Sender und Empfänger auswirkt. So macht es beispielsweise einen Unterschied, ob wir einer Freundin eine bestimmte sensible Information mündlich, per E-Mail oder mit einer Videomessage übermitteln. Bei der Klassifikation von Medien interessiert also weniger die Technik als die Sinnesmodalitäten, die sie anspricht. Am gebräuchlichsten ist unter dieser Perspektive die Einteilung von Medien in *visuelle Medien, auditive Medien* und *audiovisuelle Medien*. Untersuchungen unter wahrnehmungstheoretischer Perspektive beschäftigen sich z.B. damit, ob und wie die Reduktion von Reizen bei computer-vermittelter im Vergleich zu direkter „face-to-face" Kommunikation den Kommunikationsprozess beeinträchtigt („Kanalreduktion") oder wie sich die Kombination von Bild und Audiokommentar in Filmen auf die Informationsverarbeitung auswirkt („Text-Bild-Schere").

2.1.3 Die semiotische Perspektive

Die semiotische Perspektive überträgt Grundüberlegungen aus der Sprachwissenschaft, konkret der Semiotik, auf den Verständigungsprozess zwischen Sender und Empfänger. Die Semiotik geht, den Grundüberlegungen des französischen Sprachwissenschaftlers Ferdinand de Saussure vom Ende des 19. Jahrhunderts folgend, davon aus, dass Gedanken oder Bedeutungen grundsätzlich über Zeichen vermittelt werden (Swertz 2009). Ein solches Zeichen besteht aus zwei Bestandteilen: dem Bezeichneten selbst (also dem eigentlichen Gedanken oder Konzept) und dem Bezeichnenden (also dem Signal oder Symbol mit dem das Konzept bezeichnet wird). So wäre beispielsweise ein Hilferuf eines Bootsmanns in Seenot das Bezeichnete, der Morsecode S-O-S das Bezeichnende. Dieses Grundmodell wurde von dem amerikanischen Mathematiker und Philosophen Charles Sanders Peirce erweitert um den Zeichenbenutzer als dritte Instanz, also denjenigen, der die Zeichen interpretiert und damit sowohl eine Beziehung zwischen Bezeichnetem und Bezeichnendem herstellt als auch sich selbst in eine Beziehung zu Bezeichnetem und Bezeichnendem setzt (Peirce 1931-58, zit. nach Swertz 2009). Im oben genannten Beispiel also ein weiterer Seemann, der den Notruf empfängt und versteht und dann dem havarierten Schiff zur Hilfe eilt. Der Informationstransfer zwischen Sender und Empfänger ist in diesem Modell also ein Transfer von Signalen. Zum bedeutungshaltigen Zeichen werden diese Signale dabei erst dadurch, dass es jemanden gibt, der die Signale ver- und entschlüsselt und dabei mit Bedeutung versieht.

Die wichtigsten Signale oder Signalsysteme sind Sprache und Schrift. Darüber hinaus können Signale auch nonverbale Zeichen wie Mimik und Gestik, Bilder oder Töne sein. Mit Bezug auf die Semiotik werden unter Medien alle Träger von Signalen verstanden, also können auch Menschen Medien sein. In diesem Kontext werden solche Medien, die dem Menschen unmittelbar zur Verfügung stehen (Sprache, Mimik, Gestik) als *personale Medien* (Schorb 1998) bezeichnet. Davon lassen sich die sogenannten *apersonalen Medien* unterscheiden, bei denen, ähnlich wie in der o.g. Systematik von Pross (1972) die Informationsübermittlung in irgendeiner Form an einen Träger und/oder ein technisches Übermittlungsgerät gebunden ist (z.B. Schrift oder Bilder an Papier, eine Tonaufnahme an ein digitales Speichermedium und einem Lautsprecher).

In der Semiotik werden weiterhin nach Peirce (1967, zit. nach Herzig 2012) drei Arten von Zeichen oder auch „Codes" unterschieden. *Indexikalische Zeichen* beruhen auf sachlogischen Verbindungen (z.B. deutet Rauch auf Feuer hin). *Ikonische Zeichen* sind Zeichen, die auf Abbildung oder Ähnlichkeit beruhen (z.B. steht das Bild eines Feuers für den Gegenstand „Feuer"). *Symbolische Zeichen* sind dagegen willkürliche und abstrakte Setzungen (z.B. das gesprochene oder geschriebene Wort „Feuer"), die allein auf sozialen Konventionen beruhen – Feuer könnte genausogut „Wasser" genannt werden, wenn es eine solche soziale Konvention gäbe (vgl. Abb. 3).

Indexikalisches Zeichen   Ikonisches Zeichen   Symbolisches Zeichen

Abb. 3: Varianten von Zeichen mit der Bedeutung „Feuer" (eigene Darstellung)

Im Vergleich zur technischen und wahrnehmungstheoretischen Perspektive folgt aus der semiotischen eine eher weitere Auslegung des Medienbegriffs.

2.1.4 Die systemische und kulturtheoretische Perspektive

Die systemische und kulturtheoretische Perspektive richten ihr besonderes Augenmerk auf den sozialen Zusammenhang, in dem Medien rezipiert werden bzw. in dem mit Medien kommuniziert wird. Sie legen im Vergleich zur semiotischen Perspektive einen nochmals erweiterten Medienbegriff zugrunde, der Kommunikationsmittel, Akteure, Themen und darauf bezogene Regelungen einschließt. Medien aus dieser

Perspektive wären also die vorher schon genannten technischen Medien (z.B. Fernsehen, Radio), aber auch Medieninstitutionen (z.B. Presse, Rundfunk), mediale Inszenierungen (z.B. Theater) sowie individuell genutzte Medien (z.B. Brief, E-Mail). Die kulturtheoretische Perspektive fasst Medien auch als kulturelle „Rahmen" oder „Räume" auf, innerhalb derer sich Möglichkeiten für Kommunikation, soziale Interaktion oder Lernen ergeben (Sesink 2008; Spanhel 2011). Wie in der Semiotik wird der Bezug von Kultur und Medien als wechselseitig aufeinander bezogen gedacht: Medien schaffen einen Rahmen, in dem sich gesellschaftliche Strukturen und kulturelle Praktiken entwickeln, die ihrerseits wieder auf die Entwicklung der medialen Möglichkeiten zurückwirken.

Noch stärker als die technische und die semiotische Perspektive verweist die kulturtheoretische Perspektive auf die Verwobenheit von Medien und Gesellschaft. Ausgehend von den Überlegungen des Kommunikationstheoretikers und Philosophen Marshall McLuhan werden Medien als raum-zeitliche Erweiterungen der Sinne verstanden (Fiore/McLuhan 1967). Diese Erweiterungen prägen oder formen gesellschaftliche bzw. kulturelle Prozesse und Entwicklungen. Das Fernsehen beispielsweise erweitert unseren Sehsinn. Das Buch ermöglicht es, Information unabhängig von Raum und Zeit zu speichern, zu vervielfältigen und zu verteilen. Dies hat gesellschaftliche Auswirkungen. So ließe sich argumentieren, dass Johann Amos Comenius ohne die Erfindung des Buchdrucks vermutlich kaum darauf gekommen wäre, in seiner „Großen Didaktik" 1657 eine „Schule für alle" zu fordern, und selbst unsere heutige Schule ohne den Buchdruck nie in dieser Form entstanden wäre (Meyer 2011, vgl. auch 3.1).

Die folgende Tabelle vermittelt einen Überblick über die bisher diskutierten theoretischen Perspektiven und Medienbegriffe (vgl. Tab. 1):

Tab. 1: Perspektiven auf den Medienbegriff (nach Mock 2006, 195)

Perspektive	Medienbegriff	Analysekategorie	Beispiele
Technische Perspektive	Medien als Mittel der Verbreitung	Technik der Informationsübermittlung	Papier, Fernsehen, Computer, Telefon, Internet usw.
Wahrnehmungstheoretische Perspektive	Medien als Mittel der Wahrnehmung	Modalität	Auditive, visuelle, audiovisuelle Medien
Semiotische Perspektive	Medien als Mittel der Verständigung	Zeichen, Code	Sprache, Schrift
Systemische und kulturtheoretische Perspektive	Medien als Form der Kommunikation	Kommunikationsmittel, Akteure, Themen, Regelungen	Brief, E-Mail, Zeitung, Hörfunk, Fernsehen, Internet, soziale Netzwerke

Die Perspektive der Medienpädagogik

In der Medienpädagogik wird häufig ein Medienbegriff vertreten, der Aspekte der o.g. Perspektiven verknüpft, wobei auch hier verschiedene Autoren ein unterschiedlich weites Begriffsverständnis zugrundelegen.

Zentral ist in der Medienpädagogik ein technischer Medienbegriff. Der weitaus größte Teil der medienpädagogischen Literatur, z.B. die Analyse der Mediennutzung und der Medienwirkungen bei Kindern und Jugendlichen oder der Funktion von Medien in Lehr-Lernzusammenhängen beschäftigt sich mit technischen Medien. Die Medienpädagogik setzt sich schwerpunktmäßig mit den oben als „Tertiär-" bzw. „Quartärmedien" bezeichneten elektronischen Medien auseinander, obschon traditionelle Medien wie Buch und andere Printmedien bei der Betrachtung des gesamten Medienspektrums, das Kinder und Jugendliche in und außerhalb der Schule nutzen, ebenfalls eine Rolle spielen.

Recht häufig nimmt die Medienpädagogik auch Bezug auf die wahrnehmungstheoretische Perspektive. Diese spielt vor allem im Bereich der Mediendidaktik eine Rolle, wobei die Betrachtung der Sinnesmodalitäten gelegentlich mit den aus der semiotischen Perspektive hergeleiteten Codierungsformen „ikonisch" und „symbolisch" kombiniert wird (Herzig 2012; Tulodziecki, Herzig/Grafe 2010; Weidenmann 2009). Ein Beispiel für ein Klassifikationsschema, das mediale Darstellungsformen nach den angesprochenen Sinnesmodalitäten und Codierungsformen ordnet, zeigt die Übersicht von Tulodziecki (1997, vgl. Tab. 2):

Tab. 2: Mediale Darstellungsformen nach Tulodziecki (1997, 39)

Sinnesmodalität Codierungsart		auditiv	visuell	
			statisch	dynamisch
abbildhaft (ikonisch)	objektgetreu	aufgezeichneter Originalton	Bild/Fotografie	Stummfilm
	schematisch	aufgezeichnete künstlich erzeugte akustische Nachbildung (z.B. ein digital generierter Gong)	grafische Darstellung	Zeichentrick/ Animationsfilm
symbolisch	verbal	aufgezeichneter gesprochener Text	Text	Laufschrift
	nicht-verbal	aufgezeichnetes nicht-verbales akustisches Symbol (z.B. ein Piepton als Warnsignal)	nicht-verbales optisches Symbol	bewegtes optisches Symbol

Die Einteilung und Analyse von Medien unter wahrnehmungstheoretischen Gesichtspunkten wird etwa relevant bei der Gestaltung multimedialer Lernmaterialien.

Da Lernprozesse unmittelbar mit Prozessen der Sinneswahrnehmung (z.B. hören, sehen, fühlen) und der Codierung und Speicherung von Information im Gehirn zusammenhängen (bildlich, verbal), ist es hier unabdingbar, die Codierungsform und Sinnesmodalität zu berücksichtigen (Weidenmann 2009). Ein Beispiel hierfür wären Untersuchungen dazu, wie in multimedialen Lernprogrammen Bilder, Texte und Audio-Elemente so verknüpft werden können, dass der Lernprozess optimal unterstützt wird (vgl. 5.3.2). Für die Analyse und Gestaltung medial unterstützter Lernprozesse ist also weniger bedeutsam, welche technischen Medien genutzt, sondern, ob und wie Informationen jeweils in bildlicher und verbaler Form bzw. visueller und auditiver Form kombiniert werden und welche kognitiven Verarbeitungsprozesse bei der Aufnahme der Information beim Lernenden ablaufen.

In der Regel geht die Medienpädagogik auch von einem systemischen Medienbegriff aus, der neben den technischen Übermittlungsmedien im engeren Sinn auch Institutionen, Akteure und Regelungen einschließt (Meder 2008). Seit einigen Jahren wird diese Perspektive um eine kulturtheoretische Sichtweise ergänzt (Bachmair 2010; Jörissen 2011; Sesink 2008; Spanhel 2011). Eine systemische Perspektive legt eine komplexe Betrachtung des Umgangs von Kindern und Jugendlichen mit Medien nahe: Statt einfacher Ursache-Wirkungs-Zusammenhänge geht es immer um die Analyse von vielschichtigen Wechselwirkungen individueller und sozialer Prozesse, bei denen stets die gesellschaftliche Dimension von Mediennutzungen mitgedacht werdenmuss (hiermit beschäftigen wir uns ausführlich im dritten Kapitel). Auch als pädagogische Leitidee ist die gegenseitige Bedingtheit von medialer und gesellschaftlicher Entwicklung fruchtbar. Das Ziel medienpädagogischer Maßnahmen muss es aus dieser Perspektive sein, Kinder und Jugendliche zu befähigen, diese Zusammenhänge zu reflektieren und daraus ein kritisches Medienbewusstsein zu entwickeln (Swertz 2009).

Im diesem Buch wird der Medienbegriff relativ eng gefasst, weil wir in erster Linie technische Medien betrachten. Gleichzeitig legen wir aber insofern ein weites Begriffsverständnis zugrunde, als dass wir in unseren Medienbegriff neben technischen Vermittlungsinstanzen auch die an der Vermittlung beteiligten Akteure, Regelungen und Institutionen einschließen.

In Anlehnung an Tulodziecki et al. (2010, 31) und Mock (2006, 194) definieren wir den Begriff „Medien":

Definition

Medien *im engeren Sinn* sind Mittler, die technisch unterstützt abbildhafte oder symbolische Zeichen erzeugen und übertragen, speichern, wiedergeben oder verarbeiten. *Im weiteren Sinn* sind Medien Formen des sozialen und institutionalisierten Gebrauchs von Kommunikationsmitteln, die Akteure, Regelungen und Institutionen einschließen und ihren Ausdruck finden in der Herausbildung und Stabilisierung bevorzugter (allerdings veränderlicher) Verwendungsweisen dieser Mittel und deren Einbindung in den Alltag der Menschen.

2.2 Aufgabe und Leitidee der Medienpädagogik

Das Verhältnis der Pädagogik zu Medien war und ist spannungsgeladen. Die Auseinandersetzung mit Medien führt immer wieder zu lebhaften Kontroversen, die sich an ihren Wirkungen, Potenzialen und Problemen sowie den sich hieraus ergebenden pädagogischen Schlussfolgerungen entzünden. Dabei stehen vor allem die in einer Zeit jeweils „neuen" Medien im Vordergrund. Die um die Jahrtausendwende geführte Diskussion um die Auswirkungen der Digitalisierung auf die erste Generation, die mit diesen Medien aufwuchs, veranschaulicht dies (vgl. *Digital Natives oder Digitale Demenz?*):

Diskussion

Digital Natives oder Digitale Demenz?
Mit der rasanten Verbreitung des Internets seit Mitte der 1990er Jahre erschienen zahllose Publikationen über die „Net Generation", die neue Internetgeneration, die mit Zugriffsmöglichkeiten auf eine bisher nicht gekannte Fülle digitaler Information aufwächst und diese so selbstverständlich nutzt wie keine Generation vor ihr (z.B. Opaschowski 1999; Prensky 2001; Tapscott 1998). Für die Medienpädagogik ist dies eine spannende Frage: Was passiert, wenn ein neues Medium auf den Plan tritt, das die Lebenswelt von Kindern und Jugendlichen vollkommen zu durchdringen scheint? Was bedeutet das für pädagogische Kontexte, für Schule und Lernen?
In dieser Debatte werden extreme Positionen eingenommen: Der Neurowissenschaftler Manfred Spitzer (2012) behauptet weitreichende Veränderungen des Gehirns infolge der Nutzung digitaler Medien und zeichnet ein düsteres Bild von zunehmenden Gedächtnis-, Aufmerksamkeits- und Konzentrationsstörungen, emotionaler Verflachung und allgemeiner Abstumpfung. Mit einem Schlagwort, „digitale Demenz", sei die Folge der intensiven Nutzung von Computer und Internet. „Dosisbeschränkungen" oder am besten Konsumverzicht (auch und gerade in der Schule) sei die einzig sinnvolle pädagogische Konsequenz.
Das andere Extrem markiert der amerikanische Computerspiele-Entwickler Marc Prensky. Auch er ist der Ansicht, dass sich die Mediensozialisation der „Digital Natives" bis in ihre Gehirnstrukturen auswirke, allerdings ist er der Meinung, digitale Medien erzeugten ein völlig neues Lernverhalten, das von schneller Informationsaufnahme, Parallelverarbeitung und Multitasking, einer Vorliebe für Bilder und Hypertexte, für vernetztes Lernen, sofortige Belohnung, und Spiele geprägt sei. Gerade die Schule und ihre Lehrerpersonen würden dadurch in eine tiefe Krise gestürzt (Prensky 2001, 3): „[...] the single biggest problem facing education today is that our Digital Immigrant instructors, who speak an outdated language (that of the pre-digital age), are struggling to teach a population that speaks an entirely new language." Prensky fordert einen radikalen Bruch mit der Art, wie bisher in der Schule unterrichtet wird. Statt mit systematisch aufgebautem und strukturiertem Lernmaterial oder gar anstrengenden Texten würden „Digital Natives" – wie sollte es anders sein – viel besser mit komplexen und mitreißenden Computerspielen lernen.

Nun muss zunächst gesagt werden, dass beide Positionen auf recht fragwürdigen empirischen Belegen basieren (Klimsa 2013; Schulmeister 2009; dazu mehr in Kapitel 3). Hier soll das Beispiel der „Net-Generation" zunächst nur typische Argumentationsmuster verdeutlichen, die in der pädagogischen Auseinandersetzung mit Medien aufzufinden sind.

In der Geschichte der Medienpädagogik lassen sich zahlreiche Fälle anführen, in denen einem neu auf den Plan tretenden Medium, wie im Fall von Spitzer, zunächst mit Warnungen vor Gefahren und Schädigungen begegnet wird, die im Rückblick oft kurios erscheinen (Hüther/Podehl 2005). Ein Beispiel hierfür sind die Äußerungen des Pfarrers und Pädagogen Christian Gotthilf Salzmann zur schädlichen Wirkung sogenannter „Schundliteratur" aus dem 18. Jahrhundert:

> „Das Lesen, das sonst unter gewissen Volksklassen zu den Seltenheiten gehörte, ist jetzt ein so allgemeines, und grösstentheils so zweckwidrig befriedigtes Bedürfnis, dass man nicht weiss, ob man einem grossen Theile von Menschen noch anrathen soll, lesen zu lernen. [...] Die erzwungene Lage und der Mangel aller körperlichen Bewegung beim Lesen, in Verbindung mit der so gewaltsamen Abwechslung von Vorstellungen und Empfindungen [führt zu] Schlaffheit, Verschleimung, Blähungen und Verstopfungen in den Eingeweiden, mit einem Worte Hypochondrie, die bekanntermassen bei beyden, namentlich beim weiblichen Geschlecht recht eigendich auf die Geschlechtsteile wirkt, Stockungen und Verderbnis im Blute, reitzende Schärfen und Abspannungen im Nervensysteme, Siechekeit und Weichlichkeit im ganzen Körper." (Salzmann, 1771, zit. nach Grunder 2000, 55f.)

Argumente, mit denen der schädliche Einfluss der Medien begründet wird, sind dabei in ihrer Grundstruktur seit über hundert Jahren ähnlich (Moser 2008):
- Mediale Erfahrungen sind unnatürlich und unwirklich. Sie trüben den Wirklichkeitssinn der Kinder. Bildung und Erziehung kann aber nur durch Konfrontation mit dem Realen, Natürlichen und Echten geschehen.
- Kinder und Jugendliche sind verletzlicher als Erwachsene, weshalb sie sich durch mediale Darstellungen leichter beeinflussen lassen.
- Medien, die unterhaltsam und leicht konsumierbar sind (z.B. Filme), verhindern die Beschäftigung von Kindern und Jugendlichen mit anspruchsvolleren Medien (z.B. Büchern).

Argumentationen wie diese werden aus heutiger Sicht als „bewahrpädagogisch" bezeichnet (Hoffmann 2008; vgl. 4.4.1). Ihnen liegt die Annahme zugrunde, dass Kinder und Jugendliche den negativen Einflüssen von Medien mehr oder weniger wehrlos ausgeliefert sind. Sie müssen deshalb vor Medieneinflüssen geschützt werden, möglichst indem ihnen der Zugang zu diesen Medien verwehrt oder auf pädagogisch wertvolle Medienprodukte begrenzt wird (Hoffmann 2008; Tulodziecki et al. 2010).

Die entgegengesetzte Position, für die im Eingangsbeispiel die Äußerungen Prenskys zur Net-Generation stehen, überschätzt die Potenziale neuer Medien maßlos und ruft eine rein technisch begründete Revolution des Lernens und der Schule aus, häufig mit dem Versprechen, Medien machten das Lernen einfacher und effizienter. Auch hier lassen sich prominente historische Beispiele finden, etwa die Prophezeiungen des Kinoreformers Adolf Sellmann aus dem Jahr 1912 oder die Aussagen des amerikanischen Psychologen Burrhus F. Skinner zum programmierten Lernen von 1961:

> „Alle diese gezeigten Vorteile werden den kinematographischen Apparat zu einem der wertvollsten Unterrichtsmittel der Schulen der Zukunft machen. Ja, ich kann mir eine gänzliche Umwälzung des Unterrichtsbetriebes denken, wenn sämtliche Schulen ohne Ausnahme ihren kinematographischen Apparat zur Verfügung haben." (Sellmann, 1912; zit. nach Siegert 1995, 135)

> „Exploratory research in schools and colleges indicates that what is now taught by teacher, textbook, lecture or film can be taught in half the time with half the effort by a machine [...]" (Skinner 1961, 385)

Die medienoptimistischen Argumente gleichen sich ebenfalls über die Jahrzehnte:
- Medien weisen Eigenschaften auf, aufgrund derer die Lernprozesse bedeutend erleichtert werden und somit das Lernen müheloser, effektiver und effizienter gestaltet werden kann.
- Medien sprechen alle Schülerinnen und Schüler an und sind somit insbesondere für diejenigen hilfreich, die sich mit dem Lernen schwertun.
- Medien bewirken eine grundsätzliche Veränderung von Schule, Unterricht und Lernen.

Eine wissenschaftlich fundierte Medienpädagogik bemüht sich im Gegensatz zu diesen Extrempositionen um eine differenzierte, theoretisch begründete und empirisch überprüfte Sichtweise möglicher Gefahren und Potenziale.
Vor allem zeigt medienpädagogische Forschung immer wieder, dass empirisch nachweisbare Medieneinflüsse im positiven wie im negativen Sinn häufig sehr viel geringer und weniger eindeutig sind, als in populärwissenschaftlichen Publikationen behauptet wird. So konnte bisher weder empirisch nachgewiesen werden, dass Computer generell das Lernen verbessern, noch dass der Konsum gewalthaltiger Filme und Computerspiele grundsätzlich zu aggressivem Verhalten führt (vgl. 3.4.5 und 5.5.1). Medienpädagogische Theorie und Forschung geht davon aus, dass Medien allein nicht für bestimmte negative oder positive Wirkungen bei Kindern und Jugendlichen verantwortlich gemacht werden können. Sie illustriert, dass Medienwirkungen vielschichtig sind, viele Umwege nehmen und kompensiert oder verstärkt werden durch andere Bedingungen in der komplexen Lebenswelt von Heranwachsenden. Wie diese welche Medien nutzen, ob und wie sich dadurch etwas in ihrem Denken und Verhalten ändert, ist von zahlreichen Faktoren abhängig, die im Rahmen pädagogischer Medienforschung untersucht und beschrieben werden (dies führen wir im dritten Kapitel aus).
Das Menschenbild der Medienpädagogik sieht Kinder und Jugendliche grundsätzlich als selbstbestimmte Nutzer und Rezipienten, die sich Medienangeboten aktiv

und zielbezogen zuwenden. Mit Blick auf mögliche Gefährdungen besteht das Ziel der Medienpädagogik darin, Kinder und Jugendliche zu einem mündigen und reflektierten Umgang mit Medien zu befähigen. Dies kann jedoch nur geschehen, indem eine Auseinandersetzung mit diesen Medien zugelassen und angemessen begleitet und unterstützt wird (vgl. 4.4).

Dieses Menschenbild prägt auch die Auseinandersetzung der Medienpädagogik mit der Rolle von Medien in Schule und Unterricht. Die Leitidee eines mediengestützten Unterrichts liegt darin, Medien als Teil einer komplexen Lernumgebung aufzufassen. Im Vordergrund steht weniger die Betrachtung von Einzelmedien, die monokausal für Lernprozesse verantwortlich gemacht werden (wenngleich in der mediendidaktischen Forschung solche Einzelwirkungen differenziert untersucht werden), sondern die Frage danach, wie das umfangreiche Medienangebot, das Lernenden in und außerhalb der Schule zur Verfügung steht, im schulischen Kontext nutzbar zu machen wäre. Im Sinn des oben dargestellten Menschenbilds kommt es auch in der Schule darauf an, die Lernenden zu befähigen, sich Medien selbstbestimmt und lernwirksam zu Nutze zu machen (vgl. 4.1). Darüber hinaus wird schließlich – vielleicht auch angesichts der offensichtlichen Resistenz und Beharrungskraft gegenüber technischen Neuerungen – dem institutionellen Kontext der Schule zunehmende Aufmerksamkeit geschenkt. Es wird danach gefragt, welche individuellen und organisatorischen Barrieren der Implementation von Medien in Schule und Unterricht entgegenstehen und wie diese überwunden werden können (vgl. Kapitel 6).

Bezugnehmend auf Aufenanger (2004) sowie Tulodziecki et al. (2010) fassen wir die Aufgabe und Leitidee der Medienpädagogik zusammen:

> **Definition**
>
> Die Aufgabe der Medienpädagogik besteht darin, auf der Grundlage wissenschaftlich begründeter Konzepte und empirischer Forschungsergebnisse Orientierung für den praktischen Umgang mit Medien in pädagogischen Handlungsfeldern zu geben. Die pädagogische Leitvorstellung ist dabei ein sachgerechtes, selbstbestimmtes, kritisches, kreatives und sozial verantwortliches Handeln mit Medien.

2.3 Felder der Medienpädagogik

Die wissenschaftlich begründete Medienpädagogik gilt als eine verhältnismäßig junge Disziplin. Tulodziecki (2011) datiert die Verbreitung des Begriffs auf die 1960er Jahre. In dieser Zeit findet sich erstmalig eine größere Zahl von Veröffentlichungen, die den Begriff „Medienpädagogik", aber auch verwandte Begriffe wie „Medienkunde", „Medienerziehung" und „Mediendidaktik" im Titel tragen. Im Allgemeinen wird die Medienpädagogik als Teildisziplin der Erziehungswissenschaft aufgefasst (Hug 2002; Tulodziecki 2011).

Die Medienpädagogik lehnt sich hinsichtlich der Bestimmung ihres Medienbegriffs und der Definition ihres Gegenstandsbereichs an die Begriffsbestimmungen in anderen Wissenschaften an (vgl. 2.1). Auch zum Verständnis medienbezogener Erziehungs- und Bildungsprozesse bezieht sich die Medienpädagogik auf andere Disziplinen. So werden zur Erklärung von mediengestützten Lernprozessen psychologische Lerntheorien herangezogen. Medienbezogene Sozialisationsprozesse werden auf der Grundlage allgemeiner Sozialisationstheorien erklärt. Die Medienpädagogik hat also eine Vielzahl von Bezugswissenschaften (vgl. Abb. 4). Neben den o.g. Disziplinen Soziologie und Psychologie gelten als weitere wichtige Bezugswissenschaften z.B. die Kommunikationswissenschaft, die Kulturwissenschaft, die Erziehungswissenschaft und die Literaturwissenschaft (Pietraß 2002).

Abb. 4: Bezugswissenschaften der Medienpädagogik (eigene Darstellung)

Die Medienpädagogik lässt sich in fünf Teilbereiche untergliedern. Als zentrale Felder der Medienpädagogik werden im Allgemeinen die Medienerziehung und die Mediendidaktik voneinander abgegrenzt (Tulodziecki et al. 2010).

Die *Medienerziehung* beschäftigt sich mit der Frage, wie Kinder und Jugendliche an einen Umgang mit Medien herangeführt werden können, der bestimmten pädagogischen Leitvorstellungen oder Zielsetzungen entspricht. Eben haben wir solche Leitvorstellungen genannt: Sachgerechtigkeit, Kritikfähigkeit, Selbstbestimmung, Kreativität und soziale Verantwortung beim Handeln mit Medien. In der Schule ist Medienerziehung in den Lehrplänen aller Bundesländer verankert und stellt eine Querschnittaufgabe der Unterrichtsfächer dar. Die pädagogischen Leitvorstellungen zur Medienerziehung werden im Rahmen des Bildungsauftrags der Schule sowie in expliziten Formulierungen in den Lehrplänen und anderen bildungspolitischen

Richtlinien festgelegt (vgl. 4.3). Medienerziehung steht in einem engen Zusammenhang mit dem Konstrukt *Medienkompetenz*, da medienerzieherisches Handeln in der Schule unter anderem auf die Entwicklung von Medienkompetenz abzielt (vgl. 4.1). Manchmal wird gesagt, der Medienerziehung gehe es um das Lernen „über Medien" (Tulodziecki et al. 2010), d.h. Medien stellen im Rahmen der Medienerziehung den „Inhalt" oder „Gegenstand" der Auseinandersetzung dar. Typische Themen der Medienerziehung in der Schule wären etwa die Auseinandersetzung mit Cybermobbing oder die Erarbeitung von Kriterien zur Beurteilung der Glaubwürdigkeit von Informationen aus dem Internet.

Die *Mediendidaktik* beschäftigt sich dagegen mit der Frage, welche Rolle Medien in Lernprozessen spielen und wie diese sinnvoll zur Gestaltung des Lernens einzusetzen seien. Im Vordergrund steht ein fachlicher Inhalt. Medien werden als Vermittler gesehen. In der Mediendidaktik geht es also um das Lernen „mit Medien" (Tulodziecki et al. 2010). Im engeren Sinn befasst sich die Mediendidaktik mit der Entwicklung, Implementation und Evaluation von Lernmedien. Im weiteren Sinn – wie sie auch in diesem Buch verstanden wird – geht es der Mediendidaktik um die didaktisch sinnvolle Gestaltung von Lern- bzw. Unterrichtssituationen mit Medien (vgl. 5.2).

Medienerziehung und Mediendidaktik definieren die Medienpädagogik als Handlungswissenschaft. In beiden Feldern geht es um die Entwicklung von praxisrelevanten Konzepten für den sinnvollen Umgang mit Medien in pädagogischen Handlungssituationen. Dabei bezeichnen sowohl die Medienerziehung als auch die Mediendidaktik eine konzeptionelle Ebene und die tatsächliche Umsetzung in der Praxis.

Neben diesen beiden zählen etliche Autoren noch die Medienkunde, die Medientheorie und die empirische Medienforschung zu Feldern der Medienpädagogik (Aufenanger 2004; Hug 2002; Tulodziecki et al. 2010), die jedoch jeweils auf einer anderen Ebene liegen.

Die *Medientheorie* und die *Medienforschung* stellen wesentliche Grundlagen der Medienerziehung und Mediendidaktik dar, insofern als medienerzieherisches und mediendidaktisches Handeln theoretisch und empirisch begründet sein sollten. Dabei sollten Medientheorie und Medienforschung auch wechselseitig aufeinander bezogen sein: Medienforschung wird auf der Grundlage theoretischer Überlegungen betrieben, Medientheorien auf der Basis von Forschungsergebnissen überprüft und weiterentwickelt. Die Medienpädagogik bedient sich hier, wie oben bereits ausgeführt, zahlreicher Bezugswissenschaften. Sie leistet aber auch einen eigenen Beitrag, indem Medien und Medienwirkungen unter pädagogischer Perspektive bzw. mit pädagogischen Fragestellungen analysiert, evaluiert und theoretisch reflektiert werden. In Kapitel 3 finden sich zahlreiche Beispiele für medienpädagogische Forschung.

Medienkunde, also das Wissen über Medien (angefangen von technischen Kenntnissen der Medienbedienung bis zu Hintergrundwissen über gesellschaftliche und ökonomische Zusammenhänge der Medienproduktion), ist besonders für den Bereich der Medienerziehung grundlegend, denn der Umgang mit Medien kann nur vor diesem Hintergrund umfassend reflektiert werden. Medienkunde stellt somit in vieler Hinsicht die Basis für die Entwicklung von medienerzieherischen Konzepten dar. In mehreren Modellen gilt Medienkunde als wichtiger Teilbereich der Medienkompetenz (z.B. bei Baacke 1996; vgl. 4.1).

Zusammenfassend veranschaulicht folgendes Schaubild die Felder der Medienpädagogik (Abb. 5).

Abb. 5: Felder der Medienpädagogik (eigene Darstellung)

2.4 Medienpädagogik oder Medienbildung?

Seit der Jahrtausendwende erfährt der Begriff „Medienbildung" zunehmende Verbreitung. Die Verwendung des Bildungsbegriffs ist in der Medienpädagogik zwar nicht neu. Bereits in den 1960er Jahren wurde die „*Bildungs*funktion" der Massenmedien diskutiert, in den 1970er Jahren entstand die „*Bildungs*technologie" als wichtige mediendidaktische Strömung und in den 1990er Jahren wurde in der Auseinandersetzung mit Computer und Internet die „Informationstechnische Grund*bildung*" entwickelt (Tulodziecki 2011). Inzwischen hatder Terminus Medienbildung jedoch, die Rolle eines neuen Schlüsselbegriffs eingenommen, der gleichgewichtig neben den der Medienpädagogik getreten ist bzw. diesen ablöst. Tulodziecki (2011) führt dies darauf zurück, dass im Zug der Diskussion um die Informationstechnische Grundbildung in den 1990er Jahren zahlreiche neue Aspekte aufgeworfen wurden, die bis dahin nicht oder nur in Ansätzen in der Medienpädagogik thematisiert worden waren, wie etwa die Rolle von Medien als Lernumgebung oder die Entwicklung informations- und kommunikationsbezogener Kompetenzen als Teil der Medienkompetenz. In diesem Zusammenhang wurde auch ein neuer Oberbegriff benötigt, der sowohl die klassischen Massenmedien wie auch die „neuen" Informations- und Kommunikationsmedien einschließt.

Mit dem Rekurs auf den Bildungsbegriff wird aber auch eine theoretische Neuausrichtung bzw. eine bildungstheoretische Verankerung medienpädagogischen Han-

delns verbunden (Jörissen/Marotzki 2009; Pietraß 2014; Spanhel 2014). Spanhel (2014) beobachtet fünf Veränderungen der theoretischen Perspektive:
- *Erweiterung des Gegenstandsbereichs der Medienpädagogik*, weg von einer Engführung auf technische Medien hin zu einer umfassenderen Betrachtung aller Medien im Sinn semiotischer Zeichensysteme und ihrer anthropologischen Bedeutung, d.h. ihrer Bedeutung für das Menschsein.
- *Fokussierung auf die mediale Dimension des Menschseins*, d.h. im Fokus stehen nicht die Medien und ihre Wirkung auf den Menschen, sondern der Mensch, der sich die Welt durch und mit Medien erschließt.
- *Systemtheoretische Betrachtungsweise von Medien* als Träger von Zeichensystemen, die eine Kopplung zwischen Systemen (Menschen als psychische Systeme, soziale Gemeinschaften als Kommunikationssysteme sowie kulturellen Sinnsystemen) herstellen.
- *Strukturgenetische Sichtweise*, d.h. Medienbildung wird, angelehnt an den Entwicklungspsychologen Jean Piaget, als selbstgesteuerter konstruktiver Prozess positioniert, mit dem der Mensch innere Strukturen seiner Wahrnehmung, seines Denkens und Fühlens und äußere Eindrücke in Einklang bringt. Diese Strukturierung erfolgt einerseits individuell auf der Grundlage der eigenen Erfahrung, aber gleichzeitig auch im sozialen Austausch mit anderen.
- *Medienbildung als ganzheitlicher, lebenslanger Prozess* anstelle der Betrachtung von Medienkompetenz als einem aus den Anforderungen der Mediengesellschaft hergeleiteten „Bündel von Fähigkeiten".

Die theoretische Positionierung, die Spanhel (2014) vorschlägt, schließt an den weiten Begriff des Mediums als allgemeinem Zeichenträger aus der Semiotik und auch an den Medienbegriff der Kulturwissenschaften an (vgl. 2.1). Aus dieser Sicht erscheinen Medien (im Sinn von Zeichenträgern) grundlegend für Bildungsprozesse jeglicher Art, da Bildung immer auf Kommunikation und Kommunikation immer auf Zeichen beruht. Zugespitzt könnte man deshalb formulieren, dass Bildung immer der Medien bedarf; Bildung ohne Medien nicht denkbar ist (Swertz 2009). Unter dieser Perspektive lässt sich selbst Sprachbildung als Bestandteil der Medienbildung auffassen (Spanhel 2010). Ähnlich lässt sich aus kulturtheoretischer Perspektive argumentieren, dass die kulturellen Räume, in denen Kinder heute aufwachsen, immer von Medien geprägt sind, so dass Medien einen zentralen Bezugspunkt darstellen, wenn man sich über Bildung Gedanken macht (Bachmair 2010; Meder 2008; Sesink 2008).

Eine solche Perspektive vertreten auch Jörissen und Marotzki (2009), die das Konzept der *strukturalen Medienbildung* entwickelt haben. Dieser Ansatz verbindet in komplexer Weise bildungstheoretische, kulturwissenschaftliche und medientheoretische Überlegungen. In seinem Blog fasst Benjamin Jörissen die Kernideen der strukturalen Medienbildung in fünf Sätzen zusammen (vgl. *Strukturale Medien in fünf Sätzen*).

Theorie

Strukturale Medienbildung in fünf Sätzen
1. Medienbildung ist Bildung in einer von Medien durchzogenen – „mediatisierten" – Welt.
2. Medienbildung ist daher nicht nur Bildung über Medien (Medienkompetenz) und nicht nur Bildung mit Medien (e-learning).
3. „Bildung" meint nicht nur Lernen, auch nicht Ausbildung, pädagogische Vermittlung oder altbürgerliche „Gebildetheit", sondern: Bildung bezeichnet Veränderungen in der Weise, wie Individuen die Welt (und sich selbst) sehen und wahrnehmen – und zwar so, dass sie in einer immer komplexeren Welt mit immer weniger vorhersehbaren Biographien und Karrieren zurechtkommen, Orientierung gewinnen und sich zu dieser Welt kritisch-partizipativ verhalten.
4. Medien bestimmen wesentlich die Strukturen von Weltsichten, sowohl auf kultureller Ebene wie auch auf individueller Ebene: Orale Kulturen, Schrift- und Buchkulturen, visuelle Kulturen und digital vernetzte Kulturen bringen jeweils unterschiedliche Möglichkeiten der Artikulation (des Denkens, des Ausdrucks, der Kommunikation, der Wissenschaften, der Künste) hervor.
5. Medienbildung ist also der Name dafür, dass die Welt- und Selbstverhältnisse von Menschen mit medial geprägten (oder konstituierten) kulturellen Welten entstehen, dass sie sich mit ihnen verändern – und vor allem auch dafür, dass Bildungsprozesse Neues hervorbringen können: neue Artikulationsformen, neue kulturelle/individuelle Sichtweisen und nicht zuletzt neue mediale Strukturen

Blogeintrag vom 20.6.2013 auf http://joerissen.name/

Die Ausweitung der Medienbildung zur allgemeinen Bildungstheorie ist aber nicht unumstritten. So weist Tulodziecki (2011) darauf hin, dass sich die Medienpädagogik traditionell immer als eine Disziplin verstanden habe, die medienbezogene von nicht-medienbezogenen Bildungsprozessen unterscheidet. Nur dadurch ergibt sich ihr eigener spezifischer Gegenstandsbereich und Fokus, nämlich die Bedeutung von Medien (im engeren Sinn) in Bildungsprozessen. Wenn man den Medienbegriff auf zeichengebundene Vermittlungsprozesse jeglicher Art ausweitet, wird die Medienpädagogik zur allgemeinen Pädagogik und löst sich gewissermaßen auf. Auch Pietraß (2014) plädiert für einen engeren Medienbegriff und argumentiert, dass technische Medien Erfahrungen, Lernen und Kommunikation in einer spezifischen Art und Weise verändern und überformen: Es sei etwas Anderes, ob Personen z.B. über ein soziales Netzwerk kommunizieren oder ob sie direkt miteinander reden. Aufgabe und Ziel der Medienpädagogik sei es, genau solche medialen Überformungen und ihre Konsequenzen für Bildungsprozesse zu durchdenken. Mit dem auf der Rahmenanalyse des Soziologen Erving Goffman entwickelten Ansatz (vgl. *Rahmentheoretischer Ansatz der Medienbildung*) legt sie einen alternativen Vorschlag für eine bildungstheoretisch fundierte Medienbildung vor (Pietraß 2006; 2014).

> **Theorie**
>
> **Rahmentheoretischer Ansatz der Medienbildung**
> Eine zentrale Annahme von Goffmans Rahmenanalyse (1993) liegt darin, dass menschliche Interaktionen immer erst vor dem Hintergrund ihres situativen Kontextes verständlich und interpretierbar werden. Nur aufgrund dieses „Rahmens" wissen wir, wie etwas gemeint ist, ob eine Äußerung beispielsweise gespielt ist oder ernst gemeint. Der Rahmen dient jedoch nicht allein der Absicherung sozialer Interaktionen, er bestimmt auch den Grad der Involviertheit oder inneren Teilhabe der Partner an einer sozialen Interaktion – wenn ich weiß, dass etwas ernst gemeint ist, bin ich anders beteiligt, als wenn ich weiß, dass ich in einem Theater sitze, wo das Geschehen auf der Bühne gespielt ist.
> Den Ausgangspunkt von Pietraß (2006; 2014) bildet nun die Überlegung, dass Medien die Bedingungen für unsere Auseinandersetzung mit der Welt tiefgreifend verändern. Die bildungstheoretisch relevante Frage lautet, wie Wirklichkeit konstituiert wird, wenn Medien eingesetzt werden. Für Pietraß spielt hier die Rahmung unserer Medienerfahrungen bei der Wirklichkeitskonstruktion eine entscheidende Rolle. So ergibt es einen entscheidenden Unterschied, ob ich eine Reality-Show im Fernsehen für eine Dokumentation tatsächlicher Ereignisse oder für eine Inszenierung halte. Erst die Rahmung bzw. die richtige Entschlüsselung der Rahmung erlaubt die Einordnung von Medienerfahrungen und entscheidet darüber, ob eine bildende Auseinandersetzung erfolgt. Medienvermittelte Kommunikation (hierunter versteht Pietraß sowohl die Rezeption medialer Angebote wie auch die mediengestützte zwischenmenschliche Kommunikation) weist neben der unmittelbaren situativen Rahmung immer noch einen zweiten, medienspezifischen Rahmen auf. Medienspezifische Rahmenhinweise erlauben etwa die Einordnung in ein bestimmtes Medienformat (z.B. Nachrichtensendung, Actionfilm) oder sie setzen Normen für die Kommunikation (z.B. Netiquette-Regeln bei der Chat-Kommunikation).
> Pietraß entwickelt aus diesen Überlegungen ein dreidimensionales Modell der Medienbildung:
> - *Die ästhetische Dimension* beschreibt, dass Medienerfahrungen immer mit einem bestimmten Maß an emotionaler Involviertheit verbunden sind. Dieses wird durch das Erkennen und Reflektieren von Rahmenhinweisen moderiert. Pietraß (2014) beschreibt dies als ein Oszillieren zwischen dem Erleben des Medieninhalts und seiner sinnhaften Deutung.
> - *Die kognitive Dimension* bezeichnet die Einordnung des medial dargestellten Sachverhalts in bestehendes Wissen. Dazu gehören auch die Reflektion der medialen Darstellung und die kritische Distanzierung von intendierten Medienwirkungen. Hierzu greifen Rezipienten ebenfalls auf Rahmenhinweise zurück und interpretieren sie vor dem Hintergrund ihres Welt- und Medienwissens.
> - *Die moralische Dimension* bezeichnet die Tatsache, dass Rahmen bestimmte Verhaltensnormen für die an der Interaktion beteiligten Personen und ihren Umgang mit dem kommunizierten Gegenstand setzen. Dies gilt auch für medienspezifische Rahmungen. Zur Medienbildung gehört es, solche Normen zu erkennen und einzuhalten.

Neben den hier vorgestellten Konzepten von Medienbildung gibt es noch zahlreiche weitere. Einige Autoren bestimmen aus der Tradition der Informatischen Grundbildung das Verhältnis von Informatik und Medienpädagogik, um den Begriff der Medienbildung herzuleiten (Herzig 2012; Schelhowe 2007). Zorn (2011) entwickelt ein Konzept der Medienbildung, das den Besonderheiten digitaler Medien Rechnung trägt. Wolf, Rummler und Duwe (2011) konzipieren den Begriff an der Schnittstelle formaler und informeller Bildungsprozesse. Obwohl wir diese Ansätze hier nicht alle ausführlich darstellen, verdeutlichen sie, dass eine produktive Debatte um die theoretischen Grundlagen in der Medienpädagogik stattfindet, die der Disziplin vielfältige neue Impulse gibt.

In den letzten Jahren wird der Terminus „Medienbildung" schließlich als Alternative zum Begriff „Medienkompetenz" diskutiert. Dabei wird der Vorwurf erhoben, dass „Medienkompetenz" sich vorrangig auf instrumentelle Fertigkeiten der technischen Handhabung und insbesondere auf digitale Medien bezöge (Moser 2011; Pietraß 2011; Spanhel 2011). Mit der Verwendung des Begriffs „Medienbildung" soll dagegen zum Ausdruck gebracht werden, dass kompetentes Medienhandeln ganzheitlich und in seinen vielfältigen Bezügen für Individuum und Gesellschaft gedacht werden müsse (vgl. 4.1). In diesem Zusammenhang wird unter „Medienbildung" bisweilen teilweise auch gleichzeitig der Prozess *und* das Ergebnis der bildenden Auseinandersetzung mit Medien verstanden (Pietraß 2014). Im Dienst der terminologischen Klarheit halten wir diese Verwendung des Begriffs Medienbildung für problematisch und plädieren dafür, ihn für die Bezeichnung des pädagogischen *Prozesses* zu reservieren. Eine solche Begriffsverwendung scheint sich auch im Kontext von Unterricht und Schule durchzusetzen. Dabei wird Medienbildung im schulischen Kontext häufig eher als pragmatischer Oberbegriff verwendet. Exemplarisch dafür ist die Erklärung „Medienbildung in der Schule" der Kultusministerkonferenz aus dem Jahr 2012 (KMK 2012). Darin wird Medienbildung als pädagogischer Prozess zur Entwicklung von Medienkompetenz von Schülerinnen und Schülern beschrieben. Ein solches Begriffsverständnis rückt die Medienbildung wiederum in die Nähe der Medienpädagogik, insofern, als dass Medienbildung als pädagogisch intendierter und steuerbarer Prozess verstanden wird. Mit Tulodziecki (2011) und Spanhel (2014) könnte man sagen, dass die Medienpädagogik gewissermaßen die „Theorie der Medienbildung" darstellt. Einem solchen Begriffsverständnis folgt auch dieses Buch. Wir bleiben deshalb weitgehend bei der terminologischen Trennung der Begriffe Medienpädagogik, Medienerziehung und Mediendidaktik, wie wir sie in Kapitel 2.3 hergeleitet haben, weil uns diese für die analytische Abgrenzung der unterschiedlichen medienpädagogischen Aufgaben von Lehrkräften zielführender erscheint als der Begriff Medienbildung.

3 Medien in der Lebenswelt von Kindern und Jugendlichen

Bereits die 1970er und 1980er Jahre wurden als „Medienzeitalter" bezeichnet (Polette/Hamlet 1975; Sander/Vollbrecht 1987), zunächst mit Bezug auf das Fernsehen, später dann bezogen auf Computer und Internet. Medien stellen also seit Jahrzehnten eine bedeutende Instanz in der Sozialisation von Kindern und Jugendlichen dar. Allerdings entwickelt sich die Medienlandschaft und damit die Art und Weise, wie Kinder und Jugendliche mit Medien konfrontiert werden, stetig und teilweise rasant weiter und stellt damit auch die Medienpädagogik immer wieder vor neue Herausforderungen.

In diesem Kapitel resümieren wir den empirischen Forschungsstand zur Mediennutzung von Kindern und Jugendlichen sowie theoretische Grundlagen dazu, wie, warum, in welchem Kontext und mit welchen Folgen Medien von Kindern und Jugendlichen rezipiert werden. Diese theoretischen Überlegungen und Forschungsergebnisse stellen den Ausgangspunkt für medienerzieherische und mediendidaktische Überlegungen dar, die in den darauf folgenden Kapiteln behandelt werden.

Die Mediennutzung von Kindern und Jugendlichen wird neben der Medien-pädagogik auch in der Mediensoziologie sowie der Medienpsychologie untersucht. Die beiden Disziplinen beleuchten unterschiedliche Perspektiven:

- Die *Mediensoziologie* richtet ihr Augenmerk auf den Zusammenhang von Medien und Gesellschaft. Sie beschäftigt sich mit der Frage, wie Medien eine Gesellschaft verändern. Die Mediologie von Régis Debray (vgl. 3.1) stellt hierfür ein Beispiel dar. Felder soziologischer Forschung sind etwa die Beeinflussung der öffentlichen Meinung (Persuasionsforschung), medieninduzierte gesellschaftliche Effekte (z.B. die Wissenskluft-Hypothese, vgl. 3.5.3) oder die durch Medien geprägte Strukturierung (Agenda Setting) in der Gesellschaft diskutierter Themen und Inhalte (Jäckel 2012). Für die Medienpädagogik ist besonders die soziologische Kinder- und Jugendforschung und ihr Fokus auf die *Mediensozialisation* von Heranwachsenden bedeutsam, d.h. die Untersuchung der Frage, wie Medien die psychosoziale Entwicklung von Heranwachsenden und ihr Hineinwachsen in die Gesellschaft beeinflussen (Süss 2008, 3.5.1 und 3.5.2).
- Die *Medienpsychologie* beschäftigt sich mit dem menschlichen Erleben und Verhalten im Umgang mit Medien und fokussiert dabei auf das einzelne Individuum (Mangold/Vorder/Bente 2004). Wie auch in der Mediensoziologie stellt die Theoriebildung und Forschung zum Medienhandeln von Kindern und Jugendlichen

nur einen Teilbereich dar; das Gros der Untersuchungen bezieht sich eher auf Erwachsene. Die psychologische *Medienwirkungsforschung* betrachtet die kognitiven, emotionalen und verhaltensbezogenen Auswirkungen der Mediennutzung. Menschen werden dabei als aktive Nutzer gesehen, die Medieneinflüsse zielgerichtet verarbeiten. Insofern untersucht die Medienpsychologie auch, unter welchen Voraussetzungen sich Menschen bestimmten Medien und Medieninhalten zuwenden und wie sie diese verstehen. Hierbei werden motivations-, kognitions-, emotions- und – mit Blick auf Heranwachsende – entwicklungspsychologische Theorien auf die Medienrezeption, die Medienwahl und das Medienverstehen angewandt.

Sowohl die Mediensoziologie als auch die Medienpsychologie stellen weite und heterogene Forschungsfelder dar, die eine Fülle von Erkenntnissen und Theorien unterschiedlicher Reichweite hervorgebracht haben. So gibt es neben umfassenden Ansätzen, die das Medienrepertoire als Ganzes betrachten, Forschung und Theorien zu einzelnen Medientechnologien (z.B. Fernsehen, Radio, Internet), zu Medieninhalten (z.B. Werbung, Gewalt, Geschlechtsstereotypen) sowie zu Kontexten der Mediennutzung (z.B. Mediennutzung in der Familie, mit Peers).

Wir stellen einige ausgewählte Theorien und Befunde vor, die uns besonders im Kontext Schule und Medien relevant erscheinen. Der Fokus liegt auf der Mediennutzung und der Medienrezeption von Kindern und Jugendlichen im Schulalter. In einigen Kapiteln beginnen wir mit unserer Betrachtung im Kleinkind- und Kindergartenalter, weil bereits in diesem Alter viele, für die Medienrezeption grundlegende Entwicklungen passieren. Weiterhin werden Theorien und Befunde referiert, die für Überlegungen zu den medienpädagogischen Aufgaben der Schule grundlegend sind. Folgende Mindmap veranschaulicht die Aspekte, die in diesem Kapitel zusammengetragen werden (vgl. Abb. 6).

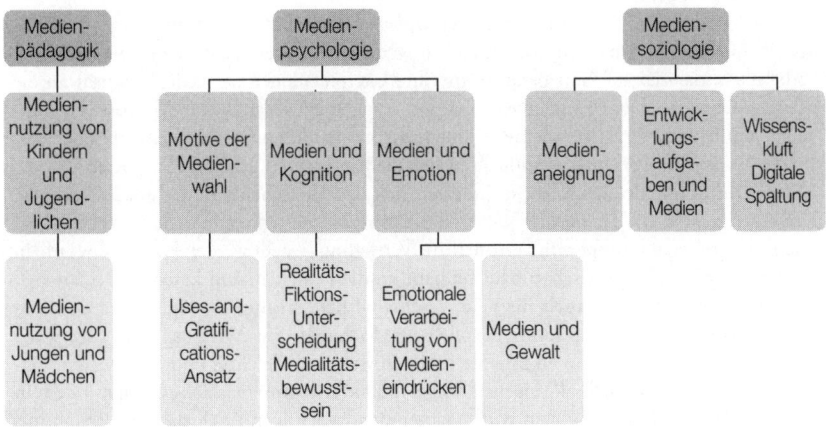

Abb. 6: Themenlandkarte Medien in der Lebenswelt von Kindern und Jugendlichen (eigene Darstellung)

3.1 Medien im Alltag von Kindern und Jugendlichen

Überlegungen zur Bedeutung von Medien in der Lebenswelt von Kindern und Jugendlichen führen unweigerlich zu der grundsätzlichen Frage nach der Rolle, welche Medien in unserer Gesellschaft spielen. Bereits 1962 analysierte Marshall McLuhan in seinem Buch „Die Gutenberg-Galaxis" die gesellschaftlichen Auswirkungen des im 15. Jahrhundert vom Mainzer Johannes Gutenberg erfundenen modernen Buchdrucks mit auswechselbaren Lettern und einer Druckerpresse. Medientheoretiker wie Norbert Bolz (2008) und Manuel Castells (2004) haben die Überlegungen zur Gutenberg-Galaxis weitergeführt und auf neuere mediale Entwicklungen wie Fernsehen, Computer und Internet übertragen. Ein Autor, der an diese Überlegungen anschließt und sie zusammenführt, ist der französische Philosoph Régis Debray, dessen „Mediologie" in die medienpädagogische Diskussion von Meyer (2008, s. auch Schwalbe/ Meyer 2010) sowie Weber (2011) eingebracht wurde.

Debray (2004) unterscheidet vier große Epochen („Mediosphären"): 1) Die „Logosphäre" als das Zeitalter der mündlichen Überlieferung von den Stammesgesellschaften bis ins Mittelalter), 2) die „Graphospäre" als das Zeitalter des Buchdrucks von der Renaissance bis in die Moderne und die „Videospäre" als das Zeitalter des Fernsehens von den 1960er Jahren bis in die Gegenwart. In etwa seit der Jahrtausendwende befinden wir uns laut Debray am Umbruch zur „Hypersphäre", dem Zeitalter der digitalen Medien. Debray analysiert und illustriert, wie Medien und Kultur in komplexen Wechselwirkungen mit dem Menschenbild, den Machtverhältnissen, dem Zeitempfinden und gesellschaftlichen Entwicklungen zu sehen sind (vgl. *Mediosphären nach Régis Debray*).

> **Theorie**
>
> **Mediosphären nach Régis Debray**
> Vor der Erfindung des Buchdrucks in der *Logosphäre* wurden Botschaften überwiegend mündlich überliefert. Das Schreiben und Lesen war wenigen, vor allem geistlichen Würdenträgern vorbehalten, die sich auf Gott beriefen und ihre Interpretationen der heiligen Schrift an die Masse weitergaben. Der Mensch dieser Zeit war – zugespitzt ausgedrückt – ein passiver Empfänger göttlicher Botschaften, die nicht hinterfragt werden konnten. Sein Zeitempfinden war auf die Ewigkeit ausgerichtet, Autoritäten waren die Kirche, Geistliche und Propheten.
> Mit der Erfindung des Buchdrucks änderten sich das Menschenbild, das gesellschaftliche Machtgefüge und die Tradierung kultureller Errungenschaften. Indem Texte vervielfältigt und einer größeren Gruppe von Personen zur Verfügung gestellt werden konnten, wurde in der *Graphosphäre* die gesellschaftliche Teilhabe an die Fähigkeit zum Lesen und Schreiben geknüpft und war damit auch für neue gesellschaftliche Gruppen möglich. Es entstand die Forderung nach einer „Bildung für alle". Die Sachwalter des Wissens in der *Logosphäre* verloren ihre Machtposition, an ihre Stelle traten weltliche Gelehrte und Professoren. Das Menschenbild änderte sich: die eigenständige, individuelle Auseinandersetzung mit dem in Büchern aufgezeichneten Wissen wurde zunehmend wichtiger. Auch das Zeitverständnis änderte sich hin zu einem linearen, auf Zukunft und Fortschritt gerichteten Empfinden.

Die *Videosphäre* schließlich hebt sich vor allem durch die Zentrierung des Zeitempfindens auf die Gegenwart von der Graphosphäre ab. Für die Tradierung von Wissen und Kultur gewinnen das Bewegtbild und damit die Produzenten des Fernsehens an Bedeutung. Die gesellschaftliche Prägung durch Film- und Fernsehbilder führt dazu, dass der direkte und kurzlebige Eindruck gegenüber einem langfristigen, auf die Zukunft ausgerichteten Denken die Oberhand gewinnt. Damit nimmt die Bedeutung der in der Graphosphäre vorherrschenden Kulturträger und -vermittler ab.

Mit der Digitalisierung und der elektronischen Vernetzung, die Debray in der „Hypersphäre" verortet, verbinden auch andere Autoren schon seit längerem einen technologischen Wandel mit weitreichenden gesellschaftlichen Folgen (Faßler 1997; Kübler 2003). Dies lässt sich gut an Phänomenen erläutern, die mit den Begriffen Mediatisierung (Krotz 2007), Medienkonvergenz (Schorb et al. 2008) und Auflösung der klassischen Massenkommunikation (Faßler 1997) umschrieben werden.
Mit dem Begriff *Mediatisierung* bezeichnet der Mathematiker und Soziologe Friedrich Krotz (2007) die zunehmende Durchdringung des Alltags mit Medien (vgl. Abb. 7). Dabei stellt er eine „Entgrenzung" auf drei Ebenen fest (Krotz ebd., 96):
- Sowohl mengenmäßig als auch hinsichtlich der zeitlichen Verfügbarkeit steht den Menschen ein immer breiteres Medienangebot zur Verfügung.
- Räumlich können mehr Medien an immer mehr öffentlichen und privaten Orten genutzt werden. Mittels mobiler Kommunikation kann quasi überall auf ein ständig wachsendes mediales Angebot zugegriffen werden.
- Sozial/situativ dringen Medien in immer mehr Lebensbereiche vor und bestimmen diese zunehmend, zum einen als Mittel, zum anderen als Inhalt der Kommunikation.

Abb. 7: Mediatisierung des Alltags: Jugendliche in einer Fußgängerzone

Krotz bezieht sich in seinen Untersuchungen nicht ausschließlich auf digitale Medien. Auch für die klassischen Medien Radio und Fernsehen weist er Entgrenzungsprozesse nach (etwa am Phänomen des „public viewing"). Dabei geht er davon aus, dass ältere Medien nicht grundsätzlich durch neuere verdrängt werden. Eher erweitert und wandelt sich ihre Bedeutung und Funktion, oder sie spezialisiert sich, indem Medien nur noch einen Teil der Funktionen übernehmen, die sie früher hatten: So dienen Briefe heute im Wesentlichen dazu, Rechnungen und andere „offizielle" Schreiben zu versenden, während die sonstige individuelle Kommunikation elektronisch erfolgt.

Ein zweites, mit der Digitalisierung und Vernetzung verbundenes Phänomen, ist das der *Medienkonvergenz*, d.h. die Integration vormals unterschiedlicher Medientechnologien oder -inhalte. Üblicherweise wird zwischen technischer und inhaltlicher Konvergenz unterschieden (Schorb et al. 2008). Mit technischer Medienkonvergenz ist gemeint, dass vormals getrennte Einzelmedien nun auf einer Plattform integriert werden (Füssel 2012). Ein gutes Beispiel hierfür ist das Smartphone, das vielfältige mediale Nutzungen erlaubt und damit Funktionen von Telefon, Computer, Zeitung, Fernsehen, Radio, Internet usw. in einem einzigen Gerät vereint. Inhaltliche Konvergenz meint dagegen, dass derselbe Inhalt parallel über mehrere mediale Vermittlungsformen angeboten wird. So kann der Inhalt der „Star Wars"-Filme auch als Buch, Fernsehsendung, Computerspiel, Internetseite oder Hörbuch konsumiert werden. Hinzu kommen Foren und Blogs, auf denen Interessierte sich nicht nur rezeptiv, sondern auch produktiv mit den Filmen auseinandersetzen können (Schorb et al. 2008). Als Folgeerscheinung werden weitere Konvergenzphänomene diskutiert: z.B. Organisations-, Produktions-, Nutzungs- und Publikumskonvergenz (Füssel 2012). Mit der Medienkonvergenz verschwimmen viele Grenzen, die vorher für die Beschreibung und Abgrenzung von Medien und Mediennutzungen gebräuchlich waren, so z.B. die zwischen Informations- und Unterhaltungsmedien.

Ein drittes Phänomen ist die *Auflösung der Unterscheidung von Individual- und Massenkommunikation*, die bereits Faßler (1997) dazu bewegte, die Online-Medien als eigene mediale Kategorie aufzufassen (vgl. 2.1). Die klassische Massenkommunikation, bei der ein Sender eine gleichlautende Botschaft an eine Vielzahl von Empfängern verteilt, wird durch die Digitalisierung und Vernetzung in mehrerlei Hinsicht durchbrochen. Zum einen können digitale Angebote interaktiv gestaltet, d.h. vom Empfänger manipuliert und auf seine Bedürfnisse angepasst werden. Darüber hinaus verschwimmt die Grenze zwischen Sender und Empfänger, da prinzipiell jeder Nutzer über das Internet Angebote für jedermann bereitstellen kann. Dieses Phänomen wurde von Faßler bereits mit der Ausbreitung des World Wide Web in den 1990er Jahren beschrieben, es hat sich aber seither noch deutlich verstärkt. In den Jahren nach der Jahrtausendwende wurde mit dem Begriff Web 2.0 die Bereitstellung von Diensten und Programmen bezeichnet, mit denen Nutzerinnen und Nutzer ohne weitreichende technische Kenntnisse oder Ausrüstung mediale Inhalte erzeugen und verbreiten können. Ein Beispiel ist die Kommunikation in sozialen Netzwerken, die sich weder mit den Begriffen der Individualkommunikation noch mit denen der klassischen Massenkommunikation angemessen beschreiben lässt. Die Herausforderung für die Medienpädagogik liegt hier darin, ihre bisherigen Theorien und Modelle, die in der Auseinandersetzung mit den klassischen Massenmedien entstanden sind, zu aktualisieren und weiterzuentwickeln.

Inwiefern zeigen sich diese Veränderungen nun auch im Medienhandeln von Kindern und Jugendlichen? Wie weit ist ihre Lebenswelt von Mediatisierung betroffen? Welche Bedeutung hat die Medienkonvergenz in ihrem Alltag? Nutzen sie noch die klassischen Massenmedien oder nur noch Online-Medien?

Neben einer Fülle qualitativer und quantitativer Einzelstudien zu Teilaspekten der Mediennutzung von Kindern und Jugendlichen werden in Deutschland von verschiedenen Institutionen größer angelegte Langzeitstudien durchgeführt (vgl. *Studien zur Mediennutzung von Kindern und Jugendlichen in Deutschland*). Diese vermitteln anhand repräsentativer Stichproben einen Überblick über Medienbesitz, Medieneinstellungen und Medienverhalten von Heranwachsenden. Einige wesentliche Ergebnisse zur Ausstattung und Nutzung stellen wir vor.

Studie

Studien zur Mediennutzung von Kindern und Jugendlichen in Deutschland

- *Studien des MPFS:* Die Langzeit-Studien „Kinder und Medien, Computer und Internet" (KIM) und „Jugend, Information, (Multi-)Media" (JIM) sind Befragungen mit jeweils etwa 1.000 Teilnehmerinnen und Teilnehmern, die seit 1999 bzw. 1998 alle ein bis zwei Jahre vom Medienpädagogischen Forschungsverbund Südwest (MPFS) durchgeführt werden. Sie untersuchen systematisch Mediennutzung und medienbezogene Einstellungen von Kindern und Jugendlichen. Gelegentlich werden ergänzende Untersuchungen durchgeführt, so die Studie „Familie, Interaktion und Medien" (FIM), die die familiäre Einbindung der Mediennutzung beleuchtet (MPFS 2011) oder miniKIM zur Mediennutzung von Kleinkindern im Alter von zwei bis fünf Jahren (MPFS 2012c).
- *Nutzungsstudien von GfK und AGF:* Die Nutzung der klassischen Massenmedien Zeitung, Hörfunk und Fernsehen wird von der Gesellschaft für Konsumforschung (GfK) sowie der Arbeitsgemeinschaft Fernsehforschung (AGF) der öffentlich-rechtlichen und der privaten Fernsehsender erhoben. Diese Studien beziehen Personen aller Altersgruppen ab drei Jahren ein. In der ARD/ZDF-Onlinestudie werden seit 1997 jährlich Daten zur Internetnutzung in Deutschland erhoben. Die jüngste Alterskohorte dieser Studie sind die 14 bis 19-Jährigen.
- *Medienkonvergenzstudien des JFF (Jugend Film Fernsehen e.V.):* Zwischen 2001 und 2005 wurden am JFF-Institut für Medienpädagogik in Forschung und Praxis mehrere sogenannte „Medienkonvergenzstudien" durchgeführt, die das Medienhandeln bzw. Medienaneignungsprozesse von Kindern und Jugendlichen im Verbund von Einzelmedien untersuchen. Seit 2006 wird das Projekt an der Universität Leipzig fortgeführt (Schorb et al. 2008; Theunert 2010, Kuttner/Jünger 2014).

- *Shell-Jugendstudie:* Die Shell-Jugendstudie wird seit 1953 im Auftrag des Shell-Konzerns von unabhängigen Forschungsinstituten durchgeführt. Es handelt sich um eine repräsentative Befragung von über 2.500 Jugendlichen im Alter von 12 bis 25 Jahren, die um qualitative Fallstudien ergänzt wird. Die Mediennutzung von Jugendlichen ist nur ein Teil dieser breit angelegten Studie, die regelmäßig Einstellungen, Interessen und Meinungen von Jugendlichen erhebt.
- *Studien der Zürcher Hochschule für Angewandte Wissenschaften:* Analog zu den KIM- und JIM-Studien des Medienpädagogischen Forschungsverbands Südwest werden in der Schweiz die Studien „Medien, Kinder, Interaktion und Eltern" (MIKE, seit 2015) und „Jugend – Aktivitäten – Medien Erhebung Schweiz" (JAMES, seit 2010) durchgeführt. Für MIKE werden 1.000 Kinder im Alter von 6 bis 13 Jahren und 600 Eltern befragt. An JAMES nehmen ca. 1.100 Jugendliche im Alter von 12 bis 19 Jahren teil. Beide Erhebungen finden in einem zweijährigen Turnus statt. Zur JAMES-Studie gibt es außerdem sog. Focus-Untersuchungen, die vertiefte Einblicke in Einzelaspekte des Medienhandelns geben (z.B. Privatspäre, youTube-Nutzung, usw.).
- *Internationale Studien:* Im Auftrag der Europäischen Union werden in unregelmäßigen Abständen Studien zur Mediennutzung von Kindern und Jugendlichen im europäischen Vergleich durchgeführt, z.B. die Studie „EU Kids Online" (Livingstone et al. 2011; Livingstone/Mascheroni/Staksrud 2017). In einer Repräsentativbefragung im Jahr 2009 wurden 25.000 Kinder und Jugendliche im Alter von 9 bis 16 Jahren sowie ihre Eltern zu ihrer Internetnutzung und zur Sicherheit im Internet befragt. Weiterhin wird seit 2013 von der International Association for the Evaluation of Educational Achievement (IEA) die „International Computer and Information Literacy Study" (ICILS) durchgeführt, die die Computer- und Informationskompetenz von 13-Jährigen in weltweit 20 Teilnehmerstaaten auf der Grundlage eines komplexen und technisch aufwändigen Kompetenztests vergleicht (Bos et al. 2014). Die Studie wird alle fünf Jahre wiederholt.

3.1.1 Medienbesitz und Mediennutzung von Kindern und Jugendlichen

Kinder und Jugendliche wachsen heute in Haushalten auf, in denen Computer, Handy bzw. Smartphone und ein Internetzugang zur Grundausstattung gehören (Genner et al. 2017; MPFS 2016b 2017; Waller et al. 2016). Darüber hinaus ist in mindestens 70% der Haushalte ein breites Spektrum digitaler Medien, vom CD-Player über Spielkonsolen und Digitalkameras verfügbar (ebd.). Auch die klassischen Medien Fernsehen und Radio sind in allen bzw. nahezu allen Haushalten, in denen Kinder und Jugendliche leben, vorhanden. Eine Tageszeitung hatten im Jahr 2017 48% der Haushalte abonniert, 36% verfügten über ein Zeitschriftenabonnement (MPFS 2017). Für die Schweiz ergeben sich etwas höhere Werte (Tageszeitungen: 59%; Zeitschriften: 52%; Waller et al. 2016).

Betrachtet man die Entwicklung in Deutschland, wo die Medienausstattung und Nutzung seit 1999 erhoben wird, zeigt sich, dass vor allem die Ausstattung mit digitalen Medien zugenommen hat. Computer gab es zur Jahrtausendwende in nicht einmal der Hälfte aller Haushalte, ein Mobiltelefon besaßen gerade einmal ein Fünftel und einen

Medien im Alltag von Kindern und Jugendlichen | 43

Internetanschluss hatten sogar nur 8% der Haushalte, in denen Kinder aufwuchsen (MPFS 1999; s. auch Klingler 2008 für die Gruppe der Jugendlichen). Auch die Fülle digitaler Aufnahme- und Abspielgeräte gab es 1999 noch nicht. Mit den analogen Geräten (z. B. Videorekorder und HiFi-Anlagen) waren die Haushalte allerdings 1999 bereits ebenso vollständig ausgestattet wie heute mit den entsprechenden digitalen Geräten. Dasselbe gilt für die Medien Fernsehen und Radio, die damals ebenfalls bereits in nahezu allen Haushalten zu finden waren. Abgenommen hat dagegen die Präsenz von Tageszeitungen, die 1999 noch 64% der Haushalte abonniert hatten.

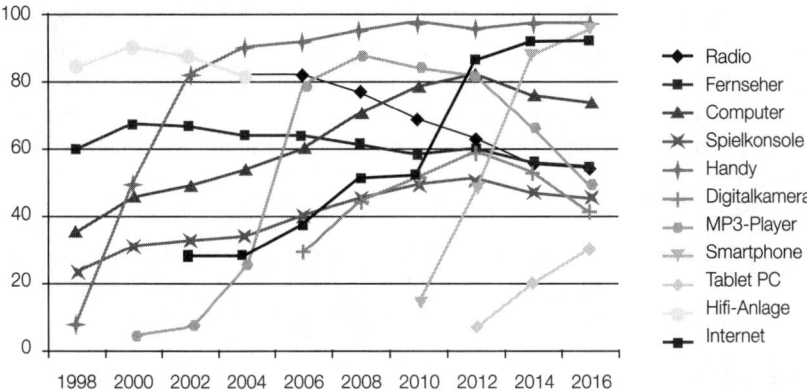

Abb. 8: Entwicklung der Medienausstattung der 12- bis 19-Jährigen (JIM-Studien der Jahre 1998-2016, eigene Darstellung)

Die Ausstattung mit Medien im eigenen Besitz von Kindern und Jugendlichen hat in den vergangenen 20 Jahren deutlich zugenommen (vgl. Abb. 8). Auch das Spektrum verfügbarer Medien ist breiter geworden, da klassische Medien wie Fernsehen und Radio kaum an Bedeutung eingebüßt haben, aber eine Fülle neuer Geräte hinzugekommen ist. Mit der Verbreitung von Smartphones geht die Vielfalt unterschiedlicher Geräte (z.B. MP3-Player, Digitalkameras u.a.) allerdings zugunsten eines multifunktionalen Geräts zurück (vgl. Abb. 8). Jugendliche haben heute aber nicht nur mehr Zugänge, sondern auch mehr Optionen beim Umgang mit medialer Information, die sie auch nutzen (Klingler 2008). Beispielsweise konsumieren sie Filme nicht nur auf verschiedenen Wegen (Fernsehen, Internet, DVD), sondern erstellen auch in einem grösseren Umfang eigene Filme und teilen sie in sozialen Netzwerken. Gut sichtbar sind in Abbildung 8 die unterschiedlichen Entwicklungsmuster für spezifische Medien: So steigt die Ausstattung bei einigen Medien sprunghaft an (z.B. Handy, MP3-Player, Smartphone). Hier wird nicht nur der Umfang an Mediatisierungsprozessen deutlich, sondern darüber hinaus, mit welch rapider Geschwindigkeit gerade auch Kinder und Jugendliche technische Entwicklungen aufgreifen und in ihre Lebenswelt integrieren.

Ende der 1990er Jahre waren das Fernsehen und das Hören von Musik (damals zumeist noch mit CDs/Musik-Cassetten) die beliebtesten medialen Freizeitbeschäftigungen von Kindern und Jugendlichen, die sich auch nach wie vor großer Beliebtheit erfreuen. Bei den Jugendlichen gehört inzwischen auch das Anschauen von Online-Videos in diese Spitzengruppe. Auch das Radio ist für zwei Drittel der Jugendlichen weiterhin ein wichtiger Kanal, um beispielsweise Musik zu hören. Insgesamt hat sich das Medienverhalten der Jugendlichen stark auf digitale Medien und das Internet sowie die Nutzung mobiler Geräte verlagert (vgl. Tab. 3, s. auch Genner et al. 2017; Waller et al. 2016). In Bezug auf digitale Medien gehören Jugendliche damit zu den „Early Adopters", d.h. sie sind, vor allem im Vergleich zu Erwachsenen, schneller bereit, neu aufkommende Geräte und Nutzungsformen auszuprobieren. Die Jugendlichen stellten auch von 2010 bis 2012, als zunehmend mit mobilen Geräten auf das Internet zugegriffen werden konnte, die Gruppe mit der stärksten Nutzung dar. Erst 2013 wurden sie von den 20- bis 29-Jährigen eingeholt (Eimeren 2013).

Tab. 3: Entwicklung der Anteile der 12- bis 19-Jährigen, die mindestens mehrmals pro Woche die angegebenen Medien nutzen in % (Quelle: KIM- und JIM-Studien der Jahre 1998 1999 2016b 2017; eigene Darstellung).

Mediale Freizeitbeschäftigungen	6-13 Jahre		12-19 Jahre	
	1999	2016	1998	2016
Fernsehen	96%	96%	95%	75%
Online-Videos	--	35%	--	86%
CDs oder Musik-Cassetten/Musik hören	79%	75%	94%	95%
Radio hören	65%	54%	85%	73%
Zeitungen lesen	22%	8%	59%	21%
Zeitungen online lesen	--	--	--	12%
Magazine lesen	47%	26%	49%	16%
Magazine online lesen	--	--	--	10%
Bücher lesen	55%	48%	38%	40%
Smartphone nutzen	--	54%	--	97%
Computer (1998)/Internet nutzen (2017)	34%	55%	48%	97%
Computerspiele spielen (1998)/Digitale Spiele (2017)	38%	60%	25%	62%

Jugendliche nutzen das Internet vor allem zur Kommunikation und zur Unterhaltung (MPFS 2017; s. auch Waller et al. 2016). Unter den Kommunikationsdiensten wechseln die jeweils beliebtesten Chat- und Online-Communities – so wurde inzwischen das soziale Netzwerk *Facebook* bei den Jugendlichen in Deutschland und der Schweiz von seiner ehemaligen Spitzenposition in der Beliebtheit durch andere Dienste, wie *Whatsapp*, *Instagram* oder *Snapchat* verdrängt (MPFS 2014; 2017; Waller et al. 2016 vgl. *WhatsApp-Nutzung eines 15-Jährigen*).

Studie

WhatsApp-Nutzung eines 15-Jährigen
„Der Proband besucht derzeit die 9. Klasse eines städtischen Gymnasiums in einer kleinen Stadt in Baden. Nach eigener Angabe ist für ihn, wie für 29 % seiner Altersgenossen [...], WhatsApp die meist genutzte Internet-Applikation. [...] Der Schüler sagt, er benutze WhatsApp mehrfach täglich über sein iPhone, weitaus häufiger als Facebook, Snapchat oder Instagram. Eine genaue Zeitangabe vermag er dabei nicht zu geben. Der Schüler nutzt diese App zum einen, um mit Einzelpersonen zu kommunizieren, wie etwa dem besten Freund, der Freundin, der Cousine oder der Mutter. Daneben ist er auch in einer Vielzahl von Chatgruppen. [...] Der Schüler beschreibt sich in seiner Selbsteinschätzung als „mittelmäßig aktiven WhatsApp-Nutzer". [...]
Ein Blick in die von WhatsApp systemintern geführten Statistiken zeigt: In Kalenderwoche 47 waren 13 seiner 30 Chatgruppen aktiv. Daneben chattete er in selben Woche mit 36 Einzelpersonen. Im Zeitraum Mai 2015 bis November 2015 hat der 15-jährige auf seinem neuen iPhone nur via WhatsApp mehr als 101.000 Nachrichten erhalten, und selbst rund 68.000 Nachrichten versandt.
Auf die Frage, wie er mit dieser Flut an Nachrichten umgehe, antwortet der Schüler, dass es „schon nervig" sei. Er habe bereits versucht aus der einen oder anderen Gruppe auszutreten. Das hätten die anderen Gruppenteilnehmer jedoch immer sehr persönlich genommen, sodass ihn der Administrator der Gruppe kurzerhand wieder in die Chatgruppe mit aufgenommen hat, ohne dass der Schüler dies wollte. Einfach aus einer Gruppe auszutreten sei also oftmals keine Lösung. Als Ausweg schaltet der 15-Jährige einige Gruppen daher auf „lautlos". Eingehende Nachrichten werden dann immer nur geladen, wenn er WhatsApp selbst öffnet. Zum Lernen schaltet der Schüler sein Handy darüber hinaus grundsätzlich auf Vibrations-Alarm. [...]
Im Folgenden wurde nun untersucht, wie schnell die 27 Teilnehmer der 9. Klasse Nachrichten in ihrer WhatsApp-Gruppe lesen. [...] Die große Mehrheit liest am Wochenende WhatsApp-Nachrichten innerhalb der ersten 5 Minuten. Eine Nachricht nach 23 Uhr wird auch während der Schulwoche noch von etwa 1/5 der Klasse gelesen. Das deutet darauf hin, dass das Smartphone Begleiter bis zum Schlafengehen ist bzw. manche Schüler/Innen sich von ihrem Handy vielleicht sogar noch einmal wecken lassen. Diejenigen, die um diese Zeit vermutlich bereits geschlafen haben, werfen gleich mit dem Aufwachen ab 05:30 Uhr einen Blick in ihre Chatgruppe. Vor Schulbeginn ist dann die Mehrheit der Schüler mindestens einmal in WhatsApp aktiv.
Besonders interessant ist die Auswertung von Posts während der Unterrichtszeit. Diese zeigt, dass die Schüler/Innen zu einem sehr großen Teil mindestens einmal pro Unterrichtsstunde in WhatsApp aktiv sind – trotz offiziellem Handyverbots. Nachrichten, die etwa in der Mittagspause versandt werden, also während eines Zeitraums, den die Schüler/Innen real in ihren Peer-Groups verbringen, rufen im virtuellen Raum so gut wie keine Reaktion hervor. Hier scheint die Kommunikation fast ausschließlich non-medial mit den physisch anwesenden Peers abzulaufen."

(Reitmeier 2017)

Nach der Nutzung zu Kommunikationszwecken folgen an zweiter Stelle bei den Jugendlichen solche Anwendungen, die vom Medienpädagogischen Forschungsverband Südwest (2017) als „unterhaltungsbezogen" charakterisiert werden. Hierzu zählen beispielsweise der Besuch von Videoportalen (vor allem *YouTube*) oder das Hören von Musik.

Von der unterhaltungsbezogenen Nutzung abgegrenzt wird der Bereich des digitalen Spielens. Auch hier hat das Smartphone eine herausgehobene Bedeutung und wird häufiger für digitale Spiele genutzt als Computer oder Spielkonsolen, wobei dies alters- und geschlechtsabhängig ist (s.u.). Fasst man das digitale Spielen auch als Teil der unterhaltungsbezogenen Nutzung auf, dann umfasst die unterhaltungsbezogene gegenüber der kommunikativen Nutzung den größeren zeitlichen Anteil bei Jugendlichen.

Die informationsbezogene Nutzung bildet das Schlusslicht unter den internetbasierten Tätigkeiten von Jugendlichen. An der Spitze steht hier die Nutzung von Suchmaschinen, gefolgt vom Videoportal *YouTube*, das zwei Drittel der Jugendlichen nicht nur zu Unterhaltungs-, sondern auch zu Informationszwecken nutzt. Das Online-Lexikon *Wikipedia* wird von 35 Prozent der Jugendlichen täglich oder mehrmals in der Woche aufgesucht. Andere Informationsangebote, wie Nachrichtenportale, Sportticker oder Veranstaltungskalender, werden nur von einer Minderheit von ca. 10 bis 20 Prozent der Jugendlichen regelmäßig besucht.

Kinder (6 bis 13 Jahre) unterscheiden sich in ihrer Internetnutzung von den Jugendlichen insofern, als dass ihre häufigste Tätigkeit das Suchen nach Informationen mit Suchmaschinen ist, gefolgt von der Nutzung von *WhatsApp*, *YouTube* und speziellen Angeboten für Kinder. Unter den beliebtesten Websites bei Kindern steht genau wie bei den Jugendlichen *YouTube* auf Platz 1, gefolgt von *Facebook* und der Spieleseite *Toggo* (MPFS 2016b). Mit dem Alter verschieben sich die Internetpräferenzen: Die Beliebtheit von speziellen Angeboten für Kinder nimmt mit zunehmendem Alter ab, die Nutzung von Online-Communities und anderen kommunikativen Nutzungen sowie von Online-Spielen nimmt zu. Bei Schweizer Schülerinnen und Schülern der Primarstufe stellen das Spielen von Computer- und Videospielen und das Schauen von Videos auf dem Computer/Tablet die häufigsten Nutzungsformen dar. Soziale Netzwerke (z.B. Facebook) werden auch von den Schweizer Kindern in dieser Altersstufe weniger stark genutzt (Genner et al. 2017).

Printmedien werden zumindest von Jugendlichen ingesamt etwas seltener genutzt. Allerdings hat die Anzahl an Kindern und Jugendlichen, die regelmäßig Bücher lesen, seit der Jahrtausendwende nicht abgenommen. Für die Hälfte der Jugendlichen ist das Lesen von Büchern genauso wichtig oder sogar wichtiger als Fernsehen oder Computer-/Konsolenspiele (MFPS 2015). Dagegen hat die regelmäßige Nutzung von Zeitschriften und Magazinen im Print-Format deutlich abgenommen, und wird aktuell nur von ca. einem Drittel der Jugendlichen als wichtig erachtet (vgl. Tab. 4). Allerdings nutzt inzwischen ein Teil der Jugendlichen regelmäßig die online-Angebote von Tageszeitungen und Zeitschriften (vgl. Tab. 3). Ausserdem informieren sich Jugendliche vermutlich auch vermehrt durch andere online-Formate über tagesaktuelle Nachrichten, was in den dargestellten Untersuchungen aber noch nicht erfasst wurde.

Tab. 4: Prozentuale Anteile der 12- bis 19-Jährigen, denen die angegebenen Mediennutzungen „wichtig" oder „sehr wichtig" sind in % (Quelle: MPFS 2015, eigene Darstellung).

Subjektive Wichtigkeit verschiedener Mediennutzungen	... ist mir wichtig/sehr wichtig
Internet nutzen	90
Musik hören	87
Handy nutzen	86
Radio hören	51
Bücher lesen	50
Fernsehen	46
Computer/Konsolenspiele spielen	44
Tageszeitungen lesen	31

Zum Lernen oder für Schulaufgaben werden digitale Medien von Kindern und Jugendlichen im Vergleich zu Unterhaltungszwecken insgesamt weniger stark genutzt. Etwa zwei Drittel der Jugendlichen und die Hälfte der Kinder geben an, dass sie Computer und Internet mindestens einmal pro Woche für ihre Hausaufgaben nutzen (Lorenz/Gerick 2014; MPFS 2017; Suter et al. 2015). Jugendliche verbringen dabei täglich etwa eine Dreiviertelstunde mit dem häuslichen Lernen am Computer (MPFS 2017).
Im Rahmen der internationalen Studie ICILS 2013 zu den computer- und informationsbezogenen Kompetenzen von Schülerinnen und Schülern der achten Klassenstufe zeigt sich, dass digitale Medien über die Informationsrecherche hinaus zwar auch für andere Tätigkeiten im Kontext schulischen Lernens verwendet werden (z. B. Schreiben, Präsentationen), aber bedeutend weniger regelmäßig (Fraillon et al. 2014). Auch die Ergebnisse der PISA-Erhebung 2012 zeigen, dass im OECD-Durchschnitt gut die Hälfte der durchschnittlich 15-jährigen Schülerinnen und Schüler Internetrecherchen regelmäßig für Hausaufgaben nutzt (OECD 2015). Darüber hinaus zeigen qualitative Studien, dass Schülerinnen und Schüler vermehrt auch Online-Videos anschauen, um sich verschiedene Lerninhalte zu erschließen (Rummler/Wolf 2012; MPFS 2010). Weiterhin werden die Möglichkeiten der zunehmend multifunktionalen mobilen Geräte (Tablets und Smartphones) erkundet, beispielsweise zum Fotografieren oder Filmen (Videografieren) in schul- bzw. lernbezogenen Kontexten (Döbeli Honegger/Neff 2012). Sowohl die Ergebnisse von ICILS 2013 als auch die von

PISA 2012 zeigen auf, dass das Lernen von Schülerinnen und Schülern mit digitalen Medien im außerschulischen Bereich in Deutschland und in der Schweiz sehr weit unter dem internationalen Durchschnitt liegt (Fraillon et al. 2014; OECD 2015).
Die durchschnittliche Zeit, die Jugendliche und junge Erwachsene zwischen 14 und 29 Jahren im Schnitt online verbringen, hat sich seit dem Jahr 2000 deutlich von etwa einer halben auf inzwischen drei Stunden täglich erhöht (Feierabend, Klingler/Turecek 2016). Die durchschnittliche Sehdauer beim Fernsehen geht dagegen ebenso wie dessen Reichweite leicht zurück (Zubayr/Gerhardt 2008; 2013; vgl. *Kennwerte zur Mediennutzung*). Dennoch hat das tägliche Zeitbudget, das Jugendliche und junge Erwachsene für Medien insgesamt aufwenden, seit den 1990er Jahren stark zugenommen. Feierabend et al. (2016) geben in ihrer Studie eine Nutzungsdauer von 9 Stunden täglich an, bei der allerdings die gleichzeitige Nutzung mehrerer Medien mehrfach eingerechnet wurde.

Auch bei den Kindern kann man eine hinsichtlich der Reichweite zurückgehende Bedeutung des Fernsehens beobachten. So zeigt eine Analyse von Feierabend und Kahl (2017), dass das Fernsehen ungefähr die Hälfte der Kinder (3-13 Jahre) und damit 10 % weniger als noch Mitte der 1990er Jahre erreicht. Dagegen ist die Verweildauer mit etwa zweieinhalb Stunden pro Tag konstant geblieben. Die Nutzungsdauer hängt dabei auch eng mit der Geräteverfügbarkeit zusammen. Können Kinder und Jugendliche ein eigenes Fernsehgerät oder eine eigene Spielkonsole in ihrem Zimmer nutzen, erhöht sich auch der zeitliche Umfang der Nutzung (Kleimann, Rehbein/Pfeiffer 2006). Im Jahr 2017 sind die in der Altersgruppe der 3- bis 13-Jährigen beliebtesten Sender der Kinderkanal *KIKA* sowie der Privatsender *SuperRTL* (Feierabend/Kahl 2017; MPFS 2016b).

Für das Radio schließlich haben sich Reichweite und Hördauer etwas reduziert, sie liegen aber immer noch auf hohem Niveau (Reichweite 2016 unter den 10-19-Jährigen: 64 %, Hördauer: 76 min/Tag; Gattringer/Klingler 2016).

> **Definition**
>
> **Kennwerte zur Mediennutzung**
> Die Messung der Mediennutzung erfolgt mit verschiedenen Verfahren. Besonders verbreitet sind Befragungen zu den am gestrigen Tag genutzten Medien. Mit telemetrischen Messungen werden beim Fernsehen die Einschaltdauer sowie die eingeschalteten Sender sekundengenau erfasst. Digitale Medienformate ermöglichen inzwischen eine noch differenziertere Beschreibung des Nutzungsverhaltens. Erhobene Daten werden zu Kennwerten zusammengefasst, um die Verbreitung und Häufigkeit der Nutzung unterschiedlicher Medien zu beschreiben (Schwab/Unz 2004):

- *Reichweite*: Die Reichweite wird in Prozent angegeben und bezeichnet den Anteil an Personen, der ein Medium an einem durchschnittlichen Tag genutzt hat. Die Reichweite kann auch für spezifische Altersgruppen bestimmt werden. Eine Reichweite von 47 % in der Altersgruppe der 14- bis 19-jährigen für das Fernsehen bedeutet also, dass 47 % der Jugendlichen in dieser Altersgruppe an einem durchschnittlichen Tag ferngesehen haben, wobei man nicht weiß, wie lange sie tatsächlich vor dem Fernseher saßen.
- *Seh-/Hör-/Nutzungsdauer:* Die Seh- bzw. Hördauer gibt an, wie lange ein Medium in der befragten Gruppe im Durchschnitt an einem normalen Tag genutzt wird. Dabei gehen in die Berechnung des Durchschnitts auch solche Personen ein, die angegeben haben, das Medium gar nicht zu nutzen. Eine Sehdauer von 100 min pro Tag in der Altersgruppe der 14- bis 29-Jährigen bedeutet, dass die Personen dieser Altersgruppe im Mittel 100 Minuten am Tag fernsehen.
- *Verweildauer:* Zur Ermittlung der Verweildauer werden dagegen nur die Personen betrachtet, die angegeben haben, das Medium tatsächlich für eine gewisse Zeit (> 0 min) genutzt zu haben. Die Verweildauer ist dadurch immer etwas höher als die Seh- bzw. Hördauer. Eine mittlere Verweildauer von 120 min für das Fernsehen bedeutet, dass die Personen, die an einem durchschnittlichen Tag fernsehen, dies im Mittel 120 Minuten lang tun.

3.1.2 Mediennutzung von Mädchen und Jungen im Vergleich

Mädchen und Jungen unterscheiden sich bezüglich der medialen Ausstattung und der generellen Nutzungshäufigkeit kaum (MPFS 2016b 2017). Dennoch gibt es Unterschiede in den medienbezogenen Interessen und spezifischen Verhaltensweisen. Mädchen lesen insgesamt häufiger als Jungen, sie beschäftigen sich lieber mit Büchern und messen diesen eine größere Wichtigkeit zu (MPFS 2017b; Philipp 2011; Richter 2014). Dieser Unterschied wird vor allem bei Kindern im Grundschulalter deutlich und verringert sich im Jugendalter sowie im weiteren Entwicklungsverlauf (Philipp 2011). Auf der Grundlage eines umfassenden Forschungsüberblicks stellt Philipp (2011) weiterhin fest, dass das stärkere Leseinteresse von Mädchen vor allen Dingen für Belletristik gilt. Die JIM-Studien der letzten Jahre zeigen darüber hinaus, dass Mädchen an Zeitschriften und an Tageszeitungen ein etwas geringeres Interesse zeigen als Jungen (vgl. Tab. 5, siehe auch Waller et al. 2016).

Ein weiterer Unterschied zwischen Mädchen und Jungen betrifft den Umgang mit digitalen Medien. In der Vergangenheit zeigten Jungen zumeist ein größeres Interesse an Computern und Internet als Mädchen. So findet die KIM-Studie (MFPS 2012) unter den 6- bis 13-Jährigen fast doppelt soviele Jungen (39 %) wie Mädchen (23 %), für die Computer und Internet „interessante Themen" sind. Jungen geben zumeist auch eine durchschnittlich längere Computererfahrung an und eine höhere Nutzungshäufigkeit als Mädchen (Lorenz et al. 2014). Vor allem mit der stärkeren Verbreitung von Smartphones und Tablets verändern sich die Unterschiede allerdings. Inzwischen weisen Mädchen beispielsweise in Bezug auf die Nutzung von Smartphones vergleichbare Werte auf (MPFS 2017).

Tab. 5: Nutzungsdauer und Akzeptanz von Printmedien bei Jungen und Mädchen (Quelle: KIM-Studie und JIM-Studie, MPFS 2015 2016a, b; eigene Darstellung)

	6-13 Jahre		12-19 Jahre	
Bücher	Jungen	Mädchen	Jungen	Mädchen
… lese täglich/fast täglich	11 %	20 %	30 %	46 %
… lese sehr gerne (6- bis 13-Jährige)/… lesen ist mir wichtig/sehr wichtig (12- bis 19-Jährige, Angabe MPFS 2015)	8 %	24 %	44 %	59 %
… lese nie	21 %	11 %	23 %	13 %
Andere Printmedien				
… lese täglich/mehrmals pro Woche Tageszeitung			30 %	23 %
… lese täglich/mehrmals pro Woche Tageszeitung (online)			15 %	11 %
… lese täglich/mehrmals pro Woche Zeitschriften/Magazine			20 %	14 %
… lese täglich/mehrmals pro Woche Zeitschriften/Magazine (online)			14 %	10 %

Mädchen und Jungen faszinieren zum Teil unterschiedliche Dinge an Computern. Zum Beispiel stellt Hacke (2012) auf der Grundlage von Interviews mit 15-jährigen türkischen und deutschen Schülerinnen und Schülern zu Prozessen ihrer Medienaneignung fest, dass für Jungen die technischen Aspekte (Ausstattung, Rechenleistung) und deren Beherrschung eine wichtige Rolle bei der Medienaneignung spielen. Mädchen dagegen sind nicht grundsätzlich weniger an Computer und Internet interessiert, aber sie betrachten Computer und Internet stärker unter dem Aspekt ihrer Nutzbarkeit, ohne die technischen Aspekte genauer verstehen oder beherrschen zu wollen. In eine ähnliche Richtung deuten auch Ergebnisse, die zeigen, dass Mädchen sich insgesamt etwas stärker für die kommunikativen Aspekte des Internet interessieren als Jungen (MPFS 2017). Danach verbringen Mädchen knapp die Hälfte ihrer Internet-Nutzungszeit (46 %) mit Kommunikation. Bei den Jungen nimmt dieser Bereich nur etwa ein Drittel der Nutzungszeit ein, und ist damit für sie in etwa genauso wichtig wie die Bereiche Spielen und Unterhaltung (MPFS, ebd.). Im Vergleich zu Mädchen sind Jungen stärker an Computerspielen interessiert (vgl. Tab. 6). Während Jungen digitale Spiele vor allem am Computer und an festen Spielkonsolen spielen, liegen bei Mädchen mobile Spielkonsolen und Smartphones vorn (MPFS 2017; Hugger/Tillmann 2015).

Konsistente Unterschiede zeigen sich auch bei der Art der Spiele, die Jungen und Mädchen bevorzugen (Hugger/Tillmann 2015; MPFS 2016a). Zu den Lieblingsspielen von Mädchen zählen Simulations- und Kombinationsspiele. Jungen bevorzugen dagegen oft Sportspiele, Open-World-Spiele wie „Minecraft" sowie kampfbetonte bzw. gewalthaltige Spiele (MPFS 2016a 2017). Insbesondere die Hinwendung zu gewalthaltigen sowie zu nicht altersgerechten Computerspielen wird mit Blick auf Geschlechtsunterschiede kritisch diskutiert. Der Anteil der Jungen, die angeben, nicht altersgerechte Spiele zu spielen, ist mit 42 % etwas größer als der der Mädchen (36 %; MPFS 2016b). Von Salisch (2011) hält das Geschlecht für einen möglichen Risikofaktor für den exzessiven Konsum gewalthaltiger Computerspiele (vgl. 3.4.5).

Tab. 6: Nutzungsdauer, Besitz und Akzeptanz von Computerspielen bei Jungen und Mädchen (Quelle: MPFS 2012; 2015 2016a, b)

Digitale Spiele	6-13 Jahre		12-19 Jahre	
	Jungen	Mädchen	Jungen	Mädchen
Tägliche Nutzungsdauer (12-19-Jährige: Mo-Fr)	39 min	25 min	106 min	46 min
Besitz einer eigenen festen Spielkonsole	28 %	17 %	58 %	32 %
Besitz einer tragbaren Spielkonsole	38 %	31 %	42 %	48 %
… nutze ich sehr gerne (6- bis 13-Jährige; MPFS 2012)/ … sind eine wichtige/sehr wichtige Freizeitbeschäftigung für mich (12- bis 19-Jährige; MPFS 2015)	59 %	31 %	65 %	21 %
… spiele täglich	40 %	25 %	83 %	43 %
… nutze mein Handy/Smartphone regelmäßig zum Spielen.	17 %	14 %	53 %	36 %

Ihre Computerkompetenz beurteilen Jungen zumeist besser als Mädchen. Dies zeigen inzwischen mehrere Studien, die aber ebenfalls darauf hinweisen, dass Jungen sich auch in anderen akademischen Bereichen oft besser einschätzen (Lorenz et al. 2014; MPFS 2012a, b). Solche Selbsteinschätzungen sagen relativ wenig über die tatsächliche Kompetenz im Umgang mit digitalen Medien aus. So zeigt die Studie ICILS 2013, in der die computer- und informationsbezogenen Kompetenzen von Achtklässlern mit einem aufwändig konstruierten computerbasierten Test untersucht wurden, dass Mädchen dieser Altersstufe signifikant bessere Leistungen erbringen als Jungen (Lorenz et al. 2014).

3.2 Medien und Motivation: Nutzen, Bedürfnisse, Belohnungen

Die Frage nach den Motiven der Mediennutzung ist das zentrale Thema des *Nutzen- und Belohnungsansatzes* („Uses-and-Gratifications-Approach"), eines kommunikationswissenschaftlichen Modells, das beschreibt, warum Menschen sich überhaupt bestimmten Medien zuwenden. Seit den 1970er Jahren wurden zahlreiche Forschungsarbeiten durchgeführt, die sich vorwiegend mit den Bedürfnissen und Erwartungen von Mediennutzern beschäftigen. Diese Forschungsrichtung stellte einen Wendepunkt gegenüber der bis dahin vorherrschenden Auffassung dar, die in den Rezipienten lediglich passive Empfänger einseitiger Medienwirkungen sah. Die Bezeichnung „uses and gratifications" stammt von Katz, Blumler und Gurevitch (1973). Sie fassten die bis dahin existierenden Forschungsarbeiten zu den Motiven der Mediennutzung in einem Prozessmodell zusammen (vgl. Abb. 9).

Abb. 9: Prozessmodell des Nutzen-und-Belohnungsansatzes (nach Katz et al. 1973, s. auch Schenk 2002)

Der Nutzen- und Belohnungsansatz geht davon aus, dass Menschen sich Medien bewusst und zielgerichtet zuwenden. Mediennutzung ist aus dieser Perspektive ein *aktives, rationales Verhalten* der Rezipienten. Jede Mediennutzerin und jeder Mediennutzer entscheidet aufgrund ihrer bzw. seiner individuellen *Bedürfnisse und Erwartungen*, ob er/sie ein Medium nutzt oder nicht, wobei die Mediennutzung nur eine von mehreren Verhaltensoptionen darstellt. Der Uses-and-Gratifications-Ansatz stellt eine wichtige Strömung in der Medienforschung dar, da er die bis dahin vorherrschende Blickrichtung von den Medien auf den Menschen lenkt. Der Nutzen- und Belohnungsansatz fragt nicht länger: „Was machen die Medien mit dem Menschen?", sondern vielmehr „Was macht der Mensch mit den Medien?" (Batinic 2008).

Die Forschung zum Nutzen- und Belohnungsansatz konzentrierte sich in den 1970er Jahren zunächst auf das Fernsehen. Eine bekannte Studie aus dieser Zeit untersuchte die Motive der Fernsehnutzung von Kindern und Jugendlichen im Alter von 9 bis 17 Jahren (Rubin 1979) und fand sechs Motive, warum Kinder und Jugendliche Fernsehen schauen: (1) Information, (2) Zeitvertreib, (3) Sozialkontakt, (4) Eskapismus, (5) Anregung und (6) Entspannung. Motive und Motivkataloge zu unterschiedlichen Medien stellen seither ein wichtiges Ergebnis der Nutzen- und Belohnungsforschung dar. McQuail (1994) und Bonfadelli (2004) fassen diese zu Motivkategorien zusammen. Als typische Motive, die sich in vielen Studien nutzergruppen- und medienübergreifend bestätigt haben, gelten demnach das Bedürfnis nach:

- *Information (kognitiv)*: Dieses Motiv resultiert aus Orientierungs- und Entscheidungsproblemen des Handelnden gegenüber seiner Umwelt, die nach zusätzlichen Informationen verlangen; es umfasst zahlreiche Subdimensionen wie Neugier, Kontrolle der Umwelt, Lernen, Realitätsexplorierung, Wissenserweiterung und Handlungsanweisung (vgl. 3.3).

- *Unterhaltung (affektiv):* Mit diesem Motiv ist das Bedürfnis nach Entspannung und Erholung durch Unterhaltung gemeint. Dazu zählen auch das Bedürfnis nach Ablenkung, Entlastung oder sogar Verdrängung von Umweltanforderungen (Eskapismus), aber auch Spannungssuche und Aufregung als Zeitvertreib (vgl. 3.4.3 und 3.4.4).
- *Identitätsstiftung und -bestätigung:* Dieses Bedürfnis entsteht aus dem Wunsch nach Bestätigung persönlicher Werte und der Suche nach Rollenvorbildern, es beinhaltet auch die Identifikation mit Medienakteuren (vgl. 3.5.2).
- *Sozialer Interaktion*: Dieses Bedüfnis basiert auf dem Wunsch nach Geselligkeit, sozialem Kontakt mit und Anerkennung durch andere Menschen. In der parasozialen Interaktion werden Medienakteure (z.B. Avatare) wie real existierende Menschen behandelt.
- *Integrativ-habituelle Bedürfnisse*: Diese Bedürfnisse entstehen aus dem Wunsch nach Vertrauen, Geborgenheit und Sicherheit sowie Stabilität und Wertverstärkung bezüglich der Referenzgruppen Familie, Freunde, Gemeinde, Land usw. Medien ermöglichen dies über habituelle Nutzungsmuster und wiederkehrende Inhalte.

Neben solchen für Medien allgemein geltenden Motivkatalogen wurde der Nutzen- und Belohnungsansatz aber auch auf spezifische Medien angewendet. Dabei wurde gezeigt, dass Rezipienten mit bestimmten Medien bzw. Medieninhalten spezifische Nutzungsmotive verbinden. Ein Beispiel sind Studien zu den Motiven der Nutzung vom Computerspielen, die untersuchen, warum diese Spiele so faszinierend sind (vgl. *Uses and Gratifications von Computerspielen*).

Studie

Uses and Gratifications von Computerspielen
Sherry et al. (2006) isolierten auf der Grundlage von Fokusgruppen-Interviews mit jungen Erwachsenen Motive für das Spielen am Computer und überprüften diese dann mit einem Fragebogen an mehreren Stichproben aus Studierenden, Schülerinnen und Schülern der 8. Klasse sowie Grundschülerinnen und -schülern (4. und 5. Klasse). Sie fanden über alle Altersgruppen und gleichermaßen für Mädchen und Jungen, eine konsistente Rangfolge von sechs Nutzungsmotiven:
1. *Herausforderung* (challenge): Das wichtigste Motiv für das Computerspielen ist das Testen der eigenen Fähigkeiten oder Aufstellen persönlicher Rekorde.
2. *Wettbewerb* (competition): An zweiter Stelle folgt der Vergleich mit anderen, wer z.B. die besseren Fähigkeiten und Spielkompetenzen ausgebildet hat.
3. *Ablenkung* (diversion): Das Vermeiden von Langeweile, Entspannung und der Abbau von Stress stellen das drittwichtigste Nutzungsmotiv dar.

4. *Spannung* (arousal): Die schnelle, aktionsreiche Spielhandlung und die grafische Qualität des Spiels werden als angenehm erregend und emotionalisierend empfunden.
5. *Eintauchen in Fantasiewelten* (fantasy): Computerspiele ermöglichen ihren Nutzern, in Fantasiewelten einzutauchen, Rollen zu spielen und Dinge zu tun, die sie in der Realität nicht tun können (Autorennen fahren, als Soldat kämpfen, eine Stadt bauen).
6. *Sozialer Austausch* (social interaction): Spaß am gemeinsamen Spielerlebnis mit anderen.

Computerspiele haben zwei besondere Eigenschaften, die sie von anderen Medien unterscheiden (von Salisch/Kristen/Oppl 2007): sie sind interaktiv und sie vermitteln das Gefühl von „Mastery". Mit *Interaktivität* ist gemeint, dass die Nutzer durch ihre Eingaben Feedback erhalten oder den Verlauf des Spiels beeinflussen können. Von Salisch et al. (2007) gehen davon aus, dass die Selbstwirksamkeit (d.h. die Erfahrung, etwas bewirken zu können), die die Nutzer von Computerspielen hierbei erleben, einen entscheidenden Unterschied zu Medien wie dem Fernsehen darstellt. Die Nutzer nehmen sich selbst als aktiv Handelnde wahr. Sie bewältigen Spielsituationen und lösen allein oder gemeinsam Aufgaben, die das Spiel vorgibt. Motive wie „Herausforderung" und „Wettbewerb" erreichen erst durch die Interaktivität und die damit verbundene Selbstwirksamkeitserfahrung ihre herausragende Bedeutung. Durch die Interaktivität kann der Nutzer tiefer in die mediale Welt eintauchen als dies etwa beim Fernsehen der Fall ist (Grodal 2000). Wichtig ist in diesem Zusammenhang das *Meistern von Anforderungsniveaus* der spielerischen Aufgaben (mastery). Das Anforderungsniveau passt sich bei vielen Spielen variabel an die Kompetenzen des Spielenden an. Infolge wiederholten Übens steigt der Spielende relativ verlässlich in der Hierarchie der Spielebenen („levels") auf. Die Erfahrung, Aufgaben des Spiels erfolgreich gemeistert zu haben und das daraus resultierende Gefühl von Macht und Kontrolle sind essentiell für die Faszination von Computerspielen (s. auch Klimmt 2008).

Der Nutzen- und Belohungsansatz wird bisweilen dafür kritisiert, eine unzulässige und theorieferne Vereinfachung der Zusammenhänge von Bedürfnissen, Nutzen und Medienwahl vorzunehmen (Hugger 2008). So reiche es nicht aus,
- die Medienwahl ausschließlich als bewusstes, rationales und zielgerichtetes Handeln zu verstehen (da die Medienwahl bei ritualisiertem und habituellem Medienverhalten häufig wenig bewusst und zielgesteuert erfolgt).
- Mediennutzer als grundsätzlich frei und initiativ entscheidende Individuen zu begreifen (denn ihre Medienentscheidungen unterliegen bestimmten Lebensbedingungen und strukturellen Gegebenheiten; so müssen Medien überhaupt zur Verfügung stehen, um als Handlungsoption wählbar zu sein).
- den Prozess der Medienwahl durch die einseitige Betrachtung des Rezipientenverhaltens zu erklären (denn es muss auch die Kommunikatorseite, die spezifische Medienangebote in bestimmter Form bereitstellt, betrachtet werden).
- die Medienwahl außerhalb ihres sozialen Kontextes zu betrachten (da dieser überhaupt erst erklärt, warum Menschen bestimmte Bedürfnisse entwickeln und weshalb diese durch die Mediennutzung befriedigt werden).

Die genannten Kritikpunkte werden teilweise in der neueren Forschung zum Nutzen- und Belohnungsansatz berücksichtigt. Insbesondere der letztgenannte Aspekt ist in die medienpädagogische Forschung an mehreren Stellen eingeflossen. Ein medienpädagogisches Forschungsprogramm, das explizit am Nutzen- und Belohnungsansatz anknüpft, aber auch die o.g. Kritik aufgreift, ist das Züricher Forschungsprogramm „Mediensozialisation" (Bonfadelli 2009). Seit 1975 hat die Forschergruppe um die Kommunikationswissenschaftler Ulrich Saxer, Heinz Bonfadelli und Daniel Süss zahlreiche Studien durchgeführt, die sich mit der Frage beschäftigen, welche subjektiven Nutzungsmotive und Gratifikationen Kinder und Jugendliche mit der Nutzung von Medien verbinden. Dabei untersuchen sie im Rahmen einer Sozialisationsperspektive, welche Funktionen die Medien im Medienvergleich, im Entwicklungsverlauf und bezogen auf soziale Gruppen haben. Tabelle 7 zeigt ausgewählte Ergebnisse der in diesem Programm durchgeführten Studie „Lesen in der Mediengesellschaft", bei der 1.284 Jugendliche aus der Deutschschweiz im Alter von 12 sowie 15 bis 16 Jahren befragt wurden (Bucher 2004).

Tab. 7: Funktionalität von fünf Medien für 12- und 15 bis 16-jährige Jugendliche (Bucher 2004). Die Funktionsakzentuierungen eines Mediums sind hervorgehoben.

Genannt in %	Buch	TV	Zeitschrift	Zeitung	Internet
Information	27	50	38	**64**	52
Rat erhalten	28	13	27	13	**41**
Unterhaltung	36	**84**	37	9	39
Entspannung	40	**71**	32	8	15
Allein sein	43	**74**	28	11	36
Vergessen	46	**49**	15	3	16
Langeweile	36	**70**	30	11	34

Die Tabelle zeigt, spaltenweise gelesen, welche Funktion(en) ein Medium für die Jugendlichen jeweils schwerpunktmäßig einnimmt (fett gedruckte Zahlen) und ob es eher monofunktional (z.B. Zeitung) oder multifunktional (z.B. Fernsehen) ist. Zeilenweise gelesen, kann ermittelt werden, welche Medien die Jugendlichen mit einem bestimmten Bedürfnis (z.B. Langeweile) besonders verbinden (Fernsehen). Bonfadelli (2009, 260f.) fasst die Ergebnisse des Medienvergleichs zusammen:

> „*Bücher* werden von den Heranwachsenden vor allem gelesen, um dem Alltag für eine Weile zu entfliehen und in eine andere Welt eintauchen zu können. Dies geschieht nicht zuletzt auch in Situationen, wo Jugendliche allein sind bzw. allein sein wollen. Das Lesen dient dann der Entspannung. Im Vergleich zum Buch handelt es sich beim *Fernsehen* ebenfalls um ein multifunktionales Medium; seine Gesamtfunktionalität ist aber für

die heutigen Jugendlichen signifikant stärker ausgeprägt und akzentuiert, und zwar vor allem im Bereich der Unterhaltung und Entspannung, aber auch bei der Information. Im Unterschied zum Medium Buch spielt dabei auch der habitualisierte Umgang, sofern gerade nichts anderes zu tun ist, eine wichtige Rolle. *Zeitungen und Zeitschriften* sind demgegenüber monofunktional und haben ihre Stärke vor allem im Informationsbereich, wobei Zeitschriften nicht nur zur Information, sondern ebenfalls zur Unterhaltung gelesen werden. [...] das *Internet* wird [...] von vielen Jugendlichen zur Information genutzt [...], und zwar in ähnlich starker Ausprägung wie das Medium Fernsehen. Weil aber im Unterschied zum Fernsehen im Internet gezielt und selektiv auf Informationen zugegriffen werden kann, steht die Suche nach Rat und Hilfe an zweiter Stelle der Nutzungsmotive."

3.3 Medien und Kognition: Wahrnehmen, Entschlüsseln, Verstehen

Für das Verständnis der Mediennutzung von Kindern und Jugendlichen ist es bedeutsam, diese im Kontext ihrer kognitiven Entwicklung zu betrachten. Dabei lassen sich zum einen die kognitiven Voraussetzungen (z.B. die Funktion des Arbeitsgedächtnisses) in den Blick nehmen, die insbesondere für das Verständnis von Medienbotschaften notwendig sind. Zum anderen stehen hier die kognitiven Wirkungen (z.B. Realitätswahrnehmung), die mit dem Medienkonsum in Verbindung gebracht werden können, im Fokus. Entwicklungspsychologische Ansätze und Theorien wurden besonders in der Film- und Fernsehforschung für Erklärung bestimmter Beobachtungen herangezogen. Aspekte, die in diesem Zusammenhang häufig untersucht und deshalb auch in diesem Kapitel vorgestellt werden, sind:

- kognitive Prozesse bzw. die Entwicklung der *Informationsverarbeitung* und *Aufmerksamkeitslenkung*
- die *Wahrnehmung von Medialität* und Auswirkungen des Medienkonsums auf die *Realitätswahrnehmung* von Rezipienten

Ausgeklammert wird an dieser Stelle eine Beschäftigung mit psychologischen Lerntheorien, die ebenfalls eine Grundlage für das Verständnis kindlicher und jugendlicher Mediennutzung darstellen. Diese erläutern wir im Zusammenhang mit der didaktischen Gestaltung von Lernmedien ausführlicher in Kapitel 5.1.

3.3.1 Informationsverarbeitung und Aufmerksamkeitslenkung

Kinder interessieren sich von Geburt an für Reize (Bewegungen, Farben, Kontraste, Gesichter), wie sie in Film und Fernsehen vorkommen (Charlton 2004). Im Alter von ca. sechs Monaten beginnen sie, Objekte und Menschen auf dem Bildschirm zu identifizieren (Anderson/Hanson 2010). Sie sind jedoch zunächst nicht in der Lage, mediale von nicht-medialen Reizen zu unterscheiden. Eine solche Differenzierung beginnt erst mit ungefähr eineinhalb Jahren. Ab diesem Alter können Kinder auf

Abbildungen bestimmte Gegenstände mit Zeigegesten identifizieren. Diese Fähigkeit setzt das Wissen voraus, dass ein Gegenstand für etwas anderes als sich selbst stehen kann. Beispielsweise fungiert die Abbildung von einer Tasse als Symbol oder „Zeichen" für eine Tasse. Die Entwicklung einer solchen „Zeichenkompetenz" ist grundlegend für das Verständnis von Medienbotschaften (Nieding/Ohler 2008). In diesem Alter ist auch die Aufmerksamkeitsspanne, mit der sich Kinder dem Fernsehen zuwenden können, noch sehr begrenzt. Insbesondere auditive Reize, wie Frauenstimmen oder ungewöhnliche Geräusche, lenken die Aufmerksamkeit von Kindern in diesem Alter auf den Bildschirm. Anderson und Hanson (2010) gehen davon aus, dass Kinder ab einem Alter von ungfähr zwei Jahren einfache Handlungen in einzelnen Kameraeinstellungen verstehen können und beginnen, Informationen über mehrere Einstellungen hinweg zu integrieren. Im Vergleich zu realweltlichen Erfahrungen haben sie jedoch zunächst noch Probleme, filmische Darstellungen zu begreifen. So fällt es ihnen deutlich leichter, ein Objekt wiederzufinden, das vor ihren Augen versteckt wurde, als wenn sie in einem Film beobachten, wo das Objekt versteckt wird. Anderson und Hanson nehmen an, dass dies wesentlich mit der zweidimensionalen Darstellung auf dem Bildschirm zu tun hat. Die Fähigkeit, aus dem zweidimensionalen Fernsehbild auf die dreidimensionale Wirklichkeit zu schließen, ist in diesem Alter noch nicht voll ausgeprägt. Das Verständnis für Fernsehsendungen hängt bereits in diesem Alter auch von der Gestaltung der Sendung ab. Beispielsweise wirkt eine einfache filmische Gestaltung oder filmische Charaktere, mit denen sich die Kinder identifizieren, verständnisfördernd. Auch soziale Interaktionen mit anderen zuschauenden Bezugspersonen, die das Geschehen auf dem Bildschirm kommentieren, erhöhen das Filmverständnis von Kleinkindern.

Im Vorschulalter (zwei bis sechs Jahre) vergrößert sich die Aufmerksamkeitsspanne, mit der sich Kinder einem Film zuwenden, deutlich. Anderson und Hanson führen dies darauf zurück, dass Kinder in diesem Alter zunehmend in der Lage sind, das Gezeigte zu verstehen. Entwicklungspsychologisch betrachtet, fällt in diesen Zeitraum nach Piaget (1972) der Übergang von der sensu-motorischen zur prä-operationalen Phase. Kinder bilden in dieser Zeit erstmalig mentale Repräsentationen der Objekte um sich herum. Im Sinn der o.g. Zeichenkompetenz ist dies ein wichtiger Schritt zum Verstehen medialer Inhalte. Das Filmverstehen im Vorschulalter verbessert sich auch deshalb, weil Kinder über immer mehr Hintergrundwissen verfügen, in das sie das Gesehene einordnen können. Darüber hinaus machen sie große Fortschritte beim Erlernen von Filmsprache (z.B. die Bedeutung bestimmter Kameraperspektiven) und von Montagetechniken. Trotzdem stellt das Entschlüsseln bewegter Bilder sie nach wie vor vor Herausforderungen (vgl. *Die „fehlende Halbsekunde"*). Studien zur Wahrnehmung filmischer Montagetechniken zeigen, dass die Filmwahrnehmung von Kindern mit der Beherrschung anderer Symbolsysteme (z.B. der Schriftsprache) positiv zusammenhängt (Nieding/Ohler 2008).

> **Theorie**
>
> **Die „fehlende Halbsekunde"**
> Die Medienforscherin und Enwicklungspsychologin Hertha Sturm nimmt an, dass Film und Fernsehen sich von realweltlicher Warhrnehmung vor allem durch den Filmschnitt, d.h. die schnellen und unmittelbaren Wechsel von Szenen und Perspektiven, unterscheiden (Sturm 1984). Ihre These von der „fehlenden Halbsekunde" besagt, dass die im Vergleich zur realweltlichen Wahrnehmung beschleunigte Form der Darstellung von Handlungsabläufen zu einer Überforderung der kindlichen Verarbeitungskapazitäten führt, weil die filmische Darstellung dem Zuschauer keine Zeit gibt, sich auf das Kommende einzustellen. Das Verfolgen von Bewegtbildern resultiert also in einer dauerhaften kognitiven Überlastung. Empirische Unterstützung erhält diese These durch neuere Untersuchungen, die zeigen, dass Kinder im Alter von fünf Jahren für die Bearbeitung unterschiedlicher kognitiver Aufgaben etwa doppelt so lange brauchen wie Erwachsene (Charlton 2004). Entsprechend sollte die „Entschleunigung" filmischer Darstellungen sich für Kinder im Vorschulalter (und laut Sturm nicht nur für diese) verständnisförderlich auswirken.

Mit dem Beginn des Schulalters (acht bis zwölf Jahre) steigt vor allem die Fähigkeit zur inhaltlichen Auseinandersetzung mit medialen Inhalten. Mit der Fähigkeit zur Perspektivübernahme, die entwicklungspsychologisch laut Piaget (1972) am Übergang von der prä-operationalen zur konkret-operationalen Phase angesiedelt ist, gelingt es Kindern zunehmend, mehrere Handlungsstränge und Perspektiven eines Films zu verstehen und zu verknüpfen. Etwa ab ihrem achten Lebensjahr wechseln Kinder von einem globalen Verabeitungsmodus, bei dem visuelle und auditive Informationen holistisch und eher oberflächlich verarbeitet werden, in einen analytischen Modus, in dem die dargebotene Information detailliert und tiefergehend ausgeschöpft wird (Charlton 2004). Im globalen Verarbeitungsmodus haben Kinder beispielsweise Schwierigkeiten, verbalen Erklärungen oder Dialogen zu folgen, wenn deren Inhalt nicht gleichzeitig durch Handlungen auf dem Bildschirm sichtbar ist. Im analytischen Modus werden linguistische Informationen wie gesprochener oder geschriebener Text zunehmend unabhängig von der bildlichen Information verarbeitet. Ab einem Alter von dreizehn Jahren zeigen Kinder nach Anderson und Hanson (2010) Aufmerksamkeits- und Informationsverarbeitungsprozesse, die im Wesentlichen denen von Erwachsenen entsprechen.

3.3.2 Medialitätsbewusstsein und Realitätswahrnehmung
Kleine Kinder glauben häufig, die Dinge, die sie im Fernsehen sehen, befänden sich tatsächlich im Inneren des Fernsehapparats und könnten sie sehen und hören (Nikken/Peeters 1988). Erst ab dem Alter von vier Jahren entwickelt sich ein sogenanntes „Medialitätsbewusstsein", d.h. die Vorstellung davon, dass das medial Dargestellte nicht immer tatsächlich existiert bzw. keine faktische Entsprechung in der außermedialen Welt haben muss (Rothmund/Schreier/Groeben 2001a).

Die *Perceived-Reality-Forschung* beschäftigt sich mit der „erlebten Wirklichkeit" beim Fernsehen und der Entwicklung des Medialitätsbewusstseins von Kindern. Sie untersucht, ob Kinder und Jugendliche das, was sie im Fernsehen sehen, für real bzw. realistisch halten und welche Einflussgrößen ihr Urteil beeinflussen. Rothmund et al. gehen davon aus, dass drei Aspekte zu unterscheiden sind, die bei der Einschätzung des Realitätsgehalts eines Medienbeitrags betrachtet werden:

- der *Medieninhalt* bzw. die dargestellte Handlung (Könnte sich das Gezeigte in Wirklichkeit so zugetragen haben?),
- die *Realitätsnähe* der Darstellung selbst (Wird die Handlung realistisch dargestellt? Bsp.: Zeichentrick vs. Realfilm) und
- das *Genre* bzw. die *Werkkategorie* des Medienangebots (Stellt das Medienformat in der Regel fiktive oder reale Handlungen dar? Bsp.: Spielfilm vs. Reportage).

Die Beurteilung dieser drei Aspekte setzt ein breites Alltagswissen („Weltwissen") und ein spezifisches Medienwissen voraus. Rothmund et al. halten Alltags- und Medienwissen für die eigentlich relevanten Faktoren, die die Realitätsbeurteilung von Fernsehsendungen steuern. Je ausgeprägter also Welt- und Medienwissen sind, desto leichter fällt es Kindern und Jugendlichen, eine angemessene Beurteilung des Realitätsgehalts von Fernsehbeiträgen vorzunehmen.

Für die Einschätzung von Medieninhalt und Realitätsnähe ziehen Kinder und Jugendliche vor allem ihr Weltwissen heran – sie gleichen das, was sie im Fernsehen sehen, mit ihren persönlichen Alltagserfahrungen und mit anderen Medienerfahrungen ab. Mit zunehmenden Alter und wachsendem Weltwissen wird das Urteil der Kinder über Inhalt und Realitätsnähe der gesehenen Sendungen immer differenzierter. Dabei spielt das Fernsehverhalten im Elternhaus eine bedeutsame Rolle. Das kindliche Medienverständnis wird besonders dann gefördert, wenn in der Familie eine problembezogene Auseinandersetzung mit dem Medienangebot und seinen Inhalten gepflegt wird, wobei Bezüge zwischen dem medial Dargestellten und dem Alltag bzw. anderen Medienerfahrungen hergestellt werden (Charlton 2004).

Die Beurteilung des Genres (z.B. Werbung, Kinderfilm etc.) setzt dagegen ein entsprechendes Medienwissen voraus, also die Kenntnis über Mediengattungen und ihre Stilmittel. Dabei zeigt sich, dass Gattungen unterschiedlich leicht zu identifizieren sind. Werbung etwa können Kinder bereits im Alter von vier Jahren von anderen Filmgattungen unterscheiden (auch wenn sie in diesem Alter noch nicht erkennen, welche Intention mit Werbung verbunden ist). Es folgt die Abgrenzung von Cartoons und anderen Kindersendungen, bevor weitere Formate wie Nachrichten und Fernsehshows sicher erkannt und zugeordnet werden (Nieding/Ohler 2008). Nach Charlton (2004) erwerben Kinder im Lauf ihrer Entwicklung medienbezogene Schemata, d.h. kognitive Grundstrukturen, die es ihnen erlauben, Medienprodukte in Bezug zu verschiedenen Schemata zu analysieren und zu klassifizieren. In Anlehnung an Barth (1995) lassen sich vier ineinander geschachtelte

Klassen medienbezogener Schemata unterscheiden, die alle herangezogen werden, um eine Klassifizierung des Genres vorzunehmen:
- *Personenschemata*: enthalten Wissen über Figuren, ihre Eigenschaften und Absichten
- *Szenenschemata*: enthalten Wissen über Handlungssituationen und das in diesen Situationen angemessene Verhalten
- *Narrationsschemata*: enthalten Wissen über übergeordnete Erzählstrukturen
- *Formatschemata*: enthalten Wissen über Filmgattungen und ihre Merkmale

Charlton (2004) weist auch darauf hin, dass die Fähigkeit, Film- und Fernsehformate auseinanderzuhalten, stark erfahrungsabhängig ist. Je häufiger ein Kind mit bestimmten Formaten konfrontiert wird, desto differenzierter sind seine entsprechenden medienbezogenen Schemata. Allerdings bedeutet dies nicht unbedingt, dass Vielseher den Realitätsgehalt von TV-Sendungen deshalb automatisch kritischer beurteilen (s.u.). Rothmund et al. (2001a) gehen davon aus, dass Medieninhalt, Realitätsnähe und Genre unabhängig und mit durchaus widersprüchlichen Ergebnissen eingeschätzt werden. So kann ein Zombiefilm als inhaltlich unrealistisch, seine Darstellung aber als realitätsnah beurteilt werden. Um abschließend einzuschätzen, ob ein Medienbeitrag real oder fiktiv ist, werden die Einzelurteile zu einem Globalurteil „verrechnet" (vgl. *Scripted Reality – Echt oder nur gespielt?*).

Studie

Scripted Reality – Echt oder nur gespielt?
Die sichere Genre-Zuordnung und damit verbunden die Einschätzung des Realitätsgehalts von Fernsehsendungen ist besonders bei Formaten schwierig, die Genre-Grenzen sprengen, indem sie fiktionale und reale Elemente vermischen oder die Zuschauer bewusst in die Irre führen (z.B. Reality-TV, Scripted-Reality-Formate oder Doku-Soaps). So sind Inhalte und Personen sogenannter „Scripted-Reality"-Formate frei erfunden (z.B. „Familien im Brennpunkt", „Die Gerichtsvollzieher", „Berlin – Tag/Nacht"). Die Sendungen erzeugen jedoch aufgrund spezifischer Stilmittel (Handkamera, Laiendarsteller, Drehorte außerhalb des Studios, „Verpixeln" von vermeintlich datenschutzrechtlich geschützten Informationen wie beispielsweise Nummernschildern oder Firmenlogos, Einblendungen wie „Die Kamera darf dabei sein") den Eindruck, es handele sich um die unmittelbare Dokumentation realer Ereignisse aus dem „echten Leben".
Bergmann, von Gottberg und Schneider (2013) führten eine Interviewstudie unter Jugendlichen zu der Scripted-Reality-Soap „Berlin – Tag & Nacht" durch, die das Leben einer vermeintlich realen WG in Berlin dokumentiert. Mit zahlreichen Interview-Auszügen dokumentieren Bergmann et al. das Ringen der Jugendlichen um die Einordnung des Gesehenen. An vielen Interviewauszügen lässt sich verdeutlichen, wie sie Inhalt, Realitätsnähe und Genre gegeneinander abwägen, um zu einem Urteil über den Realitätsgehalt der Sendung zu kommen. So äußert Theo (15) seinen Zwiespalt zwischen der Art der Darstellung, die er als „gespielt" wahrnimmt, und dem Inhalt, der ihm durchaus plausibel erscheint:

„Manchmal denke ich wirklich: von Zetteln abgelesen, die sie da irgendwo hintern Küchentresen geklebt haben […]. Aber manche Sachen könnten durchaus passieren" (ebd., 27).

Sandra (13) dagegen wägt Genre und Darstellung gegeneinander ab. Sie nimmt gerade die Darstellung als realistisch wahr, obwohl sie weiß, dass die Handlung gespielt ist:

„Weil, die bringen's so echt rüber. Man weiß zwar, dass es jetzt nicht echt ist, aber man könnt's denken" (ebd., 28).

Leonie (14) schließlich gleicht das Gesehene mit ihrer Alltagserfahrung ab und kommt so zu dem Ergebnis, dass es sich bei der Sendung nicht um die Dokumentation realer Geschehnisse handeln kann:

„Ich weiß nicht, am Anfang habe ich wirklich gedacht, das ist aus dem wahren Leben. Und irgendwann habe ich aber so gedacht, na ja, wie soll denn das sein? Weil, dann laufen die ja die ganze Zeit mit der Kamera hinterher, das haut gar nicht hin. Und dann bin ich irgendwie realitätsnah geworden und hab gedacht, nee, das muss gespielt sein" (ebd., 30).

Im Fazit ihrer Studie kommen Bergmann et al. zu dem Ergebnis, dass der überwiegende Teil der von ihnen interviewten Jugendlichen sich zwar von der realitätsnahen Inszenierung der Sendung faszinieren lässt, sie aber in der Regel nicht für real hält. Insgesamt stellen sie bei den Zuschauerinnen und Zuschauern eine reflektierte Rezeptionshaltung fest, bei der die Handlungen der Protagonisten mit dem eigenen Erfahrungshorizont abgeglichen und auf dieser Grundlage durchaus kritisch beurteilt werden.
Nicht alle Untersuchungen zum Scripted-Reality-Format kommen allerdings zu diesem Ergebnis. So fand die JIM-Studie aus dem Jahr 2012, dass knapp 30 % der zwölf- bis dreizehnjährigen Befragten „Berlin – Tag & Nacht" für eine echte Dokumentation halten, weitere 20 % sind der Meinung, es handle sich um reale Ereignisse, die von Schauspielern nachgespielt werden (MPFS 2012a). In einer Studie von Götz et al. (2012) zu „Familien im Brennpunkt" – einer Sendung, die pseudo-dokumentarisch Fälle von Familienkonflikten und deren Lösungen durch Anwälte oder andere Experten vorführt – waren sogar mehr als 80 % der sechs- bis vierzehnjährigen Zuschauerinnen und Zuschauer davon überzeugt, es würden reale Familien gezeigt oder die Handlung habe sich real so zugetragen und werde für die Sendung nachgestellt. Zwar nimmt der Anteil derjenigen, die die Sendung für real halten, in beiden Studien bei älteren Befragten ab. Dennoch müssen solche Ergebnisse aus medienpädagogischer Sicht bedenklich stimmen, da in Scripted-Reality-Sendungen soziale Problemsituationen häufig stark verdichtet, überspitzt und übertrieben und ihre Lösungen klischeehaft vereinfacht dargestellt werden (Götz et al. 2012).

Studien zum globalen Urteil über den Realitätsgehalt von audiovisuellen Produkten (z.B. Filmen) zeigen Zusammenhänge mit zahlreichen individuellen Merkmalen der jugendlichen Fernsehzuschauerinnen und Zuschauer (zusammenfassend in Rothmund et al. 2001a). So hängt der Grad an erlebter Wirklichkeit und die Sicherheit und Komplexität des Urteils darüber, ob eine Fernsehsendung real oder fiktiv ist, vor allem vom

Alter ab. Ältere Kinder schreiben, global betrachtet, audiovisuellen Produkten einen geringeren Realitätsgehalt zu als jüngere Kinder. Jüngere Kinder stützen sich bei der Einschätzung des Realitätsgehalts von Filmen vor allem auf Merkmale der Darstellung („Sieht das Gezeigte realistisch aus?"). Ältere Kinder beziehen weitere Dimensionen ein, z.B. ihr Wissen um die Plausibilität der Handlung oder das Medienformat.
Weiterhin hängt der wahrgenommene Realismus mit der kognitiven Leistungsfähigkeit zusammen. Kinder und Jugendliche mit geringerer kognitiver Leistungsfähigkeit beurteilen den Realismus bzw. Realitätsgehalt von Fernsehsendungen insgesamt als höher als Kinder mit hoher kognitiver Leistungsfähigkeit. Obschon die Ursachen hierfür bisher kaum erforscht sind, kann man annehmen, dass sich hier möglicherweise die mangelnde Fähigkeit, mehrere Dimensionen bei der Realitätsbeurteilung zu integrieren, niederschlägt und somit das Gesehene vor allem auf der Darstellungsebene beurteilt wird.
Einige Studien belegen darüber hinaus, dass Kinder und Jugendliche mit niedrigerem Sozialstatus bei der Einschätzung von Fernsehsendungen weniger komplexe Urteile fällen und deren Realismus und Realitätsgehalt in der Regel höher einstufen als Kinder und Jugendliche mit höherem Sozialstatus. Ursächlich hierfür sind vermutlich schichtspezifische Unterschiede im Lebensumfeld (z.B. Bildungshintergrund der Eltern) und in der Schulbildung, die sich negativ auf das verfügbare Welt- und Medienwissen auswirken (vgl. 3.5.3).
Schließlich schreiben Vielseher TV-Sendungen einen höheren Realitätsgehalt zu als Wenigseher. Dieser Zusammenhang wird vor allem auf sogenannte Kultivierungseffekte zurückgeführt, d.h. dass das durch das Fernsehen vermittelte Weltbild die Wahrnehmung der Alltagsrealität der Rezipienten prägt (Gerbner et al. 2002, vgl. *Die Kultivierungsthese*).

Theorie

Die Kultivierungsthese
In den 1970er Jahren entwickelte der amerikanische Kommunikationswissenschaftler George Gerbner in der Auseinandersetzung mit Gewaltdarstellungen im Fernsehen die sogenannte „Kultivierungsthese" (Gerbner/Gross 1976). Mit Programmanalysen belegte Gerbner zunächst, dass im Fernsehen deutlich mehr Verbrechen und Gewalttaten gezeigt werden, als tatsächlich im Alltag geschehen. Anschließend zeigte er, dass Vielseher (Personen mit mehr als vier Stunden Fernsehkonsum pro Tag) die Wahrscheinlichkeit, selbst in eine Gewalttat verwickelt zu werden, deutlich höher einschätzten als Wenigseher (maximal zwei Stunden täglicher Fernsehkonsum). Gerbner geht auf der Grundlage solcher und ähnlicher Ergebnisse davon aus, dass ein durch das Fernsehen in vieler Hinsicht verzerrtes Weltbild von den Zuschauerinnen und Zuschauern übernommen und für „real" gehalten wird. Fernsehen, insbesondere das Unterhaltungsprogramm, habe also einen „Kultivierungseffekt": Die wiederkehrende Darstellung stereotyper Gesellschaftsbilder und -vorstellungen erzeugt homogene Vorstellungen über die Alltagsrealität, denen man sich – in einer durch das Fernsehen geprägten Welt – kaum entziehen kann.

> Gerbners Kultivierungsthese wurde aufgrund methodischer Mängel (z.B. der fehlenden Kontrolle weiterer Einflussfaktoren, wie Bildung, Geschlecht oder Wohnort) und theoretischer Einwände (z.B. Zweifel daran, dass das Fernsehen überhaupt ein so einheitliches Weltbild vermittelt) verschiedentlich kritisiert. Dennoch wurden Kultivierungseffekte auch in der neueren Forschung immer wieder für unterschiedliche Personengruppen und Medienformate belegt (s. auch die oben zitierten Studien zu Scripted-Reality-Formaten) und gehören unbestritten zum Kernbestand der Medienwirkungsforschung (Bonfadelli/Marr 2008).

3.4 Medien und Emotion: Lust, Angst, Aggression

Wenn Sie an die Medien denken, die ihre Kindheit und Jugend geprägt haben, werden Sie sich unweigerlich an Gefühle erinnern: die Spannung beim Lesen eines Abenteuerromans, den Spass beim Ansehen eines Comics, die Melancholie beim Hören eines Liebeslieds, den Nervenkitzel beim Spielen eines Computerspiels, das Grauen beim Ansehen eines Horrorfilms. Die emotionalisierende Wirkung von Medien gehört zu deren herausragenden Kennzeichen, die vor allem im Kontext ihrer Unterhaltungsfunktion intensiv genutzt wird. Emotionen und Medien werden aber, gerade mit Bezug auf Kinder und Jugendliche, auch kritisch diskutiert: Können Kinder und Jugendliche die emotionalisierende Wirkung von Medien angemessen verarbeiten? Führt der Konsum von Mediengewalt zu aggressivem und antisozialem Verhalten bis hin zu Selbstmorden und Amokläufen? Insbesondere die Wirkung medialer Gewaltdarstellungen auf Heranwachsende stellt ein intensiv bearbeitetes Forschungsfeld in der Medienpsychologie und Medienpädagogik dar. In diesem Kapitel wird, nach der Erläuterung einiger grundlegender Annahmen der Emotionsforschung, die emotionale Wirkung von Medien eingehender betrachtet. Wir richten den Blick zunächst auf Gestaltungselemente der Medien, die ihre emotionalisierende Wirkung auslösen, bevor wir anschließend Theorien darüber vorstellen, wie Kinder und Jugendliche diese aufnehmen und verarbeiten. Abschließend gehen wir auf die emotionale Rezeption von Gewaltdarstellungen ein, die in der medienpädagogischen Forschung breiten Raum einnimmt.

3.4.1 Emotionstheoretische Grundlagen

In der Emotionsforschung werden üblicherweise Emotionen von Stimmungen abgegrenzt: *Emotionen* haben einen konkreten Auslöser und lassen sich hinsichtlich ihrer Qualität (z.B. Freude, Trauer oder Wut) unterscheiden. Sie haben eine deutliche Intensität und sind zeitlich begrenzt. *Stimmungen* dagegen haben ein geringeres, aber langfristigeres Erregungspotenzial, weshalb der Anlass einer Stimmung häufig nicht klar erkennbar ist (Schweizer/Klein 2008). In der Medienpsychologie wird sowohl die Bedeutung von Medien für die Erzeugung von Emotionen als auch ihre Nutzung im Kontext unterschiedlicher Stimmungen untersucht.

Zur Entstehung von Emotionen gibt es unterschiedliche Theorien. Von besonderer Bedeutung für die Medienpsychologie sind sogenannte Appraisal- bzw. kognitiv-evaluative Theorien der Emotion (Schweizer/Klein 2008; Zillmann 2004). Ein klassisches Beispiel hierfür ist die Zwei-Faktoren-Theorie von Schachter und Singer (1962). Schachter und Singer gehen davon aus, dass an der Entstehung von Emotionen zwei Komponenten beteiligt sind:

- Grundlegend für die Empfindung von Emotionen ist ein Reiz, der einen *physiologischen Erregungszustand (arousal)* auslöst. Dieser Erregungszustand wird hervorgerufen durch endokrine Prozesse, wie die Ausschüttung von Adrenalin, was zur vorübergehenden Erhöhung des Blutzuckerspiegels und damit einer erhöhten Versorgung des Körpers mit Energie führt. Dies macht sich etwa in einer erhöhten Pulsfrequenz, schwitzenden Händen und beschleunigter Atmung bemerkbar. Die Zwei-Faktoren-Theorie besagt, dass die Intensität der Emotion von der Intensität der physiologischen Erregung abhängt. Die Erregung an sich ist aber unspezifisch, d.h. der physiologische Erregungsprozess, der bei Angst, Freude oder Wut abläuft, ist immer derselbe.
- Emotionen entstehen dadurch, dass vor dem Hintergrund der Situation, in der sich das Individuum befindet, eine *kognitive Bewertung (appraisal)* des Auslösers der Erregung erfolgt. D.h., wenn der auslösende Reiz ein gefährlich aussehender kläffender Hund ist, wird die Erregung als Angst interpretiert, wenn man im Zirkus eine Akrobatik-Vorführung verfolgt, wird sie als Spannung interpretiert und bei einem Marathon werden die physiologischen Reaktionen als Glücksgefühl erlebt.

Die Zwei-Faktoren-Theorie wurde in Experimenten zum großen Teil belegt (vgl. *Das Experiment von Schachter und Singer*). Sie zeigt, dass Denken und Fühlen untrennbar verbunden sind, denn erst aufgrund der kognitiven Verarbeitungsprozesse entfaltet sich das Spektrum an Emotionen, das Menschen empfinden können. Allerdings zeigen neuere Untersuchungen auch, dass Erregung nicht beliebig interpretierbar ist, sondern auch von der Art des ausgeschütteten Hormons abhängt. Die Zwei-Faktoren-Theorie wurde mit der *3-Faktoren-Emotionstheorie* um eine zusätzliche sogenannte Erlebenskomponente erweitert (vgl. Kapitel 3.4.3).

Studie

Das Experiment von Schachter und Singer (1962)
Schachter und Singer (1962) untersuchten den Zusammenhang von physiologischer Erhebung und kognitiver Bewertung, indem sie in einem Experiment mehrere Gruppen verglichen, bei denen drei Variablen variiert wurden:
- *Physiologische Erregung:* Gruppe A wird Adrenalin injiziert, welches Herzklopfen etc. bewirkt, Gruppe B erhält ein Placebo, das keine Wirkung hat. Beiden Gruppen wird gesagt, es handle sich um ein Vitaminpräparat.

- *Erklärungsbedürfnis:* Die Gruppe A1 wird darüber informiert, dass die Injektion als Nebenwirkung zu Herzklopfen und schwitzenden Händen führt. Den Gruppen A2 und B wird gesagt, die Injektion habe keine Nebenwirkungen.
- *Emotionale Kognition:* Jeweils die Hälfte der Teilnehmer der Gruppen A1, A2 und B wird mit einer ärgerlichen Versuchsperson (die in Wirklichkeit eine Vertraute des Versuchsleiters ist) zusammengebracht, die sich über das Experiment beschwert. Die andere Hälfte wird mit einer fröhlichen Versuchsperson konfrontiert.
- Die resultierende Emotion wird mit einer Verhaltensbeobachtung beim Zusammensein mit der vermeintlich ärgerlichen/fröhlichen Versuchsperson und mit einem Fragebogen festgestellt.
- *Ergebnisse:* Die Personen aus Gruppe A2, also diejenigen, bei denen eine physiologische Erregung hervorgerufen worden war, die sie sich nicht erklären konnten, ließen sich von der Stimmung der vermeintlichen Versuchsperson „anstecken", d.h. je nachdem, ob sie mit jemand ärgerlichem oder fröhlichem zusammengebracht worden waren, interpretierten sie ihre Erregung als Ärger oder Freude. Bei den Personen, die eine wirkungslose Injektion erhalten hatten bzw. denen erklärt worden war, dass die Injektion physiologische Nebenwirkungen hat, kam es weniger stark zu einer solchen „Gefühlsansteckung". Einschränkend ist zu sagen, dass der Effekt für die Empfindung von Freude geringer war als für die Empfindung von Ärger.

3.4.2 Emotionalisierende Gestaltung von Medien und „Affektfernsehen"

Medien emotionalisieren aufgrund ihrer Inhalte, aber auch durch ihre formale Gestaltung. Der emotionalisierende Effekt der Mediengestaltung wird bei visuellen Medien damit erklärt, dass bestimmte Merkmale wie Bildwechsel, Töne und Bewegungen beim Zuschauer sogenannte „Orientierungsreaktionen" auslösen. Das sind Reaktionen, bei denen die Aufmerksamkeit automatisch auf den Reiz gerichtet wird, der die Reaktion ausgelöst hat. Orientierungsreaktionen gehen mit einer physiologischen Aktivierung, also dem bereits beschriebenen „arousal" einher, der grundlegend für emotionales Erleben ist (Lang 2000). So wirkt sich ein schnelles Tempo von Bildwechseln im Fernsehen oder von akustischen Reizen beim Radio steigernd auf das Erregungsniveau aus. Großaufnahmen, große Bilder und große Bildschirme rufen ebenfalls eine Erregung hervor, da eine große Darstellung gleichzeitig als körperlich nah wahrgenommen wird. Welche emotionalen Eindrücke mit solchen formalen Gestaltungsmitteln erzeugt werden, hängt, wie es die Zwei-Faktoren-Theorie besagt, vom Inhalt des Dargestellten ab: lustige Inhalte, die mit diesen Mitteln dargestellt werden, rufen Heiterkeit hervor, gewalthaltige Inhalte Angst und Abwehr. Farben erzeugen direkt emotionale Eindrücke: Warme, helle und gesättigte Farben erregen stärker als kalte, dunkle und ungesättigte Farben und werden als angenehmer empfunden. Allerdings variieren Farbwahrnehmungen zwischen Kulturen, in denen Farben unterschiedliche Bedeutungen zugeschrieben werden. Auch der Kamerawinkel erzeugt einen unmittelbaren emotionalen Eindruck: Objekte und Menschen, die aus einem Kamerawinkel von unten gezeigt

werden, werden positiver wahrgenommen als Objekte und Personen, die frontal oder von oben gezeigt werden (zusammenfassend in Detenber/Lang 2011).
Während die Emotionalisierung in fiktiven Darstellungen, wie z.B. Spielfilmen, als probates Mittel gilt, um Spannung herzustellen, wird diese für nicht-fiktive Fernsehformate wie Nachrichtensendungen, Talkshows und Reportagen kritisch kommentiert (Winterhoff-Spurk 2004). Bereits seit Mitte der 1990er Jahre ist eine steigende Emotionalisierung nicht-fiktiver Fernsehfomate festzustellen. Bente und Fromm (1997) bezeichneten dieses Phänomen mit dem Begriff „Affektfernsehen". Sie kritisieren, dass Fernsehformate, deren Funktion eigentlich primär in der sachlichen Darstellung von Informationen liegt, sowohl in inhaltlicher wie auch in formaler Hinsicht emotional aufgeladen werden. So zeigen Programm-Analysen von Nachrichtensendungen, dass bereits seit Mitte der 1980er Jahre politische Ereignisse zunehmend konfliktbetont dargestellt und Gewalt häufiger und intensiver bebildert wird. Die Darstellung wird mittels immer kürzerer Einstellungen und Kamerawechsel zunehmend beschleunigt und so zusätzlich emotionalisiert (Höfer 2013). Merkmale des Affektfernsehens nach Bente und Fromm (1997) sind:

- *Personalisierung*, d.h. der Fokus wird auf Einzelschicksale und individuelle Perspektiven gerichtet.
- *Authentizität/Live-Charakter*, d.h. Sendungen geben vor, reale Schicksale in Echtzeit abzubilden.
- *Intimisierung*, d.h. persönliche und private zwischenmenschliche Angelegenheiten werden in der medialen Öffentlichkeit ausgetragen.
- *Emotionalisierung*, d.h. emotionale Momente, Gefühle und emotionales Erleben der gezeigten Personen werden betont und in Großaufnahme gezeigt.

Ausgehend von speziellen Formaten, die vor allem durch die Privatsender eingeführt wurden, lässt sich eine Emotionalisierung entlang der von Bente und Fromm entwickelten Merkmale genre-übergreifend vom Tierfilm bis zur Sportberichterstattung feststellen. Die Grenze zwischen Information und Unterhaltung im Fernsehen verwischt seit den 1990er Jahren zusehends (Winterhoff-Spurk 2005) und macht es für Kinder und Jugendliche schwierig, das Gesehene einzuordnen.

3.4.3 Emotionales Erleben von Medieninhalten

Entwicklungspsychologische Studien zeigen, dass bereits Kinder im Vorschulalter Basisemotionen wie Freude, Traurigkeit und Angst von Film- bzw. Fernsehfiguren unterscheiden können. Ab einem Alter von etwa acht Jahren verstehen Kinder auch komplexe Gefühle wie Eifersucht und können die Gefühle der Figuren richtig wiedergeben, wenn sie eine Filmgeschichte nacherzählen. Dabei erinnern sie sich aber, wie auch jüngere Kinder, weniger gut an die Emotionen von Puppen oder Zeichentrickfiguren als von echten Menschen. Das Verständnis für medial dargestellte Emotionen scheint unmittelbar mit der Empathiefähigkeit der Kinder zusammenzuhängen, die sich ebenfalls ab einem Alter von acht Jahren verstärkt entwickelt. Erst wenn sie ausgebildet ist, beginnen Kinder, sich in Medienfiguren hineinzuversetzen und das Filmgeschehen „mitzufühlen". Dabei fällt es ihnen leichter, sich in Figuren desselben Geschlechts, sowie in realistisch dargestellte Figuren hineinzuversetzen als in weniger realistische Darstellungen. Schwierigkeiten haben Kinder, wenn mehrere Handlungsstränge mit unterschiedlichen Emotionen konnotiert sind, etwa wenn ein negatives Ereignis, wie z.B. ein Erdbeben, von einer humoristischen Nebenhandlung begleitet wird. Das negative Ereignis wird dann oft als weniger gravierend eingeschätzt, und zwar sowohl bezüglich der Filmhandlung als auch bezüglich seiner realen Bedeutung (vgl. Wilson 2008). Weiterhin geht man davon aus, dass Medienfiguren und -handlungen für Kinder auch als Vorbilder für emotionales Verhalten und den Umgang mit Gefühlen dienen können. Vor allem im Zusammenhang mit Bildungsfernsehsendungen wie der *Sesamstraße* konnte gezeigt werden, dass Kinder emotionale Reaktionen, den Umgang mit Emotionen sowie sozio-emotionale Verhaltensmuster von Medienvorbildern übernehmen (Fisch 2014).

Einige der einflussreichsten Theorien zum emotionalen Erleben von Medieninhalten stammen vom Kommunikationswissenschaftler Dolf Zillmann. Er entwickelte die Zwei-Faktoren-Theorie von Schachter und Singer zur *Drei-Faktoren-Emotionstheorie* weiter, um zu erklären, wie Inhalte bei der Medienrezeption emotional verarbeitet werden. Zillmann (2004) geht davon aus, dass emotionales Erleben sich zunächst mehr oder weniger unbewusst aus der Wechselwirkung einer Erregungskomponente und einer verhaltenssteuernden Komponente (Dispositionskomponente) speist, die gemeinsam steuern, wie man spontan auf die Erregung reagiert. Solche spontanen, nicht bewusst gesteuerten Reaktionen auf emotionale Reize sind das Zusammenzucken beim Erschrecken oder das Lachen, wenn etwas Überraschendes passiert. Die Bewusstwerdung und kognitive Reflektion der Emotionen erfolgt in einer dritten, der sogenannten Erlebenskomponente. Die Erlebenskomponente ist für die Beurteilung, Überprüfung und ggf. Korrektur emotionaler Handlungen zuständig (vgl. Abb. 10).

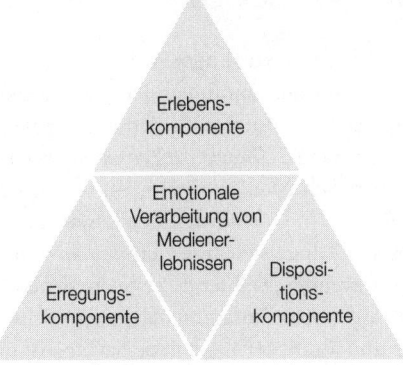

Abb. 10: 3-Faktoren-Emotionstheorie (Zillmann 2004)

Die Differenzierung des Modells in bewusste und un- oder vorbewusste Komponenten ist für die Interpretation emotionaler Vorgänge bei der Rezeption von Medien ausgesprochen hilfreich: So kann man mit ihrer Hilfe die Angst-Lust-Gefühle beim Ansehen gewalthaltiger Filme erklären. Als spontane Reaktion lösen Gewaltdarstellungen zunächst Angst und Abwehr aus. Indem der Zuschauer sich über die Erlebenskomponente jedoch bewusst von dem Gesehenen distanzieren kann (z.B. weil er weiß, dass die Handlung nur gespielt ist), wird es möglich, Gewaltdarstellungen lustvoll als Spannung und Nervenkitzel zu erleben. Dieser Mechanismus ist bereits bei Kindern feststellbar (s.u.).

Auf der Grundlage der Drei-Faktoren-Emotionstheorie formuliert Zillmann (2004) die *Theorie der Erregungsübertragung*, die die Veränderung von Emotionen bei der Medienrezeption in ihrem zeitlichen Verlauf beschreibt. Zillmann nimmt an, dass die drei Faktoren, die das emotionale Erleben steuern, unterschiedliche zeitliche Verläufe haben. Die kognitive Verhaltens- und die Erlebenskomponente reagieren wesentlich schneller als die physiologische Erregung, die nur langsam abgebaut wird. Die physiologische Erregung bleibt also länger erhalten und führt dazu, dass auch nachfolgende Ereignisse emotional erlebt werden. Beim Konsum von Medien, die ein Auf und Ab von erregenden und weniger erregenden Szenen aneinanderreihen, führt dies zu einer dauerhaften Erregung und einem intensiven emotionalen Erleben des medial Dargestellten. Dieser Effekt wird in der medialen Dramaturgie durchaus gezielt eingesetzt, etwa, wenn auf eine gefahrvolle Szene eine lustige folgt und so eine intensive Reaktion der Belustigung erzeugt wird („comic relief"). Bei nicht-fiktiven Sendungen, wie Fernsehnachrichten, kann es aber auch zu ungewollten Erregungsübertragungen kommen, dann wenn ein emotional belastender Beitrag über eine Katastrophe bei nachfolgenden, weniger dramatischen Berichten übermäßige Angstreaktionen hervorruft (Zillmann 2004). Erregungsübertragung ist indessen nicht auf die Medienrezeption beschränkt: medial ausgelöste Erregung kann auch nach dem „Abschalten" auf nachfolgende Alltagssituationen übertragen werden (s.u. *Zehn Thesen zum Zusammenhang von Aggression und Mediengewalt*).

3.4.4 Medien als Mittel zur Stimmungsregulation

Kinder und Jugendliche sind der emotionalisierenden Wirkung von Medien aber nicht einfach nur ausgesetzt, sie nutzen Medien auch gezielt, um Stimmungen zu erzeugen oder zu verstärken. Die *Theorie der Stimmungsregulation* (Zillmann 1988) beschreibt, wie Menschen sich Medien zuwenden, um ihre Stimmung in eine bestimmte Richtung zu lenken. In Untersuchungen konnte gezeigt werden, dass Personen, denen das Gefühl von Langeweile induziert wurde, sich eher spannungsgeladenen Medienangeboten zuwenden, während Personen, denen Stress induziert wurde, beruhigende Angebote aufsuchen (zusammenfassend in Schweiger 2007). Zillmann geht aufgrund solcher und ähnlicher Ergebnisse davon aus, dass Menschen generell bestrebt sind, sich in eine angenehme Stimmung zu versetzen bzw. eine angenehme Stimmung beizubehalten und dazu Medien nutzen. Durch Erfahrung lernen sie, wie bestimmte Medienangebote auf ihren Erregungszustand wirken, so dass sie diese immer gezielter einsetzen können, um einen als angenehm empfundenen mittleren Erregungszustand herzustellen. Weitere Untersuchungen zeigten, dass Prozesse des Stimmungsmanagements nicht nur beim Konsum klassischer Medien wie Fernsehen und Radio, sondern auch bei der Zuwendung zu digitalen Medien, so beim Surfen im Internet und beim Spielen von Computerspielen ablaufen (Knobloch 2002; Ferguson/Rueda 2010). Interaktive Medien wie Computerspiele scheinen dabei eine noch effektivere Form der Stimmungsregulation darzustellen als nicht-interaktive Medien, wie das Fernsehen (Rieger et al. 2015).

Dass bereits Kinder und Jugendliche Medien zur Stimmungsregulation einsetzen, lässt sich an den weiter oben referierten Studien zum Nutzen-und-Belohnungsansatz (vgl. 3.2) ablesen, die gezeigt haben, dass Spaß, Spannung oder das Vertreiben von Langeweile häufig genannte Motive der Mediennutzung von Kindern und Jugendlichen sind. Weiter ist belegt, dass Kinder und Jugendliche Computerspiele zur Ärger- und Stressregulierung nutzen (v. Salisch/Bretz 2003; Ferguson/Olson 2013).

Interessant sind in diesem Zusammenhang die Untersuchungen zur *paradoxen Stimmungsregulation durch Musik* bei Jugendlichen und jungen Erwachsenen (Schorr/Zillmann 2009). In der durch starke Stimmungsschwankungen gekennzeichneten Pubertät nimmt das konzentrierte Musikhören von Jugendlichen stark zu (Larson 1995). Musik erfüllt in diesem Alter vielfältige Funktionen für die Arbeit an der eigenen Identität (vgl. 3.5.2). Mit Bezug auf die Regulierung von Stimmungen, insbesondere der in diesem Alter charakteristischen Phasen depressiver Verstimmung (oder Liebeskummers), wenden Jugendliche sich nun oft jedoch gerade nicht fröhlichen und aufheiternden Musikstücken zu, sondern wählen traurige, zur eigenen Stimmung passende Stücke. Warum dies so ist, ist nicht vollständig geklärt. Eine Erklärung bezieht sich auf die Rolle sozialer Vergleichsprozesse: Im Interpreten des Lieds finden die Jugendlichen einen Seelenverwandten, dem es genauso schlecht oder möglicherweise sogar noch schlechter geht, was als tröstlich und beruhigend empfunden wird (Schorr/Zillmann 2009).

3.4.5 Emotionale Verarbeitung von Mediengewalt bei Kindern und Jugendlichen

Die Untersuchung der Auswirkungen von Mediengewalt gehört zu den prominentesten Gebieten der Medienpädagogik – werden mit Mediengewalt doch von Angstreaktionen bis zu aggressivem Verhalten vielfache schädliche Wirkungen auf Kinder und Jugendliche verbunden, die pädagogische Maßnahmen notwendig erscheinen lassen. Die Forschung zur angstauslösenden Wirkung von Mediengewalt bzw. verstörender Inhalte zeigt zunächst, dass diese an die emotionale Verarbeitung solcher Inhalte gebunden ist, die ebenso wie Verständnis, Aufmerksamkeit und Informationsverarbeitung (vgl. 3.3) vom Entwicklungsstand der Kinder abhängt. Kinder im Vor- und frühen Grundschulalter (zwei bis sieben Jahre) reagieren ängstlich auf Figuren, die aufgrund ihrer äußeren Erscheinung und Stimme Angst auslösen (Cantor 2012). Typische angstbesetzte Figuren sind in diesem Alter z.B. Monster, Gespenster und Hexen. Figuren, bei denen ein gutartiger Charakter mit einem furchterregenden Äußeren kombiniert wird (wie z.B. die Figur E.T. oder Hulk, vgl. Abb. 11), werden von ihnen nur schwer als positive Protagonisten erkannt (Wilson 2008).

Abb. 11: Die freundliche Fernsehfigur HULK kann bei Kindern aufgrund ihres erschreckenden Äußeren Angst auslösen

Bei älteren Kindern und Jugendlichen lösen vor allem Darstellungen, die Gewalt, Verletzungen und persönliches Leiden zeigen, Angst und Abwehr aus. Ab diesem Alter wird auch der Realismus der Darstellung zunehmend relevant. Fast jedes Grundschulkind kann über Medienerfahrungen berichten, die ihm Furcht eingejagt haben, wobei von einem Teil der Kinder auch länger anhaltende medieninduzierte Angstsymptome wie Schlafstörungen und Stressreaktionen berichtet werden (Wilson 2008). In einer Studie mit jungen Erwachsenen konnten sich 90 % der Befragten an eine Film- oder Fernsehszene erinnern, die sie als Kind nachhaltig in Angst versetzt hat (Harrison/Cantor 1999). Durch die Präsenz von Gewaltdarstellungen im Internet hat der Kontakt von Kindern und Jugendlichen mit diesen in der Tendenz zugenommen (s.u. *Gewalt im Web 2.0*).

Mediengewalt muss aber nicht allein negativ konnotiert sein. Bereits Kinder verfügen über die Fähigkeit, sich, wie oben beschrieben, von Gewaltdarstellungen zu distanzieren und diese lustvoll als Spannung zu erleben. Dies gilt allerdings nur, wenn das Ausmaß der dargestellten Gewalt unterhalb einer individuellen vom Kind tolerierten Schwelle liegt, wenn es sich der angstbesetzten Situation freiwillig aussetzt und diese in einem vertrauten Rahmen erlebt (Moser 2006a). Darüber hinaus werden Gewaltdarstellungen dann eher positiv erlebt, wenn sie wenig realistisch sind und glücklich ausgehen bzw. positiv überwunden werden (Hoffner/Levine 2005).

Mit steigendem Alter und sich entwickelnden Strategien der Emotionsregulation können Gewaltdarstellungen in den Medien immer besser verarbeitet werden (Hoffner/Levine 2005) und werden von Jugendlichen teilweise bewusst aufgesucht. So stellen Meister et al. (2008) auf der Grundlage einer breit angelegten Fragebogenbefragung und ergänzenden Interviewuntersuchungen mit Jugendlichen im Alter von zwölf bis zwanzig Jahren fest:
- Mediale Gewalt gehört zum alltäglichen Repertoire des Medienkonsums von Jugendlichen.
- Mediale Gewalt wird dann als unterhaltend empfunden, wenn sie als realitätsfern eingestuft wird, etwa bei Horrorfilmen oder gewalthaltigen Computerspielen, bei denen den Jugendlichen klar ist, dass die dargestellte Gewalt inszeniert ist.
- Unterschiedliche Gruppen von Jugendlichen wenden sich gewalthaltigen Medienangeboten mehr oder weniger intensiv zu (vgl. dazu die Ausführungen zu Aggression und Mediengewalt weiter unten).
- Die Nutzung medialer Gewalt ist sozial eingebunden, indem die Jugendlichen sich vor allem unter Gleichaltrigen über das Gesehene austauschen und einander darin unterstützen, Gewaltdarstellungen einzuordnen und zu bewerten.

Anders als bei fiktiver Gewalt zeigen Studien, dass Nachrichtensendungen, in denen reale Gewalt dargestellt wird, für ältere Kinder und auch Jugendliche belastend und angstauslösend sind, sobald sie verstehen, dass sich dort gezeigte Gewalttaten wirklich zugetragen haben. Dieser Effekt ist umso stärker, je unmittelbarer betroffen sich Kinder und Jugendliche von dem Berichteten fühlen (Smith/Wilson 2002). Weiter wird die angstauslösende Wirkung von Nachrichten dadurch verstärkt, dass diese immer emotionalisierender gestaltet werden (s.o. Affektfernsehen).

Neben Film und Fernsehen begegnen Kindern und Jugendlichen Gewaltdarstellungen zunehmend auf Webseiten, auf Videoplattformen und in sozialen Netzwerken im Internet (vgl. *Gewalt im Web 2.0*).

Studie

Gewalt im Web 2.0
Die Studie „Gewalt im Web 2.0" (Grimm et al. 2008), eine repräsentative Befragung von Kindern und Jugendlichen, zeigt, dass ein Viertel der 12- bis 19-Jährigen, die das Internet nutzen, schon einmal Gewalt im Netz gesehen hat. Fast doppelt so viele und damit fast die Hälfte der 12- bis 19-Jährigen gibt an, Freunde oder Mitschüler zu haben, denen gewalthaltige Seiten bekannt sind. Unter den Kindern und Jugendlichen, die bereits gewalthaltige Inhalte gesehen haben, ist der Konsum fiktionaler Gewalt, wie Bilder aus Horrorfilmen (81,7%), Gewalt in Spielfilmen (73,3%) oder nachgestellte extreme Gewalt (66,8%) verbreiteter als der Konsum realer Gewalt. Dennoch ist auch der Anteil der Befragten, die angeben, Fotos bzw. Videos mit Darstellungen von Krieg, Folter oder Hinrichtungen (42,3%) sowie von echter extremer/brutaler Gewalt (40,6%) gesehen zu haben, hoch.

> Kinder und Jugendliche beziehen ihre Informationen über solche Seiten vor allem von Freunden oder aus der Clique. Jungen sind insgesamt häufiger als Mädchen mit Gewalt im Netz konfrontiert. Je älter die Kinder und Jugendlichen sind, desto häufiger kennen sie gewalthaltige Internetseiten bzw. bekommen unverlangt verstörende Videos zugesandt (Grimm et al. 2008; MPFS 2014).

In Interviews zur Wirkung gewalthaltiger Inhalte im Internet berichten Kinder und Jugendliche von starken emotionalen Reaktionen wie Ekel, Schock und Angst, zum Teil auch von Albträumen und länger anhaltenden körperlichen Reaktionen. Gewaltvideos sind besonders dann schwer zu bewältigen, wenn sie extreme Gewalt bzw. Verletzungen (Enthauptungen, Tötungen, Selbstverstümmelungen) zeigen (Grimm et al. 2008). Besonders belastend wirkt, wie bereits für Fernsehnachrichten erwähnt, das Wissen bzw. die Vermutung, dass es sich bei den gezeigten Szenen um reale Gewalt handelt (EU Kids Online 2014). Grimm et al. (2008) kommen zu dem Schluss, dass Gewaltdarstellungen im Internet deutlich belastender wirken als Gewalt in den klassischen Massenmedien. Hierzu tragen fünf Aspekte bei:

- die Intensität,
- die (reale oder vermeintliche) Authentizität,
- die Kontextlosigkeit,
- die Anonymität und
- die allgegenwärtige Verfügbarkeit im Internet erhältlicher Gewaltdarstellungen.

Wir nehmen an, dass insbesondere die Aspekte Authentizität, Kontextlosigkeit und Anonymität die kognitive Distanzierung vom Gesehenen erschweren bzw. unmöglich machen. Die Gewaltdarstellungen können deshalb nicht, wie in der 3-Faktoren-Theorie beschrieben, marginalisiert oder umgedeutet werden. Die allgegenwärtige Verfügbarkeit trägt darüber hinaus dazu bei, dass Gewaltdarstellungen im Internet unfreiwillig und außerhalb eines vertrauten Rahmens rezipiert werden. Dies ist jedoch gerade bei Kindern essentiell für eine positive Verarbeitung medialer Gewalt.

Neben emotionaler Belastung wird das Hauptrisiko von medialen Gewaltdarstellungen darin gesehen, dass sie aggressives und antisoziales Verhalten befördern. Aus medienpädagogischer bzw. -psychologischer Sicht ist dies aber nur *eine* mögliche Wirkung von Mediengewalt. Es wurden in der Vergangenheit auch Argumente dafür vorgebracht, dass Mediengewalt aggressives Verhalten herabsetzen könnte. Zur Veranschaulichung des weiten Felds von Theorien zur Wirkung von Mediengewalt werden nachstehend zehn prominente Thesen gegenübergestellt (vgl. *Zehn Thesen zum Zusammenhang von Aggression und Mediengewalt*).

Medien und Emotion: Lust, Angst, Aggression | 73

Diskussion

Zehn Thesen zum Zusammenhang von Aggression und Mediengewalt
1. *Katharsisthese:* Beim Anschauen von Gewaltdarstellungen in den Medien kann der menschliche „Aggressionstrieb" ausgelebt werden. Dadurch wird reale Aggression gemindert.
2. *Inhibitionsthese:* Mediengewalt löst Angst aus und hemmt deshalb die Bereitschaft zu aggressiven Handlungen.
3. *Habitualisierungsthese:* Die dauerhafte Rezeption von Mediengewalt führt zu Abstumpfung. Mediengewalt, aber auch reale Gewalt wird zunehmend als „normal" wahrgenommen. Damit wird die Schwelle für aggressives Verhalten herabgesetzt (z.B. Grimm 1996).
4. *Suggestionsthese:* Das Anschauen von Gewaltdarstellungen animiert zum Nachahmen des Gesehenen.
5. *Stimulationsthese/Priming-These:* Das Ansehen von Mediengewalt aktiviert bereits vorhandene aggressive Gefühle oder Gedanken.
6. *Frustrations-Aggression-These:* Medialer Gewaltkonsum steigert aggressives Verhalten in bestimmten Situationen, z.B. wenn die Person frustriert ist und eine Verbindung zwischen der gezeigten Gewalt und ihrer eigenen Situation herstellt.
7. *Rechtfertigungsthese:* Aggressive Personen wenden sich verstärkt gewalthaltigen Medieninhalten zu, weil sie dort Medienvorbilder finden, die sich ähnlich verhalten wie sie selbst und deren Gewaltverhalten als „normal" oder gerechtfertigt dargestellt wird.
8. *Theorie der Erregungsübertragung:* Beim Anschauen von Gewaltdarstellungen entsteht physiologische Erregung, die auch nach dem Ende der Medienrezeption noch eine Weile andauert. Das kann dazu führen, dass direkt im Anschluss an das Ansehen von Mediengewalt aggressives Verhalten gezeigt wird (vgl. 3.4.3).
9. *Theorie des sozialen Lernens:* Beim Beobachten von Mediengewalt findet eine Art Modell-Lernen statt. Wenn Gewalt belohnt wird, steigt die Bereitschaft beim Zuschauer, das gezeigte Verhalten nachzuahmen, wenn sie bestraft wird, sinkt die Bereitschaft zur Nachahmung. Ob das aggressive Verhalten aber tatsächlich nachgeahmt wird, hängt noch von einer Reihe weiterer Faktoren ab (z.B. der Fähigkeit, das Modell nachzuahmen, der Verfügbarkeit der (Gewalt-)Mittel, der positiven Darstellung des Modells bzw. der wahrgenommenen Ähnlichkeit mit dem Modell).
10. *Wirkungslosigkeitsthese:* Mediengewalt hat keine Auswirkungen auf reales Verhalten.

(zusammengefasst nach Friedrich 2013; Früh und Brosius; 2008; Möller 2011)

Die Übersicht macht deutlich, wie kontrovers die Wirkung von Mediengewalt bis heute diskutiert wird. Die Vielzahl verschiedener und teilweise widersprüchlicher Thesen rührt auch daher, dass man einerseits kurzzeitige Wirkungen betrachtet, wie z.B. in der Theorie der Erregungsübertragung oder in der Katharsisthese, und andererseits langfristige Wirkungen erklären möchte, wie das in der Habitualisierungsthese der Fall ist. Auch muss unterschieden werden, ob sich die aggressionssteigernde Wirkung auf aggressive Gedanken, auf Gefühle oder auf aggressives Verhalten bezieht. Ein umfassendes Modell, das die kurz- und langfristige Wirkung von Mediengewalt auf Kognitionen, Emotionen und Verhalten integriert, ist das *General Aggres-*

sion Model von Anderson und Bushman (2002). Dieses Modell geht davon aus, dass Mediengewalt kurzzeitig aggressive Gedanken, feindselige Gefühle und physiologische Erregung auslöst, die, je nachdem, in welcher Stimmung sich das Individuum befindet und wie die aggressiven Gedanken, Gefühle und Erregung kognitiv bewertet werden, in impulsive oder überlegte Handlungen umgesetzt werden können (vgl. Abb. 12 oben). Erlebt das Individuum in den Medien wiederholte positive Rückmeldungen nach aggressivem Verhalten, führt dies zur Ausbildung aggressionsbezogener Gedächtnisstrukturen und damit zu aggressiven Einstellungen, Wahrnehmungs- und Erwartungsschemata, Verhaltensskripts und einer generellen Desensibilisierung gegenüber Gewalt (vgl. Abb. 12 unten).

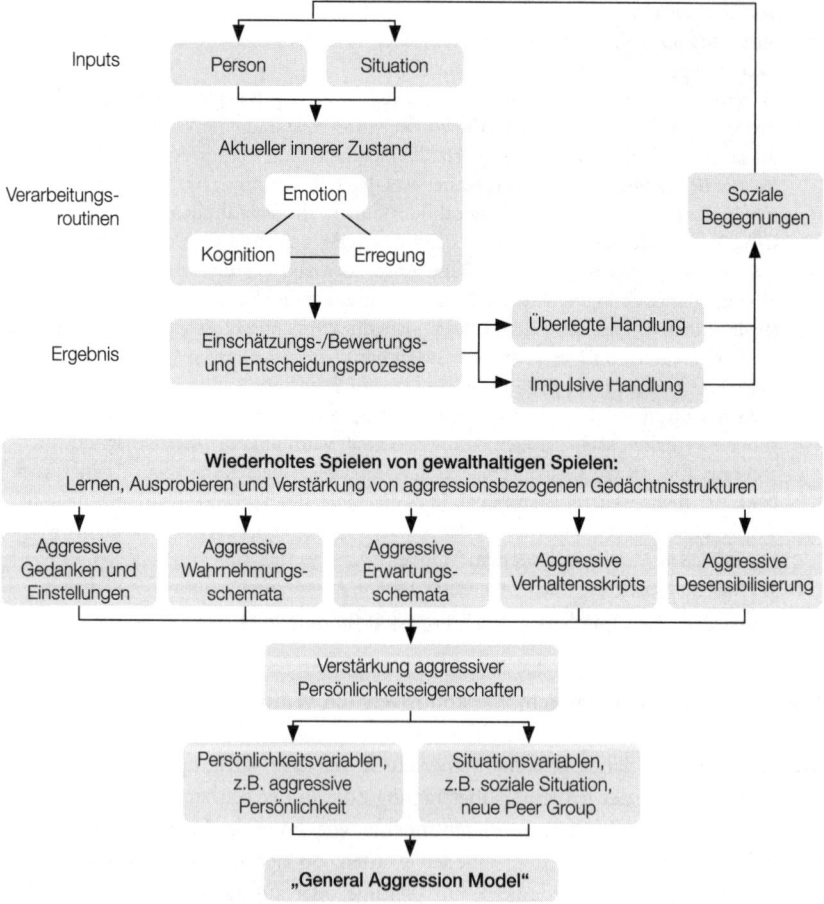

Abb. 12: General Aggression Model (s. Früh/Brosius 2008, 189)

Zum Zusammenhang zwischen dem Konsum von Mediengewalt und aggressivem Verhalten wurde seit den 1960er Jahren eine Fülle von Untersuchungen durchgeführt, die von experimentellen Laborstudien bis zu repräsentativen Befragungen reichen. Auf dieser Grundlage kann zunächst festgestellt werden, dass heute kaum noch ein Zweifel daran besteht, dass Gewaltdarstellungen in den Medien negative Auswirkungen auf das Aggressionspotenzial von Kindern und Jugendlichen haben (Friedrich 2013; Prot et al. 2014). Relative Einigkeit besteht darüber, dass kurzzeitige Effekte besser belegt sind als langfristige und dass die Belege für die Wirkung auf aggressive Gedanken und Gefühle überzeugender sind als die für die Wirkung auf Verhalten (Prot et al. 2014). Friedrich (2013) unterscheidet vier Faktorenbündel, die in der Forschung untersucht werden, um Reichweite und Stärke von Medieneffekten zu ermitteln:

- *Inhalt und Form der Medieninhalte:* Audiovisuelle Medien scheinen besonders dann aggressionssteigernd zu wirken, wenn der Täter attraktiv und die Gewalt realitätsnah und als gerechtfertigt dargestellt wird. Weiterhin wirkt Mediengewalt sich steigernd auf das Aggressionspotenzial von Zuschauern aus, wenn sie belohnt bzw. nicht sanktioniert wird, ihre Konsequenzen verharmlost werden und dem Opfer kein sichtbarer Schaden zugefügt wird (Friedrich 2013; Kunczik/Zipfel 2004).
- *Situative Faktoren:* Merkmale der Rezeptionssituation sind insbesondere für die kurzzeitige Wirkung von Mediengewalt relevant. So wirkt sich Mediengewalt eher aggressionsteigernd aus, wenn der Rezipient verärgert, gestresst, frustriert oder erregt ist (Friedrich 2013).
- *Soziale Bedingungen:* Hinsichtlich sozialer Bedingungen kristallisieren sich in der Forschung bestimmte Risikogruppen heraus. Hierbei handelt es sich um Kinder und Jugendliche aus sozial benachteiligten Familien, die in ihrem Alltag in der Familie oder der Schule Gewalt erfahren, in deren Familien ein hoher Fernsehkonsum sowie eine geringe Regulierung mit Bezug auf Mediengewalt zu verzeichnen ist, die einen devianten Freundeskreis mit gewaltbejahenden Normen haben oder die sich von Familie, Schule und Freunden entfremdet fühlen (Kunczik/Zipfel 2004; Meister et al. 2008).
- *Personenmerkmale:* Schließlich gelten bestimmte Personenmerkmale als Risikofaktoren. Hierzu gehören eine persönlichkeitsbedingte Neigung zu aggressivem Denken und Verhalten (*trait aggressiveness*), eine ausgeprägte Neigung zu *sensation seeking* (dem Bedürfnis nach Abwechslung und neuen Erlebnissen um Spannungsreize zu erfahren), leichte Erregbarkeit, geringe Empathie und Frustrationstoleranz sowie ein instabiles Selbstwertgefühl (Friedrich 2013). Häufig wird weiterhin festgestellt, dass Jungen, sowie Jugendliche im mittleren Pubertätsalter sich stärker gewalthaltigen Medien zuwenden und infolge des Medienkonsums gewaltbereit erscheinen (Kunczik/Zipfel 2004, v. Salisch 2011). Allerdings ist die Forschungslage hierzu uneindeutig (Friedrich 2013).

Gerade mit Blick auf Personenmerkmale und soziale Bedingungen wird kritisch infrage gestellt, inwiefern der Konsum von Mediengewalt hier wirklich ursächlich für aggressives Verhalten ist, oder ob die eigentliche Ursache nicht vielmehr in einer ungünstigen Konstellation von Lebensumständen und Persönlichkeitsmerkmalen zu suchen ist (z.B. Ferguson 2007). Dazu ist zu sagen, dass bei der Entstehung aggressiven Verhaltens generell ein multikausales Wirkmodell angenommen wird – aggressives Verhalten also nie nur auf eine einzige Ursache zurückgeführt werden kann. Gewaltmedienkonsum wird in diesem Kontext als einer von mehreren Risikofaktoren gesehen, der weitere Risikofaktoren verstärkt und durch Schutzfaktoren, wie einem stabilen sozialen Netz, einer effektiven Selbstregulation oder einer positiven Beziehung zu Bezugspersonen gemindert werden kann (Friedrich 2013).

3.5 Medien und Sozialisation: Aufwachsen mit Medien

In den vorangegangenen Kapiteln haben wir, einer medienpsychologischen Sichtweise folgend, vor allem Fragen nach den motivationalen, kognitiven und emotionalen Prozessen bei der Medienrezeption besprochen. Dabei haben wir vorrangig eine individualpsychologische Perspektive eingenommen. Die Einbettung der Mediennutzung in einen sozialen Kontext, aus dem heraus bestimmte Nutzungsweisen entstehen und auf den die Mediennutzung auch zurückwirkt, stand bisher nicht im Fokus der Betrachtung. Es ist in den vorangegangenen Kapiteln aber bereits verschiedentlich angeklungen, dass die Art und Weise der Mediennutzung entscheidend auch durch das soziale Umfeld, z.B. durch Familie und Freunde, und die persönlichen Lebensbedingungen geprägt wird.
Die Forschung zur Mediensozialisation richtet genau hierauf ihren Fokus. Sie untersucht die Mediennutzung von Kindern und Jugendlichen im Kontext ihres sozialen Umfelds. In diesem Kapitel wählen wir aus der Fülle mediensozialisatorischer Ansätze zwei theoretische Konstrukte aus, um die Herangehensweise und die Ergebnisse der Mediensozialisationsforschung exemplarisch zu verdeutlichen: das Konstrukt der *Medienaneignung* nach Theunert und Schorb (2004) und die Rolle von Medien im Rahmen von sozialisatorischen *Entwicklungsaufgaben* (Fleischer/ Grebe 2014; Vogelsang 2014). Am Ende dieses Kapitels gehen wir schließlich der Frage nach, inwiefern sich soziale Ungleichheit durch Unterschiede in der Mediennutzung möglicherweise noch vergrößert. Einen solchen Zusammenhang postuliert die sogenannte Wissenskluft-Hypothese, die heute auch unter dem Stichwort *digitale Ungleichheit (digital divide)* diskutiert wird.

3.5.1 Mediensozialisation und Medienaneignung

Sozialisation kann definiert werden als „eine Folge von aktiven Prozessen einer Auseinandersetzung des Menschen mit seiner symbolischen, sozialen und materiellen Umwelt sowie mit sich selbst." (Vollbrecht 2014, 115). Sozialisation wird auch als durch die Gesellschaft vermittelter Lernprozess beschrieben, durch den das Individuum in der Gesellschaft oder Kultur sozial handlungsfähig, d.h. befähigt wird, am sozialen Leben teilzunehmen und die eigene Entwicklung mitzugestalten (Vollbrecht 2014).

Dass Medien in der Sozialisation von Heranwachsenden eine bedeutende Rolle spielen, ist unumstritten. Neben den klassischen Sozialisationsinstanzen Familie, Schule und Peergroup stellen sie eine weitere Größe dar, die andere Instanzen ergänzt und durchdringt. Rhein (2013) schreibt ihnen zahlreiche sozialisatorische Funktionen zu: Sie bieten Zugehörigkeits- und Identitätsoptionen an; sie schaffen Räume, in denen diese ausgelebt werden können; sie erweitern das Spektrum an Kommunikations- und Teilhabemöglichkeiten für Kinder und Jugendliche und stoßen Prozesse der Individualisierung und zunehmenden kulturellen Pluralisierung an. Wie dies genau aussehen kann, wird im Zusammenhang mit der Erörterung von Medien im Kontext von Entwicklungsaufgaben im Kinder- und Jugendalter ausführlicher dargestellt.

Mediensozialisation verstehen wir, dem eingangs dargestellten interaktionstheoretischen Verständnis von Sozialisation folgend, als aktive und sinngebende Auseinandersetzung des Menschen mit seiner durch Medien geprägten Umwelt (Vollbrecht 2014). Das Konstrukt „Medienaneignung" ist ein Teilaspekt der Mediensozialisation, mit dem dieser Auseinandersetzungsprozess genauer beschrieben wird:

> **Definition**
>
> [Medienaneignung] wird als komplexer gesellschaftlich, lebensweltlich und von der Medienwelt gerahmter Prozess gefasst, in dem das Subjekt sich aktiv mit den medialen Gegebenheiten auseinandersetzt sowie sein Handeln mit und in Medien und seine eigenen Lebensvollzüge in Sinnzusammenhänge stellt (Theunert 2014, 215).

Die Aneignung von Medien wird als ein kontinuierliches Wechselspiel zwischen Medienerfahrung und Lebenswelt eingestuft. Im Prozess der Medienaneignung passt das Individuum sich also nicht passiv den Medienerfahrungen an, sondern nimmt aktiv gestaltend Medienerfahrungen in seine Lebensgestaltung auf (Theunert 2010). Es trägt seine persönlichen und sozialen Lebenszusammenhänge an die Medien heran und entwickelt sich in der Auseinandersetzung mit Medien weiter. Nach Theunert und Schorb (2004, s. auch Theunert 2015) umfasst der Aneignungsprozess drei Dimensionen, die auch als zirkulärer Prozess gedacht werden können (vgl. Abb. 13).

Medien in der Lebenswelt von Kindern und Jugendlichen

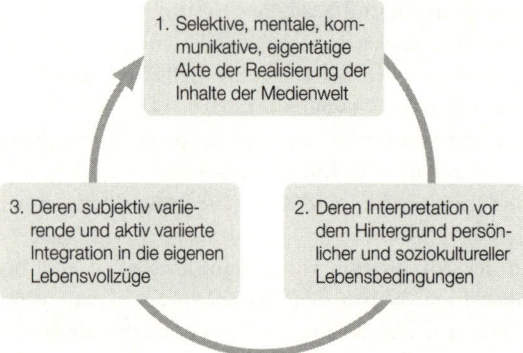

Abb. 13: Dimensionen der Medienaneignung nach Theunert

Theunert (2015) unterscheidet vier „Stationen" der Medienaneignung in der Kindheit, die Kinder vom Säuglings- bis ins frühe Jugendalter durchlaufen:

1. Station: Medien registrieren und Medienverhalten imitieren: Basierend auf Studien zur frühen Medienwahrnehmung und Interaktion ist die erste Station der Medienaneignung dadurch gekennzeichnet, dass schon Säuglinge sich Medienreizen zuwenden (vgl. 3.3) und dass sie im Kleinkindalter das Medienverhalten Erwachsener nachahmen, z.B. indem sie in Büchern blättern („lesen") oder auf die Tasten der Computertastatur drücken („schreiben"). Ein solches „Begreifen" der Medien, auch und gerade mit den familiären Bezugspersonen, mit denen Medien gemeinsam rezipiert werden, schafft die Grundlage für die darauf aufbauenden Aneignungsprozesse in nachfolgenden Lebensphasen.

2. Station: Medienangebote entdecken: Mit dem Erreichen des Kindergartenalters treten Kinder in eine neue Phase ein, in der sie sich mit Funktionen und Inhalten von Medien auseinandersetzen. Sie rezipieren zunehmend aktiv die dargebotenen Medienbotschaften und ordnen diese in ihre Lebensvollzüge ein. Die in Kapitel 3.3 beschriebenen Prozesse der zunehmend sicheren Entschlüsselung der Bildschirmsprache und der Entwicklung eines Medialitätsbewusstseins kennzeichnen diese Phase der Medienaneignung.

3. Station: Medien in den Alltag integrieren: Das Vorschul- und frühe Grundschulalter sind nach Theunert dadurch charakterisiert, dass Kinder Medienangebote zunehmend bewusst nutzen, um ihr Alltags- und Weltwissen zu erweitern. In diese Phase fallen die Identifikation und Auseinandersetzung mit Medienfiguren und Medienhelden, auf die weiter unten im Zusammenhang mit der Rolle von Medien zur Bearbeitung von Entwicklungsaufgaben noch ausführlicher eingegangen wird. In dieser Phase gewinnt auch der handelnde Umgang mit Medien an Bedeutung, in dem Sinn, dass Medien nun interaktiv im Rahmen von Computerspielen sowie produktiv und kommunikativ zur Gestaltung eigener Medienbotschaften und zur Selbstdarstellung in sozialen Netzwerken genutzt werden.

4. Station: Die vernetzte Medienwelt ausloten und in Besitz nehmen: Die letzte Station zeichnet sich durch ein intensives und expandierendes Mediennutzungsverhalten aus. Über die Rezeption von Inhalten hinausgehend, werden Medien zunehmend vielfältig zur Information und Unterhaltung, Kommunikation und Begegnung genutzt und damit integraler Bestandteil des kindlichen Lebensraums.
Im Rahmen von Studien zur Medienkonvergenz (vgl. 3.1 und 3.2) untersuchen Wagner und Theunert (2006, s. auch Theunert 2010) darüber hinaus, wie Aneignungsprozesse unter den Bedingungen einer konvergenten Medienwelt ablaufen. Sie analysieren an Fallbeispielen die medienübergreifende Verwobenheit von Aneignungsprozessen und ihrer sozialen Einbettung. Das Praxisbeispiel *Yvonne* gibt hier einen Eindruck von der Medienaneignung Jugendlicher kurz nach der Jahrtausendwende.

Praxisbeispiel

Fallbeispiel „Yvonne"
„Yvonne ist von der Fernsehserie ‚Charmed' begeistert. Ihre Mutter, die wusste, dass sie früher gern ‚Buffy', eine thematisch ähnliche Serie, gesehen hat, hat sie auf die Serie aufmerksam gemacht. Yvonne sieht ‚Charmed' regelmäßig und nimmt die Serie immer auf Video auf. Die Videos verleiht sie auch an Freundinnen. Seit kurzem besitzt Yvonne einen DVD-Player. Sie hat ihn als Dreingabe zu einem Handy-Vertrag bekommen, den sie nur deswegen abgeschlossen hat, denn ein Handy hatte sie bereits. Nun wünscht sie sich die kompletten Staffeln auf DVD. Den Hinweis dazu hat sie aus dem Internet, wo sie regelmäßig nach Bildern und Informationen zur Serie und den zugehörigen Schauspielerinnen sucht. Ebenfalls im Internet, aber auch im Fernsehen hat sie Verweise auf den Klingelton wahrgenommen, doch ihr gefällt der Buffy-Klingelton immer noch besser. Aus Zeitschriften schneidet Yvonne noch Artikel, Poster und Bilder aus und heftet sie, genauso wie das Material, das sie aus dem Internet holt, fein säuberlich in Ordnern ab." (Theunert 2010, 130f.)

Anhand solcher Fallbeispiele konnten Wagner und Theunert (2006) fünf Typen von jugendlichen Nutzern identifizieren, die sich konvergente Medienangebote aus ihren individuellen Interessen und sozialen Hintergründen heraus je unterschiedlich aneignen:
Typ 1 – Außengeleitete Mediennutzer: Jugendliche, die dieser Gruppe angehören, nutzen Medien meist rezeptiv und konzentrieren sich auf die leicht zugänglichen Angebote. Die Rezeption von Fernsehsendungen ist für sie zentral, daneben hören sie Musik und spielen Computerspiele. Die Mediennutzung steht für sie in einem sozialen Kontext. Freunde und Familie sind bei der Auswahl des Medienangebots besonders wichtig, Medien werden rezipiert, um in der Peergroup mitreden zu können. In dieser Gruppe waren jüngere Jugendliche und Jugendliche aus Familien aus einem niedrigen Bildungsmilieu überrepräsentiert.
Typ 2 – Integrierende Mediennutzer: Bei Jugendlichen dieser Gruppe kreist die Mediennutzung um ein spezielles identitätsstiftendes Interesse oder Hobby. Sie nutzen Medien, um Informationen zu „ihrem" Thema zu beschaffen. Das Fernsehen und

das Internet sind hierfür zentrale Medien, die für sie neben der Informations- auch eine soziale Funktion haben. Zu dieser Gruppe zählten eher ältere und eher männliche Jugendliche.

Typ 3 – Expandierende Mediennutzer: Dieser Gruppe wurden ebenfalls überwiegend ältere Jugendliche zugerechnet, die über Rollenspiele, Filme und Bücher in mediale Phantasiewelten eintauchen (wie etwa „Herr der Ringe"). Das für sie bedeutsamste Medium ist das Internet, wo sie sich an entsprechenden Communities beteiligen und dort auch soziale Kontakte knüpfen und pflegen.

Typ 4 – Missionierende Mediennutzer: Jugendliche dieses Typs identifizieren sich stark mit einer bestimmten medialen Jugendkultur (z.B. Mangas) und nutzen Medien in diesem Kontext vielfältig zur Rezeption, Information, zum Spielen und zur Kommunikation. Für diese Gruppe ist die Mediennutzung im Kontext einer realen oder virtuellen Peergroup besonders wichtig. In soziodemographischer Hinsicht war hier keine Gruppe besonders deutlich überrepräsentiert.

Typ 5 – Kreative Mediennutzer: Das Spezifikum dieses Typs liegt darin, dass er Medien stärker als die anderen Typen nutzt, um eigene Medienangebote zu erstellen. Er tut dies im Kontext bestimmter, identitätsstiftender Interessen oder um Anerkennung in seiner Peergroup zu erlangen. Dabei hebt er sich durch Originalität und Unkonventionalität gleichzeitig von seiner Peergroup ab. Er nutzt Medien vielfältig, rezeptiv und informativ, zum Spielen und zur Kommunikation. Dieser Typ kam eher selten vor, in ihm fanden sich eher ältere Jugendliche mit höherem Bildungshintergrund.

Studien wie diese verdeutlichen, dass die Art und Weise, wie Kinder und Jugendliche Medien nutzen und welchen Medien sie sich mit welcher Intensität zuwenden, in enger Beziehung mit ihrer sozialen Lebenswelt gesehen werden muss. Dabei spielen auch soziodemografische Merkmale wie Geschlecht (vgl. 3.1.2) und Bildungsmilieu eine Rolle. Hierauf gehen wir am Ende dieses Kapitels ausführlicher ein.

3.5.2 Die Rolle von Medien bei der Bearbeitung von Entwicklungsaufgaben

Das Konzept der Entwicklungsaufgabe wurde von dem amerikanischen Pädagogen Robert James Havighurst eingeführt. Havighurst (1956) geht davon aus, dass sich Sozialisationsprozesse über die Lebensspanne als eine Folge zu bearbeitender Aufgaben beschreiben lassen. Die gelungene Bewältigung solcher Entwicklungsaufgaben ist dabei jeweils Voraussetzung für die Bewältigung späterer Entwicklungsaufgaben und führt zu gesellschaftlicher Akzeptanz und Integration. Das Nicht-Bewältigen von Entwicklungsaufgaben dagegen kann zu sozialer Ausgrenzung und Schwierigkeiten bei späteren Entwicklungsaufgaben führen.

> **Definition**
>
> „Entwicklungsaufgaben sind Sozialisationsziele, die in bestimmten Altersabschnitten, bei bestimmten Übergängen in der Biographie zur Bewältigung anstehen." (Süss et al. 2010, 41).

Entwicklungsaufgaben ergeben sich nach Havighurst (1956) aus drei Quellen: der körperlichen Reifung, äußeren kulturellen und gesellschaftlichen Erwartungen sowie seinen individuellen Zielsetzungen und Werten. Havighurst (1972) formulierte Entwicklungsaufgaben über den gesamten Lebensverlauf von der frühen Kindheit bis in das späte Erwachsenenalter, wobei er sich an der US-amerikanischen Mittelschicht orientierte (vgl. Abb. 14). Fleischer und Grebe (2014) weisen darauf hin, dass das Stufenmodell normativ vorgegebene Entwicklungsaufgaben nahelege. Havighurst hielt aber individuelle, persönliche Zielsetzungen bei der Wahl und Bearbeitung von Entwicklungsaufgaben für mindestens genau so wichtig.

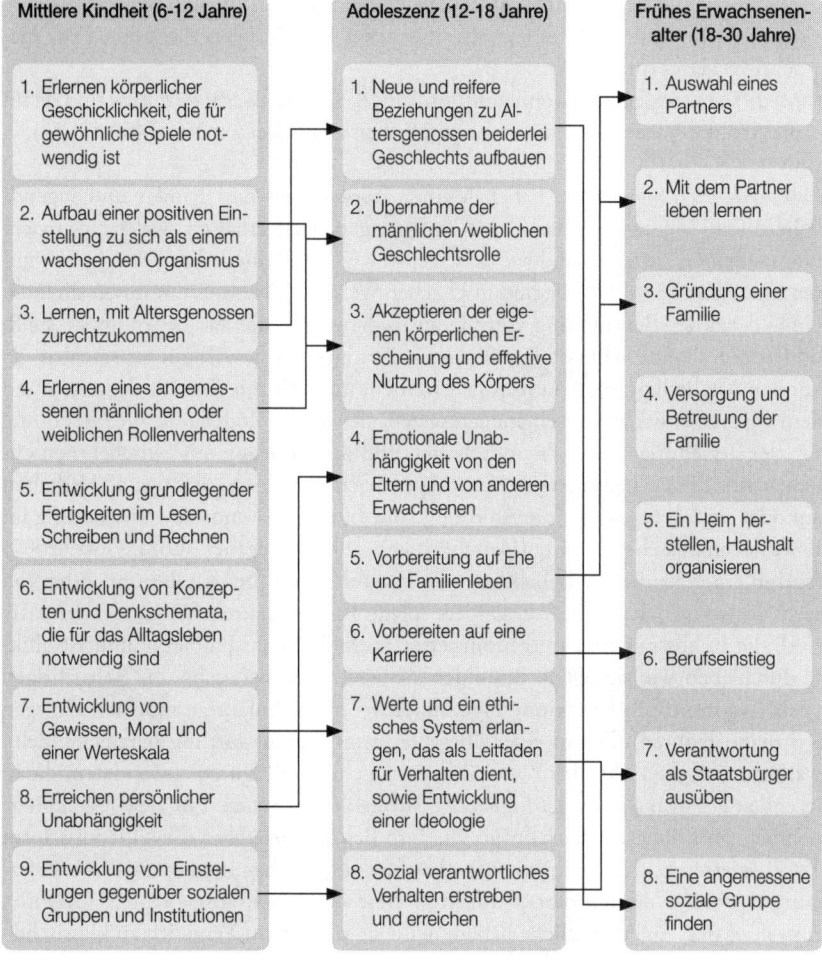

Abb. 14: Entwicklungsaufgaben nach Havighurst (aus Dreher/Dreher 1985)

In der Medienpädagogik werden vier Zusammenhänge zwischen der Bearbeitung von Entwicklungsaufgaben und der Mediennutzung von Kindern und Jugendlichen unterschieden:
- Medien und Medienvorbilder bieten Kindern und Jugendlichen *Orientierungen* bei der Bearbeitung von Entwicklungsaufgaben (Fleischer/Grebe 2014).
- Gemeinsame Medieninteressen stellen *inhaltliche Plattformen* für die Gestaltung von Peerbeziehungen und die Abgrenzung von der Welt der Erwachsenen dar, welches wichtige Entwicklungsaufgaben im Kindes- und Jugendalter sind (Vogelsang 2014).
- Insbesondere digitale Kommunikationsmedien und soziale Netzwerke bieten *Räume* für die Bearbeitung von Entwicklungsaufgaben im Rahmen der eigenen Identitätsfindung und der Gestaltung sozialer Beziehungen (Schmidt, Paus-Hasebrink/Hasebrink 2011).
- Medien, besonders die Mobilkommunikation, verändern *soziale Praxen* und damit die Art und Weise, wie Entwicklungsaufgaben bearbeitet werden (Moser 2014).

Eine *Orientierungsfunktion* haben Medien insofern, als dass Kinder und Jugendliche durch Medien Hinweise und Anregungen dazu erhalten, welche Entwicklungsaufgaben anstehen und wie diese gelöst werden können. Sie beobachten Figuren und Akteure in den Medien in gleicher Weise wie Personen in ihrem direkten Umfeld bei der Bewältigung von Herausforderungen, die das Leben an sie stellt, und ziehen daraus Schlussfolgerungen für ihre eigenen Bewältigungsstrategien. So können Medienfiguren herangezogen werden, um sich mit Geschlechtsrollen und dem eigenen Aussehen auseinanderzusetzen, sie stellen Modelle für die Gestaltung sozialer Beziehungen und Freundschaften und den Umgang mit zwischenmenschlichen Konflikten bereit, sie werfen Fragen nach moralisch „richtigem" Verhalten auf oder sie leben vor, wie die Ablösung vom Elternhaus und die Orientierung im Berufsleben aussehen könnte (Fleischer/Grebe 2014; Wegener 2008). Götz (2007) fand in einer Studie zur Beliebtheit von Fernsehfiguren bei Kindern im Alter von sechs bis zwölf Jahren, dass besonders solche Fernsehfiguren für Kinder attraktiv sind, die in abstrahierter und idealisierter Form ähnliche Probleme und Konflikte durchleben wie sie selbst. Besonders beliebt waren bei sechs- bis Achtjährigen positiv-egozentrisch handelnde Figuren. Acht- bis Zehnjährige mochten dagegen wehrhafte Figuren, die aus einer übergeordneten Verantwortung heraus handeln, während sich die Zehn- bis Zwölfjährigen zunehmend Figuren zuwendeten, die in irgendeiner Form als „Underdogs" oder Antihelden auftreten. Für viele Jugendliche nehmen prominente Gleichaltrige, die ihre Bekanntheit über die Videoplattform *YouTube* erreicht haben, inzwischen den Platz klassischer Medienstars ein. Befragungsergebnisse deuten darauf hin, dass diese eine noch ausgeprägtere Orientierungsfunktion für Jugendliche haben, denn sie werden im Vergleich zu klassischen

TV-, Film- und Musikstars in einem stärkeren Maß als glaubwürdige, authentische und nahe bzw. greifbare Vorbilder wahrgenommen (Paperlein 2016).
Aus medienpädagogischer Sicht werden vielfach die Potenziale von Medienfiguren betont, weil sie das Spektrum der für Kinder und Jugendliche zur Verfügung stehenden Rollenvorbilder und Handlungsoptionen zur Bewältigung von Entwicklungsaufgaben erweitern. Sie erlauben Kindern und Jugendlichen, Konflikte und Probleme durch das Sich-Hineinversetzen in Medienhelden stellvertretend zu durchleben und ermöglichen so bei der Bewältigung von Entwicklungsaufgaben ein Probehandeln (Fleischer/Grebe 2014, Wegener 2008). Niesyto (2010b) gibt in diesem Zusammenhang allerdings zu bedenken, dass eine für die Entwicklungsarbeit ertragreiche Auseinandersetzung mit Medienfiguren auch ein gewisses Maß an Reflexivität und Autonomie erfordere. Kinder und Jugendliche müssen in der Lage sein, sich von den ihnen präsentierten Medienvorbildern und -handlungen zu distanzieren, sie müssen sie mit ihren eigenen Lebensentwürfen und ihren persönlichen Möglichkeiten abgleichen und kritisch beurteilen können. Er bezweifelt, dass eine solche kritische Distanzierungsmöglichkeit immer gegeben sei, und dies umso mehr, als dass mediale Darstellungen von der Nachrichtensendung, über Werbung bis zur Sportberichterstattung zunehmend durch Emotionalisierung und Personalisierung geprägt seien (vgl. 3.4.2 und *Casting-shows als Orientierungsfunktion*).

Studie

„Das Beste für einen Traum geben und immer an sich selbst glauben" – Casting-shows als Orientierungsfunktion?
Dass die durch Medien angeregten Orientierungen nicht immer unproblematisch sind, zeigt eine Studie von Götz und Gather (2010) zu den bei Kindern und Jugendlichen beliebten Casting-shows „Deutschland sucht den Superstar" und „Germany's Next Top Model". In dieser Studie, an der 1.302 Schülerinnen und Schülern im Alter von 9 bis 22 Jahren teilnahmen, wurde mit verschiedenen Methoden untersucht, worin die Faszination dieses Sendeformats für Kinder und Jugendliche besteht. Es zeigte sich dabei unter anderem, dass die Befragten recht holzschnittartige Perspektiven aus der Sendung mitnehmen, wie man am besten mit Herausforderungen und Konflikten umgeht: „Das Beste für einen Traum geben und immer an sich selbst glauben" oder „sich anstrengen, sich präsentieren und niemals gegen Dieter Bohlen sprechen" formulierten Jugendliche den Lerngewinn, den sie aus der Sendung „Deutschland sucht den Superstar" für sich gezogen hatten (Götz/Gather 2010, 54f.). Auch die sehr direkte und teilweise verletzende Art und Weise, wie von der Jury Kritik geübt wird, findet unter den jugendlichen Zuschauerinnen und Zuschauern eine hohe Akzeptanz. 70 % der Befragten finden es „in Ordnung", dass Dieter Bohlen in der Sendung harte Kritik an den Kandidaten übt. Zwar lässt sich die (Schaden-)Freude, die aus der öffentlichen Erniedrigung der Kandidatinnen und Kandidaten gezogen wird, auch als Auseinandersetzung mit moralischen Grenzüberschreitungen und den eigenen Grenzen deuten (Lünenborg/Töpper 2011). Dennoch stimmt es bedenklich, dass besonders Jungen, die sich mit der Figur Dieter Bohlen identifizieren, finden, „man könne von ihm viel lernen, z.B. wie man mit Freunden umgeht" (Götz/Gather 2010, 59).

> Bezogen auf berufliche Orientierungen zeigt die Studie von Götz und Gather, dass 50 % der Zuschauerinnen von „Germany's Next Top Model" sich als berufliche Perspektive eine Arbeit als „Model" vorstellen könnten (zum Vergleich: in einer etwa zeitgleich durchgeführten Berufswunsch-Umfrage bei sechs- bis zwölfjährigen Kindern wünschten sich 3 % diesen Beruf) und 70 % bis 80 % der Meinung sind, durch die Sendung etwas über die realen Anforderungen des Berufs als Model zu erfahren. Darüber hinaus regt die Sendung insbesondere Mädchen an, über ihrern eigenen Körper nachzudenken und sich als „zu dick" wahrzunehmen (Götz/Gather 2010).

Neben einer Orientierungsfunktion bei der Bearbeitung von Entwicklungsaufgaben stellen Medien auch eine *inhaltliche Plattform* für die Gestaltung von Freundschaften und Peerbeziehungen sowie die Abgrenzung von der Erwachsenenwelt dar. Der Mediengebrauch bzw. mediale Vorlieben bieten Anlässe für Jugendliche, über gemeinsame Medieninteressen Beziehungen zueinander aufzubauen und zu pflegen, wobei eine Ausformung immer differenzierterer jugendlicher Cliquen und Szenen zu beobachten ist (Friedrichs/Sander 2010; Vogelsang 2014). Die Beispiele sind zahlreich und reichen von Musik über Fernsehen und Video bzw. internetbasierte Videokanäle und Computerspiele bis zu Büchern und Comics. Das gemeinsame Medieninteresse und der vorherrschende Mediengebrauch stellen für Jugendliche „kleine Lebenswelten" dar, in denen sie sich über ihr szenespezifisches Wissen und Können selbstbestimmt einen Rang in der Hierarchie der Peergroup (vom Novizen über den Insider zum Freak) erarbeiten und so nach innen ein Gefühl der Zugehörigkeit sowie nach außen das Gefühl von Abgrenzung und Distinktion erleben können (Vogelsang 2014).

Soziale Netzwerke und andere digitale Kommunikationsmedien unterstützen in technischer Hinsicht die Aufnahme von Kontakten und das Knüpfen sozialer Beziehungen (Moser 2014). Sie bilden also (mediale) *Räume*, in denen Entwicklungsaufgaben zur Ausgestaltung sozialer Beziehungen sowie der eigenen Identität bearbeitet werden (vgl. *Profilseiten in sozialen Netzwerken als Mittel der Identitätskonstruktion*). So ist die Teilnahme an sozialen Netzwerken inzwischen für Jugendliche unerlässlich, wollen sie Anschluss an ihre Peergroup erhalten (Schmidt et al. 2011; Knoll et al. 2013). Untersuchungen zeigen eine enge Verzahnung des Beziehungsmanagements offline und online: Die Mehrheit der Kontakte von Jugendlichen in einem sozialen Netzwerk sind Freunde, Familienmitglieder und Bekannte, zu denen die Jugendlichen auch außerhalb des virtuellen Raums Kontakte pflegen (Friedrichs/Sander 2010, Schmidt et al. 2011; Knoll et al. 2013). Die Anzahl an Freunden, zu denen Kontakt gehalten wird, vergrößert sich jedoch erheblich, da soziale Netzwerke es erlauben, auch Kontakt zu flüchtigen Bekannten oder Personen, die den Kreis der unmittelbaren Freunde durch Umzug oder Schulwechsel verlassen haben, aufrecht zu erhalten, so dass Netzwerke entstehen, die neben wenigen „starken" auch eine Vielzahl „schwacher" Bindungen aufweisen (Schmidt et al 2011;

Knoll et al. 2013). Freundschafts- und Gruppenfunktionen, mit denen Jugendliche ihren virtuellen Kontakten einen bestimmten „Status" geben können, bieten da neue Möglichkeiten, um soziale Abgrenzungen und Gruppenzugehörigkeiten gegenüber seinen Freunden nach innen und nach außen sichtbar zu machen (Knoll et al. 2013). Gleichzeitig bieten soziale Netzwerke auch eine neue Plattform für Ausgrenzung und soziale Herabwürdigung unter Kindern und Jugendlichen. Auf solche Probleme des Cybermobbings wird in Kapitel 3.6.1 eingegangen.

Studie

Profilseiten in Sozialen Netzwerken als Mittel der Identitätskonstruktion
Eine wichtige Funktion mit Blick auf die Gestaltung sozialer Beziehungen als Entwicklungsaufgabe haben die Profilseiten sozialer Netzwerke (Schmidt et al. 2011). Die Profilseite bildet für Jugendliche eine Projektionsfläche, um ihre eigene Identität zu reflektieren, vor einem Publikum zu präsentieren und mit geeigneten Formen der Selbstdarstellung zu experimentieren. Die Freundschaftsanfragen, Kommentarfunktionen und Anerkennungsmeldungen („Likes"), die soziale Netzwerke offerieren, stellen eine Art „Peer-Review"-Funktion dar, mit der sich Jugendliche eine Rückmeldung über ihren Auftritt im sozialen Netzwerk einholen und sich gemeinsamer Zugehörigkeiten versichern können (Knoll et al. 2013). Dabei legt die Mehrheit der Jugendlichen Wert darauf, ihr aktuelles Selbst möglichst attraktiv, aber dennoch authentisch und wiedererkennbar darzustellen. Die Selbstdarstellung ist stark auf die Welt außerhalb des Netzes bezogen, das Spiel mit fiktiven oder stark idealisierten Profilen wird eher selten beobachtet (Schmidt et al. 2011). Identitätsexperimente, bei denen Jugendliche fiktive Rollen und Identitäten ausprobieren, scheinen dagegen eher in internetbasierten Rollenspielen zu geschehen (Vogelsang 2014).

Mobile Kommunikationstechnologien wie Smartphone oder Skype schließlich verändern die *soziale Praxis* bei der Bearbeitung von Entwicklungsaufgaben. Ein Beispiel ist die Ablösung vom Elternhaus, auf die diese Technologien eine ambivalente Wirkung entfalten. Infolge ihrer potenziellen Erreichbarkeit und der zunehmenden Möglichkeit der „digitalen Kontrolle" werden Kindern und Jugendlichen einerseits früher mehr Freiheiten bei auswärtigen Unternehmungen eingeräumt. Gleichzeitig werden sie aber auch enger an die Eltern gebunden, beispielsweise indem sich diese jederzeit bei ihnen melden können oder von ihnen erwarten, sich regelmäßig zuhause zu melden. Dies erschwert eine Distanzierung vom Elternhaus (Moser 2014; Schulz 2014).

3.5.3 Wissenskluft und digitale Spaltung

Bereits 1970 formulierte der Kommunikationswissenschaftler Phillip J. Tichenor gemeinam mit den Soziologen George A. Donohue und Clarice N. Olien die Annahme, dass sich Bevölkerungsgruppen mit einem höheren Sozialstatus die durch Massenmedien verbreiteten Informationen schneller aneignen als diejenigen mit einem geringen sozialen Status. Die Folge sei eine wachsende *Wissenskluft* in der Gesellschaft (Tichenor/Donohue/Olien 1970). Massenmedien führen also nicht zu einer gleichmäßigen Informiertheit aller Bevölkerungsteile und damit einer Angleichung in einer Gesellschaft, sondern sie verstärken bestehende Ungleichheiten möglicherweise sogar noch.

Theorie

Die Wissenskluft-Hypothese
„As the infusion of mass media information into a social system increases, segments of the population with higher socioeconomic status tend to acquire this information at a faster rate than the lower status segments, so that the gap in knowledge between these segments tends to increase rather than decrease." (Tichenor et al. 1970, 159f.)

Zur Begründung der Wissenskluft-Hypothese führen Tichenor et al. fünf Aspekte an:
- *Kommunikationsfähigkeit:* Personen mit einem höheren Bildungsstand verfügen über eine bessere Lesekompetenz und ein besseres Verständnis für die durch die Medien kommunizierten öffentlichen Anliegen, bzw. wissenschaftlichen Sachverhalte.
- *Vorwissen:* Personen mit einem durch die Medien oder durch formale Bildung erworbenen höheren Wissensstand nehmen ein neues Thema eher zur Kenntnis bzw. können neue Medieninformationen besser einordnen.
- *Relevante Sozialbeziehungen:* Personen mit einem höheren Bildungsstand sind aktiver, verfügen über eine größere Zahl an Referenzgruppen und an interpersonellen Kontakten. Deshalb ist es wahrscheinlicher, dass sie öffentliche Themen mit anderen diskutieren und durch andere angeregt werden, Medieninformationen aufzusuchen.
- *Selektives Aufsuchen, Behalten und Akzeptanz von Medieninformationen:* Medienangebote werden je nach Bildungsstand selektiv aufgesucht, verarbeitet und behalten. Dabei wird der Umgang auch von bestehenden Einstellungen und Werten geprägt.
- *Mediensystem:* Öffentliche Angelegenheiten und wissenschaftliche Entwicklungen werden vor allem durch Printmedien verbreitet, zu denen Personen mit höherem Bildungsstand eine größere Affinität haben.

Die Forschung zur Wissenskluft-Hypothese seit den 1970er Jahren bestätigt soziale Unterschiede in der Mediennutzung und damit verbunden in den gesellschaftlichen Teilhabemöglichkeiten. Sie zeigt allerdings, dass die Entstehung einer Wissenskluft differenzierter zu betrachten ist. So sind die Relevanz und Zugänglichkeit des Medienthemas bedeutsam, die Art des vermittelten Wissens (z.B. einfaches Fakten- oder komplexes Strukturwissen), motivationale Faktoren bei den Rezipienten sowie die Art des Mediums (z.B. gelten die Annahmen von Tichenor et al. möglicherweise besonders für Printmedien, aber weniger stark für das Medium Fernsehen; Zillien 2009). Für die Nutzung des Fernsehens durch Kinder und Jugendliche wurde die *SÖS* (sozio-ökonomischer Status)-*Mainstreaming-Hypothese* formuliert, die einen der Wissenskluft-Hypothese entgegengesetzen Wirkungszusammenhang postuliert: Sie besagt, dass ein hoher Konsum audiovisueller Medien sich gerade für Kinder und Jugendliche aus Familien mit niedrigem sozio-ökonomischen Status anregend auswirkt, während für Kinder und Jugendliche aus Elternhäusern mit hohem Sozialstatus ein gegenteiliger Effekt erwartet wird. Begründet wird die SÖS-Mainstreaming-Hypothese damit, dass statusniedrige Kinder und Jugendliche von der leichten Zugänglichkeit von Fernsehinformationen profitieren, während statushohe Kinder, die viel fernsehen, umso weniger die Gelegenheit nutzen, von dem Anregungsgehalt ihres (üblicherweise bildungsnahen) Umfelds zu profitieren (Ennemoser et al. 2003). In empirischen Untersuchungen konnte die SÖS-Mainstreaming-Hypothese dahingehend bestätigt werden, dass statushohe Vielseher tatsächlich geringere Sprach- und Leseleistungen zeigen als statushohe Wenigseher. Ein positiver Effekt für statusniedrige Kinder und Jugendliche ließ sich allerdings nicht nachweisen (vgl. auch 3.6.3).

In den 1990er Jahren erhielt die Wissenskluft-Hypothese mit der Ausbreitung von Computer und Internet neue Aufmerksamkeit. Auch hier wurde nämlich festgestellt, dass die Expansion der Nutzung digitaler Medien entlang sozio-ökonomischer Grenzlinien erfolgt. Soziale Gruppen, die wirtschaftlich bessergestellt sind und/oder ein höheres Bildungsniveau aufweisen, waren zunächst mit digitalen Medien besser ausgestattet und nutzten diese intensiver als wirtschaftlich schwächere Bevölkerungsteile und Personen mit einem niedrigen Bildungsniveau (Groebel/Gehrke 2003). Unter dem Schlagwort *digital divide* wurde deshalb erneut die Befürchtung einer nun digitalen Spaltung geäußert, bei der sozial schwächere Gruppen aufgrund des fehlenden Zugangs zu digitalen Medien benachteiligt werden, was ihnen einmal mehr den Zugang zu Information und damit zu gesellschaftlicher Partizipation erschwert (zusammenfassend in Zillien 2009).

Inzwischen verfügt die große Mehrheit der Haushalte in Deutschland über einen Internetzugang und eine Fülle digitaler Endgeräte (vgl. 3.1), so dass von einer digitalen Spaltung im Sinn fehlender Zugangsmöglichkeiten keine Rede mehr sein kann. Dennoch sprechen einige Autoren weiterhin von *digitaler Ungleichheit* (Henke/Huster/Mogge-Grotjahn 2012; Kutscher 2014; Niesyto 2010a). Damit ist gemeint, dass trotz vergleichbarer technischer Ausstattung Unterschiede darin bestehen, wie digitale (und nicht-digitale) Medien genutzt werden. So lassen sich empirische Belege dafür finden, dass:

- Familien, in denen die Eltern einen formal höheren Bildungsabschluss besitzen, über ein breiteres, bzw. anderes *Medienrepertoire*, verfügen, z.B. bezüglich Pay-TV und Tablet-Computern (MPFS 2011). Gymnasiasten besitzen häufiger einen

eigenen Laptop, ein Radio und einen E-Book-Reader. Jugendliche mit formal niedrigerem Bildungsniveau sind besser mit Fernsehern und festen Spielkonsolen ausgestattet (MPFS 2017).
- Jugendliche mit einem geringeren sozialen und formalen Bildungshintergrund sich eher *unterhaltungsbezogenen Nutzungen* von Computer und Internet zuwenden. So fand die Shell-Jugendstudie 2010, dass unter den „Gamern", die das Internet hauptsächlich zum Spielen nutzen, Jugendliche aus sozial benachteiligten Familien überrepräsentiert sind (Albert/Hurrelmann/Quenzel. 2010). Auch die JIM-Studie 2013 stellt fest, dass der Anteil derjenigen, die täglich oder mehrmals in der Woche Computerspiele spielen, unter Hauptschülern größer ist als unter Gymnasiasten.
- *informationsbezogene Nutzungen* bei formal höher gebildeteren Jugendlichen häufiger vorkommen als bei weniger gebildeten (Iske/Klein/Kutscher 2004; Wagner/Eggert 2007). Zillien (2009) wie auch die aktuelle JIM-Studie stellen allerdings in diesem Zusammenhang fest, dass nur bestimmte Angebote, wie Online-Zeitungen und Suchmaschinen von statushohen Personen häufiger genutzt werden. Für viele andere Informationsangebote (Sport, Mode, Medien) können keine statusabhängigen Unterschiede festgestellt werden. Was die klassischen Printmedien angeht, messen Gymnasiasten ihnen mehr Bedeutung zu als Hauptschüler und lesen auch häufiger (MPFS 2017).
- Schülerinnen und Schüler aus bildungsfernen bzw. sozial benachteiligten Elternhäusern geringere *computer- und informationsbezogene Kompetenzen* aufweisen. In der „International Computer and Information Literacy Study" (ICILS 2013; Bos et al. 2014), in der die Computer- und Informationskompetenzen von Achtklässlern in 21 Bildungssystemen verglichen wurden, zeigte sich für alle untersuchten Bildungssysteme, dass signifikante Unterschiede in den computer- und informationsbezogenen Kompetenzen zwischen Schülerinnen und Schülern aus bildungsnahen vs. bildungsfernen Elternhäusern (gemessen am Buchbestand der Herkunftsfamilien) sowie aus Familien mit hohem bzw. niedrigem sozioökonomischen Status (gemessen am ISEI-Index, einem Maß zum internationalen Vergleich des sozioökonomischen Status) bestehen. Dabei fällt der Einfluss der Bildungsnähe des Elternhauses (nicht aber des sozioökonomischen Status) in Deutschland im Vergleich zum Durchschnitt der untersuchten OECD-Staaten und der europäischen Staaten besonders stark aus (Wendt et al. 2014). Die JIM-Studie zeigt darüber hinaus, dass sich Hauptschüler hinsichtlich ihrer technischen und Informationskompetenzen in vielen Bereichen (z.B. Installation von Geräten und Software, Informationsrecherche) schlechter einschätzen als Gymnasiasten (MPFS 2017). Gymnasiasten sind eher der Meinung, sich über das Internet neue Informationen erschließen zu können, und beurteilen den Wahrheitsgehalt von Informationen im Internet kritischer (Iske et al. 2004).

- bildungsbenachteiligte Jugendliche sich stärker *klischeebehafteten Medieninhalten* zuwenden und eher dazu neigen, diese für wirklichkeitsgetreu zu halten. Dabei fühlen sich Jungen besonders von Actionfilmen und gewalthaltigen Computerspielen angezogen, während Mädchen sich für Fernsehserien, in denen Beziehungen und Gefühl(e) im Mittelpunkt stehen, interessieren (Wagner 2010). Hauptschüler schauen häufiger als Gymnasiasten „Doku-Soaps", Fernsehsendungen mit Laiendarstellern, die suggerieren, authentische Ereignisse darzustellen, und sie halten diese eher für real (MPFS 2012, vgl. 3.3).
- sich Hauptschüler bei der *Nutzung von Online-Communities* aktiver als Gymnasiasten zeigen. Sie kommunizieren dort häufiger, beschäftigen sich öfter mit Profilen und Kontakten und stellen auch mehr eigene Informationen, z.B. Links und Videos ein (MPFS 2013). Kutscher und Otto (2014) machen auf Studien aufmerksam, die belegen, dass soziale Netzwerke von Jugendlichen zur Distinktion und Abgrenzung (auch zwischen sozialen Milieus) genutzt werden.
- Eltern mit höherem Bildungsniveau ihren Kindern häufiger etwas vorlesen, dagegen seltener gemeinsam mit ihnen fernsehen (MPFS 2011). Senkbeil und Wittwer (2008) stellen fest, dass sich die Zuordnung der Jugendlichen zu einem eher unterhaltungs- oder informationsbezogenen Nutzertyp durch die kulturellen Besitztümer (z.B. Anzahl von Büchern und Musikinstrumenten) und die kommunikative Praxis in der Familie (z.B. Häufigkeit von Gesprächen über Medieninhalte) vorhersagen lässt.

Mit Kutscher (2014) bzw. Kutscher und Otto (2014) ist darauf hinzuweisen, dass die vielfältigen Mediennutzungen der Betroffenen aus ihrem Lebenskontext heraus oft sinnvoll und funktional sind, auch wenn das aus einer Außenperspektive anders erscheinen mag. Unterschiede in der Mediennutzung sollten deshalb zunächst in ihrem Kontext verstanden und nicht vorschnell als minderwertig oder defizitär gebrandmarkt werden. Dennoch wird davon ausgegangen, dass mediale und soziale Ungleichheit einander bedingen. Verschiedene Autoren (Henke et al. 2012; Kutscher 2014; Niesyto 2010a) beziehen sich in diesem Zusammenhang auf den französischen Soziologen Pierre Bourdieu (1983), der soziale Ungleichheit auf das ökonomische, maßgeblich aber auch auf das *soziale* und *kulturelle Kapital* einer Person zurückführt.

Mit *sozialem Kapital* ist das Netz sozialer Beziehungen gemeint, also Ressourcen wie Hilfe, Unterstützung, Anerkennung, aber auch Kommunikation und Wissen, die einer Person zur Verfügung stehen. Es ist unmittelbar einsichtig, dass ein solches soziales Netzwerk in direktem Zusammenhang mit der gesellschaftlichen Stellung und den Aufstiegschancen einer Person steht. Wie bereits von Tichenor et al. (1970) beschrieben, regen soziale Beziehungen auch dazu an, Medieninformationen aufzusuchen, sich mit ihnen auseinander zu setzen und diese produktiv im Sinn gesellschaftlicher Partizipation für sich zu nutzen. Darüber hinaus tragen digitale Medien bzw. deren Nutzungsformen zum Aufbau sozialen Kapitals bei, da das Internet zahlreiche Möglichkeiten der digitalen Vernetzung und Unterstützung bietet. Die Nutzung digitaler Medien und das soziale Kapital einer Person sind also wechselseitig aufeinander bezogen.

Das *kulturelle Kapital* unterscheidet Bourdieu in das sozial ererbte Kulturkapital und das institutionelle Kulturkapital. Das *sozial ererbte Kulturkapital* sind die in einer Familie weitergegebenen kulturellen Verhaltensweisen und Praxen. Diese sind mehr oder weniger gut anschlussfähig an das *institutionelle Kulturkapital*, also das, was in formalen Bildungsinstitutionen wie der Schule vermittelt und durch Abschlüsse zertifiziert wird. Ungleiche Bildungschancen ergeben sich vor allem aus dieser Divergenz zwischen sozial ererbtem und institutionellem Kulturkapital. Mehrere Autoren (Kutscher 2014; Niesyto 2010a) gehen davon aus, dass dies auch für den Umgang mit Medien gilt: Indem sozial schwächere und weniger gebildete Bevölkerungsteile aufgrund ihrer familiären Mediensozialisation z.B. Informationsangebote weniger intensiv nutzen oder sich weniger an der kritisch-reflexiven Nutzung digitaler Medien beteiligen, wirkt sich ungleiche Mediennutzung in einer Art Teufelskreis negativ auf ihre Bildungs-, Zukunfts- und Teilhabechancen aus.

3.6 Problematische Medienwirkungen

Bereits in Kapitel 2.2 haben wir darauf hingewiesen, dass Medien von pädagogischer Seite immer auch argwöhnisch und skeptisch betrachtet und ihnen vielfach negative Wirkungen auf Kinder und Jugendliche zugeschrieben wurden und werden. Im letzten Abschnitt dieses Kapitels wollen wir deshalb die Risiken der Mediennutzung betrachten.

Livingstone und Haddon (2009) teilen Risiken, die für Kinder und Jugendliche mit digitalen Medien verbunden sind, in vier inhaltlichen Kategorien ein: kommerzielle Interessen, Gewalt/Aggression, Sexualität und Werte. Jede dieser Kategorien birgt Risiken für Kinder und Jugendliche auf drei Ebenen: Erstens stehen sie problematischen Inhalten als Rezipienten gegenüber, d.h. wenn sie solche Inhalte konsumieren, müssen sie diese verstehen, einordnen und verarbeiten. Zweitens sind sie den Risikobereichen als Teilnehmerinnen und Teilnehmer der Internetkommunikation ausgesetzt, d.h. es besteht die Gefahr, dass sie Opfer von Cybermobbing oder Stalking werden, ihre Daten für kommerzielle Interessen ausgespäht werden usw. Und drittens können sie auch die aktive Rolle als Akteurin oder Akteur einnehmen, d.h. selbst problematisches Material verbreiten oder das Internet für das Mobbing von Bekannten oder Mitschülern nutzen. So ergibt sich eine Vielzahl möglicher individueller Risiken (vgl. Tab. 8).

Tab. 8: Kategorisierung von Risiken der Nutzung digitaler Medien nach Livingstone und Haddon (2009, 10) und Lampert (2014, 433)

	Kind/Jugendlicher als Rezipient	Kind/Jugendlicher als Teilnehmer	Kind/Jugendlicher als Akteur
Kommerzielle Interessen	Werbung, Spam, Sponsoring	Verfolgung/Sammlung von persönlichen Informationen	Glücksspiel, illegale Downloads, Hacken
Aggression/ Gewalt	Gewaltverherrlichende/ grausame/volksverhetzende Inhalte	Mobbing, Belästigung, Stalking	Mobbing, Belästigung, Stalking
Sexualität	Pornographische/ schädliche Inhalte	Treffen mit Fremden, missbräuchliche Annäherungsversuche	Erstellen, Hochladen, Weitergeben von pornographischem Material
Werte	Rassistische/verzerrte Informationen/ Ratschläge (z.B. Werbung für Drogen)	Selbstverletzung, ungewollte(s) Zureden/ Überredung	Ratschläge zu Selbstmord/Magersucht

Auf die mit dem Konsum gewalthaltiger Inhalte verbundenen Risiken sind wir in Kapitel 3.4.5 bereits ausführlich eingegangen. Hieran anknüpfend betrachten wir in diesem Kapitel die aktive Nutzung digitaler Medien im Kontext von Cybermobbing. Überdies greifen wir exemplarisch Internetsucht und negative Auswirkungen auf schulische Leistungen aufgrund ihrer besonderen Relevanz für Schule und Unterricht heraus.

3.6.1 Cybermobbing

Laut einer Umfrage bei über 1.700 Jugendlichen von Porsch und Pieschl (2014) hat bereits ein Drittel der Schülerinnen und Schüler zwischen 14 und 20 Jahren negative Erfahrungen mit Cybermobbing gemacht. Als Opfer bezeichnen sich allerdings nur sechs Prozent und als Täter acht Prozent der Befragten. Besonders häufig kommt Cybermobbing in der Altersgruppe der 14- bis 15-Jährigen vor, also während der Pubertät (Katzer 2014; MPFS 2013). Unter den Formen des Cybermobbings sind verbale Attacken verbreitet, bei denen Jugendliche bei ihren Unterhaltungen in sozialen Netzwerken oder Chats gestört, beleidigt oder beschimpft, geärgert oder in Streitsituationen verwickelt werden.

Auch das Verbreiten von Gerüchten und Lügen (47 % der Mädchen, 33 % der Jungen) sowie Hänseleien (32 % der Mädchen, 27 % der Jungen), Erpressungsversuche und gezieltes Unter-Druck-Setzen (27 % der Mädchen, 24 % der Jungen) sowie Ausgrenzungen und das Ablehnen von Freundschaftsanfragen (27 % der Mädchen, 22 % der Jungen) werden von Jugendlichen, die es schon mit Cybermobbing zu tun hatten, häufig berichtet (Katzer, Fetchenhauer/Belschak 2009; Bündnis gegen Cybermobbing 2013). Mehrere Autoren kommen zu dem Schluss, dass Cybermobbing mit der sich ausbreitenden Nutzung des Internets und sozialer Netzwerke bzw. mobiler Kommunikationsdienste zunimmt (Katzer 2014; MPFS 2013; Petermann/v. Marées 2013). Cybermobbing weist viele Ähnlichkeiten mit traditionellem Mobbing auf (Petermann/v. Marées 2013): So sind Heranwachsende, die an traditionellem Mobbing beteiligt sind, in derselben Rolle auch von Cybermobbing betroffen. Dabei besteht bei Cybermobbing-Opfern eine erhöhte Wahrscheinlichkeit, zu Cybermobbing-Tätern zu werden und umgekehrt. Darüber hinaus weisen Cybermobbing-Opfer und -Täter Merkmale auf, die auch in der Mobbingforschung als Risikofaktoren gelten. Hierzu gehören mangelnde soziale Fähigkeiten, mangelnde Empathie und eine hohe Toleranzschwelle für aggressives Verhalten auf der Seite der Täter. Dennoch hat Cybermobbing gegenüber traditionellem Mobbing eine eigene Qualität. So stellen Petermann und von Marées (2013) fest, dass Cyber-Täter weniger Reue gegenüber dem Opfer empfinden als traditionelle Mobbing-Täter. Einige Autoren gehen davon aus, dass die schädigende Wirkung von Cybermobbing im Vergleich zu traditionellem Mobbing gravierender ist (Katzer 2014; Petermann/v. Marées 2013). Sie begründen dies mit drei Eigenheiten von Cybermobbing:

- Die Täter bleiben aufgrund der Anonymität des Internets mühelos unerkannt.
- Die kompromittierenden Äußerungen und Bilder werden einem unüberschaubar großen Adressatenkreis zugänglich gemacht.
- Indem Äußerungen und Bilder beliebig weiterverteilt werden können, lassen sie sich kaum wieder löschen und bleiben damit über einen unbegrenzten Zeitraum im Netz.

Diese drei Eigenheiten setzen zum einen die Schwelle für Mobbing-Täter herab. Zum anderen erschweren oder verhindern sie für die Mobbing-Opfer eine Aufklärung und Beendigung der Mobbing-Handlungen, die gegen sie gerichtet sind. Für die Opfer kann Cybermobbing deshalb schwerwiegende Folgen haben. Hierzu zählen Gefühle von Hilflosigkeit, Einsamkeit und Angst, die das Selbstwertgefühl beeinträchtigen und soziale Probleme verursachen können. Einige Opfer berichten von psychosomatischen Beschwerden wie Bauchschmerzen und Schlafstörungen. Zu den schlimmsten Folgen zählen Suizidgedanken und erhöhte Suizidraten (Petermann/v. Marées 2013). Gleichzeitig ist bekannt, dass Kinder und Jugendliche sich unter bestimmten Bedingungen wirkungsvoll gegen Cybermobbing schützen können. Als wichtige Schutzfaktoren gelten (Petermann/v. Marées 2013):

- *Wissen und Kenntnisse* über Formen, Tragweite, Auswirkungen sowie Gegenmaßnahmen und Bewältigungsstrategien bei Cybermobbing,
- eine positive und unterstützende *soziale Umgebung* zuhause und in der Schule (Freunde, Eltern, Lehrer), in der die Probleme offen angesprochen werden können und
- *sozial-emotionale Kompetenzen*, z.B. Selbstkontrolle, Selbstwertgefühl, Empathie, Selbstbewusstsein.

Damit wird deutlich, dass der Schule bei der Prävention von bzw. Intervention bei Cybermobbing eine bedeutende Rolle zukommt. Dies bestätigen auch Befragungen bei Schülerinnen und Schülern, die neben technischen Lösungen wie dem Blockieren der entsprechenden Kontakte, vor allem das ins Vertrauen Ziehen von Eltern sowie Lehrerinnen und Lehrern als Interventionsstrategie nennen (Cassidy/ Jackson/Brown 2009; Smith et al. 2008). Auf Vorschläge für schulische Interventions- und Präventionsprogramme bei Cybermobbing gehen wir in Kapitel 4.4.2 ausführlicher ein.

3.6.2 Computerspiel- und Internetsucht

Die durchschnittliche Nutzungsdauer digitaler Medien hat sich in den letzten Jahren kontinuierlich erhöht (vgl. 3.1.1). Vor dem Hintergrund des immer umfassender werdenden Medienkonsums wird kontrovers diskutiert, ob überhaupt so etwas wie Computer- und Internetsucht existiere, und wann eine Nutzungsintensität erreicht sei, die als suchthaft zu klassifizieren wäre (Braun 2014). Dennoch sind die Belege dafür, dass die Beschäftigung mit Computer und Internet insbesondere beim Computerspielen suchthafte Züge annehmen kann, inzwischen so zahlreich, dass das Krankheitsbild *Internet Gaming Disorder* als Forschungsdiagnose in das psychiatrische Diagnosemanual DSM-V der American Psychological Association aufgenommen wurde (APA 2013, vgl. *Diagnosekriterien von Internetspielsucht*).

> **Praxisbeispiel**
>
> **Diagnosekriterien von Internetspielsucht**
> Analog zur Diagnose anderer stoff- und nicht stoffgebundener Süchte (z.B. Alkohol, Automatenspiele) wird Internetsspielsucht nicht allein an der Nutzungsintensität festgemacht, sondern an weiteren Kriterien:
> - Gedankliche Vereinnahmung: Der Spieler muss ständig an das Spielen denken, auch in Lebensphasen, in denen nicht gespielt wird (z.B. in der Schule, am Arbeitsplatz).
> - Kontrollverlust: Dem Spieler gelingt es nicht, die Häufigkeit und Dauer des Spielens zu begrenzen und die Aufnahme und Beendigung des Spielens selbstbestimmt zu regulieren.
> - Entzugserscheinungen: Der Spieler erlebt psychische Entzugssymptome, wie Gereiztheit, Unruhe, Traurigkeit, erhöhte Ängstlichkeit oder Konzentrationsprobleme, wenn nicht gespielt werden kann.
> - Toleranzentwicklung: Der Spieler verspürt im Lauf der Zeit das Bedürfnis, mehr und mehr Zeit mit Computerspielen zu verbringen.
> - Fortsetzung trotz negativer Konsequenzen: Der Spieler setzt sein Spielverhalten fort, obwohl er weiß, dass dies nachteilige psychosoziale Auswirkungen auf ihn hat (Mößle et al. 2014).

Bei Heranwachsenden werden vor allem zwei Suchtverhalten thematisiert: das Spielen von Computerspielen und die Nutzung des Internets. Übereinstimmend stellen deutsche und internationale Studien fest, dass Jugendliche von suchthafter Internet- und Computerspielnutzung häufiger betroffen sind als Erwachsene Mößle et al. 2014.

Eine der ersten Repräsentativ-Befragungen zur suchthaften Internetnutzung in Deutschland, die Studie „Prävalenz der Internetabhängigkeit (PINTA)", klassifiziert unter den 14- bis 16-jährigen vier Prozent als „internetsüchtig" (Rumpf et al. 2011). Mädchen und Jungen sind etwa gleich häufig von suchthafter Internetnutzung betroffen, wobei sich Mädchen häufiger mit sozialen Netzwerken, Jungen häufiger mit Online-Spielen beschäftigen. Die international vergleichende Studie „EU NET ADB" (Dreier/Wölfling/Beutel 2014) findet unter den 14- bis 17-Jährigen in Deutschland eine Verbreitung von nur 0,9 Prozent, die eine suchthafte Internetnutzung zeigen. Insgesamt lässt sich also zunächst festhalten, dass eine pathologische Internetnutzung unter Jugendlichen nicht sehr verbreitet ist. Allerdings gelten in der Studie von Dreier et al. (2014) weitere 9,7 Prozent als „gefährdet".

In den Jahren 2005 und 2007/2008 wurden in Deutschland vom Kriminologischen Forschungsinstitut Niedersachsen zwei repräsentative Befragungen zur suchthaften Nutzung von Computerspielen unter Schülerinnen und Schülern der Klassenstufe 9 durchgeführt (Baier/Rehbein 2009; Mößle/Kleimann/Rehbein 2007). Diese ergaben, ähnlich wie die PINTA-Studie, dass zwischen vier und fünf Prozent der Befragten als computerspielsüchtig klassifiziert werden. Bei älteren Schülerinnen und Schülern konnte demgegenüber deutlich seltener, bei weniger als einem Prozent, eine Computerspielsucht festgestellt werden (Rehbein et al. 2011). Während es bei der Internetsucht keinen Geschlechtsunterschied in der Häufigkeit des Auftretens gab, zeigen Studien zur Computerspielsucht, dass Jungen davon deutlich häufiger als Mädchen betroffen sind (Mößle et al. 2014, vgl. 3.1.2).

Ein besonders hohes Suchtpotenzial weisen offenbar internetbasierte Mehrspieler-Rollenspiele (z.B. *World of Warcraft*) sowie soziale Netzwerke auf (Müller 2013; Rehbein/Mößle 2013). Vor allem Online-Rollenspiele wurden bereits intensiv untersucht. Ihr Suchtpotenzial wird zusammenfassend mit fünf Merkmalen dieser Spiele begründet (Hsu/Wen/Wu 2009):

- *Rollenspiel:* Das Schlüpfen in eine Rolle erlaubt es dem Spieler, für sich eine neue Identität zu erfinden, mit der er sich stark identifiziert. Häufig ist es auch ein „besseres Selbst", in das sich suchtgefährdete Spielerinnen und Spieler flüchten.
- *Zugehörigkeit:* Da in Online-Rollenspielen in der Regel in zeitlich überdauernden Teams gespielt wird, mit denen gemeinsam Herausforderungen gemeistert und Abenteuer bestanden werden, entsteht ein starkes Zugehörigkeitsgefühl. Suchtgefährdete Spielerinnen und Spieler kehren immer wieder zum Spiel zurück, weil sie bei ihrer Gruppe sein möchten, in der sie sich häufig einen bestimmten Status erarbeitet haben.
- *Verpflichtung:* Mit dem Spielen im Team entsteht auch eine Verpflichtung gegenüber der Gruppe, zumal der Spieler in der Gruppe eine bestimmte Rolle übernimmt, die für den Erfolg des Teams unabdingbar ist. Es entsteht sozialer Druck, dem sich suchtgefährdete Spielerinnen und Spieler nicht entziehen können, da die Gruppe auf jedes Mitglied angewiesen ist.

- *Belohnung:* Das erfolgreiche Bestehen von Abenteuern in der Online-Welt wird stets durch Punkte bzw. eine Weiterentwicklung der Spielfigur belohnt. Der Schwierigkeitsgrad der Aufgaben steigt dabei und in gleichem Umfang das Kompetenzerleben der Spielerinnen und Spieler. Anders als im realen Leben erleben sich suchtgefährdete Spieler als umfassend kompetent.
- *Neugier:* Online-Spielwelten sind unendlich, es gibt also immer wieder etwas zu entdecken und neue Abenteuer zu bestehen, da die Spiele beständig weiterentwickelt werden. Online-Spiele werden nicht langweilig.

Die Suchtpotenziale von sozialen Netzwerken sind demgegenüber weniger intensiv untersucht. Sie weisen aber teilweise ähnliche Eigenschaften auf, indem auch hier ein Zugehörigkeits- und Verpflichtungsgefühl gegenüber einer virtuellen Gemeinschaft gebildet wird. Als Belohnung wird das ständige Wachsen der Anzahl der „Freunde" im sozialen Netzwerk empfunden. Auch das Neugiermotiv wird offenbar durch soziale Netzwerke bedient, indem das Surfen in den Profilen anderer Nutzerinnen und Nutzer eine gewisse Suchtwirkung zu haben scheint (Müller 2013). In der psychiatrischen Literatur zu Internet- und Computerspielsucht wird die Komorbidität, d.h. das gemeinsame Auftreten eines Störungsbildes mit anderen psychiatrischen Störungen, untersucht. Internet- und Computerspielsucht geht demnach besonders häufig mit dem Auftreten unspezifischer depressiver Symptome einher. Weiterhin kommen Internet- und Computerspielsucht häufig gemeinsam mit Angststörungen sowie dem Aufmerksamkeitsdefizit-Hyperaktivitäts-Syndrom (ADHS) vor (Mößle et al. 2014). Eine Längsschnittuntersuchung von Gentile (2011) liefert zwar Hinweise, dass die pathologische Nutzung von Computerspielen depressive Symptome verstärkt, insgesamt ist aber unklar, ob die suchthafte Nutzung von Computerspielen bzw. Internet ursächlich für die begleitend festgestellten Symptome ist. Weitere Begleiterscheinungen des suchthaften Computerspielens bzw. der Internetnutzung sind Schlafstörungen bzw. -entzug und mangelnde Bewegung (vgl. hierzu auch 3.6.3). Im Bereich der Persönlichkeit wird im Zusammenhang mit pathologischer Internet- und Computerspiele-Nutzung über eine erhöhte Akzeptanz für Gewalt (vgl. 3.4.5) und geringere soziale Kompetenzen berichtet (Mößle et al. 2014).
Braun (2014) untersuchte in einer repräsentativen Befragung an 1.744 Jugendlichen im Alter von 14 bis 17 Jahren und jeweils eines Elternteils die Rolle der Familie im Zusammenhang mit dem Auftreten einer pathologischen Internetnutzung. Sie fand, dass Jugendliche aus Familien mit einem niedrigen Sozialstatus, aus Familien, die von Erwerbslosigkeit betroffen sind, sowie aus Familien mit einem dysfunktionalen Klima ein erhöhtes Risiko für die Entwicklung einer pathologischen Internetnutzung aufweisen, wobei diese drei Merkmale in ihrer Kombination zu einem besonders starken Risikofaktor werden. Weitere Analysen zeigten, dass insbesondere in Familien mit niedrigem Sozialstatus eine deutlich geringere Medienerziehungsqualität gegeben war, etwa ein geringes Interesse an der Medi-

ennutzung der Kinder, weniger aktive Begleitung und geringer ausgeprägte elterliche Medienkompetenz. Dysfunktionale familiäre Interaktionsmuster und fehlende familiäre Unterstützung nennen auch Müller (2013) und Hauenschild (2014) als Risikofaktoren für das Entstehen von Internetsucht.

In der Schule wird suchthafte Internet- bzw. Computernutzung vor allem durch ein allgemeines Abfallen der Schulleistungen betroffener Schülerinnen und Schüler, durch erhöhten Schulabsentismus, erhöhte Schulangst und das Wiederholen eines Schuljahrs sichtbar (Mößle et al. 2014, vgl. 3.6.3). Wenngleich die Therapie suchthafter Internet- und Computerspielnutzung außerhalb dessen liegt, was Lehrerinnen und Lehrer leisten können, so sollten sie zumindest für die Gefahr suchthafter Mediennutzung sensibilisiert sein. Auch im Kontext der schulischen Vermittlung von Medienkompetenz bzw. der Thematisierung von Sucht und Abhängigkeit, lässt sich die unkontrollierte Nutzung digitaler Medien thematisieren (vgl. 4.4.2).

3.6.3 Medienkonsum und Schulleistungen

Im vorigen Kapitel wurde auf Zusammenhänge zwischen intensiver Nutzung von Computerspielen bzw. dem Internet und einem Abfallen von schulischen Leistungen hingewiesen. Einige Wissenschaftler vermuten, dass sich die Nutzung von Bildschirm-Medien (Fernsehen und Computer) generell negativ auf Schulleistungen auswirkt (Ennemoser/Schneider 2009; Baier/Pfeiffer 2011). Dies wird mit einer Reihe unterschiedlicher Hypothesen begründet (vgl. *Hypothesen zur negativen Wirkung von Bildschirm-Medien*).

> **Diskussion**
>
> **Hypothesen zur negativen Wirkung von Bildschirm-Medien**
> - Die *Zeitverdrängungshypothese* besagt, dass der Konsum von Bildschirm-Medien dazu führt, dass weniger Zeit für akademisch bedeutsame Aktivitäten (z.B. Lesen, Hausaufgaben) sowie kognitiv ausgleichende Tätigkeiten (z.B. Sport treiben) aufgewändet wird, was wiederum einen Abfall akademischer Leistungen nach sich zieht.
> - Die ähnlich gelagerte *Lese-Abwertungshypothese* vermutet einen motivationalen Wirkmechanismus: Lesen wird im Vergleich zur Nutzung von Bildschirm-Medien als anstrengender empfunden. Das führt zu einer Abwendung von Schriftmedien und wirkt sich damit langfristig negativ auf den Erwerb von Lesekompetenzen aus.
> - Die *Inhaltshypothese* geht davon aus, dass der verstärkte Konsum gewalthaltiger Inhalte zu problematischem Sozialverhalten, einer ablehnenden Einstellung zu Schule und als Konsequenz daraus zu schwachen akademischen Leistungen führt.
> - Die *Konzentrationsabbauhypothese* postuliert, dass sich die schnelle Abfolge von visuellen und auditiven Reizen beim Konsum von Bildschirm-Medien negativ auf die Konzentrationsfähigkeit auswirkt und die Entwicklung von Aufmerksamkeitsstörungen und Hyperaktivität begünstigt.

Problematische Medienwirkungen | 97

- Die neurowissenschaftliche *Löschungshypothese* nimmt an, dass die Verarbeitung und der Transfer schulischer Inhalte ins Langzeitgedächtnis durch die starke Involviertheit beim Konsum stark fesselnder Medien bzw. emotional belastender Inhalte behindert werden. Es wird davon ausgegangen, dass der Medienkonsum besonders vor dem Schlafengehen negativ auf Tiefschlaf- und REM-Schlafphasen wirke, die ihrerseits bedeutsam für die Verarbeitung der Tageserlebnisse und auch der schulisch vermittelten Lerninhalte sind.

(zusammengefasst nach: Ennemoser/Schneider 2009; Baier/Pfeiffer 2011)

Tatsächlich belegen Studien insgesamt einen globalen schwachen negativen Zusammenhang zwischen dem Konsum von Bildschirm-Medien und akademischen Leistungen, d.h. je höher der Medienkonsum, desto schlechter die Schulleistungen (Schmidt/Vandewater 2008). Bei genauerem Hinsehen zeichnet sich jedoch ein kurvenförmiger Zusammenhang ab: Während für einen moderaten Medienkonsum keine oder sogar leicht positive Effekte auf akademische Leistungen gefunden wurden (z.B. Bowers/Berland 2013; Ventura/Shute/Kim 2012), wirkt sich, wie im vorigen Kapitel beschrieben, ein exzessiver Konsum von Bildschirm-Medien negativ auf akademische Leistung aus (zusammenfassend in Ennemoser/Schneider 2009, vgl. Abb. 15).

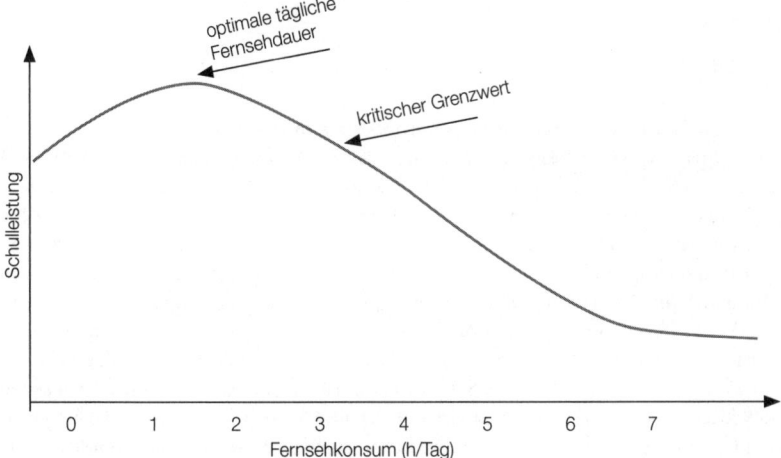

Abb. 15: Zusammenhang von Medienkonsum und Schulleistung (nach Ennemoser/Schneider 2009, 424)

Wo genau allerdings der Grenzwert liegt, ab dem der Konsum von Bildschirm-Medien sich negativ auswirkt, ist schwer bestimmbar. Grenzwerte von z.B. drei bis vier Stunden Fernsehdauer, die aus US-amerikanischen Studien gewonnen wurden, lassen sich auf deutsche Verhältnisse mit einer insgesamt deutlich geringeren Nutzungsdauer nicht übertragen (Ennemoser/Schneider 2009).

Was nun die eingangs vorgestellten Hypothesen angeht, finden sich uneinheitliche Befunde. Zwar ergaben sich in mehreren Studien Hinweise dafür, dass sich die Nutzung von Bildschirm-Medien negativ auf das Zeitbudget, das für akademische bedeutsame Tätigkeiten, besonders für Hausaufgaben, aufgewändet wird, auswirkt (Baier/Pfeiffer 2011; Burgess/Stermer/Burgess 2012; Weis/Cerankoski 2010). Ein Zeitverdrängungseffekt wurde in diesen Studien vor allem bei Jungen mit intensivem Medienkonsum festgestellt. Insgesamt überwiegen jedoch Befunde, die dagegen sprechen, dass Bildschirm-Medien andere kognitiv anregende oder akademisch relevante Tätigkeiten in größerem Umfang verdrängen (Ennemoser/Schneider 2009; Fairlie/Robinson 2013; Schmidt/Vandewater 2008). Hinzu kommt, dass die Nutzung von Bildschirm-Medien nicht grundsätzlich im Widerspruch zu kognitiv anspruchsvollen Tätigkeiten steht. So belegen z.B. die in den Kapiteln 3.1 und 3.2 dargestellten Forschungsergebnisse zur Mediennutzung, dass Kinder und Jugendliche mit dem Konsum von Bildschirm-Medien auch ihr Bedürfnis nach Information befriedigen, sie also sehr wohl im Rahmen kognitiv anregender Tätigkeiten nutzen. Zusammenfassend lässt sich festhalten, dass die Zeitverdrängungshypothese in ihrer Pauschalität nicht als bestätigt gelten kann. Dennoch gibt es Hinweise auf Zeitverdrängungseffekte, die sich negativ auf akademische Leistungen auswirken, in der Gruppe der Jungen bzw. in der Gruppe der Vielnutzer von Bildschirm-Medien (vgl. *Bildschirm-Medien und Schulleistung – ein Experiment*).

Studie

Bildschirm-Medien und Schulleistung – ein Experiment
In einer quasi-experimentellen Längsschnittstudie von Weis und Cerankoski (2010) wurde beobachtet, wie sich die Anschaffung einer Spielkonsole auf die Schulleistungen von sechs- bis neunjährigen Jungen auswirkte. Mithilfe von Zeitungsannoncen wurden Familien für die Studie gewonnen, die vorhatten, demnächst eine Spielkonsole anzuschaffen. Aus den Interessenten wurden 69 vergleichbare Familien ausgewählt. Die Hälfte von ihnen erhielt eine Playstation II mit drei für die Altersgruppe der Kinder zugelassenen Spielen zu Beginn des Experiments, die andere Hälfte erst am Ende nach vier Monaten. Zu Beginn und am Ende des Experiments wurden die Schulleistungen in den Bereichen Lesen, Schreiben und Mathematik erhoben. Es zeigte sich, dass die Jungen, die eine Spielkonsole erhalten hatten, nach vier Monaten signifikant schlechtere Leistungen in den Bereichen Lesen und Schreiben erzielten als die Jungen der Kontrollgruppe. Über den Zeitraum der Studie war auch die durchschnittliche Spieldauer und die durchschnittliche aufgewändete Zeit für häusliches Lernen erfasst worden. Die Ergebnisse belegen die starke Verschiebung der Zeitbudgets: Während die Jungen der Kontrollgruppe (ohne Spielkonsole) durchschnittlich neun Minuten am Tag mit Videospielen verbrachten, waren es bei den Jungen in der Experimentalbedingung (mit Spielkonsole) 39 Minuten. Für schulische Aktivitäten wendeten die Jungen der Kontrollgruppe durchschnittlich 31 Minuten täglich auf, die Jungen in der Experimentalgruppe nur 18 Minuten. Vertiefende Analysen zur Bedeutung der Spielzeit belegten, dass sich der Leistungsabfall der Jungen mit Spielkonsolen direkt auf die Dauer der Spielzeit zurückführen ließ.

Die Lese-Abwertungs-Hypothese konnte ebenfalls insgesamt nicht bestätigt werden (Ennemoser/Schmidt 2009), wenngleich als belegt gilt, dass Lesen als kognitiv anstrengender empfunden wird als das Anschauen von Filmen (Salomon 1984, vgl. 5.3.2). Studien zur Häufigkeit des Lesens von Kindern und Jugendlichen zeigen aber in Deutschland seit mindestens 15 Jahren relativ konstante Werte (vgl. 3.1.1), so dass nicht davon auszugehen ist, dass die Bildschirm-Medien generell das Lesen verdrängen. Wenn überhaupt, tritt auch das Phänomen der Lese-Abwertung eher bei Jungen als bei Mädchen auf. So identifizieren Studien, die Nutzertypen voneinander unterscheiden (Senkbeil/Wittwer 2008; Treumann et al. 2007), einen „Unterhaltungs-" oder „Konsumnutzer", der sich durch eine hohe Affinität zu Computerspielen und dem Internet bei gleichzeitig geringem Interesse am Lesen bzw. an informationsbezogenen Nutzungen von Computer, Internet und Fernsehen auszeichnet. Diesem Nutzertyp wurden hauptsächlich Jungen zugeordnet. Er stellt aber nur einen Nutzertypen unter diversen anderen dar, in denen Jungen und Mädchen gleichermaßen repräsentiert sind, bei denen das Lesen und die Bildschirm-Medien eine gleichgewichtige Bedeutung haben.

Als bestätigt kann die Inhaltshypothese gelten. Eine Vielzahl von Untersuchungen, die den Forschungsstand zur Wirkung von Bildschirm-Medien auf kognitive und akademische Leistungen resümieren, kommt zu dem Ergebnis, dass der Inhalt der Medien für deren Wirkung eine deutlich stärkere Erklärungskraft hat als das Medium (Fernsehen, Computer) oder die Nutzungsdauer (Gentile 2011; Schmidt/Vandewater 2008). Je nach Inhalt konnten dabei sowohl positive als auch negative Effekte von Bildschirm-Medien nachgewiesen werden. Studien zum Bildungsfernsehen (Linebarger, et al. 2009; Mares/Pan 2013) und zu computerbasierten Lernanwendungen (Sitzmann 2011; Wouters et al 2013) zeigen häufig Lerngewinne, z.B. im Bereich der Buchstaben- und Ziffernkenntnis bei vorschulischen Fernsehsendungen wie der Sesamstraße. Die Lernvorteile der vorschulischen Rezeption von Angeboten des Bildungsfernsehens konnten teilweise bis in die Adoleszenz nachgewiesen werden (Linebarger et al. 2009). Andererseits kann auch der Zusammenhang zwischen dem exzessiven Konsum gewalthaltiger Inhalte und schwachen akademischen Leistungen als belegt gelten (Burgess et al. 2012; Hastings et al. 2009). Dabei ist jedoch unklar, ob der Konsum gewalthaltiger Inhalte ursächlich für schwache akademische und kognitive Leistungen von Kindern und Jugendlichen ist oder ob eine Präferenz für gewalthaltige Inhalte eher eine Begleiterscheinung von ungünstigen sozialen und familiären Bedingungen ist, die die eigentliche Ursache für schwache akademische und kognitive Leistungen darstellen (vgl. 3.4.5).

Zur Konzentrationsabbau-Hypothese liegt eine Meta-Analyse von Nikkelen et al. (2014) vor, die über 50 Einzelstudien hinweg einen schwach positiven Zusammenhang zwischen dem Konsum von Bildschirm-Medien und dem Auftreten von Aufmerksamkeits- und Konzentrationsstörungen (ADHS) feststellt (vgl. 3.6.2). Dieser Effekt wurde gleichermaßen für Fernsehen und Computerspiele und über alle Altersgruppen hinweg gefunden, so dass die Autoren der Studie annehmen, dass sich der Konsum von Bildschirm-Medien global betrachtet tendenziell negativ auf Konzentation und Aufmerksamkeit auswirkt. Da allerdings in einigen Studien unterschiedliche Methoden zur Erfassung von Konzentration und Aufmerksamkeit eingesetzt werden (z.B. Konzentrationstests, Eltern- und Lehrerurteile), kann ein solcher Zusammenhang längst nicht in jeder Untersuchung nachgewiesen werden (Ennemoser/Schneider 2009). Experimentelle Studien stützen teilweise ebenfalls die Annahmen der Löschungshypothese. In einem Forschungsüberblick zu den Auswirkungen des Medienkonsums auf den Schlaf von Kindern und Jugendlichen tragen Durand et al. (2012) zahlreiche Studien zusammen, die belegen, dass die Dauer, die Kinder und Jugendliche mit Fernsehen und Computer verbringen, negativ mit Aspekten ihres nächtlichen Schlafs (Schlafdauer, Schlafmuster, Einschlafschwierigkeiten, Müdigkeit) zusammenhängt. Dworak et al. (2007) fanden in einem Experiment, an dem allerdings nur elf Schulkinder teilnahmen, dass sich das exzessive Spielen von Computerspielen negativ auf Schlafmuster und in der Folge auf die verbale Gedächtnisleistung auswirkte. Für den exzessiven Konsum von Fernsehsendungen und auch für visuell-räumliche Gedächtnisleistungen konnte dieser Effekt jedoch nicht festgestellt werden. Maass et al. (2011) stellten in einem anderen Experiment fest, dass die Teilnehmerinnen und Teilnehmer nach dem Konsum eines emotional erregenden, gewalthaltigen Films bzw. Computerspiels schlechtere Gedächtnisleistungen aufwiesen als Personen, die einen neutralen Film gesehen bzw. ein neutrales Spiel gespielt hatten. Auch wenn die Löschungshypothese als Ganze bisher nur selten untersucht wurde, deuten solche Einzelergebnisse darauf hin, dass vor allem eine intensive Nutzung sowie die Rezeption belastender Inhalte negativ auf Prozesse der Informationsverarbeitung wirkt, wobei der Schlaf eine wichtige vermittelnde Größe darzustellen scheint. Allerdings lässt sich schwer abschätzen, wie umfassend sich solche Prozesse außerhalb der Laborsituation auf die akademischen Leistungen und die kognitive Leistungsfähigkeit von Heranwachsenden tatsächlich auswirken. Weiterhin soll nicht unerwähnt bleiben, dass den Ergebnissen zu negativen Wirkungen von Bildschirm-Medien auf die kognitive Leistungsfähigkeit andererseits Studien gegenüberstehen, die Hinweise liefern, dass das Spielen von Computerspielen bestimmte kognitive Fähigkeiten positiv beeinflusst. Hierzu gehören besonders visuell-räumliche Fähigkeiten bzw. die Geschwindigkeit, mit der visuelle Information verarbeitet wird, Reaktionsgeschwindigkeit sowie Problemlösefähigkeiten (Blumberg et al. 2013; Gentile 2011).

Das Gesamtbild der Forschung zur Wirkung von Bildschirm-Medien auf die akademischen und kognitiven Fähigkeiten von Kindern und Jugendlichen ist also widersprüchlich. Die Schwierigkeit bei der Untersuchung der Wirkungen von Bildschirm-Medien auf akademische und kognitive Leistungen liegt auch darin begründet, dass es sich mit der Mediennutzung und akademischen Leistungen wie mit Henne und Ei verhält: Wenngleich Belege existieren, dass sich ein exzessiver

Konsum von Bildschirm-Medien negativ auf schulische und kognitive Leistungen auswirkt, so existieren gleichzeitig begründete Hinweise, dass Kinder und Jugendliche mit niedriger schulischer Leistungsfähigkeit bzw. mit Aufmerksamkeits- und Konzentrationsproblemen besonders von Computerspielen und gewalthaltigen Inhalten angesprochen werden (Bijwank/Konijn/Bushman 2012; Gentile et al. 2012). Auch scheinen sie besonders anfällig für negative Effekte der Bildschirm-Medien zu sein. So untersuchten Ennemoser und Schneider (2009) die Leseleistungen von achtjährigen Viel- und Wenigsehern mit unterschiedlicher Intelligenz und stellten fest, dass sich ein hoher Fernsehkonsum für Kinder mit einem geringen Intelligenzquotienten negativ auf die Leseleistungen auswirkte, während bei den Gruppen mit durchschnittlichem und überdurchschnittlichem Intelligenzquotienten keine Leistungseinbußen zu verzeichnen waren.

Da zahlreiche Studien zur Wirkung von Medien auf Querschnittuntersuchungen basieren, zeigen sie lediglich, dass es einen Zusammenhang von Medienkonsum und akademischen bzw. kognitiven Leistungen gibt (und häufig nicht einmal das). Sie können jedoch die Frage nach der Ursächlichkeit des Zusammenhangs nicht klären. Hinzu kommt, dass Effekte der Medien nur schwer von anderen Wirkfaktoren, wie dem sozialen Umfeld und der familiären Herkunft, die die akademische und kognitive Leistungsfähigkeit ebenfalls beeinflussen, zu trennen sind (vgl. 3.5.3).

Wie bereits im Zusammenhang mit der Wirkung von Mediengewalt ausgeführt, lassen sich schwache akademische Leistungen nicht monokausal auf den Konsum von Bildschirm-Medien zurückführen. Mehrere Autoren gehen aber davon aus, dass gerade der exzessive Medienkonsum bzw. der Konsum gewalthaltiger Inhalte Probleme verstärken kann (Ennemoser/Schneider 2009; Lehmkuhl/Frölich 2013). Medien stellen in dieser Perspektive einen Risikofaktor für schulische und akademische Leistungen dar, mit dem sich die Schule auseinandersetzen muss (vgl. 4.4.2).

3.7 Zusammenfassung

Die Daten zur Medienausstattung und Nutzung, die zu Beginn dieses Kapitels referiert wurden, zeichnen ein plastisches Bild der medialen Durchdringung des Alltags von Kindern und Jugendlichen. Kinder und Jugendliche besitzen und nutzen in ihrer Freizeit ein weites Medienspektrum. Von herausgehobener Bedeutung sind besonders bei den Jugendlichen mobile digitale Medien. Für die Altersgruppe der Sechs- bis Dreizehnjährigen ist dagegen das Fernsehen nach wie vor das am häufigsten genutzte Medium. Für alle Altersgruppen haben auch Hörmedien bzw. das Hören von Musik eine herausragende subjektive Bedeutung. Geschlechtsspezifische Unterschiede finden sich nur mit Bezug auf wenige Mediennutzungen und müssen differenziert betrachtet werden. So ist die pauschale Aussage, dass Jungen sich mehr für digitale Medien interessieren würden als Mädchen ebenso unrichtig wie die Annahme, dass Jungen ein insgesamt geringeres Leseinteresse haben. Unterschiede finden sich vielmehr bei wesentlich spezifischeren Aspekten. So werden Mädchen von anderen Textsorten angesprochen als Jungen oder bevorzugen andere mediale Inhalte. Hinsichtlich der Aufgeschlossenheit, mit der sie sich neuen medialen Entwicklungen zuwenden, sind Jugendliche Erwachsenen oft einen Schritt voraus, dies zeigt sich etwa an der Ausbreitung der Nutzung des mobilen Internets und von Smartphone Apps.

Medien erfüllen in der Lebenswelt von Kindern und Jugendlichen eine Vielzahl an Bedürfnissen. Ihre Nutzungs- und Rezeptionsweisen sind vor dem Hintergrund des Nutzen- und Belohnungsansatzes besser verständlich. Die Forschung zum Nutzen- und Belohnungsansatz zeigt, wie vielschichtig die Motive sind, die Kinder und Jugendliche mit der Nutzung von Medien verbinden und dass auf die Frage, warum sie sich bestimmten Medien zuwenden, keine einfachen Antworten zulässig sind.

Auch ist die so selbstverständlich scheinende Mediennutzung, wie an der Betrachtung kognitiver Aspekte deutlich wird, das Ergebnis eines komplexen Lernprozesses, der bereits lange vor der Schulzeit beginnt. In der Medienforschung wurde die kognitive Verarbeitung bislang vor allem mit Blick auf audiovisuelle Medien intensiv untersucht. Die Ergebnisse können aber auf die Rezeption anderer Medien übertragen werden, insofern als dass in der Interaktion mit Medien immer medienspezifische kognitive Schemata gebildet werden, die es den Nutzerinnen und Nutzern erlauben, Medienbotschaften zu entschlüsseln und zu verstehen. Von zentraler Bedeutung ist in diesem Zusammenhang das in diesem Kapitel angesprochene Medialitätsbewusstsein, denn die Reflektion von medialen Darstellungen und ihrem Bezug zur Alltagsrealität stellt einen zentralen Aspekt kritisch-konstruktiver Medienkompetenz dar (vgl. 4.1).

Medien können positive Emotionen, Unterhaltung, Spaß und Entspannung auslösen. Bei den meisten Schülerinnen und Schülern sind sie positiv besetzt und können deshalb, gezielt eingesetzt, einen motivierenden Beitrag zum Unterricht leisten. Heranwachsende sind aber auch mit Medieninhalten konfrontiert, die sie verunsichern und verstören, das gilt für Nachrichtensendungen ebenso wie für über Computer und Smartphone zugängliche Gewaltdarstellungen. Untersuchungen hierzu belegen, wie wichtig für die emotionale Verarbeitung dieser Darstellungen der soziale Austausch bzw. ein soziales Eingebunden-Sein und die kognitive Einordnung des Gesehenen ist. Hierzu kann Schule und Unterricht ebenso einen Beitrag leisten wie zur gemeinsamen Reflektion von Mediengewalt in Spielfilmen, die häufig verharmlost dargestellt wird und Aggression als adäquates Mittel zur Lösung von Konflikten erscheinen lässt.

Am Beispiel von Cybermobbing, suchthafter Internet- bzw. Computerspielnutzung und dem teilweise negativen Zusammenhang mit akademischen Leistungen haben wir in diesem Kapitel weitere negative Wirkungen des Medienkonsums thematisert. Auch die digitale Spaltung kann als Risiko der Mediennutzung aufgefasst werden. Es soll-

te dabei deutlich geworden sein, dass mit der Mediennutzung verbundene Gefahren und Risiken differenziert zu beurteilen sind. Individuelle Voraussetzungen und soziale Rahmenbedingungen haben genau wie situative Bedingungen einen entscheidenden Einfluss darauf, ob sich negative Medienwirkungen entfalten können oder nicht. Zusammenfassend leiten wir aus den in diesem Kapitel dargestellten Theorien und Forschungsergebnissen drei Anforderungen für die Medienbildung in der Schule ab:
- Auf der Ebene individueller Voraussetzungen sollten in der Schule Wissen, Haltungen, Einstellungen und Verhalten vermittelt werden, die die Grundlage eines verantwortungsvollen Umgangs mit Medien bilden.
- Auf der Ebene sozialer Rahmenbedingungen sollte in der Schule insbesondere daran gearbeitet werden, herkunftsbedingte Benachteiligungen auszugleichen. Da die Schule selbst ein wichtiges soziales Umfeld für Heranwachsende darstellt, sollte in der Schule an einem Klima gearbeitet werden, in dem negative Medienerfahrungen ernstgenommen und angstfrei bearbeitet sowie schädliche Nutzungen thematisiert und aufgefangen werden können.
- Auf der Ebene situativer Bedingungen ist zu fordern, dass die Schule genug Raum lässt, Probleme in dem Moment zu bearbeiten, wenn sie entstehen. Sie sollte also daran mitarbeiten, individuelle, der jeweiligen Lebenssituation betroffener Schülerinnen und Schüler angepasste Unterstützungsstrategien zu finden.

4 Medien als Unterrichtsgegenstand: Förderung von Medienkompetenz

Im letzten Kapitel haben wir gesehen, welch umfassende Bedeutung Medien im Alltag von Heranwachsenden haben. Was aber bedeutet dies für den Umgang mit Medien in der Schule? In bildungspolitischen Zielvorgaben besteht seit Jahrzehnten Einigkeit, dass Medienerziehung zu den „Pflichtaufgaben" von Schule gehört (Spanhel 2008, 506). Dieser Anspruch ergibt sich aus dem im Grundgesetz und in den Ländergesetzen formulierten Bildungs- und Erziehungsauftrag von Schule. Bereits der 1995 von der Bund-Länderkommission für Bildungsplanung und Forschungsförderung veröffentlichte Orientierungsrahmen „Medienerziehung in der Schule" formuliert ein „sachgerechtes, selbstbestimmtes, kreatives und sozialverantwortliches Handeln in einer von Medien beeinflussten Welt" (BLK 1995, 15) als Leitvorstellung für die schulische Medienerziehung. Im Grundsatz ist damit das Ziel medienpädagogischen Handelns in der Schule bereits so beschrieben, wie es bis heute Bestand hat (vgl. 2.2). Was kann die Schule dazu beitragen, ein solches Medienhandeln bei den Schülerinnen und Schülern anzubahnen? Auf welchen Kenntnissen, Fähigkeiten und Werthaltungen beruht es und wie können diese vermittelt werden?

Das Wissen, das Können und die Einstellungen, die für das oben angemahnte Medienhandeln notwendig sind, werden in der Literatur zumeist mit dem Begriff der „Medienkompetenz" beschrieben, der – wie wir zeigen werden – je nach theoretischem Hintergrund unterschiedliche Kompetenzbereiche umfassen kann. Deshalb gehen wir zunächst der Frage nach, was unter Medienkompetenz und verwandten Kompetenzkonstrukten verstanden wird (vgl. 4.1). Darauf aufbauend beschäftigen wir uns mit der Formulierung medienbezogener Bildungsstandards, mit denen Medienkompetenz auf Niveaustufen beschrieben wird, die in Form von Indikatoren empirisch gemessen und damit in der Schule auch implementiert und überprüft werden können (vgl. 4.2). Anschließend stellen wir dar, wie diese Überlegungen in bildungspolitische und curriculare Vorgaben zur Medienerziehung bzw. zur Förderung von Medienkompetenz in der Schule Eingang gefunden haben (vgl. 4.3). Die Umsetzung in der Praxis thematisieren wir in Kapitel 4.4. Entlang medienpädagogischer Grundhaltungen, die unterschiedlichen Konzepten der Medienerziehung zugrunde liegen, stellen wir konkrete Beispiele für Medienerziehung und die Förderung von Medienkompetenz im Unterricht vor.

4.1 Zielperspektive: Medienkompetenz

In Schule und Unterricht hat der Begriff „Kompetenz" seit der Jahrtausendwende erheblich an Bedeutung gewonnen: So werden in allen Bundesländern inzwischen in den Rahmenlehrplänen fachliche und überfachliche Kompetenzen formuliert, die die Schülerinnen und Schüler in ihrer Schulzeit erwerben sollen. Auf der Grundlage von Kompetenzmodellen werden Bildungsstandards abgeleitet, an denen die Erreichung von Kompetenzzielen abgelesen werden kann.

Ihren Anfang nahm diese Entwicklung, nachdem Deutschland um die Jahrtausendwende an mehreren international vergleichenden Schulleistungsstudien wie PISA (Baumert, Stanat/Demmrich 2001), IGLU (Bos et al. 2003) und TIMSS (Beaton et al. 1996) teilgenommen hatte. Hier sollten die Leistungen von Schülerinnen und Schülern anhand empirisch geprüfter Kompetenzmodelle festgestellt werden. Diese Studien verwenden einen Kompetenzbegriff, der auf dem angloamerikanischen „Literacy"-Konzept beruht. Unter Literacy (deutsch: Lesefähigkeit) wird dabei weit mehr als die Fähigkeit „zu lesen" verstanden. So heißt es in der PISA-Studie 2000 (OECD 2000, 7): „[...] literacy is regarded as knowledge and skills for adult life". In diesem Sinne werden Kompetenzen oder Literacies als Schlüsselfertigkeiten verstanden, die für die Lösung von Problemen in der Lebens- und Arbeitswelt notwendig sind. Beispielsweise untersucht die PISA-Studie die Lesekompetenz (*Reading Literacy*), die mathematische Kompetenz (Mathematical Literacy) und die naturwissenschaftliche Kompetenz (*Scientific Literacy*) im Sinne solch allgemeiner Schlüsselfertigkeiten.

Eine häufig zitierte allgemeine und fachunabhängige Definition von Kompetenz hat der pädagogische Psychologe Franz Erich Weinert formuliert (2001):

> **Definition**
>
> [Unter] Kompetenzen [versteht man] „die bei Individuen verfügbaren oder von ihnen erlernbaren kognitiven Fähigkeiten und Fertigkeiten, um bestimmte Probleme zu lösen, sowie die damit verbundenen motivationalen, volitionalen und sozialen Bereitschaften und Fähigkeiten um die Problemlösungen in variablen Situationen erfolgreich und verantwortungsvoll nutzen zu können." (Weinert 2001, 27f.).

In seinem Kern liegen diesem Kompetenzverständnis folgende Überlegungen zugrunde (Isler/Philip/Tilemann 2010:
- Kompetenzen sind individuell, sie liegen als mentale Strukturen und Prozesse der einzelnen Subjekte vor und bilden ein Repertoire, auf welches diese bei Bedarf zurückgreifen können, um bestimmte Probleme zu lösen.
- Sie sind auf typische Problemsituationen ausgerichtet, können und müssen aber an unterschiedliche konkrete Situationen angepasst werden.
- Die situationsgerechte und erfolgreiche Nutzung dieser kognitiven Kompetenzen erfordert weitere (motivationale und soziale) Fähigkeiten.

Dieses auf dem Literacy-Konzept beruhendes Kompetenzverständnis wird auch auf den Umgang mit Medien angewandt. In der anglo-amerikanischen Literatur gibt es zahlreiche medienbezogene Literacy-Konzepte, wie z.b. Media Literacy, Information Literacy, Computer Literacy und ICT Literacy. Hierzulande werden diese vor allem mit Blick auf den Umgang mit digitalen Medien übernommen (Senkbeil et al. 2014).

Den Konzepten gemeinsam ist der Fokus auf den Umgang mit (medialer bzw. digitaler) Information sowie die Konzeption des Kompetenzbegriffs als Wissen und Fertigkeiten, um computer- und informationsbezogene Aufgaben bzw. Probleme in der Lebens- und Arbeitswelt zu lösen. Beispielhaft sei hier die anglo-amerikanischen Konzeption des Konstrukts „Media Literacy" angeführt: „Media literacy: is the ability of a citizen to access, analyze, and produce information for specific outcomes." (Aufderheide/Firestone 1993, V). Ein weiteres Beispiel sind Richter, Naumann und Groeben (2001, 2), die unter „Computerkompetenz" „die Gesamtheit von prozeduralen und deklarativen Wissensbeständen, die dem Individuum einen kompetenten Umgang mit dem Computer und damit eine individuell wie sozial erfolgreiche Teilnahme an der computerorientierten Gesellschaft ermöglichen" verstehen. In Verbindung mit dem Internet wird, in Anlehnung an das Konstrukt Information Literacy von „Informationskompetenz" gesprochen. Damit ist die Fähigkeit gemeint, „bezogen auf ein bestimmtes Problem den Informationsbedarf zu erkennen, die relevanten Informationen zu ermitteln und zu beschaffen sowie die gefundene Information zu bewerten und effektiv zu nutzen" (Gapski/Tekster 2009, 13). Die ursprünglich getrennten Konstrukte Computerkompetenz und Informationskompetenz werden auch als Digiale Kompetenzen (EU 2016) oder „computer- und informationsbezogene Kompetenzen" zusammengefasst (Eickelmann et al. 2014a). Beispielsweise verstehen die Autoren der Studie ICILS unter computer- und informationsbezogenen Kompetenzen die „individuellen Fähigkeiten einer Person […], die es ihr erlauben, Computer und neue Technologien zum Recherchieren, Gestalten und Kommunizieren von Informationen zu nutzen und diese zu bewerten, um am Leben im häuslichen Umfeld, in der Schule, am Arbeitsplatz und in der Gesellschaft erfolgreich teilzuhaben" (ebd., 45; vgl. *Computer- und informationsbezogene Kompetenzen in der Studie* ICILS *2013*).

Studie

Computer- und informationsbezogene Kompetenzen in der Studie ICILS 2013
Informationen sammeln und organisieren
– Über Wissen zur Nutzung von Computern verfügen
– Auf Informationen zugreifen und Informationen bewerten
– Informationen verarbeiten und organisieren

Informationen erzeugen und austauschen
- Informationen umwandeln
- Informationen erzeugen
- Informationen kommunizieren und austauschen
- Informationen sicher nutzen

In der deutschsprachigen Medienpädagogik wird der Begriff „Medienkompetenz" allerdings häufig mit einem davon abweichenden Verständnis und vor allem auf einer anderen wissenschaftstheoretischen Grundlage gebraucht. Das Konstrukt wurde in der Medienpädagogik bereits einige Jahre vor der Konjunktur des Kompetenzbegriffs in der empirischen Bildungsforschung intensiv diskutiert. Maßgeblich hierfür sind die theoretischen Arbeiten des Erziehungswissenschaftlers Dieter Baacke (1973; 1996). Baacke (1996, 119) versteht unter Medienkompetenz „die Fähigkeit, in die Welt aktiv aneignender Weise auch alle Arten von Medien für das Kommunikations- und Handlungsrepertoire von Menschen einzusetzen." Schon diese Definition verdeutlich eine grundsätzlich andere Auffassung von Kompetenz: An die Stelle der erlernbaren kognitiven Fähigkeiten und Fertigkeiten setzt Baacke den Begriff der Aneignung, statt Problemlösen mithilfe von Informationen steht bei ihm die Erweiterung des Kommunikations- und Handlungsrepertoires im Vordergrund.

Die Wurzeln des Kompetenzbegriffs, den Baacke verwendet, liegen in der Sprachtheorie von Noam Chomsky (1969). Chomsky geht davon aus, dass die Sprachkompetenz des Menschen auf einer angeborenen Fähigkeit beruht, grammatikalische Regelsysteme und alphabetische Strukturen zu entschlüsseln und anzuwenden. In dieser Theorie wird eine angeborene „Kompetenz" zur Sprachverwendung abgegrenzt von der tatsächlich gezeigten Sprachverwendung – der „Performanz". Letztere kann in Bezug auf die verwendeten Regeln unvollständig und fehlerhaft sein. In den 1970er Jahren wurde der sprachwissenschaftliche Kompetenzbegriff in mehrere Sozialisations- und Entwicklungstheorien übernommen und weiterentwickelt. Besonders bedeutsam für das Konstrukt „Medienkompetenz" war dabei die Erweiterung der linguistischen Sprachkompetenz um eine soziale Dimension durch Jürgen Habermas (1971), der damit den Begriff der „kommunikativen Kompetenz" prägte. Im Kern weist Habermas damit darauf hin, dass zur Sprachfähigkeit auch durch Sozialisation erworbenes Wissen über den Gebrauch von Sprache gehört sowie die Fähigkeit, interpersonale Beziehungen, Macht- und Abhängigkeitsverhältnisse, Gefühle, Absichten und Meinungen kommunikativ auszudrücken. Erst diese befähigen zu kommunikativem Handeln.

Hier setzt Baacke (1973 1996) an. In seiner Habilitationsschrift „Kommunikation und Kompetenz" (1973) arbeitet er heraus, welche pädagogisch-didaktischen Schlussfolgerungen sich aus den Annahmen von Chomsky und Habermas zur kommunikativen Kompetenz ergeben: Wenn kommunikative Kompetenz als angeborene Fähigkeit zunächst bei jedem Menschen als Grundstruktur vorhanden ist, für ihre Entwicklung jedoch äußere, soziale Einflüsse notwendig sind, so ergibt sich die pädagogische Notwendigkeit, diesen Entfaltungsprozess durch pädagogisch-didaktische Interventionen bestmöglich zu unterstützen. Dies gilt umso mehr in einer Zeit, in der sich Kommunikation nicht mehr allein auf die individuelle interpersonelle Kommunikation beschränkt, sondern zunehmend über (Massen-)Medien erfolgt. Baacke differenziert in einer Auseinandersetzung mit der sozialisatorischen Wirkung der Massenkommunikation hierfür systematisch das Konstrukt der kommunikativen Kompetenz von Habermas aus. Zunächst erweitert er es auf die Kommunikation mit (technischen) Medien. Dabei betrachtet auch er Kommunikation als eine Form des Handelns. Kommunikative Kompetenz ist zugleich auch Handlungskompetenz. Kommunikatives Handeln mit Medien beschränkt sich in diesem Zusammenhang nicht allein auf die Medienrezeption, sondern umfasst auch den produktiven Umgang, die Gestaltung von Kommunikation mittels Medien. Schließlich richtet Baacke sein Augenmerk auf den gesellschaftlichen Zusammenhang, in dem Massenmedien produziert und konsumiert werden. Anschließend an Überlegungen der kritischen Theorie der Frankfurter Schule ergibt sich für ihn hieraus das Desiderat der Medienkritik, d.h. der kritischen Überprüfung von Medienbotschaften auf ihren ideologischen Gehalt, der vor dem Hintergrund ihrer Produktionsbedingungen bzw. der Macht- und Herrschaftsverhältnisse, unter denen sie entstehen, beurteilt werden muss. Aus diesen Grundüberlegungen entwickelt Baacke (1996) ein vierdimensionales Modell der Medienkompetenz (vgl. *Dimensionen von Medienkompetenz nach Baacke*).

> **Theorie**
>
> **Dimensionen der Medienkompetenz nach Baacke**
> 1. Medienkritik:
>   - *analytisch:* Fähigkeit, problematische gesellschaftliche Prozesse angemessen zu erfassen
>   - *reflexiv:* Fähigkeit, das analytische Wissen auf die eigene Person anzuwenden
>   - *ethisch:* Fähigkeit, analytisches Denken und reflexiven Rückbezug sozial verantwortlich abzustimmen und zu definieren
> 2. Medienkunde:
>   - *informativ:* klassische Wissensbestände über Medien und ihre Produktionsbedingungen
>   - *instrumentell-qualifikatorisch:* Wissen, das zur Bedienung von Medien notwendig ist
> 3. Mediennutzung
>   - *rezeptiv:* Fähigkeit, Medien zielorientiert für eigene Zwecke zu rezipieren
>   - *interaktiv:* Fähigkeit, mit Medien zielorientiert zu interagieren bzw. die interaktiven Funktionen (digitaler) Medien zu nutzen
> 4. Mediengestaltung
>   - *innovativ:* Fähigkeit, Medien zur verändern und innerhalb ihrer Logik weiterzuentwickeln
>   - *kreativ:* Fähigkeit, Medien ästhetisch und über die in ihnen angelegten Grenzen hinaus weiterzuentwickeln (Baacke 1996)

Zielperspektive: Medienkompetenz | 109

Das Modell der Medienkompetenz von Baacke, das auch, nach der Hochschule an der es entwickelt wurde, „Bielefelder Modell" genannt wird, ist das bis heute einflussreichste Modell der Medienkompetenz in der Medienpädagogik.
Zahlreiche Autoren entwickeln Modelle, die das Bielefelder Modell um neue Facetten erweitern (für eine Übersicht s. Gapski 2006). Dabei gehen solche Erweiterungen meistens, wie das Modell von Baacke, von einer handlungstheoretischen Grundposition aus (Tulodziecki 2010). Beispielsweise führen Aufenanger (2003) und Groeben (2002) eine zusätzliche affektive Dimension ein, mit der sie ausdrücken, dass zu einem kompetenten Umgang mit Medien auch gehört, diese gezielt und verantwortungsvoll zur Unterhaltung, Ablenkung und Entspannung zu nutzen. Groeben (2002) unterstreicht darüber hinaus mit der Dimension „soziale Anschlusskommunikation" die Fähigkeit, über Medienerfahrungen mit anderen zu reden und sich auszutauschen.
Schorb (2008) dagegen reduziert Baackes Modell auf die drei Dimensionen Wissen, Bewerten und Handeln. Auch in diesem Modell finden sich jedoch fast alle Aspekte des Bielefelder Modells wieder (vgl. Abb. 16).

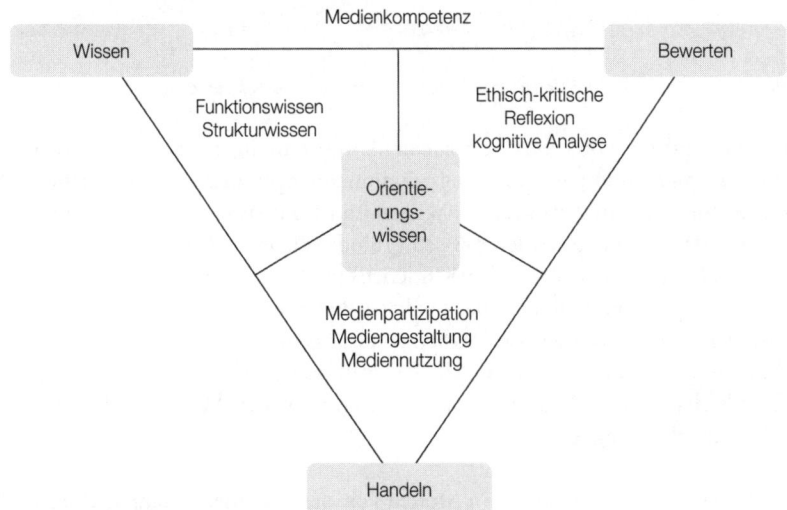

Abb. 16: Modell der Medienkompetenz von Schorb (2008, 79)

Tulodziecki et al. (2010) schließlich entwerfen ein Modell, mit dem die Facetten von Medienkompetenz in ihrem strukturellen Zusammenhang betrachtet werden. In diesem Modell stehen Medienanalyse und Medienkritik im Zentrum. Diese konkretisieren sich in mehreren Handlungszusammenhängen und Inhaltsbereichen. Die beiden grundsätzlichen Handlungszusammenhänge, die Tulodziecki et al. (2010) unterscheiden, sind Auswahl und Nutzung von Medienangeboten sowie

Gestaltung und Verbreitung eigener Medienbeiträge. Die Inhaltsbereiche, die in diesen Handlungszusammenhängen jeweils analysiert und reflektiert werden können, unterteilen Tulodziecki et al. (2010) in Möglichkeiten der Mediengestaltung, Medieneinflüsse sowie Bedingungen der Medienproduktion und -verbreitung (vgl. Abb. 17).

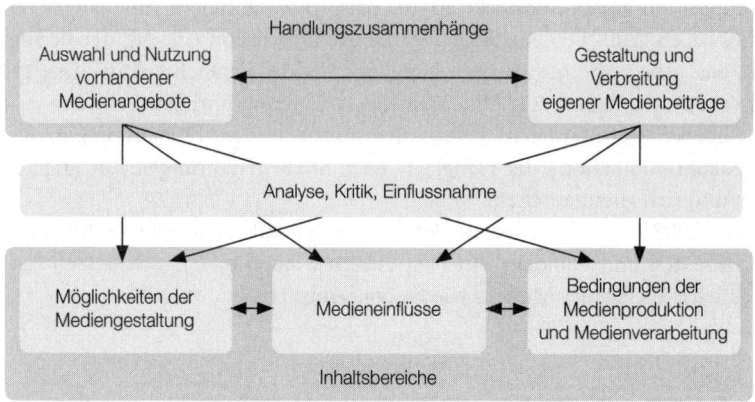

Abb. 17: Strukturierung des Konzepts der Medienkompetenz (Tulodziecki et al. 2010, 181)

Mit Blick auf die Förderung von Medienkompetenz in der Schule ergeben sich aus der Kombination von Handlungszusammenhängen und Inhaltsbereichen fünf Aufgabenbereiche, in denen jeweils Wissen und Können sowie Analyse und Kritik miteinander verbunden werden müssen (Tulodziecki et al. 2010):
– Auswählen und Nutzen von (vorhandenen) medialen Angeboten
– Gestalten und Verbreiten eigener medialer Beiträge
– Verstehen und Bewerten von Mediengestaltungen
– Erkennen und Aufarbeiten von Medieneinflüssen
– Durchschauen und Beurteilen von Bedingungen der Medienproduktion und Medienverbreitung

Tulodziecki et al. legen damit ein Modell vor, das aus einer systematischen Problemanalyse konkrete Hinweise für medienpädagogische Handlungsfelder in und außerhalb der Schule herleitet. Auch greift es einen Kritikpunkt auf, der an vielen Modellen geäußert wird, nämlich, dass sie sich häufig in der additiven Aufzählung von Facetten oder Dimensionen erschöpfen, ohne diese in ihrem Zusammenhang bzw. in ihren Beziehungen untereinander zu betrachten (Schiefner-Rohs 2012). Das Modell von Tulodziecki et al. bildet schließlich eine tragfähige Grundlage für die Formulierung von Kompetenzstandards, auf die in Kapitel 4.2 eingegangen wird.

Besondere Beachtung erfährt die Dimension „Kritikfähigkeit" oder „Medienkritik", die mehrere Autoren unter unterschiedlichen theoretischen Perspektiven weiter ausdifferenzieren. Diese Dimension ist aus medienerzieherischer Sicht insofern besonders bedeutsam, als dass hier die Fähigkeiten, die für einen reflektierten und verantwortungsvollen Medienumgang notwendig sind, genauer betrachtet werden. Ganguin und Sander (2006) schlagen ein Stufenmodell vor, das Medienkritikfähigkeit in die fünf Dimensionen kritisches Wahrnehmen, Decodieren, Analysieren, Reflektieren und Beurteilen von Medien zerlegt, die aufeinander aufbauend erworben werden (vgl. Tab, 9, aus Ganguin 2004).

Tab. 9: Konzeptionalisierung von Medienkritikfähigkeit (Ganguin 2004, 4)

Wahrnehmungsfähigkeit	• Raum-, Zeit- sowie • Sinneswahrnehmung werden benötigt um Medien und ihre Strukturen, Inhalte, Gestaltungsformen, Wirkungsmöglichkeiten und Entwicklungen wahrzunehmen, zu erkennen und zu durchschauen.
Decodierungsfähigkeit	Decodierung der Mediensprache (Codes, Symbole, Informationsarten, Metaphern, Muster) durch • Symbolverständnis (sowie Sprachverständnis) und • Gedächtnisleistung
Analysefähigkeit	Analyse unterschiedlicher Medien (-inhalte, -formate und -genres) sowie Differenzierung von Realität und Fiktion durch ihre systematische Auflösung in einzelne Komponenten, durch • Unterscheidungs- und • Klassifikationsfähigkeit
Reflexionsfähigkeit	• Distanzierungsfähigkeit und • Perspektivenkoordination, um kritisch 　◦ die eigene Stellung zu den Medien 　◦ die Stellung anderer Menschen zu den Medien 　◦ die Stellung der Gesellschaft zu den Medien 　◦ die Stellung der Medien zu den Medien zu überprüfen
Urteilsfähigkeit	Beurteilung einzelner medien (inklusive ihrer Inhalte, Formate und Genres) und der Medienentwicklung aufgrund von • objektiven (wie Stichhaltigkeit, Ausführlichkeit, Moral etc.) und subjektiven Kriterien (z.B. Erleben, Gefallen) sowie durch • die bestimmende und reflektierende Urteilskraft

Sowka et al. (2015) systematisieren die Aspekte von Medienkritikfähigkeit dagegen nach Inhaltsbereichen. Medienkritikfähigkeit manifestiert sich danach in den vier Bereichen Information, Unterhaltung, Werbung und Nutzerkommunikation. Je nach Inhaltsbereich stehen in der kompetenten Mediennutzung unterschiedliche inhaltliche Aspekte im Vordergrund, die beurteilt werden müssen. Bei der kritischen Auseinandersetzung mit Information sind dies z.B. Meinungsvielfalt, Relevanz oder Quellentransparenz, bei der Auseinandersetzung mit Unterhaltung das Erkennen von Inszenierung und Intentionalität usw. (vgl. Abb. 18).

Abb. 18: Modell der Medienkritikfähigkeit nach Sowka et al. (2015, 68)

Rothmund et al. (2001b) schließlich entwickeln auf der Grundlage ihrer Untersuchungen zur Realitäts-Fiktionsunterscheidung bei der Medienrezeption (vgl. 3.3) ein Modell von kritisch-konstruktiver Medienkompetenz. Kritisch-konstruktive Medienkompetenz setzt sich nach Rothmund et al. (2001b) grundsätzlich aus der Fähigkeit zur Unterscheidung zwischen Realität und medialer Repräsentation einerseits sowie medienbezogenen Wissensbeständen, die für diese Unterscheidung notwendig sind, andererseits zusammen. Kompetente Mediennutzer sind nach diesem Modell in der Lage,
1. anhand von Medienmerkmalen eine Einordnung des Angebots in „fiktional" oder „nicht fiktional" zu treffen,
2. im Fall non-fiktionaler Medienprodukte das Informationsangebot mit dem bestehenden Weltwissen abzugleichen und auf Irrtümer, Manipulations- und Täuschungsversuche zu überprüfen,
3. im Fall fiktiver Medienprodukte zu erkennen, wann ihnen eine zu starke Involviertheit bei der Medienrezeption droht und die Rezeption gegebenenfalls abzubrechen.

Auch wenn die Realitäts-Fiktions-Unterscheidung in der Vergangenheit vor allem mit Blick auf audiovisuelle Medienangebote untersucht wurde, weisen Rothmund et al. (2001b) darauf hin, dass sich ihr Modell auf das gesamte Spektrum von klassischen Printmedien bis zu digitalen Medien anwenden lässt. Besonders vor dem Hintergrund neuer technischer Möglichkeiten im Bereich von Virtual Reality und immersiven Medienangeboten ist absehbar, dass die Fähigkeit zur Unterscheidung von Realität und Fiktion zukünftig an Bedeutung noch gewinnen wird.

Trotz seiner weiten Verbreitung wurde und wird das Konstrukt Medienkompetenz von zahlreichen Autoren ausgesprochen kritisch diskutiert. Dies betrifft zunächst seine definitorische Unschärfe. So hat Gapski (2001) über einhundert Definitionen von Medienkompetenz aus den Feldern Pädagogik, Wirtschaft, Recht und Politik zusammengetragen. Angesichts dieser Fülle von konkurrierenden Beschreibungen kritisieren einige Autoren das Konstrukt als inhaltsleer (Kübler 2001) und die zahlreichen Definitionsversuche als willkürlich (Mikos 1997). Schiefner-Rohs (2012) weist in diesem Zusammenhang darauf hin, dass es vor dem Hintergrund der unklaren Ausgangsbegriffe „Medien" und „Kompetenz" kaum verwunderlich erscheint, dass auch für das Kompositum „Medienkompetenz" keine eindeutige Definition vorgelegt werden kann. Erschwerend komme hinzu, dass der Kompetenzbegriff sich aufgrund der Weiterentwicklung der Medien auf einen beständig und rapide wandelnden Inhaltsbereich bezieht. Der Begriff der Medienkompetenz muss also zwangsläufig dynamisch bleiben, was ihn als wissenschaftliches Konstrukt jedoch schwer handhabbar macht.

Ein zweiter Kritikpunkt betrifft die fehlenden empirischen Belege und die mangelnde empirische Nachweisbarkeit des Konstrukts. In diesem Zusammenhang wird festgestellt, dass die meisten Definitionen normative Setzungen enthalten, die aus individuellen oder gesellschaftlichen Notwendigkeiten begründet werden, ohne dass man sich um die empirische Messung bzw. um die Messbarkeit Gedanken gemacht habe (Gapski 2006; Groeben 2004). Welche Bedeutung die postulierten Teilfertigkeiten *tatsächlich* für medienkompetentes Handeln und für gesellschaftliche Teilhabe in der Arbeits- und Lebenswelt haben, wurde deshalb lange Zeit kaum empirisch untersucht. Erst in den letzten fünf bis zehn Jahren unternehmen medienpädagogische Studien den Versuch, Medienkompetenz mit Messinstrumenten zu erfassen und damit seine Legitimität auch empirisch zu begründen (Bos et al. 2014; Treumann et al. 2007).

Schließlich wird eine defizitäre theoretische Fundierung des Konstrukts beklagt. So kritisieren einige Autoren die nativistischen Grundannahmen sowie den statischen Kompetenzbegriff von Chomskys Modell der Sprachkompetenz und stellen infrage, ob sich diese Annahmen überhaupt mit den sozialisationstheoretischen Überlegungen zum Erwerb kommunikativer Kompetenz verbinden lassen (zusammenfassend in Sutter 2010). An der theoretischen Fundierung von Medienkompetenz auf Grundlage des eingangs dargestellten Literacy-Konzepts wird dagegen die Engführung auf individuelles Wissen und Können und der eher instrumentelle Kompetenzbegriff im Sinne der Fähigkeit zur Lösung von Problemen kritisiert (Moser 2010). Aus medienpädagogischer Perspektive wird deshalb vorgeschlagen, an die Stelle der linguistischen und kommunikationstheoretischen Fundierung einerseits und der kognitionspsychologischen Fundierung andererseits eine pädagogische oder bildungstheoretische Grundlegung zu setzen (Marotzki/Jörissen 2010; Schwalbe/Meyer 2010). Ein solch bildungstheoretisch fundierter Kompetenzbegriff zeichnet sich dadurch aus, dass er

1. den Lern- bzw. Aneignungsprozess akzentuiert,
2. ganzheitlich auf das Verhältnis des Individuums zur (medial geprägten) Welt schaut und
3. betont, dass der Erwerb von Medienkompetenz grundsätzlich in seinem sozialen Zusammenhang gesehen werden muss (Spanhel 2010).

Allerdings schlagen die Autoren aus dieser Perspektive keine weitere Definition des Konstrukts Medienkompetenz vor, sondern sprechen sich dafür aus, das Konstrukt als solches zu verabschieden und durch den Begriff der Medienbildung zu ersetzen (vgl. 2.4). Insbesondere in der nachfolgend dargestellten Diskussion um Standards und curriculare Vorgaben wird dies insofern aufgegriffen, als dass weniger von Kompetenz- als von Bildungsstandards gesprochen wird. Und auch bei der konkreten Umsetzung in der Schule im Rahmen von Lehrplanvorgaben wird häufig der Begriff der Medien*bildung* anstelle von Medien*kompetenz* verwendet.

4.2 Standards für die Medienbildung

Die im vorigen Abschnitt vorgestellten Definitionen und Modelle beschreiben das Konstrukt Medienkompetenz und liefern Gliederungsvorschläge für seine innere Strukturierung in Kompetenzfelder oder -dimensionen. Für die Umsetzung in der Schule sind diese jedoch häufig noch zu allgemein. Sie bedürfen einer weiteren Konkretisierung, z.B. hinsichtlich Klassenstufen, in denen bestimmte Teilfertigkeiten vermittelt werden sollen. Ähnlich wie in den Schulfächern wurden deshalb auch für die Medienkompetenz Versuche unternommen, diese in der Form von Bildungsstandards genauer zu fassen (Moser 2006b; Tulodziecki 2007; 2010). Solche Standards haben die Funktion, medienspezifische Kompetenzen fächerübergreifend zu systematisieren und damit Lehrkräften eine Orientierung zu bieten, welche Fertigkeiten Schülerinnen und Schüler zu einem bestimmten Zeitpunkt und in welcher Reihenfolge erwerben sollten. Sie bilden die Grundlage für die Aufnahme medienbezogener Kompetenzziele in Lehrpläne oder schulinterne Curricula, und sie bieten Anhaltspunkte für Qualitätssicherung und Evaluation.

Den Ausgangspunkt für die Entwicklung von Medienkompetenzstandards bilden die im vorigen Kapitel dargestellten Kompetenzkonstrukte. Tulodziecki (2007; 2010) weist darauf hin, dass bei der Ableitung medienbezogener Bildungsstandards die Felder von Medienkompetenz (z.B. Medienkunde, Medienkritik, Mediengestaltung usw.), ihre Dimensionen (z.B. kognitiv, affektiv, moralisch, sozial, ästhetisch), Medienfunktionen (z.B. informieren, kommunizieren, präsentieren) oder Medienarten (z.B. Zeitung, Fernsehen, Internet usw.) herangezogen werden können. Jeder Zugang weist dabei spezifische Vor- und Nachteile auf. So wird eine Herleitung von Bildungsstandards anhand der Felder von Medienkompetenz zwar relativ ganzheitlich den komplexen Anforderungen, die der Medienumgang stellt, gerecht. Einzelne Medien werden aber nur exemplarisch thematisiert. In der Strukturierung nach Dimensionen sieht Tulodziecki den Vorteil, dass diese anschlussfähig an Entwicklungstheorien und Schlüsselkompetenzen sind, jedoch zu wenig Bezug zu spezifischen Inhalten aufweisen. Eine Strukturierung nach Funktionen ließe sich seiner Meinung nach besonders gut als fächerübergreifende Kompetenz in die Unterrichtsfächer integrieren, birgt aber die Gefahr, dass Medien verkürzt unter dem Aspekt ihrer technischen Nutzung betrachtet werden. Die Formulierung von Bildungsstandards bezogen auf Medienarten schließlich hat den Vorteil einer einfachen Integrierbarkeit in die Lehrpläne der Fächer, kann aber dazu führen, dass medien- und fachübergreifende Aspekte von Medienkompetenz zu kurz kommen.

Exemplarisch entwickelt Tulodziecki anhand seines eigenen Medienkompetenz-Modells (vgl. 4.1) zwei Sets von medienbezogenen Bildungsstandards. Im Standardmodell „Medienarten" legt er die fünf Aufgabenbereiche seines Modells zugrunde (Auswählen und Nutzen von Medienbeiträgen, Gestalten und Verbreiten, ...) und leitet für diese, bezogen auf einzelne Medienarten (Zeitung, Buch, Hörfunk, Film/

Fernsehen, computerbasierte Medienangebote, digitale Werkzeuge, usw.) konkrete Standards für die vierte, sechste und neunte Klassenstufe ab (vgl. Tab. 10).

Tab. 10: Kompetenzmodell nach Medienarten nach Tulodziecki (eigene Darstellung)

Kompetenz-aspekte	Auswählen und Nutzen von Medienangeboten	Gestalten und Verbreiten eigener Medienbeiträge	Verstehen und Bewerten von Mediengestaltungen	Erkennen und Aufarbeiten von Medieneinflüssen	Durchschauen und Beurteilen von Bedingungen der Medienproduktion und -verbreitung
Kompetenzbereich Printmedien					
Foto	Standard ...	Standard ...	Standard ...	Standard ...	Standard ...
Zeitung/ Zeitschrift	Standard ...	Standard ...	Standard ...	Standard ...	Standard ...
...					
Kompetenzbereich Audiovisuelle Medien					
Hörfunk/Ton	Standard ...	Standard ...	Standard ...	Standard ...	Standard ...
Film/Fernsehen/ Video	Standard ...	Standard ...	Standard ...	Standard ...	Standard ...
...					
Kompetenzbereich Computer/Internet					
Werkzeuge zur Erstellung eigener Beiträge	Standard ...	Standard ...	Standard ...	Standard ...	Standard ...
Umgebungen für Kommunikation	Standard ...	Standard ...	Standard ...	Standard ...	Standard ...
...					

Ein zweites Modell, das sogenannte Paderborner Kompetenz-Standard-Modell (Tulodziecki 2010) formuliert medienartenübergreifende Kompetenzstandards. Dazu unterscheidet Tulodziecki wiederum ausgehend von den fünf Aufgabenbereichen des Medienkompetenzmodells mehrere Teilkompetenzen. Dabei geht er aber für jeden Aufgabenbereich unterschiedlich vor. Neben Medienarten legt er aufgabenbezogen auch Medienfunktionen zugrunde. Für den Aufgabenbereich „Auswählen und Nutzen von Medienangeboten" werden beispielsweise die Medienfunktionen „Information", „Lernen", „Unterhaltung und Spiel" usw. betrachtet. Für den Aufgabenbereich „Gestalten und Verbreiten von eigenen medialen Beiträgen" dienen die Medienarten Bild,

Printmedien, Hörbeiträge usw. der Differenzierung. Auf diese Weise leitet er für jeden Aufgabenbereich nach einem nur für diesen Bereich geltenden Prinzip jeweils fünf Teilkompetenzen her. Die Bildungsstandards für diese Teilkompetenzen werden wie im ersten Modell auf drei Niveaustufen (4., 6. und 9. Klasse) formuliert (vgl. Tab. 11).

Tab. 11: Ausschnitt aus dem Paderborner Kompetenz-Standard-Modell nach Tulodziecki (2010, 96))

Kompetenzbereich	Auswählen und Nutzen von Medienanangeboten				
Medienübergreifende Kompetenz	Medienangebote und nicht-mediale Möglichkeiten im Hinblick auf angestrebte Funktionen, z.B. Informationen und Lernen, Unterhaltung und Spiel, Kommunikation und Kooperation, vergleichen und interessenbezogen auswählen sowie unter Beachtung sozialer bzw. gesellschaftlicher Verantwortung nutzen.				
Niveaudifferenzierung	Entwicklungsaspekte und Entwicklungsniveaus bezüglich der affektiv-motivationalen, der intellektuellen und der sozial-moralischen Dimension von Medienkompetenz.				
Kompetenzaspekte	Information	Lernen	Unterhaltung und Spiel	Kommunikation	Kooperation
Standards zu Niveau X	...	...	...	...	...
Kompetenzbereich	Gestalten und Verbreiten eigener Medienbeiträge				
Medienübergreifende Kompetenz	Eigene Aussagen unter Verwendung bewusst ausgewählter Medienarten mit sachgemäßer Handhabung der jeweiligen Medientechnik inhalts- und medienadäquat planen und gestalten und unter Beachtung sozialer bzw. gesellschaftlicher Verantwortung an ausgewählte Zielgruppen vermitteln.				
Kompetenzaspekte	Bilder/Fotos	Printmedien	Hörbeiträge	Videobeiträge	Computergebundene Beiträge
Standards zu Niveau X	...	...	...	...	...
Kompetenzbereich	...				

Die beiden Entwürfe von Tulodziecki machen deutlich, wie schwierig es ist, das komplexe Konstrukt Medienkompetenz systematisch und vollständig, alle Medienarten, Kompetenzaspekte und Dimensionen voneinander abgrenzend, auf seine Teilfertigkeiten herunterzubrechen.

Moser (2012) plädiert deshalb dafür, medienbezogene Bildungsstandards grundsätzlich allgemeiner und zumindest nicht nach Medienarten differenziert zu formulieren. Dies erscheint ihm auch vor dem Hintergrund der zunehmenden Medi-

enkonvergenz und der rapiden technischen Entwicklung angemessen. Mit dem in der Schweiz entwickelten Zürcher Kompetenzmodell (Moser 2006b) legt er einen alternativen Ansatz vor, der die Felder der Medienkompetenz anhand übergreifender Schlüsselqualifikationen strukturiert. Das Zürcher Modell nimmt in medienpädagogischer Hinsicht Bezug auf den Ansatz von Baacke (1996) und verknüpft diesen mit einem aus der Erwachsenen- bzw. beruflichen Bildung stammenden Modell sogenannter „Selbstorganisationsdispositionen" (Erpenbeck/von Rosenstiel 2003). Darunter werden Schlüsselkompetenzen verstanden, die für das lebenslange Lernen notwendig sind. Aus Baackes Ansatz leitet Moser drei Handlungsfelder ab:
- Anwendung und Gestaltung von Medienprodukten
- Austausch und Vermittlung von Medienbotschaften
- Medienreflexion und Kritik

Die in diesen medienbezogenen Handlungsfeldern zu erwerbenden Kompetenzen teilt Moser anschließend auf der Grundlage des Modells von Erpenbeck und von Rosenstiel (2003) in drei Kompetenzklassen ein:
- Sachkompetenzen (auf das jeweilige Handlungsfeld bezogenes deklaratives, d.h. Sach- und Inhaltswissen),
- Methodenkompetenzen (auf das Handlungsfeld bezogenes prozedurales Wissen, d.h. Techniken und Regelwissen) und
- Sozialkompetenzen (soziales Regelwissen, das für Kommunikation und Kooperation notwendig ist).

Aus der Kombination der drei Handlungsfelder mit den drei Kompetenzklassen ergeben sich neun Standards.

		Personale Kompetenzen		
		Sach-kompetenzen	Methoden-kompetenzen	Sozial-kompetenzen
Mediale Handlungsfelder	Anwenden und Gestalten von Medienprodukten (A)	A 1.1 Standard	A 1.2 Standard	A 1.3 Standard
	Austausch und Vermittlung von Medienbotschaften (B)	B 1.1 Standard	B 1.2 Standard	B 1.3 Standard
	Medienreflexion und Kritik (C)	C 1.1 Standard	C 1.2 Standard	C 1.3 Standard

Kompetenzstufe 1   Ende Basisstufe (Ende 2. Klasse)
Kompetenzstufe 2   Ende Mittelstufe (Ende 6. Klasse)
Kompetenzstufe 3   Ende 8. Schuljahr Sekundarstufe I
Kompetenzstufe 3   Ende 11. Schuljahr Sekundarstufe II

Abb. 19: Zürcher Modell (Moser 2010, 69)

Jeder dieser Standards wird auf jeweils vier Kompetenzniveaus für vier Klassenstufen beschrieben (Ende 2.; 6. 8. und 11. Schuljahr), so dass insgesamt 36 kompetenzstufenbezogene Standards entstehen (vgl. Abb. 19). Tabelle 12 zeigt am Beispiel des Handlungsfelds A „Anwendung und Gestaltung von Medienprodukten" die Niveaustufen für die auf dieses Handlungsfeld bezogenen Sach-, Methoden- und Sozialkompetenzen.

Tab. 12: Anwendung und Gestaltung von Medienprodukten (Moser 2006b, 50)

Handlungsfeld A: Anwendung und Gestaltung von Medienprodukten			
	Sachkompetenzen	Methodenkompetenzen	Sozialkompetenzen
Kompetenzstufen	A. 1.1 Erfährt Medien als Unterstützung des Lernprozesses und der Kreativität.	A. 1.2 Optimiert Grundfertigkeiten des Medieneinsatzes durch wiederholtes Anwenden und Üben.	A. 1.3 Erlebt Medien als Unterstützung des gemeinsamen Arbeits- und Lernprozesses.
	A. 2.1 Kann Medien zum Erreichen der eigenen Intentionen einschätzen und gezielt einsetzen.	A. 2.2 Setzt Medien routiniert und zielgerichtet ein.	A. 2.3 Nutzt Medien gezielt zur Kooperation und Kommunikation.
	A. 3.1 Kennt die konzeptionellen Grundlagen unterschiedlicher Medien und wählt sie gezielt aus.	A. 3.2 Setzt Medien zur Steigerung der Produktivität und Kreativität ein.	A. 3.3 Setzt Medien zur Kooperation und Kommunikation selbst- und eigenständig ein.
	A. 4.1 Nutzt Medien aufgrund des differenzierten Wissens innovativ für das eigene Lernen und Arbeiten.	A. 4.2 Setzt Medien zur Umsetzung eigener Ideen explorativ ein.	A. 4.3 Bezieht beim gemeinsamen Lernen geeignete Medien mit ein und unterstützt den medienbasierten Arbeitsprozess.

In einem letzten Schritt werden zur Überprüfung der Standards Indikatoren formuliert, mit denen jeder Standard anhand konkreter Fertigkeitsbeschreibungen operationalisiert wird. Ein Indikator für den Standard A1.1 in der obigen Tabelle lautet beispielsweise „ausgewählte Medien für vorgegebene Aufgaben selbstständig einsetzen können" (Moser 2006b, 50). Insgesamt umfasst das Modell 181 solcher Indikatoren und ist damit sehr differenziert, in der Handhabung allerdings auch ausgesprochen komplex. Nicht zuletzt deshalb sind die Entwürfe für medienbezogene Bildungsstandards bisher in der hier vorgestellten Form nicht in Lehrpläne und curriculare Vorgaben übernommen worden. Allerdings haben sie für die Diskussion um die curriculare Verankerung von Medienbildung, wie im nächsten Kapitel gezeigt wird, wichtige Impulse geliefert.

4.3 Bildungspolitische und curriculare Vorgaben zur Medienbildung

Die bis hierher dargestellten Überlegungen zur Bedeutung von Medienkompetenz und zu medienbezogenen Bildungsstandards haben in Deutschland und seinen deutschsprachigen Nachbarländern, die an dieser Stelle mitbetrachtet werden sollen, auch in bildungspolitische Vorgaben für den Unterricht Eingang gefunden. Festlegungen hierzu werden in der Bundesrepublik Deutschland auf zwei Ebenen getroffen: Die Kultusministerkonferenz (KMK) formuliert übergreifende Zielsetzungen, Strategien und Empfehlungen auf Bundesebene. Die eigentliche Umsetzung auf der Ebene konkreter Bildungs- und Lehrpläne erfolgt dann durch die Kultusministerien in den 16 Bundesländern. Als vermittelnde Instanz wirken die Landesmedienzentren und die Medienabteilungen in den pädagogischen Landesinstituten, die an der Implementation zentraler Vorgaben auf der Ebene der Bundesländer arbeiten. Zur besseren Abstimmung und Vernetzung haben sich deren Leiter in der Länderkonferenz MedienBildung (LKM) zusammengeschlossen.

Ein wichtiges frühes Grundsatzpapier für die Verankerung von Medienkompetenz in den Lehrplänen ist der eingangs bereits erwähnte Orientierungsrahmen „Medienerziehung in der Schule", den die Bund-Länder-Kommission für Bildungsplanung 1995 verabschiedete. Es begründet den Einbezug von Medienerziehung in der Schule, definiert inhaltliche Schwerpunktsetzungen und gibt Hinweise zur Umsetzung im Unterricht wie auch zur schulorganisatorischen Einbindung. Medienerziehung wird hier als „integrative Aufgabe" (BLK 1995, 21) verstanden in dem Sinne, dass Medienerziehung unterschiedliche Medienarten verbindet und nach Altersgruppe und Bildungsgang differenziert in den Fachunterricht integriert werden soll (vgl. hierzu *Medienbildung als eigenes Unterrichtsfach?*). Der Medienbegriff in dieser Erklärung umfasst das gesamte Medienspektrum von Printmedien über Film und Fernsehen bis zu Computer und Internet. Dabei werden die drei Aufgabenbereiche „Nutzung von Medien", „Einblick in Wirkungsweise und Produktionsbedingungen" und „Praktisch-gestalterische Medienarbeit" unterschieden. Bezüglich der Umsetzung wird auf die Notwendigkeit schulinterner und schulexterner Kooperation und Konzeptentwicklung sowie des Angebots medienpädagogischer Aus- und Fortbildungen für die Lehrkräfte hingewiesen.

Der Orientierungsrahmen wurde 2012 aktualisiert mit der wesentlich knapper gefassten, inhaltlich jedoch in mehrfacher Hinsicht erweiterten Erklärung „Medienbildung in der Schule"der Kultusministerkonferenz (KMK 2012). Den Anlass hierfür bot die technologische Entwicklung im Bereich der digitalen Medien. Entsprechend wird die Definition von Medienkompetenz von 1995 um die „Fähigkeit, sich verantwortungsvoll in der virtuellen Welt zu bewegen, die Wechselwirkung zwischen virtueller und materieller Welt zu begreifen und neben den Chancen auch die Risiken und Gefahren von digitalen Prozessen zu erkennen" ergänzt (KMK; 2012, 3). Im

Wesentlichen bekräftigt die Erklärung die Zielsetzungen und Forderungen des Orientierungsrahmens von 1995. Neu ist, dass der Begriff der Medienerziehung durch den der Medienbildung ersetzt wird. Dieser Begriff schließt, neben den bereits 1995 definierten Aspekten, den Einsatz von Medien zur Unterstützung und (innovativen) Gestaltung von Lernprozessen in der Schule ein. Weiterhin wird die Befähigung der Schülerinnen und Schüler, sich vor negativen Einflüssen und Wirkungen von Medien zu schützen, als neue Facette von Medienbildung aufgenommen. Bezüglich der Umsetzung empfiehlt die KMK-Erklärung von 2012 erneut, Medienbildung in die Lehr- und Bildungspläne der Fächer aufzunehmen bzw. die vorliegenden Vorgaben zu aktualisieren und zu präzisieren. Auch die Bedeutung von Lehreraus- und weiterbildung sowie die Zusammenarbeit mit außerschulischen Partnern wird nochmals als Maßnahme, Medienbildung in der Schule zu implementieren, unterstrichen. Darüber hinaus weist die Empfehlung von 2012 auf zahlreiche weitere Handlungsfelder hin. Hierzu zählen die Einbindung von Medienbildung in die Schulentwicklung, die Gewährleistung einer angemessenen Ausstattung und eines technischen Supports durch Medienentwicklungspläne, die Sensibilisierung aller Beteiligten für Urheberrecht und Datenschutz sowie der Einbezug von Medienbildung in die Qualitätssicherung und Schulevaluation. Im Vergleich zum Papier von 1995 wird damit die Wichtigkeit schulorganisatorischer Rahmenbedingungen betont, deren herausgehobene Bedeutung durch zahlreiche Untersuchungen seit Mitte der 1990er Jahre sichtbar geworden ist (vgl. 6.3).

Den vorläufigen Schlusspunkt der Steuerungsversuche auf Bundesebene bildet das Strategiepapier „Bildung in der digitalen Welt", das die Kultusministerkonferenz 2016 verabschiedete. Das Strategiepapier kann als eine Reaktion darauf gewertet werden, dass es trotz früherer Empfehlungen bis dato nicht gelungen ist, digitale Medien auf der Ebene der Bundesländer verbindlich in den Schulunterricht zu integrieren (Bos et al. 2014). Ausführlich wird deshalb die Nutzung digitaler Lernumgebungen zur Gestaltung schulischer Lehr- und Lernprozesse als strategisches Ziel der KMK dargelegt und erörtert, dass sich hieraus Veränderungen der schulischen Unterrichtskultur hin zu individualisierten, eigentätigen und gleichzeitig kooperativen Lernarrangements ergeben. Den Kern des Papiers jedoch bildet die Formulierung eines sechs Bereiche umfassenden Kompetenzrahmens „Kompetenzen in der digitalen Welt" (KMK 2016, 15ff.). Für jeden Bereich werden Teilfertigkeiten und Kompetenzziele benannt (vgl. Abb. 20). Anders als die vorhergehenden KMK-Papiere lehnt sich dieser wesentlich konkretere Kompetenzrahmen stark an das unter 4.1 dargestellte Literacy-Konstrukt an und fokussiert Kompetenzen zur Nutzung digitaler Medien. Dabei schließt es an bereits vorhandene Kompetenzmodelle an, etwa das Modell der Studie ICILS (vgl. 4.1) oder das „Kompetenzorientierte Konzept für schulische Medienbildung" der LKM (2015), das wiederum zahlreiche Aspekte der eingangs dargestellten medienpädagogischen Kompetenzmodelle und auch deren Konkretisierung in den bereits dargestellten Bildungsstandards (vgl. 4.2) aufgreift.

Medien als Unterrichtsgegenstand: Förderung von Medienkompetenz

Abb. 20: Kompetenzen in der digitalen Welt (KMK 2016, 15ff.)

Im Unterschied zu den vorhergehenden Papieren wird ein Zeithorizont für die Umsetzung festgeschrieben, mit dem sichergestellt werden soll, dass alle Schülerinnen und Schüler, die ab dem Schuljahr 2018/19 in der Grund- oder Sekundarstufe eingeschult werden, die im Kompetenzrahmen formulierten Bildungsziele erwerben können. Dabei fordert das Papier explizit, dass die Vermittlung digitaler Bildung bereits in der Grundschule zu beginnen habe. Wie die vorherigen Empfehlungen hält die KMK dabei an der Strategie fest, medienbezogene Kompetenzen fachintegriert zu vermitteln (vgl. *Medienbildung als eigenes Fach?*). Sie erhöht jedoch deutlich die Verbindlichkeit in der Umsetzung.

> **Diskussion**
>
> **Medienbildung als eigenes Unterrichtsfach?**
> Medienbildung in der Schule kann auf zwei Arten in den Lehrplänen verankert werden: Entweder kann sie als fächerübergreifende Schlüsselkompetenz in die Lehrpläne unterschiedlicher Fächer integriert werden oder ein eigenständiges Fach darstellen. In den Bildungsplänen der Bundesrepublik Deutschland, der Schweiz und Österreichs wird traditionell der erstgenannte Ansatz verfolgt. Seit den 1980er Jahren wird davon ausgegangen, dass Medienbildung (bzw. wurde damals noch von Medienerziehung gesprochen) ein Unterrichtsgegenstand in den Fächern sein sollte, der keinem Fach besonders zugeordnet ist (s.o., s. auch KMK 1986). Ähnliches gilt auch für die informatische Grundbildung (ITG), die in den 1980er Jahren mit der sich ausbreitenden Computerisierung des Alltags als Ergänzung der auf die klassischen Massenmedien ausgerichteten Medienerziehung an den Schulen etabliert wurde (BLK 1987). Für einen solchen fachintegrierten Ansatz, sowohl mit Blick auf die klassischen Massenmedien wie auch auf digitale Medien, spricht, dass sich Medienbildung bzw. informatische Bildung auf diese Weise in ihren vielfältigen und komplexen Alltags- und Anwendungsbezügen umfassend in der Schule verdeutlichen und reflektieren lässt.

Allerdings zeigen Untersuchungen zur fachintegrierten Vermittlung, dass nur eine Minderheit der Lehrpersonen medienbezogene Kompetenzen im Fachunterricht systematisch fördert. Dies wurde besonders für digitale Medien nachgewiesen (Eickelmann et al. 2014b). Deshalb wird der Ansatz der ausschließlich fachintegrierten Vermittlung von Medienkompetenz vor allem aus der Perspektive der Informatik immer häufiger infrage gestellt (Breier 2011; Brandhofer 2014; Döbeli Honegger/Kuhnt/Zehnder 2013). Die bisherige Praxis der Integration in den Fachunterricht habe nur zu häufig dazu geführt, dass Medienkompetenz punktuell und zufällig vermittelt werde. Ein systematisch voranschreitender, nachhaltiger Kompetenzaufbau sei unter den Bedingungen einer überfachlich zersplitterten Aufteilung auf den Fächerkanon an den Schulen nicht realistisch (Brandhofer 2014).
Es wird deshalb die Forderung nach einem eigenen Fach „Informatische Bildung" (Döbeli Honegger et al. 2013) oder „Digitale Medienbildung und Informatik" (Brandhofer 2014) laut. Solch ein neues Schulfach, das auch die Gesellschaft für Informatik in ihrer 2016 verabschiedeten „Dagstuhl-Erklärung" fordert (GI 2016) soll über die fachlichen Grenzen der Informatik hinausweisen und neben informatischen Kenntnissen sowohl Anwendungs- als auch Medienkompetenzen im Sinne der Nutzung digitaler Werkzeuge in unterschiedlichen Kontexten einschließen (Brandhofer 2014; Döbeli Honegger et al. 2013; Merz-Abt 2011, vgl. Abb. 21).

Abb. 21: Dagstuhl-Dreieck (GI 2013)

Mit der Einführung eines solchen Fachs, das die meisten Autoren (Breier 2011; Brandhofer 2014; Döbeli Honegger et al. 2013) als zusätzlich zur fachintegrierten Vermittlung von Medienkompetenz sehen, ist die Hoffnung verbunden,
- auf digitale Medien bezogene Kompetenzen umfassender und informatisch fundiert in der Schule zu fördern,
- die Systematik und Verbindlichkeit in der Vermittlung (auf digitale Medien bezogener) Kompetenzen zu erhöhen,
- feste Zeitbudgets im Lehrplan für die Vermittlung dieser Kompetenzen zu reservieren,
- die Entwicklung entsprechender Unterrichtsmaterialien voranzutreiben,
- die Professionalisierung der Lehrkräfte hinsichtlich der Vermittlung dieser Kompetenzen zu erhöhen und
- auf diese Weise eine solide Grundlagenkompetenz zu schaffen, auf die die fachintegrierte Vermittlung von Medienkompetenz aufsetzen kann.

Die Vorgaben der Kultusministerkonferenz werden in den Bundesländern unterschiedlich umgesetzt. Zusammenfassend kann festgestellt werden, dass die Verankerung von Medienkompetenz in den Curricula bisher auf drei Wegen erfolgte (Wetterich/Burghart/Rave 2014):
- In allen Bundesländern ist der Erwerb von Medienkompetenz in die Lehrpläne einzelner Fächer integriert. So sollen sich die Schülerinnen und Schüler z.B. in den Fächern Deutsch sowie in den Fremdsprachen mit der Wirkung von Medien auseinandersetzen. In vielen Fächern werden darüber hinaus Medien als Werkzeuge für die Recherche, Analyse, Aufbereitung und Präsentation fachlicher Lerninhalte genannt. In einigen Bundesländern kommt dem Fach Informatik in diesem Zusammenhang eine herausgehobene Bedeutung zu, da hier computer- und informationsbezogene Kompetenzen im Rahmen eines eigenen Unterrichtsfachs vermittelt werden (z.B. Bayern, Berlin/Brandenburg, Hamburg, Rheinland-Pfalz, Sachsen, Schleswig-Holstein). Teilweise stellt Informatik allerdings lediglich ein Wahlpflichtangebot dar.
- Zweitens verfügten manche Bundesländer bereits vor dem KMK-Strategiepapier von 2016 zusätzlich über fächerübergreifende Basiscurricula oder Rahmenlehrpläne, die, gewissermaßen querliegend zur Verankerung von Medienkompetenz in den Fächern, die medienbezogenen Kompetenzen systematisch zusammenfassen und nochmals die überfachlichen medienbezogenen Kompetenzziele definieren, die durch die Integration von Medienkompetenz in die Curricula der Fächer erreicht werden sollen (z.B. Berlin/Brandenburg, Bremen, Mecklenburg-Vorpommern, Schleswig-Holstein). Durch die explizite Formulierung solcher Basiscurricula soll die Verbindlichkeit der Vermittlung von Medienkompetenz erhöht werden.
- Drittens gibt es in einigen Bundesländern für bestimmte Klassenstufen mehr oder weniger techniklastige Kursangebote (z.B. Informationstechnische Grundbildung (ITG), Medienpass, Medienkunde), mit denen Basiskompetenzen zur Nutzung (digitaler) Medien vermittelt werden (z.B. Baden-Württemberg, Bayern, Hamburg, Hessen, Mecklenburg-Vorpommern, Saarland, Sachsen-Anhalt, Thüringen).

Ähnliche Anstrengungen wie in Deutschland zur Integration von Medienbildung in die Curricula unternehmen auch Österreich und die deutschsprachige Schweiz. In der Schweiz wurde 2014 der Lehrplan 21 verabschiedet, der ein eigenes Modul „Medien und Informatik" enthält. Dieses Modul stellt einen von mehreren Themenbereichen im Deutschschweizer Lehrplan 21 dar, der als eigenes Fach oder überfachlich ausgestaltet werden kann (D-EDK 2016; vgl. *Medienbildung als eigenes Unterrichtsfach?*). Wie mit dem Strategiepapier der KMK wird mit diesem Modul angestrebt, die Systematik und Verbindlichkeit, mit der Medienkompetenz in der Schule gefördert wird, zu erhöhen. Das Modul verbindet explizit Inhalte aus der Informatik mit dem Medienkompetenzkonstrukt und formuliert konkrete, nach Klassenstufen differenzierte Kompetenzziele (vgl. Abb. 22).

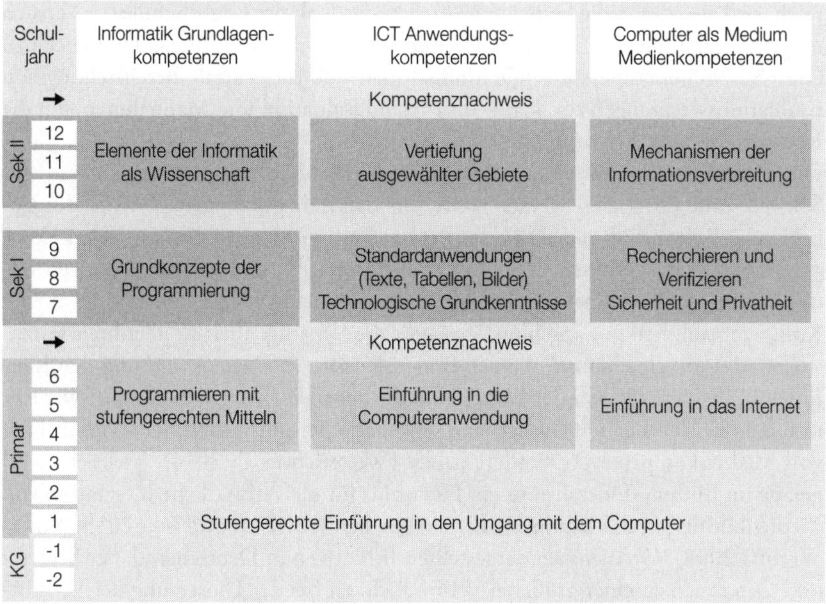

Bildungspolitische und curriculare Vorgaben zur Medienbildung | 125

Schul-jahr	Informatik Grundlagen-kompetenzen	ICT Anwendungs-kompetenzen	Computer als Medium Medienkompetenzen
→		Kompetenznachweis	
Sek II 12, 11, 10	Elemente der Informatik als Wissenschaft	Vertiefung ausgewählter Gebiete	Mechanismen der Informationsverbreitung
Sek I 9, 8, 7	Grundkonzepte der Programmierung	Standardanwendungen (Texte, Tabellen, Bilder) Technologische Grundkenntnisse	Recherchieren und Verifizieren Sicherheit und Privatheit
→		Kompetenznachweis	
Primar 6, 5, 4, 3, 2, 1	Programmieren mit stufengerechten Mitteln	Einführung in die Computeranwendung	Einführung in das Internet
KG -1, -2	Stufengerechte Einführung in den Umgang mit dem Computer		

Abb. 22: Informatische Bildung vom Kindergarten bis zur Matur (Döbeli Honegger et al 2013, 190)

Wie in der Dagstuhl-Erklärung gefordert, werden die Kompetenzziele des Lehrplans einerseits integriert in den Unterricht der Fächer, mit zunehmenden Kompetenzstufen aber auch eigenständig im Rahmen eigener Unterrichtseinheiten vermittelt (vgl. „Medienbildung als eigenes Unterrichtsfach"). Dabei soll auch in der Schweiz die Vermittlung von Medienkompetenz nach den jüngsten Bildungsplanvorgaben bereits in der Primarschule beginnen. Der Lehrplan 21 macht dabei erheblich konkretere Vorschläge zur Ausdifferenzierung von Kompetenzstufen als die entsprechenden Strategiepapiere der KMK. Für die eigentliche Umsetzung sind die Kantone zuständig.

In Österreich ist die Vermittlung von Medienkompetenz vollständig in die Lehrpläne anderer Fächer integriert. Im 2014 veröffentlichten Grundsatzerlass Medienerziehung werden die Zielsetzungen der Medienerziehung für die österreichische Schule in Anlehnung an ein medienpädagogisches Kompetenzkonzept definiert und exemplarisch Anknüpfungspunkte an die Lehrpläne der Fächer aufgezeigt (BMBF 2014). Diese Anknüpfungspunkte werden konkretisiert mit einem Kompetenzrahmen-Modell für die Klassenstufen vier, acht und zwölf, das vom Bundesministerium als Teil der Strategie „digi.komp – Digitale Grundbildung in allen Schulstufen" verabschiedet wurde. Das Kompetenzrahmen-Modell verbindet, ebenso wie die Initiativen in Deutschland und der Schweiz, informatische Bildung und Medienbildung. Es umfasst die Bereiche Informationstechnologie, Mensch und Gesellschaft; Informatiksysteme, Anwendungen und Konzepte. Auch in Österreich wird also durch die Festlegung von Standards ab der Grundschule der Versuch unternommen, die Verbindlichkeit bei der Vermittlung von Medienkompetenz zu erhöhen. Weitere unterstützende Maßnahmen sind die zentrale Bereitstellung von Evaluationswerkzeugen zur Selbst- und Fremdevaluation und Maßnahmen, um die Kompetenzen der Lehrkräfte weiterzuentwickeln.

Die Bemühungen um eine verbindliche Medienbildung in Deutschland, der Schweiz und Österreich werden weiterhin dadurch gestützt, dass 2016 der Europäische Referenzrahmen DigComp entwickelt wurde, der die „Digitalen Kompetenzen der Bürgerinnen und Bürger" definiert (EU 2016). Die bisherigen bildungspolitischen Maßnahmen in den deutschsprachigen Ländern sind an diesen Kompetenzrahmen gut anschlussfähig. Für die Vergangenheit ist allerdings festzustellen, dass die Spielräume, die den Bundesländern in Deutschland und den Kantonen in der Schweiz bei der Umsetzung der zentralen Vorgaben gewährt werden, in diesen beiden Ländern bisher eine systematische und verbindliche Vermittlung von Medienkompetenz verhindert haben (Wetterich et al. 2014). Vielmehr wird gerade im Bildungsföderalismus ein Hemmnis für die verbindliche Integration von Medienbildung in das schulische Lernen gesehen (IBI 2016; Meister 2013; Nufer/ Santona 2008). Ob die oben dargestellten Initiativen in Deutschland, der Schweiz und Österreich zu einer größeren Verbindlichkeit bei der Umsetzung der Vermittlung von Medienkompetenz führen wird, bleibt abzuwarten.

4.4 Konzepte schulischer Medienerziehung

Bildungsstandards und bildungspolitische Lehrplanvorgaben formulieren, welche Fähigkeiten und Fertigkeiten im Umgang mit Medien Schülerinnen und Schüler in der Schule erwerben sollen. Dazu, wie die Vermittlung ganz konkret im Unterricht methodisch umgesetzt werden kann, machen Lehrpläne allerdings keine Aussagen. Innerhalb der Medienpädagogik ist mit dieser Frage das Feld der Medienerziehung angesprochen (vgl. 2.3). Die Medienerziehung hat, unterschiedlichen pädagogischen Leitbildern folgend, in den vergangenen Jahrzehnten eine Vielzahl von Konzepten hervorgebracht, wie Heranwachsende an den Umgang mit Medien herangeführt werden können. Diese Konzepte sind jewils im Kontext bestimmter gesellschaftlicher Entwicklungen entstanden und formulieren nicht nur pädagogische Zielvorstellungen darüber, wie Kinder und Jugendliche den Umgang mit Medien erlernen bzw. in ihrem Medienumgang unterstützt werden können, sondern spiegeln auch allgemeinere Vorstellungen zur Wirkung von Medien, zum Menschenbild, zur kindlichen Entwicklung und zur Stellung von Kindern und Jugendlichen in der Gesellschaft wider (vgl. 2.2).

Süss et al. (2010) unterscheiden fünf pädagogische Grundhaltungen, die den unterschiedlichen Konzepten der Medienerziehung zugrunde liegen:

– Bewahren
– Reparieren
– Aufklären
– Reflektieren
– Handeln/Partizipieren

Historisch haben sich diese Ansätze vom Bewahren über das Aufklären und Reflektieren zum Handeln und Partizipieren weiterentwickelt (Süss et al. 2010; Tulodziecki et al. 2010).
Im Folgenden erläutern wir Ansätze und Konzepte für medienerzieherisches Handeln in der Schule entlang der fünf Grundhaltungen nach Süss et al. (2010) und stellen konkrete Beispiele für den Unterricht vor. Es geht uns weniger darum, die Entwicklung der Medienerziehung historisch nachzuzeichnen, als vielmehr unterschiedliche Herangehensweisen an Medienerziehung in der Schule aufzuzeigen. Gerade die ausgewählten Beispiele und Vorschläge für die Unterrichtspraxis verdeutlichen dabei auch, dass bei der konkreten Umsetzung im Unterricht meistens mehr als eine pädagogische Grundhaltung zum Tragen kommt.

4.4.1 Bewahren

Diskussion

Spitzer: Das Netz hat ganz klar eine Sucht-Qualität. Computer auch. Handys noch mehr. Am schlimmsten sind in dieser Hinsicht Social Media auf Handys, denn die machen in besonders hohem Maße süchtig. Daher hat man beispielsweise in Süd-Korea, wo weltweit die meisten Smartphones gebaut werden, ein Gesetz erlassen, das Jugendliche unter 19 Jahren vor den schlimmsten Auswirkungen des Smartphones schützen soll. Wer unter 19 ist und ein Smartphone erwirbt, muss darauf eine Software installiert haben, die erstens den Zugang zu Pornografie blockiert und zweitens die Zeit der täglichen Nutzung misst. Übersteigt diese einen bestimmten Wert, werden die Eltern automatisch benachrichtigt. Drittens wird der Zugang zu den Spiele-Servern ab Mitternacht abgeschaltet. Der Staat Südkorea hat also begriffen, dass man junge Menschen vor den Auswirkungen des Smartphones schützen muss. Davon sind wir weit weg.
(aus einem Interview der ZDF-Nachrichtensendung „heute" mit dem Neurowissenschaftler Manfred Spitzer vom 3.3.2018; Kälble 2018)

Dieser Interviewausschnitt ist ein gutes Beispiel für eine sogenannte „bewahrpädagogische" Auffassung: Weil man Medien, in diesem Fall Handys, in erster Linie negative Wirkungen zuschreibt, geht es in pädagogischer Hinsicht vor allem darum, Kinder und Jugendliche vom schädlichen Einfluss der Medien fernzuhalten.
Der bewahrende Ansatz ist historisch gesehen der älteste Ansatz der Medienerziehung. In Kapitel 2.2 haben wir bereits darauf hingewiesen, dass pädagogische War-

nungen vor schädlichen Medienwirkungen sich mindestens bis in die Zeit der Verbreitung des sogenannten „Schundromans" im 18. Jahrhundert zurückverfolgen lassen. Wir haben auch bereits dargestellt, dass die Skepsis, egal ob es sich um die Warnungen vor Buch, Film, Fernsehen, Computer oder Internet handelt, häufig darauf gründen, dass Medienerfahrungen als unnatürlich und unecht angesehen werden. Damit stehen Medienerfahrungen zum einen in Konkurrenz zur Auseinandersetzung mit der „realen Wirklichkeit", die als wertvoller für die kindliche Entwicklung gehalten wird. Zum anderen wird befürchtet, dass Kinder und Jugendliche durch Medien mit Erfahrungen konfrontiert werden, durch die sie manipuliert werden oder die sie nicht verarbeiten können. Ein weiteres Merkmal bewahrpädagogischer Ansätze ist, dass sie zwischen wertvollen und weniger wertvollen Medienerfahrungen unterscheiden und zum Ziel haben, Kinder und Jugendliche an solche wertvolleren Medien, etwa die Beschäftigung mit (hochwertigen) Texten oder Filmen heranzuführen (Hoffmann 2008; Tulodziecki et al. 2010).

Im Licht der Befunde der medienpädagogischen Forschung, die wir in Kapitel 3 resümiert haben, müssen die Annahmen zu den negativen Wirkungen von Medien sicherlich relativiert werden. So haben wir z.B. auf Untersuchungen zur Mediensozialisation und zur kindlichen Entwicklung hingewiesen, die zeigen, dass Kinder und Jugendliche mediale Einflüsse im Rahmen ihrer Identitätsentwicklung durchaus positiv und produktiv nutzen (vgl. 3.5.2) und dass Heranwachsende sehr wohl in der Lage sind, Realität und Fiktion zu unterscheiden, Manipulationen zu erkennen oder Verarbeitungsstrategien für belastende Inhalte zu entwickeln (vgl. 3.3 und 3.4.5). Andererseits belegen medienpädagogische Untersuchungen aber auch Gefahren und Risiken der Mediennutzung. Besonders Untersuchungen zu extensivem Medienkonsum und zur Rezeption von Mediengewalt bestätigen einige der Befürchtungen, die aus bewahrpädagogischer Perspektive vorgebracht werden (vgl. 3.4.5 und 3.6). Es ist deshalb durchaus vernünftig darüber nachzudenken, wie Heranwachsende vor schädlichen Medienwirkungen geschützt werden können.

Ein Beispiel für eine sehr verbreitete und im weitesten Sinne bewahrpädagogische Maßnahme im Schulkontext ist das Verbot von Handys und Smartphones. Laut einer Umfrage des Digitalverbands BITKOM (2015) geben 84% der Schülerinnen und Schüler zwischen 14 und 19 Jahren an, dass es an ihren Schulen ein Handyverbot im Unterricht gibt, 18% von diesen berichten gar über ein vollständiges Handyverbot an der Schule. Begründet werden solche Handyverbote mit der Ablenkung im Unterricht, aber auch mit den Risiken der Handynutzung, wie der Verbreitung von illegalen Filmen und Bildern, dem Vorkommen von Belästigungen und Cyberbullying, sowie ihrem Suchtpotenzial (Bleiker/Keller 2014, vgl. dazu auch 3.4 und 3.6).

Die vermutlich bekanntesten bewahrpädagogischen Maßnahmen sind allerdings generelle Alterseinschränkungen oder zumindest -empfehlungen für die Nutzung bestimmter Medien. So stellt die französische Kinderärzte-Vereinigung AFPA

(2011) die 3-6-9-12-Regel auf: kein Bildschirm unter 3 Jahren, keine eigene Spielkonsole unter 6 Jahren, kein Internet unter 9 Jahren und kein unbeaufsichtigtes Internet unter 12 Jahren. Auch die Bundeszentrale für gesundheitliche Aufklärung Deutschland empfiehlt: keine Bildschirmmedien für Kinder unter drei Jahren, eine Begrenzung der Bildschirmzeit auf 30 Minuten für Drei- bis Fünfjährige sowie eine Begrenzung auf 45 bis 60 Minuten für Sechs- bis Zehnjährige (BZgA 2014).

Die Begrenzung des Medienkonsums anhand des Alters wird nicht nur von mehreren Institutionen empfohlen, sie ist seit dem Ende des zweiten Weltkriegs auch im Gesetz durch Maßnahmen des sogenannten „Jugendmedienschutzes" verankert: Auf Basis rechtlicher Grundlagen (Strafgesetzbuch, Jugendschutzgesetz, Jugendmedienschutz-Staatsvertrag und Telemediengesetz) können als jugendgefährdend oder entwicklungsbeeinträchtigend eingestufte Medieninhalte gesetzlich verboten oder ihr Zugang auf bestimmte Altersgruppen bzw. im Fernsehen auf bestimmte Sendezeiten, eingeschränkt werden. Filme und Computerspiele erhalten entsprechende Altersfreigaben, die für die Filmwirtschaft bzw. Fernsehsender und den Einzelhandel rechtsverbindlich sind (vgl. Tab. 13).

Tab. 13: Altersfreigaben der Freiwilligen Selbstkontrolle der Filmwirtschaft (FSK o.J.)

	Kleinkinder erleben filmische Darstellungen unmittelbar und spontan. Ihre Wahrnehmung ist vorwiegend episodisch ausgerichtet, kognitive und strukturierende Fähigkeiten sind noch kaum ausgebildet. Schon dunkle Szenarien, schnelle Schnittfolgen oder eine laute und bedrohliche Geräuschkulisse können Ängste mobilisieren oder zu Irritationen führen. Kinder bis zum Alter von sechs Jahren identifizieren sich vollständig mit der Spielhandlung und den Filmfiguren. Vor allem bei Bedrohungssituationen findet eine direkte Übertragung statt. Gewaltaktionen, aber auch Verfolgungen oder Beziehungskonflikte lösen Ängste aus, die nicht selbständig und alleine abgebaut werden können. Eine schnelle und positive Auflösung problematischer Situationen ist daher sehr wichtig.
	Ab sechs Jahren entwickeln Kinder zunehmend die Fähigkeit zu kognitiver Verarbeitung von Sinneseindrücken. Allerdings sind bei den Sechs- bis Elfjährigen beträchtliche Unterschiede in der Entwicklung zu berücksichtigen. Etwa mit dem neunten Lebensjahr beginnen Kinder, fiktionale und reale Geschichten unterscheiden zu können. Eine distanzierende Wahrnehmung wird damit möglich. Bei jüngeren Kindern steht hingegen noch immer die emotionale, episodische Impression im Vordergrund. Ein sechsjähriges Kind taucht noch ganz in die Filmhandlung ein, leidet und fürchtet mit den Identifikationsfiguren. Spannungs- und Bedrohungsmomente können zwar schon verkraftet werden, dürfen aber weder zu lang anhalten noch zu nachhaltig wirken. Eine positive Auflösung von Konfliktsituationen ist auch hier maßgebend.

 Bei Kindern und Jugendlichen dieser Altersgruppe ist die Fähigkeit zu distanzierter Wahrnehmung und rationaler Verarbeitung bereits ausgebildet. Erste Genre-Kenntnisse sind vorhanden. Eine höhere Erregungsintensität, wie sie in Thrillern oder Science-Fiction-Filmen üblich ist, wird verkraftet. Problematisch ist dagegen zum Beispiel die Bilderflut harter, gewaltbezogener Action-Filme, die zumeist noch nicht selbständig verarbeitet werden kann. Zwölf- bis Fünfzehnjährige befinden sich in der Pubertät, einer Phase der Selbstfindung, die mit großer Unsicherheit und Verletzbarkeit verbunden ist. Insbesondere Filme, die zur Identifikation mit einem „Helden" einladen, dessen Rollenmuster durch antisoziales, destruktives oder gewalttätiges Verhalten geprägt ist, bieten ein Gefährdungspotenzial. Die Auseinandersetzung mit Filmen, die gesellschaftliche Themen seriös problematisieren, ist dieser Altersgruppe durchaus zumutbar und für ihre Meinungs- und Bewusstseinsbildung bedeutsam.

 Bei Sechzehn- bis Achtzehnjährigen kann von einer entwickelten Medienkompetenz ausgegangen werden. Problematisch bleibt die Vermittlung sozial schädigender Botschaften. Nicht freigegeben werden Filme, die Gewalt tendenziell verherrlichen, einem partnerschaftlichen Rollenverhältnis der Geschlechter entgegenstehen, einzelne Gruppen diskriminieren oder Sexualität auf ein reines Instrumentarium der Triebbefriedigung reduzieren. Auch die Werteorientierung in Bereichen wie Drogenkonsum, politischer Radikalismus oder Ausländerfeindlichkeit wird mit besonderer Sensibilität geprüft.

 Dieses Kennzeichen wird vergeben, wenn keine einfache bzw. eine schwere Jugendgefährdung vorliegt. Nach § 14 Abs. 3 und 4 des Jugendschutzgesetzes erfolgt für DVDs und Blu-ray Discs die Vergabe des Kennzeichnens „FSK ab 18", wenn keine einfache Jugendgefährdung vorliegt. Für die öffentliche Filmvorführung wird das Kennzeichen vergeben, wenn der Film nicht schwer jugendgefährdend ist. Gekennzeichnete Filme, DVDs und Blu-ray Discs werden von der Bundesprüfstelle für jugendgefährdende Medien (BPjM) nicht indiziert.

Als jugendgefährdende Inhalte im Sinne des Jugendmedienschutzes gelten vor allem Darstellungen, die „grausame oder sonst unmenschliche Gewalttätigkeiten gegen Menschen in einer Art schildern, die eine Verherrlichung oder Verharmlosung solcher Tätigkeiten ausdrückt oder [...] das Grausame oder das Unmenschliche des Vorganges in einer die Menschenwürde verletzenden Weise [darstellen]" (§ 131 StGB, zitiert nach von Gottberg 2012, 6). Kinder und Jugendliche sollen also nicht vor Gewaltdarstellung an sich geschützt werden, sondern nur vor solchen, die Gewalt in einer bestimmten Art und Weise, nämlich verharmlosend oder verherrlichend bzw. allgemein die Menschenwürde verletzend, zeigen. Gleiches gilt für die Darstellung von Sexualität. Geschützt werden sollen Kinder und Jugendliche nicht generell vor der Darstellung sexueller Handlungen, sondern vor allem vor pornographischen Darstellungen, d.h. vor Darstellungen, die „ganz oder überwiegend das Ziel der sexuellen Stimulanz verfolgen und den sexuellen Lustgewinn ohne zwischenmenschliche Beziehungen verabsolutieren, wobei das Geschlechtliche grob aufdringlich und in übersteigerter oder anreißerischer Weise dargestellt wird und die Grenzen des gesellschaftlichen Anstands eindeutig überschritten werden" (BGHSt 23, 40 ff., 1 StR 456/68 vom 22.7.1969; zit. nach von Gottberg 2012, 9). Darüber hinaus fallen auch weitere Themen, wie der verharmlosende Konsum von legalen oder illegalen Drogen oder Werbung, die die Unerfahrenheit der Kinder ausnutzt bzw. für alkoholische Getränke und Tabakwaren, unter die Kontrolle durch den Jugendmedienschutz.

Für die Prüfung und Freigabe zuständig sind unterschiedliche Behörden und Institutionen, die sich wiederum auf das Votum von Expertengremien stützen (zusammenfassend in von Gottberg 2012; vgl. Tab. 14). Diese Gremien beziehen in ihre Empfehlungen zwar wissenschaftliche Forschungsergebnisse ein. Im engeren Sinne nachgewiesen werden muss ein schädlicher Einfluss aber nicht, so dass die Einstufung vor allem von den auf Erfahrung beruhenden Einschätzungen der Experten abhängt. Bei der Einstufung und Freigabe bestehen somit Interpretationsspielräume, die bisweilen dazu führen, dass dasselbe Medium von unterschiedlichen Gremien oder in unterschiedlichen Ländern abweichende Altersfreigaben erhält (Süss et al. 2010).

Tab. 14: Gesetzliche Grundlagen und Prüfinstitutionen des Jugendmedienschutzes in Deutschland (von Gottberg 2012, eigene Darstellung)

Medium	Gesetzl. Grundlage	Prüfinstitution	Maßnahmen
Kinofilm	Jugendschutzgesetz	Freiwilligen Selbstkontrolle der Filmwirtschaft (FSK)	Altersfreigabe
Video/DVD	Jugendschutzgesetz	FSK	Altersfreigabe
Fernsehen	Jugendmedienschutz-Staatsvertrag	Freiwillige Selbstkontrolle Fernsehen (FSF)	Altersfreigabe Sendezeitbeschränkung
Computerspiele	Jugendschutzgesetz	Unterhaltungssoftware Selbstkontrolle (USK), Pan European Game Information (PEGI)	Altersfreigabe
Internet	Jugendmedienschutz-Staatsvertrag	Freiwillige Selbstkontrolle Multimedia-Diensteanbieter (FSM)	Altersfreigabe
alle	Jugendschutzgesetz	Bundesprüfstelle für jugendgefährdende Medien (BPjM)	Verbot/Indizierung

Die Uneinheitlichkeit der Freigaben ist aber nicht der einzige Kritikpunkt am Jugendmedienschutz. Infrage gestellt wird auch die Sinnhaftigkeit pauschaler Altersbegrenzungen, denn diese lassen außer Acht, dass es bei Kindern desselben Alters bedeutende Entwicklungsunterschiede geben kann (ebd. 2010).

Eines der bedeutsamsten Probleme ist jedoch, dass zahlreiche Studien belegen, dass Kinder und Jugendliche die Maßnahmen des Medienschutzes offenbar ziemlich leicht unterlaufen können und Medieninhalte (z.b. Filme, Computerspiele) rezipieren, die nicht für ihr Alter freigegeben sind. Auch halten sie solche Medien für leicht zugänglich oder sogar für besonders attraktiv (Junge 2013; s. auch 3.1). Solche Ergebnisse lassen die Wirksamkeit des Jugendmedienschutzes insgesamt zweifelhaft erscheinen. Während die Einhaltung des Jugendmedienschutzes beim Zugang zu Kinofilmen als relativ gut gewährleistet gilt, kann seine Einhaltung schon bei Fernsehen, Computerspielen und DVDs nur schwer kontrolliert werden, weil Kinder durch ältere Freunde, Geschwister oder Eltern Zugang zu nicht für ihr Alter freigegebenen Medien erhalten (von Gottberg 2012).

Als besonders schwierig erweist sich die Anwendung des Jugendmedienschutzes auf Online-Angebote (zusammenfassend in Junge 2013). Zwar gibt es hier Versuche, die o.g. Altersfreigaben auf mediale Angebote im Internet anzuwenden, z.B. durch Altersverifikationssysteme, bei denen sich die Nutzer als volljährig ausweisen müssen, bevor sie Zugang zu den entsprechenden Webseiten erhalten. Weiterhin überprüfen diverse Einrichtungen (z.B. die Initiative „jugendschutz.net" der Bundesländer und die Freiwillige Selbstkontrolle Multimedia-Diensteanbieter e.V.) Online-Angebote und kontaktieren, wenn sie Verletzungen des Jugendmedienschutzes feststellen, die entsprechenden Anbieter, um sie zur Sperrung oder Löschung der entsprechenden Inhalte zu veranlassen. Schließlich besteht in Deutschland die Möglichkeit, indizierte Webseiten bei deutschen Suchmaschinen zu sperren, so dass diese nicht mehr in der Ergebnisliste angezeigt werden. Sofern indizierte Angebote auf ausländischen Webservern liegen, ist eine Sperrung oder Löschung aber generell schwierig, so dass die Wirksamkeit der o.g. Maßnahmen insgesamt kritisch zu beurteilen ist. Eine besondere Herausforderung stellt in diesem Zusammenhang auch die Nutzung von Smartphones dar, mithilfe derer jugendgefährdende Inhalte privat und somit von den bestehenden Kontrollstrukturen gänzlich unerfasst direkt zwischen Kindern und Jugendlichen weitergegeben werden (vgl. 3.4.5). In diesem Sinne resümiert von Gottberg (2012, 33), dass der Jugendschutz „bereits jetzt […] eher einer kulturellen Orientierung [dient] als dass er tatsächlich die Verbreitung bestimmter Angebote an Kinder und Jugendliche verhindern kann."

Mit dieser Schlussfolgerung ist wiederum die Schule angesprochen. Wenn der Jugendmedienschutz schon nicht verhindert, dass Kinder nicht altersgerechte Medien konsumieren, kann doch in der Schule mit daran gearbeitet werden, ein Bewusstsein für die Sinnhaftigkeit von Altersfreigaben zu vermitteln. Die Freiwillige Selbstkontrolle der Multimedia-Diensteanbieter (FSM) stellt dazu umfangreiche Materialien zur Verfügung, mit denen Schülerinnen und Schüler im Rahmen des Fachunterrichts die Maßnahmen und Instrumente des Jugendmedienschutzes kennenlernen und sich mit ihnen vor dem Hintergrund ihres eigenen Medienverhaltens auseinandersetzen können (vgl. *Unterrichtseinheit: Altersfreigaben von Computerspielen*).

> **Praxisbeispiel**
>
> **Altersfreigaben von Computerspielen mit Schülerinnen und Schülern reflektieren**
> Die Unterrichtseinheit gibt Einblick in den Jugendmedienschutz bei Computerspielen. Auf der Grundlage eigener Computerspielerfahrungen und persönlicher Vorlieben soll der Blick für Problembereiche geschärft werden. Wirkungsrisiken sollen offen diskutiert und bewertet werden. In einem praktischen Teil bewerten die Schülerinnen und Schüler ein aktuelles Onlinespiel anhand der erarbeiteten Kriterien, vergeben Alterskennzeichen und vergleichen und diskutieren ihre Bewertungen.
> *Aufgabe 1 (15 min):* Die Klasse erstellt Plakatdiagramme auf denen mit Klebepunkten z.B. Nutzungsdauer, Nutzungsform, Spielformate, Lieblingsspiele, Gründe für die Computerspielnutzung und Vermutungen zu den Wirkungen von Computerspielen erhoben werden.
> *Aufgabe 2 (20 min):* Anhand eines kurzen Films, in dem ein Rechtsanwalt die Regelungen des Jugendmedienschutzes bei Computerspielen erläutert, erarbeitet die Klasse Grundlagen der Arbeitsweise der USK.
> *Aufgabe 3 (15 min):* Ausgehend von den Erfahrungen der Schülerinnen und Schüler und mithilfe einer Broschüre der USK zu ihren Kriterien für die Altersfreigabe werden in Gruppen Prüfkriterien für die Bewertung von Computerspielen erarbeitet.
> *Aufgabe 4 (45 min):* Die Schülerinnen und Schüler beschäftigen sich mit einem oder mehreren Online-Spielen (alternativ können auch Spiele mitgebracht werden) und simulieren ein Prüfverfahren anhand des in Aufgabe 3 erarbeiteten Kriterienkatalogs. Die Bewertungen werden in der Klasse vorgestellt und diskutiert.
> (Medien in die Schule 2015, 48ff.)

Der Jugendmedienschutz und andere bewahrpädagogische Maßnahmen zum Schutz vor schädigenden Medienerfahrungen haben zweifelsohne ihre Berechtigung. Dennoch lässt sich zusammenfassen, dass die bewahrpädagogische Grundhaltung als solche kaum mit der zu Beginn dieses Kapitels vorgestellten Zielsetzung der Förderung von Medienkompetenz zu vereinbaren ist. In der Schule sind bewahrpädagogische Ansätze deshalb, abgesehen von der Einhaltung des Jugendmedienschutzes, in der Regel fehl am Platz. Zur Bearbeitung schädigender Medieneinflüsse bieten sich dagegen Maßnahmen an, mit denen das eigene Medienverhalten kritisch reflektiert oder Negativ-Erfahrungen gezielt bearbeitet werden. Diese stellen wir im Folgenden unter den Grundhaltungen Reflektieren und Reparieren vor. Zur Einführung des eingangs dargestellten Handyverbots machen wir weiterhin im Zusammenhang mit dem handlungsorientierten Ansatz einen Vorschlag, der ein solches Verbot als Reflexionsanlass nutzt und die Entwicklung von Handy-Regeln partizipativ gestaltet.

4.4.2 Reparieren
Als „reparierpädagogische Konzepte" bezeichnen Süss et al. (2010, 93) medienpädagogische Ansätze, die darauf abzielen, Kindern und Jugendlichen Hilfestellungen anzubieten, um belastende Medienerfahrungen zu verarbeiten. Mit dem bewahr-

pädagogischen Ansatz hat der reparierende Ansatz gemeinsam, dass auch hier vor allem schädigende Medienwirkungen im Fokus stehen.

In Kapitel 3.4 haben wir bereits darauf hingewiesen, dass soziale Einbindung und das Gefühl von Geborgenheit von entscheidender Bedeutung sind, um verstörende Medienerfahrungen wie etwa Gewaltdarstellungen zu verarbeiten. Die Möglichkeit der Kommunikation mit Gleichaltrigen oder in der Familie ist dabei elementar, um das Gesehene einzuordnen und zu bewerten. Reparierpädagogische Konzepte greifen diese Erkenntnis auf und machen darauf aufmerksam, dass auch in pädagogischen Institutionen Räume geschaffen werden müssen, in denen Heranwachsende ihre Medienerfahrungen mitteilen, austauschen und bearbeiten können.

Ihren Ursprung haben reparierpädagogische Konzepte in der Erziehungsberatung (Rogge 1996) sowie in der frühpädagogischen und vorschulischen Erziehungsarbeit (Feil 1994). Sie entstanden als Reaktion auf die Erfahrung, dass in der Familie und im Kindergarten das Reden über und Nachspielen von Medienerfahrungen häufig unterdrückt oder tabuisiert wird, insbesondere, wenn Reaktionen auf Medienerfahrungen aggressiv oder antisozial sind. So schildert Aufenanger (1991), dass Erzieherinnen und Erzieher im Kindergarten auf das Mitbringen von Figuren und das Nachspielen von Kampfszenen, die die Kinder aus dem Fernsehen oder aus Computerspielen kennen, häufig mit Verboten, Ignorieren oder Missbilligung reagieren. Als konstruktiven Ansatz stellt er diesen Reaktionen das Aufgreifen von Medienerfahrungen gegenüber, bei dem grundsätzlich respektiert und zugelassen wird, dass Kinder ihre Medienerfahrungen in Gespräche und Spiele einbringen, selbst wenn diese Spiele aggressiv sind oder das Spiel anderer Kinder stören. In einem zweiten Schritt schlägt er vor, dass Erzieherinnen und Erzieher mit den Kindern über ihre Medienerfahrungen ins Gespräch kommen, um mehr über die Hintergründe ihrer Medienrezeption zu erfahren und bewusst Rollenspiele initiieren, mit denen Medienerfahrungen nachgespielt und anschließend gemeinsam reflektiert werden. In solchen Gesprächen und Spielen zeigen sich möglicherweise auch Konflikte und Problemlagen jenseits des Medienkonsums der betroffenen Kinder, die pädagogisch bearbeitet werden sollten. Solch ein gezieltes Arbeiten mit den Medienerfahrungen von Kindern bezeichnet Feil (2001, 172) auch als „reproduktionsorientierte Medienarbeit".

Programme und Trainings an der Schnittstelle von Medienkompetenzförderung und Aggressions- und Suchtprävention sind im weiteren Sinne ebenfalls den reparierpädagogischen Ansätzen zuzurechnen. Solche Programme werden in der außerschulischen Jugend- und Sozialarbeit sowie der Kinder- und Jugendpsychotherapie angewandt. Ihre Entwicklung basiert auf den in Kapitel 3.4 und 3.6 dargestellten Erkenntnissen zur Entstehung von medieninduzierten Problemverhalten, wie Aggressivität, Sucht oder Cybermobbing. Relativ verbreitet sind sogenannte kognitivbehaviorale Ansätze, die aus mehreren, aufeinander abgestimmten Maßnahmen bestehen. Hierzu gehören die Vermittlung von Informationen und Wissen und die Schaffung eines Problembewusstseins ebenso wie die Arbeit an den medienbezo-

genen Einstellungen und dem eigentlichen Medienverhalten (Bauernhofer et al. 2015). Im Rahmen sogenannter systemischer Ansätze wird neben den Kindern und Jugendlichen selbst auch ihre Familie einbezogen (Eidenbenz 2013).
Ein solches Training wurde von Möller und Krahé (2013) erarbeitet. Es zielt darauf ab, Jugendliche dazu zu bringen, weniger häufig gewalthaltige Medieninhalte zu konsumieren. Darüber hinaus soll ihre Akzeptanz von Aggressionen und ihre Bereitschaft zu aggressivem Verhalten reduziert werden. Die Besonderheit des Programms ist, dass es speziell für den Einsatz im Schulunterricht in der Sekundarstufe I entwickelt, mit Lehrkräften erprobt und intensiv evaluiert wurde.

Tab. 15: Aufbau des Trainingsprogramms zum Umgang mit Mediengewalt nach Möller und Krahé (2013, 37).

Trainingseinheiten		Inhaltliche Schwerpunkte
Elternabend		• Wissensvermittlung zu Auswirkungen des Mediengewaltkonsums • Vorstellung des Trainingsprogramms
Trainingssitzungen im Klassen- bzw. Gruppenverband Bearbeitung der Module Medienkonsum und Mediengewalt	Sitzung 1 (90 min)	• Analysieren des eigenen Medienkonsums einschließlich des Gewaltgehalts • Führen eines einwöchigen Medientagebuchs als Hausaufgabe
	Sitzung 2 (90 min)	• Diskussion von Strategien zur gezielten Veränderung des bisher gewohnten Medienkonsums • Aufklärung über die Wirkweisen gewalthaltiger Inhalte in den Medien I • Erkunden von Freizeitangeboten im Wohnumfeld als Hausaufgabe
	Sitzung 3 (90 min)	• Diskussion alternativer Freizeitbeschäftigungen und Vorbereitung des medienfreien Wochenendes • Durchführung des medienfreien Wochenendes als Hausaufgabe
	Sitzung 4 (90 min)	• Schulung der Wahrnehmung von Gewalt in den Medien durch ausgewählte Film- und Spielszenen • Aufklärung über Wirkweisen gewalthaltiger Inhalte in den Medien II • Verzicht auf Konsum gewalthaltiger Medien als Hausaufgabe
	Sitzung 5A/B (je 90 min)	• Vertiefung und Anwendung des bisher erworbenen Wissens: Kurzfilme drehen oder Poster erstellen
	Sitzung 6 (45 oder 90 min)	• Ggf. Aufbereitung der Kurzfilme • Zusammenfassung und Wissenstest • Reflexion
Familienabend		• Präsentation der Kurzfilme oder Poster • Austausch über die Trainingserfahrungen und Anregung der Weiterführung des Themas in den Familien

Das Programm macht den Schülerinnen und Schülern das eigene Medienverhalten bewusst, sensibilisiert sie für die Wahrnehmung gewalthaltiger Medieninhalte, klärt über ihre Wirkungsweisen auf und regt die Schülerinnen und Schüler dazu an, alternative Freizeitbeschäftigungen zu erkunden. Es besteht aus sechs Sitzungen à 90 min, die in den Schulunterricht unterschiedlicher Fächer integriert werden können. Das Programm wird gerahmt von einem Eltern- und einem Familienabend, mit dem die Eltern für die Mitarbeit an dem Programm gewonnen werden sollen (vgl. Tab. 15).

Möller und Krahé (2013) beschreiben in ihrem Leitfaden zur Durchführung des Trainings differenziert die Gestaltung der einzelnen Sitzungen und stellen umfangreiche Materialien für Lehrer bereit, die das Programm mit ihren Schülerinnen und Schülern durchführen wollen. Die Begleitforschung zu dem Programm zeigt, dass der Konsum von Mediengewalt bei den teilnehmenden Jugendlichen reduziert wurde und Jugendliche mit einem vergleichsweise hohen Niveau aggressiven Verhaltens auch eine Verringerung des aggressiven Verhaltens zeigen (Krahé 2014).

Auch zur Verminderung und Prävention von Cybermobbing gibt es zahlreiche Vorschläge für den Unterricht. Ein auf diesem Gebiet erprobtes und für Lehrerinnen und Lehrer gut dokumentiertes Training ist das Programm „Medienhelden" (Scheithauer 2016; Schultze-Krumbholz et al. 2012). Auch dieses Programm wurde speziell für Schülerinnen und Schüler der Sekundarstufe I entwickelt. Es kann als Curriculum mit sieben Themenmodulen in den Unterricht integriert oder in einer Kurzversion als Projekttag mit einer Klasse durchgeführt werden. Das Programm vermittelt Wissen über Wirkungsweise und Konsequenzen von Cybermobbing. Es trainiert verschiedene Strategien zur Vermeidung von Cybermobbing und zielt darauf ab, die sozialen Normen und das Klassenklima in der gesamten Schulklasse, mit der das Programm durchgeführt wird, zu verändern. Es setzt damit bei der Erkenntnis an, dass Mobbing nicht ein Problem einzelner Täter und Opfer ist, sondern immer auch die Gruppe der stummen Unterstützer einschließt (vgl. Abb. 23).

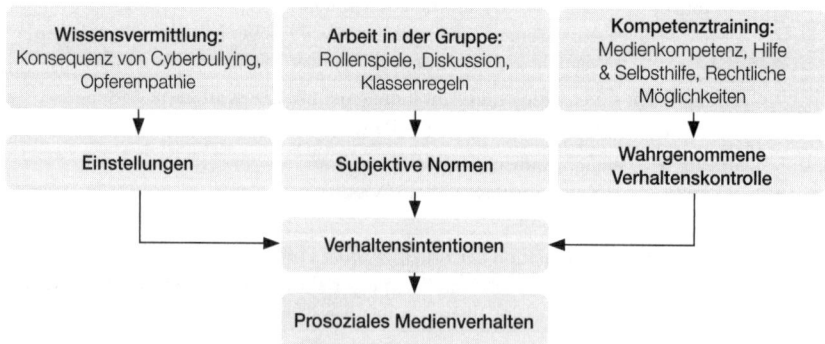

Abb. 23: Prozessmodell des Programms „Medienhelden" (Zagorscak et al. 2011; zitiert nach Scheithauer 2016, 70)

Entsprechend stehen bei diesem Programm Methoden, mit denen sozial-emotionale Kompetenzen gefördert werden, im Vordergrund. Hierzu zählen z.B. strukturierte Rollenspiele und Verhaltensübungen, mit denen die Empathiefähigkeit und Perspektivenübernahme der Schülerinnen und Schüler unterstützt werden, Übungen zur Verbesserung der Gruppendynamik und Peer-to-Peer-Trainings zur Verbesserung der Selbstwirksamkeit (Scheithauer 2016; vgl. *Gefühle und Handlungsmöglichkeiten beim Cybermobbing*).

Praxisbeispiel

Gefühle und Handlungsmöglichkeiten beim Cybermobbing
„Der Film ‚Let's fight it together' ([...] verfügbar unter klicksafe.de) wird bis zu einer gewissen Stelle der Handlung zusammen angeschaut sowie vor allem in Bezug auf die Gefühle und Handlungsmotivationen der Darsteller hin analysiert und besprochen, denn oft ist es Schülern nicht bewusst, wie negativ die Auswirkungen von Cybermobbing für die Betroffenen sein können. Zudem können die Schüler auch über ihre eigenen Befindlichkeiten sprechen. Schließlich werden die Schüler dazu angeleitet, sich mithilfe eines Identifikationskreises in die verschiedenen Darsteller hineinzuversetzen bzw. deren Perspektive zu übernehmen. Im Identifikationskreis stehen bestimmte Stühle für bestimmte Personen aus dem Film. Die Stühle werden von den Schülern abwechselnd besetzt. Die Schüler nehmen dabei die jeweilige Perspektive der Person ein, die durch den Stuhl repräsentiert wird. Gezielt fragt die Lehrkraft zudem nach z.B. den Gefühlen der jeweiligen Person, den Gründen für das Verhalten der anderen Personen, ihren Gefühlen usw. Im ersten Teilschritt geht es insbesondere um emotionale Aspekte. Im zweiten Teilschritt wird mit den Schülern an Handlungsmöglichkeiten gearbeitet und ihnen bewusst gemacht, dass nicht allein die Hauptakteure (Opfer, Täter), sondern auch die Mitschülerinnen und Mitschüler gefragt sind, und dass diese eingreifen könnten. Konkret schlüpfen die Schüler in Kleingruppen wieder in die Rolle eines Akteurs aus dem Film und bearbeiten die Fragen ‚Was wünsche ich mir?' und ‚Was kann ich tun, damit mein Wunsch in Erfüllung geht?'. Ziel ist es, aus den jeweiligen Befindlichkeiten konkrete Handlungsziele (Wünsche) zu formulieren und letztlich eine Handlungsintention zu fördern. Abschließend wird der Film [...], mit der Darstellung des tatsächlichen Verhaltens der Akteure, angeschaut."
(Scheithauer 2016, 70f.)

Indem reparierpädagogische Ansätze also Anlässe schaffen, systematisch und gezielt das eigene Medienhandeln zu kommunizieren und zu reflektieren, leisten diese immer auch einen Beitrag zur Förderung von Medienkompetenz. Dabei adressieren sie vor allem die Dimension der (reflexiven und ethischen) Kritikfähigkeit nach Baacke (1996) bzw. die der sozialen Anschlusskommunikation nach Groeben (2002) oder, im Modell von Tulodziecki et al. (2010), das Erkennen und Aufarbeiten von (auf das Individuum bezogenen) Medieneinflüssen (vgl. 4.1). Programme und Trainings zur Verminderung von problematischen Medienverhalten beziehen darüber hinaus weitere Facetten der Medienkompetenz ein. So beinhalten sie z.B.

die Wissensvermittlung über die Wirkungsweise von Medien und die kreative Auseinandersetzung, indem eigene Medienbeiträge produziert werden. Insgesamt liegt der Schwerpunkt reparierpädagogische Ansätze aber auf der Bearbeitung individueller Medienwirkungen. Medienkritikfähigkeit im Sinne der Betrachtung größerer politischer oder gesellschaftlicher Zusammenhänge bleibt in diesen Ansätzen ausgeblendet. Dieser Fokus steht bei der pädagogischen Grundhaltung „Aufklären" im Vordergrund, auf die im nächsten Abschnitt eingegangen wird.

4.4.3 Aufklären

Das Anliegen der von Süss et al. (2010, 94) als „aufklärende Konzepte" zusammengefassten Ansätze besteht darin, Kinder und Jugendliche dazu zu befähigen, Intentionen und Wirkungsweisen von Medienangeboten zu verstehen, Manipulationsmöglichkeiten zu durchschauen und auf diese Weise eine kritische Haltung zu Medien und Medienbotschaften zu gewinnen. Aufklärende Konzepte der Medienerziehung zielen mithin auf die medienbezogene Kritikfähigkeit, die, wie unter 4.1 dargestellt, besondere Aufmerksamkeit in der Medienkompetenzdiskussion erfahren hat.

Abb. 24: Slogan zur Medienkritik

Die Wurzeln der aufklärenden Grundhaltung liegen in den ideologiekritischen Untersuchungen der Massenmedien der Frankfurter Schule in den 1960er Jahren, auf die sich auch Baacke (1973) bei der Herleitung seines Kompetenzkonstrukts bezieht. Die Analysen der Frankfurter Schule legen offen, wie Medien zur Verbreitung der politischen Ideologie in der Zeit des Nationalsozialismus eingesetzt wurden und so eine entscheidende Stütze des nationalsozialistischen Regimes waren. An die Analysen der Frankfurter Schule schließen sich in den 1960er und 70er Jahren gesellschaftskritische Überlegungen dazu an, wie Medien die Stabilisierung von Macht- und Herrschaftsverhältnissen generell befördern. Diese mündeten in den 1970er Jahren auch in Konzepten der Medienerziehung auf der Basis einer kritisch-materialistischen Medientheorie. Die zentralen Ziele der kritisch-materialistischen Medienerziehung waren die Befähigung der Schülerinnen und Schüler zur Analyse und Kritik von Medien und Medienprodukten. Slogans, wie der in Abbildung 24 gezeigte, sind typisch für diese Zeit. Dabei standen die den Medien innewohnenden ökonomischen und politischen Interessen sowie die dahinterstehenden herrschaftsdienlichen und -stabilisierenden Elemente im Vordergrund. Mit diesem Wissen sollten Schülerinnen und Schüler in die Lage versetzt werden, kritisch auf Medien und Medienprodukte Einfluss zu nehmen und sie auch selbst produktiv zum Herstellen von (Gegen-)Öffentlichkeit zu nutzen (zusammenfassend in Tulodziecki et al. 2010).

Wenn auch nicht mehr marxistisch-materialistisch gerahmt, so zielen aufklärende medienerzieherische Konzepte immer noch darauf ab, Schülerinnen und Schülern die gesellschafliche Bedeutung der Medien mit ihren Einfluss- und Manipulationsmöglichkeiten sowie ihren Verflechtungen mit Politik und Wirtschaft zu verdeutlichen. Im Zentrum steht dabei die Analyse von Medieninhalten und Medienbotschaften auf unterschiedlichen Ebenen:

– Auf der Ebene der Mediengestaltung werden die gestalterischen Mittel, mit denen Medienbotschaften kommuniziert werden, betrachtet. Insbesondere aus der Filmanalyse liegen hierzu zahlreiche Vorschläge vor (Albrecht 1979). So können Einstellungsgrößen und -längen, Perspektiven und Kamerabewegungen, Montageformen, Ausleuchtung, Farben, Ton usw. mit Blick auf ihre Wirkung auf den Rezipienten analysiert werden. Auf diese Weise können genretypische Gestaltungsmerkmale herausgearbeitet werden. Kinder und Jugendliche lernen aber auch zu entschlüsseln, wie in Spielfilmen Spannung erzeugt oder wie Personen in Nachrichten- oder Talksendungen als sympathisch oder unsympathisch, seriös oder unseriös usw. dargestellt werden (vgl. 3.3 und 3.4). Die Analyse von Gestaltungsmitteln ist dabei nicht auf audiovisuelle Medien beschränkt: So verwenden Printmedien genauso wie Internetangebote bestimmte graphische Mittel, Farben und Bilder um bestimmte Wirkungen zu erzielen, die sich in gleicher Weise analysieren lassen (s.u. für ein Beispiel zur Analyse von Falschmeldungen in Sozialen Netzwerken). Im Sinne der aufklärenden Grundhaltung betont Albrecht, dass die Analyse nicht auf der technischen Ebene stehen bleiben sollte. Medienerzeugnisse müssen im Zusammenhang mit der Wirklichkeit, die sie darstellen, und mit der Wirklichkeit der Zuschauer gesehen werden. Auf diesem Wege werden auch mögliche Intentionen und Absichten, die hinter dem Einsatz bestimmter Gestal-

tungsmittel stehen, thematisiert. Es geht also auch um die Frage, warum und von wem jemand durch die Medien als sympathisch oder unseriös dargestellt wird.
- Auf der inhaltlichen Ebene wird im Rahmen aufklärender Konzepte hinterfragt, wie bestimmte Inhalte in den Medien behandelt und dargestellt werden. Beispiele für inhaltliche Medienanalysen sind die Auseinandersetzung mit Werbung und Werbebotschaften (Neuß 2005), der Vergleich der Berichterstattung über politische oder gesellschaftliche Ereignisse in unterschiedlichen Medien (Ammerer 2008) oder die Analyse stereotyper Personendarstellungen, z.B. von Männern und Frauen, sowohl in fiktiven als auch in nicht-fiktiven Medienprodukten (Götz 2002).
- Auf institutioneller Ebene geht es darum, den Schülerinnen und Schülern Wissen über die Produktionsbedingungen, unter denen Medienbotschaften entstehen, zu vermitteln. Hierzu gehört das Wissen über Medienunternehmen und -konzerne, deren Arbeitsstrukturen und ihre wirtschaftlichen und politischen Verflechtungen und Interessen (Süss et al. 2010).
- Auf gesellschaftlicher Ebene schließlich kann thematisiert werden, wie Medien einerseits als „vierte Gewalt" im Staat betrachtet werden können, indem sie über politische und wirtschaftliche Entscheidungen und Prozesse informieren und diese kritisch kommentieren (Bergsdorf 1980), andererseits die öffentliche Meinung immer auch in bestimmter Richtung beeinflussen, allein schon, indem bestimmte Themen hervorgehoben, andere dagegen ignoriert werden (Agenda-Setting; s. McCombs/Shaw 1972).

Methodisch setzen aufklärende Konzepte häufig bei der Vermittlung von Hintergrundwissen an und kombinieren dies mit der Analyse von Medienprodukten oder Medienbotschaften. Ein Beispiel hierfür ist die Unterrichts-Handreichung „Schein & Sein – Inszenierte Wirklichkeiten in Reality-TV & Web 2.0" von der Medienanstalt Hamburg/Schleswig-Holstein (MSH, o.J., vgl. *Wie entsteht eine Reality-TV-Show?*). In 3.2 und 3.5 wurde dargestellt, dass Kinder und Jugendliche die in Reality-Shows vorgeführten Verhaltensweisen und Problemlösungen teilweise für echt oder zumindest realistisch halten und als Orientierungshilfe für ihr eigenes Verhalten nutzen. Die Unterrichtshandreichung „Schein & Sein" schlägt deshalb sieben Module vor, in denen sich Schülerinnen und Schüler mit unterschiedlichen Reality-TV-Formaten, z.B. Castingshows und Gerichtssendungen, beschäftigen. Sie erhalten anhand kurzer Dokumentationen auf einer zu der Handreichung gehörigen DVD einen Einblick in die Produktionsbedingungen und -abläufe von Reality-Formaten, analysieren anhand von Ausschnitten aus mehreren Sendungen Aufbau, Stilmittel und Wirkung unterschiedlicher Sendungen und erproben diese, indem sie selbst eine Castingshow nachspielen. Dadurch sollen sie befähigt werden, die als Wirklichkeit dargestellten Formate von Reality- und Castingshows als Inszenierungen zu erkennen und als Formate zu entschlüsseln, die keine echten Vorgänge zeigen, sondern vorrangig auf die Unterhaltung der Zuschauer abzielen.

Praxisbeispiel

Wie entsteht eine Reality-TV-Show?

Ablauf	Kompetenzen
• Im DVD-Einspieler 3 schildern TV-Profis den Produktionsalltag von Dokusoaps. • Im DVD-Einspieler 4a werden Gestaltungsmerkmale in der Sendung Die Super Nanny gezeigt. • Eine Mitarbeiterin eines familienpsychologischen Dienstes schildert im DVD-Einspieler 4b den tatsächlichen Alltag von Familienhelfern. • Im Abschlussgespräch werden diese Alltagsschilderung und die Darstellung in der Sendung gegenübergestellt. • In DVD-Einspieler 5 schildert Professor Bernd Schorb die Faszination und möglichen Wirkungen von Reality-TV.	• Die Schüler lernen den Aufbau und die Arbeitsteilung einer Reality-TV-Redaktion kennen. • Die Schüler erkennen den Einsatz spezifischer Stilmittel in bestimmten Formaten. • Die Schüler lernen Gestaltungsmerkmale unterschiedlicher Formate kennen.

(MSH, o.J., 7)

In aufklärenden medienpädagogischen Konzepten nimmt auch die Beurteilung der Glaubwürdigkeit von Medieninformationen häufig eine zentrale Rolle ein. So gehört die Auseinandersetzung mit Nachrichtenformaten und -inhalten sowie mit Funktions- und Arbeitsweisen der Nachrichtenproduktion in Zeitungen und Fernsehen zu den klassischen Themen der Medienerziehung (z.B. FSM 2013). Vor dem Hintergrund, dass Kinder und Jugendliche zunehmend auf das Internet zurückgreifen, um sich Informationen zu beschaffen (vgl. 3.1) und es gleichzeitig angesichts der Fülle an Informationen und der Intransparenz der Informationsquellen immer schwieriger wird, seriöse Nachrichten von Falschmeldungen zu unterscheiden, kommt der Fähigkeit, die Glaubwürdigkeit von Medieninformationen richtig einschätzen zu können, eine immer größere Bedeutung zu. So zeigt eine österreichische Umfrage unter Jugendlichen im Alter von 14 bis 18 Jahren, dass die große Mehrheit der Befragten Schwierigkeiten hat, die Glaubwürdigkeit von Informationen aus dem Internet zu beurteilen (Institut für Jugendkulturforschung 2016). Jugendliche sind mit dem Dilemma konfrontiert, dass soziale Netzwerke eine ihrer wichtigsten Informationsquellen darstellen, obwohl sie wissen, dass sie ihnen nur wenig trauen können. Auch verfügen sie nur über rudimentäre Strategien, um den Wahrheitsgehalt einer Nachricht zu überprüfen.

Für den Unterricht gibt es zahlreiche Vorschläge, wie Lehrkräfte mit ihren Schülerinnen und Schülern Kriterien zur Überprüfung der Glaubwürdigkeit von Internet-Informationen erarbeiten können (Willius/Beckhuis 2011; Rack 2017; vgl. Abb. 25).

1. Quelle: Überprüfen, wer hiter einem Inhalt steckt!	2. Fakten: Stimmt das, was behauptet wird? Nicht alles ist wahr!	3. Bilder: Überprüfen, ob das verwendete Bild wirklich zum Text gehört oder bearbeitet ist.	4. Aktualität: Aus welcher Zeit stammen die Informationen?
Ein Blick auf die Autorin/den Autor oder ins Impressum einer Website sollte zeigen, wer hinter dem Inhalt steht (Parteilichkeit, Kompetenz, Intention). Fehlt eine Adresse oder ist ein Postfach im Ausland angegeben, sollte das kritisch hinterfragt werden.	Wird das Thema auf anderen Seiten ähnlich aufgearbeitet, oder erscheint es sogar exakt im gleichen Wortlaut? Kopierte Inhalte deuten auf unseriöses Copy & Paste-Verhalten hin. Texte, die verkürzt nur auf Schlagzeilen beruhen, wenig Inhalt und viel Meinung präsentieren, sollten mit Vorsicht genossen werden.	Bei Falschmeldungen werden oft Bilder aus anderen Kontexten verwendet. Eine Rückwärts-Bildersuche kann helfen, dem Original auf die Spur zu kommen.	In Suchmaschinen hilft ein voreingestellter Filter, der den Zeitraum der Ergebnisse einschränkt, die neuesten Informationen zu einem Thema zu finden.
FAKE?	FAKE?	FAKE?	FAKE?

Abb. 25: Vier Schritte zum Einschätzen einer Quelle (Rack 2017, 5)

Speziell mit dem Wahrheitsgehalt von Informationen, die über soziale Netzwerke verbreitet werden, beschäftigt sich das von klicksafe herausgegebene Unterrichtsmaterial „Fakt oder Fake? Wie man Falschmeldungen im Internet entlarven kann" (Rack 2017). Anhand von Beispielen werden hier Manipulationsstrategien in sozialen Netzwerken thematisiert. Neben den o.g. Strategien zur Überprüfung der Glaubwürdigkeit von Internetseiten lernen die Schülerinnen und Schüler Werkzeuge kennen, mit denen sie Informationen auf ihren Wahrheitsgehalt überprüfen können (z.B. Suchportale für Falschmeldungen oder Überprüfungsmöglichkeiten für Quellen und Aufnahmedaten von Bildern). Darüber hinaus erarbeiten sie Handlungsmöglichkeiten, wie sie aktiv gegen Falschmeldungen vorgehen können, indem sie diese den entsprechenden Netzwerkbetreibern melden oder sie öffentlich hinterfragen und enttarnen (vgl. Abb. 26). Für ältere Schülerinnen und Schüler enthält die Handreichung weiteres Unterrichtsmaterial zur Beschäftigung mit den Phänomenen „Echokammer" und „Filterblase". Damit ist gemeint, dass die Algorithmen von Suchmaschinen und Sozialen Netzwerken dafür sorgen, dass Nutzer verstärkt solche Informationen angeboten bekommen, die zu ihren bisherigen Suchanfragen bzw. Netzwerk-Kontakten passen (Pariser 2011). Gerade bei radikalen Ansichten kann dies einen verstärkenden Effekt haben: Die Informationen im Netz scheinen massenhaft den eigenen Standpunkt zu bestätigen, so abseitig und singulär er auch sein mag.

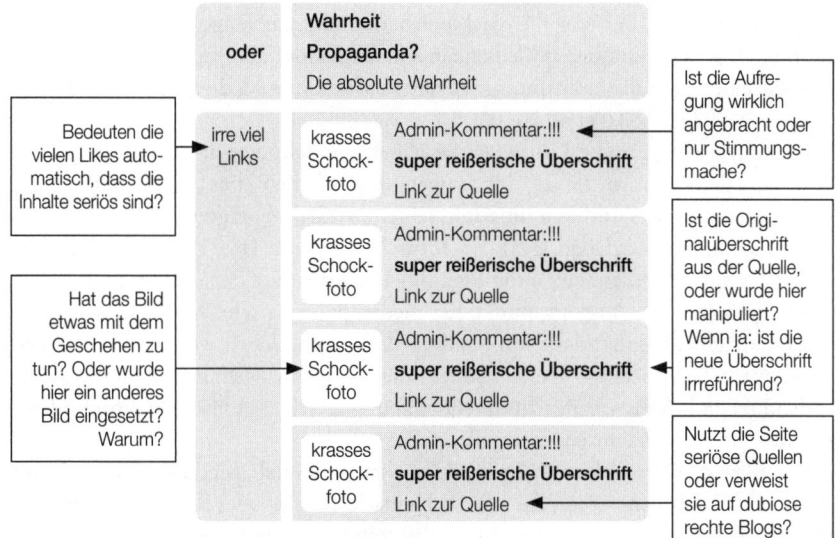

Abb. 26: Wahrheit oder Propaganda – Ausschnitt aus dem Unterrichtsmaterial „Fakt oder Fake – Wie man Falschmeldungen im Internet entlarven kann" (Rack 2017)

Im Vordergrund aufklärender Ansätze steht die Analysefähigkeit bezogen auf Medien als gesellschaftliches System. Schülerinnen und Schüler werden vor allem in ihrer Rolle als Nutzer und Rezipienten von Medieninformationen adressiert, die in die Lage versetzt werden sollen, diese Informationen richtig einzuordnen und zu bewerten. Die Nutzung von Medien für die eigene (politische) Meinungsäußerung, die in der kritisch-materialistischen Medienerziehung ein wesentlicher Bestandteil war, tritt in aktuellen aufklärenden Ansätzen in den Hintergrund. Die produktive und gestaltende Mediennutzung wird heute eher aus der medienpädagogischen Grundhaltung des Handelns und Partizipierens in den Vordergrund gestellt, die am Ende dieses Kapitels behandelt wird (vgl. 4.4.5).

4.4.4 Reflektieren

Viele der bisher vorgestellten Beispiele für medienerzieherische Maßnahmen und Projekte – auch wenn sie anderen medienerzieherischen Grundhaltungen zugeordnet wurden – enthalten auch auf Reflexion der eigenen Mediennutzung bzw. des eigenen Medienhandelns abzielende Aufgaben. Die große Bedeutung des Reflektierens in der Medienerziehung beruht auf dem Paradigmenwechsel in der Medienforschung in den 1970er Jahren. Damals wandelte sich das Bild des Mediennutzers vom passiven

Empfänger von Medienbotschaften zu dem eines selbstbestimmten Rezipienten, der sich Medien zielgerichtet zuwendet, um mit ihnen individuelle Nutzenerwartungen und Bedürfnisse zu erfüllen (vgl. 3.2). Versteht man Mediennutzer als aktiv handelnde Individuen, hat dies für die Medienerziehung zur Folge, dass pädagogische Maßnahmen beim konkreten Medienhandeln der Kinder und Jugendlichen ansetzen müssen, um sie auf dieser Grundlage zu einer reflektierten Medienauswahl und -nutzung zu befähigen (Süss et al. 2010).

Eine weitere theoretische Grundlegung hat das Reflektieren in den Ansätzen der Mediensozialisation, in denen der Umgang mit Medien ebenfalls als aktive Auseinandersetzung des Individuums mit seiner (medial geprägten) Umwelt in den Blick genommen wird (vgl. 3.5). So entwickelt Schorb (1995) auf der Basis des Konstrukts der Medienaneignung (vgl. 3.5.1) den Ansatz der reflexiv-praktischen Medienarbeit. Den Ausgangspunkt für medienpädagogische Maßnahmen bildet das (mediale) Alltagshandeln von Kindern und Jugendlichen, von dem ausgehend Heranwachsende befähigt werden sollen, die Rolle von Medien im Kontext ihrer individuellen Lebensvollzüge zu durchdenken und zielgerichtet zur Kommunikation und zur Weltaneignung zu nutzen.

Ein konkretes Beispiel hierfür ist das Unterrichtsmaterial „Medien non-stop?" für die 6. und 7. Jahrgangsstufe, das z.B. im Deutsch-, Ethik- oder Religionsunterrricht eingesetzt werden kann (Fileccia 2015). Im Rahmen einer Doppelstunde reflektieren die Schülerinnen und Schüler zunächst ein ironisch-übertriebenes Fallbeispiel eines jugendlichen Mediennutzers (vgl. *Ein typischer Tag?*) und beschäftigen sich mit Motiven für die Nutzung unterschiedlicher Medien. Anschließend vergleichen sie ihren eigenen Medienumgang mit den Ergebnissen der JIM-Studie (vgl. 3.1), wobei sie sich auch mit Unterschieden in der Mediennutzung von Jungen und Mädchen befassen. Schließlich entwickeln sie, wie in dem weiter oben beschriebenen Training von Möller und Krahé (2013), Alternativen zur Mediennutzung für die Freizeit und diskutieren Warnzeichen für eine „Abhängigkeit" von Medien sowie Handlungsmöglichkeiten.

Praxisbeispiel

Ein typischer Tag?
„Kevin ist mal wieder alleine zu Hause. Kaum kommt er aus der Schule, klappt er seinen Laptop auf und schaltet das Radio und den Fernseher an. Im linken Ohr hat er den Kopfhörer, um Musik von seinem Smartphone zu hören. Auf dem Display seines Smartphones werden schon wieder 15 neue Nachrichten seiner Freunde angezeigt. ‚Max muss ich nach den Mathe-Hausaufgaben fragen, die süße Marie grüßen und mich mit Henrik zum Online-Spiel verabreden', denkt Kevin und loggt sich vorsichtshalber schon einmal in seinem Online-Spiel-Account ein, während er seine E-Mails checkt. Ihm graut schon vor der Geschichts-Hausaufgabe und er kopiert vorsichtshalber drei Seiten über Napoleon aus Wikipedia, speichert vier Bilder des Franzosen über die Google-Bildersuche und druckt alles aus.

‚Hausaufgaben fertig!' freut er sich, ‚ich kann endlich spielen' und postet seinen Erfolg gleich online im Sozialen Netzwerk. Anschließend legt er die DVD in seine Playstation.
Das Handy meldet sich, und mit wenigen Daumenbewegungen antwortet Kevin auf die drei Nachrichten, während er auf der Toilette sitzt. ‚Wie lästig diese körperlichen Bedürfnisse sind!' ruft er laut der Spülung zu. Zurück in seinem Zimmer wundert er sich, wie er vergessen konnte, die Spiele-App aufzurufen. Seine Schlümpfe warten doch schon und haben bestimmt schon wieder erfolgreich einige seiner Aufträge erledigt."
Impulse für den Unterricht:
1. Blitzlicht: Ist die Darstellung von Kevins Medienalltag realistisch?
2. Tafelbild: Welche Medien nutzt Kevin? Welche Gründe und Motive hat er für seine Mediennutzung?
(Stiftung Medienpädagogik Bayern 2015, 11)

Ein weiteres Beispiel ist das von klicksafe herausgegebenen Unterrichtsmaterial „Always on", das Schülerinnen und Schüler für die Licht- und Schattenseiten der Omnipräsenz mobiler Medien sensibilisiert (Rack/Sauer 2017). Die Schülerinnen und Schüler beschäftigen sich damit, welche Herausforderungen die ständige Erreichbarkeit durch das Mobiltelefon mit sich bringt. In mehreren Unterrichtsprojekten reflektieren die Schülerinnen und Schüler Risiken der Handynutzung, z.B. die Ablenkung im Straßenverkehr oder die Unterbrechung von Konzentration und Aufmerksamkeit für andere Tätigkeiten durch das ständige Eingehen von Benachrichtigungen und Mitteilungen auf dem Smartphone. Sie erarbeiten in der Klasse Regeln für die Nutzung von Benachrichtigungs-Apps, verabreden eine gemeinsame Zeit der Smartphone-Abstinenz („Handyfasten") und dokumentieren ihre Erfahrungen in einem Handyfasten-Tagebuch (vgl. *100 Stunden – oder: Wer schafft es länger?*).

Praxisbeispiel

100 Stunden ohne – oder: Wer schafft es länger?
„Das ist die Frage, die sich zwei 7. Realschulklassen der KGS Sittensen stellten. In der Zeit vom 16.–20. März fand das Experiment ‚Handyfasten' [...] statt. Die SchülerInnen und natürlich auch die Klassenlehrerinnen gaben am Montag, den 16. März in der 1. Stunde ihr Handy ab: für maximal fünf Tage oder solange, wie man es aushält. Viele Schüler waren vor Beginn des Experiments der Meinung, maximal einen Tag durchzuhalten. Am Ende waren es 42 Teilnehmende von insgesamt 54, die die vollständige Zeit auf ihr Handy verzichtet haben. Von den fehlenden 12 Handys wurden 9 nach einer Stunde abgeholt, weitere 3 Handys wurden am Montag nach Schulschluss abgeholt. U.A. wurden folgende Begründungen für den frühzeitigen Abbruch genannt:
- Ich wollte es wieder haben, weil es mir ohne Handy scheiße geht!!!
- ... ich hab das Gefühl machtlos zu sein.
- Ich habe mein Handy genommen, weil ich es brauche.

> [...] Es gab unterschiedliche Tagebücher für Handyfaster und Handynutzer, um die Woche zu reflektieren. Dabei stachen folgende Aspekte besonders heraus:
>
> Viele Schüler ...
> - ... haben angefangen, wieder mit Freunden und Familie zu reden und „richtige" Gespräche zu führen.
> - ... haben sich wieder zum Spielen draußen verabredet bzw. überhaupt draußen gespielt.
> - ... haben sich viel gelangweilt.
>
> Einige Schüler ...
> - ... haben festgestellt, dass die Hausaufgaben schneller erledigt sind und Lernen besser funktioniert.
> - ... haben sich stattdessen mit dem Computer, Spielekonsolen und dem Fernsehen beschäftigt.
> - ... fühlten sich zeitlos.
> - ... haben sich zu Beginn des Experiments leer, gestresst und einsam gefühlt, zum Ende hingegen frei.
>
> Insgesamt war auffällig, dass die Schüler am Anfang der Woche sehr unruhig, unorganisiert und aufgedreht waren. Sie haben insbesondere am Dienstag während einer Exkursion die Nähe von Handynutzern gesucht. Ab Dienstagnachmittag haben die Schüler begonnen, sich gegenseitig zu motivieren, durchzuhalten und wurden ruhiger. Es begann der Ehrgeiz, das Experiment durchzustehen. Auch die Rückmeldungen in den Tagebüchern wurde positiver. „[...] Wir starteten mit dem Youtube-Video ‚WhatsApp-Stress' [...]. Fast alle Schüler identifizierten sich mit der Darstellerin, die den WhatsApp-Stress realistisch darstellte. So berichteten die Schüler aus ihrem Alltag, der von der ausgiebigen Nutzung ihres Handys geprägt wird. Sei es bei der Kommunikation mit ihren Freunden oder mit der Familie. Viele erkannten schon zu diesem Zeitpunkt, dass sie von dem Medium Handy abhängig sind und möchten nach dem Experiment ihre Handynutzung bewusster gestalten. Wir können also sagen, das Experiment war ein Erfolg. Denn das Handy soll nicht als Lebensmittelpunkt dienen sondern als nützliches Werkzeug. Wir freuen uns, dass fast alle Teilnehmer bis zum Ende durchgehalten haben und viele damit ihr persönliches Ziel sogar übertroffen haben."
>
> (KGS Sittensen, o.J.)

Die Reflexion des eigenen Nutzungsverhaltens kann auch mit der partizipativen Gestaltung des Schullebens verknüpft werden, indem gemeinsam Regeln für die Handy-Nutzung an der Schule entwickelt werden. Anstelle der Erteilung eines generellen Verbots durch die Schulleitung, die weiter oben im Zusammenhang mit bewahrpädagogischen Maßnahmen angesprochen wurde, wird hierbei gemeinsam mit den Schülerinnen und Schülern eine Nutzungsvereinbarung erarbeitet. Ein Beispiel für die Entwicklung einer solchen Handyvereinbarung im Rahmen einer entsprechenden Unterrichtseinheit geben die Landesanstalt für Medien Nordrhein-Westfalen und der medienpädagogische Forschungsverbund Südwest auf ihrer gemeinsamen Website (handysektor.de, o.J.). Das Ziel der Unterrichtseinheit ist es, den Schülerinnen und

Schülern negative Wirkungen des Handys in der Schule bewusst zu machen und mit ihnen gemeinsam zu reflektieren, welche Regeln notwendig sind, um zu vermeiden, dass es zu solchen negativen Wirkungen kommt. Die Schülerinnen und Schüler überdenken dabei nicht nur ihr eigenes Mediennutzungsverhalten, sondern auch die Wirkungen auf andere, auf die Schulgemeinschaft und den rechtlichen Rahmen der Handynutzung. Die Unterrichtseinheit besteht aus zwei Aufgaben: In der ersten Aufgabe beschäftigen sich die Schülerinnen und Schüler mit den Möglichkeiten von Handys und Smartphones und den daraus resultierenden Problemen wie Cybermobbing und Straftaten. Die Aufgabe soll den Schülerinnen und Schülern helfen, die Hintergründe für die Handyordnung besser zu verstehen und sich mit dem Thema auseinanderzusetzen. In der zweiten Aufgabe erarbeiten die Schülerinnen und Schüler anhand einer Checkliste Regelungen für eine eigene Handyordnung (vgl. *Erarbeitung einer Handyordnung für die Schule*).

Praxisbeispiel

Erarbeitung einer Handyordnung für die Schule
Aufgabe 1 (Dauer: 90 min): Setzt euch in eurer Gruppe zusammen und besprecht kurz, was euch zu der euch zugeteilten Fragestellung einfällt:
- Welche Funktionen besitzt ein Smartphone? Welche Funktionen können den Unterricht sinnvoll bereichern? Welche Funktionen stören den Unterricht?
- Welche Straftaten können mittels Smartphone begangen werden?
- Wie kann man solche Straftaten verhindern?
- Welche Formen des Cybermobbing gibt es bei Smartphones?
- Wie kann Cybermobbing über das Smartphone verhindert werden?

Informiert euch dann unter *www.handysektor.de* weiter über euer Thema. Erstellt ein Plakat oder eine Präsentation zu eurem Thema. Stellt das Plakat oder die Präsentation euren Mitschülern vor.

Aufgabe 2 (Dauer 90 min): Geht gemeinsam die Checkliste durch und erarbeitet daraus wichtige Punkte für eure Handyordnung. Notiert euch die Punkte.
- Was möchten wir mit unserer Handyordnung bezwecken?
- Zu welchen Zeiten darf das Handy genutzt werden?
- An welchen Orten darf das Handy genutzt werden?
- Wie darf das Handy in Notfällen genutzt werden?
- Welche Verstöße im Unterricht führen zu Konsequenzen?
- Welche Konsequenzen werden bei Nichteinhaltung gezogen?
- Wie wird damit umgegangen, wenn ein Schüler bzw. eine Schülerin ein Handy in einer Klassenarbeit nutzt?
- Welche Straftaten gibt es in Bezug auf das Smartphone?
- Sind alle Schülerinnen und Schüler über mögliche Straftaten bei der Handynutzung aufgeklärt? Wie können sie aufgeklärt werden?
- Welche Folgen werden gezogen, wenn Schüler derartige Straftaten begehen?

> Besprecht im Anschluss mit der ganzen Klasse die Regelungen, die ihr euch überlegt habt.
> Einigt euch auf eine gemeinsame Version.
> Haltet die Ergebnisse entweder am Tageslichtprojektor auf einer Folie fest, welche der Lehrer im Anschluss kopieren kann, oder gestaltet Plakate dazu.
> Die fertige Handyordnung könnt ihr in eurem Klassenzimmer oder der ganzen Schule aufhängen.
> (handysektor.de, o.J., 5)

4.4.5 Handeln/Partizipieren

Dieselben Argumente, die eine auf Reflexion gerichtete Medienerziehung nahelegen, begründen auch den handlungsorientierten Ansatz: Heranwachsende nutzen Medien aktiv und zielgerichtet und Medienaneignung bzw. die Entwicklung von Medienkompetenz ist ein Prozess, der sich immer nur durch handelnde Auseinandersetzung mit der Medienumwelt vollzieht. Folglich kann auch Medienerziehung nur dadurch erfolgen, dass Schülerinnen und Schüler mit Medien tätig werden. Handlungsorientierung bedeutet in diesem Zusammenhang sowohl, dass Medienerziehung für gegenwärtiges und zukünftiges Handeln bedeutsam ist, als auch, dass Medienerziehung immer mit Eigentätigkeit verknüpft sein sollte (Tulodziecki et al. 2010).

Schorb (2008) zeigt auf, dass Handlungsorientierung in der Medienerziehung ihre Wurzeln in der kritischen Medientheorie und in der Reformpädagogik hat. Bereits in den 1970er Jahren wurde im Rahmen der kritisch-materialistisch ausgerichteten Medienerziehung betont, dass Medien ein Mittel zur Partizipation an gesellschaftlichen Prozessen darstellen (vgl. 4.4.3). Heranwachsende sollten befähigt werden, Medien gezielt zur Artikulation ihrer eigenen Interessen und zur Schaffung von (Gegen-)öffentlichkeit einzusetzen. Der handlungsorientierte Ansatz verknüpft diese Überlegungen mit dem reformpädagogischen Prinzip des handelnden Lernens, das davon ausgeht, dass die tätige Auseinandersetzung mit der Wirklichkeit unverzichtbar ist, um sich diese anzueignen.

Handlungsorientierte Ansätze sind mit dem Konstrukt Medienkompetenz enger verbunden als die meisten anderen Grundhaltungen der Medienerziehung, da das Konstrukt per definitionem als Handlungskompetenz gefasst wird (vgl. 4.1). Fast alle Konzeptionen weisen eine explizite Handlungsdimension auf. Im Modell von Baacke (1996) sind dies die (interaktive) Mediennutzung und die innovative und kreative Mediengestaltung, aber auch bei Aufenanger (1997), Schorb (2008) oder bei Tulodziecki et al. (2010) gibt es Handlungsdimensionen, die die Aspekte Nutzung, Gestaltung und Partizipation umfassen.

Ein Unterrichtsmaterial mit vielen handlungsorientierten Anteilen ist die von klicksafe herausgegebene umfassende Interneteinführung „Knowhow für junge User" für Schülerinnen und Schüler der 4. bis 10. Klassenstufe (Fileccia et al.

2016). Beispielsweise gibt der zweite Baustein eine Einführung in den Umgang mit Suchmaschinen und Online-Lexika. Schülerinnen und Schüler probieren mehrere Suchmaschinen aus, erarbeiten Kriterien für die Bewertung von Informationen (vgl. 4.4.3) und vergleichen das Recherchieren mit einer Suchmaschine mit der Informationsbeschaffung durch das Online-Lexikon Wikipedia (vgl. *Blinde Kuh – auch du?* für die 4. Jahrgangsstufe). Dieses Material ist damit ein Beispiel für eine handlungsorientierte Einführung, bei der die Vermittlung von Nutzungsaspekten im Vordergrund steht. Eine mögliche handlungsorientierte Weiterführung, die auf kreative Gestaltung zielt, wären Aufgaben, bei denen Schülerinnen und Schüler nicht nur die Nutzung eines Online-Lexikons wie Wikipedia zum Recherchieren erproben, sondern beispielsweise ein eigenes Schul- oder Klassenwiki erstellen.

Praxisbeispiel

Blinde Kuh – auch du?
„Ein Meerschweinchen!
… endlich konntest du deine Eltern überzeugen, dir eines zu schenken. Du solltest Dich aber vorher über Meerschweinchen informieren, damit du es auch wirklich gut pflegen und richtig behandeln kannst. Du hast auch sofort die richtigen Ideen: Einen Besuch in der Bibliothek und eine Suche im Internet werden dir sicherlich weiterhelfen.

- Es gibt sehr viele Suchhilfen im Internet. Sie werden ‚Suchmaschinen' genannt, obwohl es eigentlich Software-Programme sind. Viele der Suchmaschinen helfen Erwachsenen, etwas im riesigen Internet zu finden, wie z.B. Google. Aber es gibt auch Suchmaschinen speziell für dich. Die bekanntesten heißen Blinde Kuh und Helles Köpfchen. Aber es gibt auch noch mehr.
1. Arbeitsauftrag: Rufe die Internet-Seite *www.blinde-kuh.de* auf. Schreibe in das Suchfeld das Wort ‚Meerschweinchen', mache ein Häkchen bei ‚sortiert für Kids' und klicke dann auf ‚Suchen'!

[…]
3. Arbeitsauftrag: Wiederhole das Ganze mit den Suchmaschinen *www.helles-koepfchen.de* und *www.frag-finn.de*. Erkennst du Gemeinsamkeiten und Unterschiede? Mit welcher Suchmaschine konntest du besser umgehen?"

(Fileccia et al. 2016, 36)

Handlungsorientierte Ansätze können aber auch eingesetzt werden, um Schülerinnen und Schüler zu befähigen, Medienwirkungen besser zu durchschauen. Ein Beispiel hierfür ist die Produktion einer eigenen Castingshow, wie sie in der Unterrichtshandreichung „Schein & Sein – Inszenierte Wirklichkeiten in Reality-TV & Web 2.0" (MSH, o.J.) vorgeschlagen wird (vgl. 4.4.3). Hier geht es nicht allein um die Entfaltung von Kreativität bei der Gestaltung einer eigenen Show, sondern darum, dass die Schülerinnen und Schüler die manipulativen Gestaltungsmittel dieses Sendeformats selbst einsetzen und so deren Wirkung unmittelbar erfahren, so dass sie zukünftig besser in der Lage sind, dieses Sendeformat zu hinterfragen.

Im Rahmen sogenannter Peer-Education-Ansätze der Medienerziehung schließlich übernehmen Schülerinnen und Schüler die Aufgabe, Medienkompetenzen an ihre Mitschülerinnen und Mitschüler zu vermitteln. Dieser handlungsorientierte Ansatz zielt somit nicht nur auf Emanzipation und Selbstbestimmung der Heranwachsenden bezüglich ihres eigenen Medienhandelns, sondern auch hinsichtlich der Weitergabe entsprechenden Wissens an ihre Peers. Eines der größten Projekte dieser Art in Deutschland sind die „Medienscouts" (Godina/Grübele/Keidel 2010). Mit diesem Begriff werden Initiativen in mehreren Bundesländern bezeichnet, in denen Schülerinnen und Schüler ausgebildet werden, um anschließend an ihren jeweiligen Schulen als Tutoren und Berater für die Medienkompetenzförderung ihrer Mitschülerinnen und Mitschüler zur Verfügung zu stehen. Medienscouts übernehmen dabei an Schulen Aufgaben im Bereich der Prävention problematischen Medienverhaltens sowie der Beratung bei Problemen. Auch in die Schulentwicklung sollten Medienscouts eingebunden werden, wenn es z.B. darum geht, die Regeln für den Umgang mit Medien an einer Schule zu gestalten (Fileccia 2014). Damit zielen Peer-Education-Ansätze mehr als viele andere auch auf Partizipation ab.

Ausbildungen zum Medienscout umfassen neben der Vermittlung technischer Kompetenzen vor allem auch die Sensibilisierung der Heranwachsenden für Gefahren und Probleme des Medienkonsums und für ethische Fragen sowie die Vermittlung von Kommunikations- und Beratungskompetenzen (vgl. *Ausbildungsprogramm Medienscouts NRW*). Sie werden entweder von externen Personen oder von Lehrkräften durchgeführt. Sobald eine Schule Medienscouts ausgebildet hat, können diese als Multiplikatoren weitere Schülerinnen und Schüler ausbilden.

Praxisbeispiel

Ausbildungsprogramm Medienscouts NRW

Modul 1: Internet und Sicherheit (eintägig)	Die Schülerinnen und Schüler erarbeiten sich wesentliche Grundlagen einer sicheren Internet-Nutzung. Dazu gehören Aspekte wie Abzocke im Netz, Anti-Viren-Schutz, Passwörter, Spam-Mails, Datenschutz, Suchmaschinennutzung u.v.a.
Modul 2: Social Communities (eintägig)	Die Schülerinnen und Schüler erarbeiten sich am Beispiel Facebook eine reflektierte Nutzung anhand von Fragen wie: „Warum sind Social Communities so faszinierend?" „Was ist das Urheberrecht?" „Wie funktionieren Persönlichkeitsrechte?" – „Warum ist Cyber-Mobbing so schlimm?" u.v.a.

Modul 3: Computerspiele (zweitägig)	Die Schülerinnen und Schüler lernen über Computerspiele und mit ihnen. So erarbeiten sie sich die verschiedenen Genres, die Kennzeichnungen des Jugendmedienschutzes der USK oder denken über problematische Aspekte wie Sucht und Gewaltdarstellungen nach, u.v.a.
Modul 4: Handy (eintägig)	Die Schülerinnen und Schüler lernen das Handy (Smartphone) von seiner kreativen Seite kennen und erarbeiten sich Grundlagen der Handynutzung Jugendlicher in Deutschland im Vergleich, die Methoden der Kostenfallen, denken aber auch über eine sinnvolle Nutzung (Muss ich wirklich ständig erreichbar sein?) oder die Zukunft von Handys (als mobiler Computer) nach u.v.a.
Querthema A: Kommunikationstraining	Die Schülerinnen und Schüler üben in einem Training ihre kommunikativen Fähigkeiten, so in praxisbezogenen Beispielen, Rollenspielen und interaktiven Übungen. Sie lernen die theoretischen Grundlagen menschlicher Kommunikation, Face-to-Face und medial vermittelt, kennen und übertragen sie auf ihre Arbeit als Medienscouts.
Querthema B: Beratungskompetenz	Die Schülerinnen und Schüler lernen ein Beratungsangebot (wie E-Mail-Beratung oder Gespräch) durchführen und reflektieren zu können. Dabei ist nicht nur die Kenntnis der eigenen Grenzen wichtig, sondern auch die Fähigkeit, andere (professionelle) Unterstützungsangebote hinzuziehen zu können.
Querthema C: Soziales Lernen	Mit „Sozialem Lernen" ist weniger etwas „Gutes tun" (ähnlich der täglich guten Tat der Pfadfinder) gemeint. Vielmehr ist es die Bereitschaft, die eigene Wahrnehmung zu schärfen, um eigene Vorurteile, Klischees und Illusionen zu hinterfragen und ihnen konsequent zu begegnen. Es geht also um den Erwerb „sozialer und emotionaler Kompetenz".

(Fileccia 2014, 31)

Man verspricht sich vom Peer-Education-Ansatz eine Reihe von Vorteilen gegenüber der Vermittlung von Medienkompetenz durch Lehrerinnen und Lehrer. So haben Jugendliche einen genaueren Einblick in das Mediennutzungsverhalten ihrer Altersgruppe und können deshalb ihr Wissen zielgruppenadäquat vermitteln. Auch die Schwelle, sich bei Fragen oder Problemen Hilfe zu suchen, ist möglicherweise gegenüber den gleichaltrigen Medienscouts geringer. In ihrer Bezugsgruppe können die Medienscouts darüber hinaus eine Vorbildfunktion einnehmen und als Modell für verantwortliches Medienhandeln wirken. Schließlich sollte die Vermittlung medienbezogener Kompetenzen gerade bezüglich problematischen Medienverhaltens auf größere Akzeptanz und Glaubwürdigkeit stoßen, wenn es von einer (anerkannten) gleichaltrigen Person weitergegeben wird (Fileccia 2014).

4.5 Zusammenfassung

Im Zentrum des vorliegenden Kapitels steht die Frage, wie Medien als Gegenstand des Unterrichts in der Schule thematisiert und bearbeitet werden sollten. Den Ausgangspunkt unserer Überlegungen bildet das Konstrukt Medienkompetenz. Die Modelle, die wir in diesem Kapitel vorstellen, verdeutlichen vor allem eines, nämlich, dass Medienerziehung in der Schule immer auf mehreren Ebenen stattfinden muss. So erschöpft sich die Behandlung von Medien im Unterricht nicht in der Vermittlung von Nutzungs- und Bedienkompetenzen und des dafür notwendigen instrumentellen Wissens. Die Vermittlung von Medienkompetenz – so unscharf und mehrdeutig dieser Begriff auch verwendet wird – schließt vielfältige, über die Bedienung hinausgehende Wissensbestände und Fertigkeiten ein. Erst durch diese werden Schülerinnen und Schüler in die Lage versetzt, ihr Medienhandeln auf sich selbst bezogen, aber auch im gesellschaftlichen Kontext kritisch zu reflektieren und ihre Lebensvollzüge mit Medien selbstbestimmt und verantwortlich zu gestalten.

Der Blick auf bildungspolitische Zielsetzungen und curriculare Vorgaben lässt dabei keinen Zweifel an der Ernsthaftigkeit, mit der die Vermittlung medienbezogener Kompetenzen als Aufgabe der Schule gefordert wird. Gleichwohl befindet sich die Formulierung entsprechender Bildungsstandards noch in den Anfängen und auch die bisher vorliegenden Lehr- und Bildungspläne geben Lehrerinnen und Lehrern eher diffuse Hinweise, wie und wo sie die Vermittlung von Medienkompetenz in ihrem Unterricht integrieren sollen.

Unterdessen blickt die Medienerziehung als Teildisziplin der Medienpädagogik auf eine lange Tradition der Entwicklung konkreter Vorschläge und Maßnahmen zur Vermittlung des Umgangs mit Medien in der Schule und in außerschulischen Bildungsinstitutionen zurück. Dabei folgt sie unterschiedlichen pädagogischen Grundhaltungen vom Bewahren über das Reparieren, das Aufklären, das Reflektieren sowie das Handeln und Partizipieren, die unter unterschiedlichen gesellschaftlichen Vorzeichen entstanden, mit Ausnahme der bewahrpädagogischen Auffassung jedoch durchaus anschlussfähig an das Konstrukt der Medienkompetenz und die darauf aufbauenden schulischen Bildungsziele sind. Lehrkräfte können also angesichts der Fülle an Vorschlägen zur Vermittlung von Medienkompetenz, die von Landesmedienanstalten, Medienunternehmen sowie staatlichen und privaten Medienbildungsinitiativen angeboten werden, und von denen einige exemplarisch im letzten Teil dieses Kapitels vorgestellt wurden, aus dem Vollen schöpfen.

Die Herausforderung dürfte für Lehrkräfte darin bestehen, aus der Menge an Materialien geeignete Vorschläge auszuwählen und diese an die eher abstrakten Vorgaben in Lehrplänen und Curricula anzubinden, zumal die vorhandenen Unterrichtshandreichungen bisher in den meisten Bundesländern nicht systematisch auf der Grundlage der Curricula aufbereitet werden. Auch, einen Ort im Fachunterricht zu finden oder zu definieren, an dem Medienbildung stattfinden kann, bleibt eine Herausforderung für Lehrerinnen und Lehrer.

5 Medien als Mittel zur Anregung von Lernprozessen

Wenn Lehrkräfte an den Einsatz von Medien im Unterricht denken, dann steht häufig weniger der Erwerb von Medienkompetenz im Vordergrund, sondern ein fachliches Unterrichtsziel. Völlig ohne Medien kommt so gut wie keine Unterrichsstunde aus. Neben Lehrbüchern, Arbeitsblättern und Tafel verwenden Lehrkräfte außerdem z.B. Bilder, Filme oder Tonaufnahmen, um die Lernprozesse ihrer Schülerinnen und Schüler zu unterstützen. In zunehmendem Maße finden darüber hinaus digitale Medien wie interaktive Whiteboards, Tablet-PCs oder Laptop-Computer Verbreitung im Unterricht (BITKOM 2015).
Um die zahlreichen Möglichkeiten zu systematisieren, wie Medien Lernprozesse unterstützen können, wurden bereits in den 1960er und 1970er Jahren sogenannte *Medientaxonomien* entwickelt, mit denen Medien nach ihrer Eignung zur Anregung von Lernprozessen klassifiziert werden. Sie sollten als Handreichung für Lehrkräfte auf der Suche nach geeigneten Medien für ihren Unterricht dienen.
So eingängig die Klassifikation auf den ersten Blick erscheinen mag, ist sie doch wenig geeignet, um die komplexen Möglichkeiten, wie Medien Lernprozesse unterstützen können, zu verstehen und abzubilden, dass Medien das Lernen von Schülerinnen und Schülern in ganz unterschiedlicher Weise fördern können. Wir stellen deshalb in diesem Kapitel zunächst die lerntheoretischen Annahmen, die für den Einsatz von Medien zur Unterstützung von Lehr- und Lernprozessen sprechen, etwas ausführlicher vor (vgl. 5.1). Wir widmen uns also zuerst der Frage, warum man überhaupt annimmt, dass der Einsatz von Medien zu Lernzwecken förderlich ist. Dabei gliedern wir die theoretischen Begründungen für die Lernwirksamkeit von Medien nach den wichtigsten lernpsychologischen Strömungen und gehen auf lerntheoretische Prinzipien vom Behaviorismus über den Kognitivismus zum Konstruktivismus ein. Basierend auf diesen Grundannahmen beschäftigen wir uns anschließend mit mediendidaktischen Theorien und Modellen, denn diese nehmen Bezug auf die zuvor genannten Lerntheorien. Wir legen dabei den Fokus auf mediendidaktische Modelle, die sich auf den Unterricht beziehen (vgl. 5.2). In diesem Zusammenhang gehen wir vertiefend auf einige Funktionen, die Medien im Unterricht haben können, ein (vgl. 5.3). Anschließend stellen wir das systematische Instruktionsdesign, einen aus den U.S.A. stammenden mediendidaktischen Ansatz vor, der die theoretisch und empirisch fundierte Entwicklung von Lernmedien beschreibt (vgl. 5.4). Im letzten Teil dieses Kapitels diskutieren wir verschiedene

Forschungsstrategien, mit denen die Lernwirksamkeit von Medien im Unterricht nachgewiesen werden soll, und fassen einige Forschungsergebnisse zur Lernwirksamkeit von Medien im Unterricht zusammen (vgl. 5.5).

5.1 Lerntheoretische Grundannahmen

In den vergangenen fünfzig Jahren haben sich die psychologischen Vorstellungen über Lernen und Wissenserwerb zum Teil radikal verändert und weiterentwickelt. Medien haben dabei unter jedem lerntheoretischen Paradigma das Interesse von Theoretikern und Praktikern auf sich gezogen. Im Licht neuer Theorien ergaben sich wiederholt veränderte Nutzungsperspektiven von Medien im Lernkontext. Gleichzeitig wirkte, insbesondere im Bereich der digitalen Medien, der technische Fortschritt auf die Theoriebildung zurück und regte die Weiterentwicklung didaktischer Theorien an. Bestehende Instruktionsansätze wurden mit dem theoretischen und technischen Fortschritt jedoch nicht notwendig verworfen. Häufig lieferte die Weiterentwicklung psychologischer Lerntheorien neue Argumente für die Effektivität bestimmter Medien, so dass eine Fülle unterschiedlicher Theorien und Annahmen für ihren Einsatz, ihre Gestaltung und zur Begründung ihrer Lernwirksamkeit herangezogen werden kann.

5.1.1 Lernen mit Medien aus Sicht des Behaviorismus

Der Psychologe Burrhus F. Skinner entwickelte in den 1950er Jahren das Prinzip des operanten Konditionierens, also der Verstärkung von Verhalten durch unmittelbar folgende Belohnung (Skinner 1953, vgl. *Operantes Konditionieren*). Für den Unterricht machte er dieses Prinzip fruchtbar mit der Lehrmethode der Programmierten Unterweisung, die seit Mitte der 1950er Jahre in den USA und mit einer Verspätung von fünf bis zehn Jahren auch in Deutschland einen „Boom" in der Unterrichtsforschung auslöste. Die Entwicklung der Programmierten Unterweisung steht in einem unmittelbaren Zusammenhang mit der Mediendidaktik, da Programmierte Unterweisung im Wesentlichen mittels individualisierbarer Lernmedien erfolgte (vgl. 5.3.4). Sie gilt als direkter Vorgänger der ersten computerunterstützten Lernprogramme. Schließlich sind Computer wie kaum ein anderes Medium dazu geeignet, dem Lernenden geduldiges und kontinuierliches Feedback auf seinen Lernprozess zu verabreichen. Aber auch andere Lernmedien, seien es Karteikarten, Lückentexte oder Lehrbücher, können nach dem Modell der Programmierten Unterweisung gestaltet sein.

Theorie

Operantes Konditionieren
Das Prinzip des Operanten Konditionierens wurde von B.F. Skinner (1953) formuliert. Skinner arbeitete an einer grundlegenden Theorie des Lernens, die er auf der Grundlage reiner Verhaltensbeobachtung entwickelte. Seine Lerntheorie nennt man deshalb „behavioristisch" (behavior = Verhalten).

Eine Grundannahme der behavioristischen Lerntheoretiker ist, dass die Gesetzmäßigkeiten des Lernens auf der Grundlage objektiv beobachtbarer Daten, also des Verhaltens, entwickelt und beschrieben werden sollten. Da das, was sich im Kopf der Lernenden abspielt, nicht direkt beobachtbar ist, gilt es den Behavioristen als subjektiv und damit als unzureichende Basis für die Formulierung einer Lerntheorie. Es ist metaphorisch gesprochen in einer „black box" verborgen.

Der zentrale Lernmechanismus in der behavioristischen Lerntheorie von Skinner ist das „Lernen am Erfolg", auch „Lernen durch Verstärkung" genannt. Skinner beobachtet zunächst das Verhalten von Ratten und Tauben in speziell von ihm konstruierten Käfigen. Es zeigt sich, dass die Ratten zunächst zufällig auf einen in den Käfigen angebrachten Hebel drücken (sog. „operantes Verhalten"), worauf eine Futterpille in ihren Käfig rollt. Nach einigen zufälligen Treffern drückt die Ratte immer öfter auf den Hebel.

Skinner schließt, dass die Ratte eine assoziative Verknüpfung von ihrem Verhalten (Hebel drücken) und der Konsequenz des Verhaltens (Futterpille bekommen) bildet. Nun variiert er systematisch die Konsequenz und beobachtet, wie sich die Ratte verhält. Auf dieser Grundlage formuliert er folgende Lernprinzipien:

- *Positive Verstärkung:* Eine positive Konsequenz (z.B. Futter bekommen) erhöht die Auftretenswahrscheinlichkeit eines Verhaltens (z.B. Hebel drücken).
- *Bestrafung:* Eine negative Konsequenz (z.B. einen Elektroschock bekommen) vermindert die Auftretenswahrscheinlichkeit eines Verhaltens (Skinner hält dieses Lernprinzip übrigens im schulischen Kontext für äußerst ungeeignet).
- *Negative Verstärkung:* Das Ausbleiben einer negativen Konsequenz erhöht die Auftretenswahrscheinlichkeit eines Verhaltens (z.B. wenn die Ratte durch das Hebeldrücken einen unangenehmen Ton abstellen kann).
- *Extinktion:* Das Ausbleiben einer positiven Konsequenz verringert die Auftretenswahrscheinlichkeit eines Verhaltens (z.B. wenn die Ratte erst gelernt hat, dass es bei Hebeldrücken eine Futterpille gibt und dann irgendwann die Futterpillen ausbleiben).

Die ersten Lernprogramme des Skinner-Typs sind systematisch aufgebaute Sequenzen sehr kleiner Lerneinheiten. Die Schülerinnen und Schüler werden jeweils mit einer Aufgabe konfrontiert, auf deren Lösung sie sofortiges Feedback und anschließend die nächste Aufgabe erhalten. Im Vergleich zum traditionellen Unterricht im Klassenraum sieht Skinner hierin den Vorteil, dass die Schülerinnen und Schüler individuell gefördert werden und konsistentes und kontinuierliches Feedback erhalten, was eine Lehrkraft, die eine Klasse von zwanzig oder mehr Schülern unterrichtet, nicht zu leisten im Stande sei (Skinner 1961). Zunächst linear strukturiert, werden Lernprogramme der Programmierten Unterweisung zunehmend komplexer und schließen längere und kompliziertere Instruktionseinheiten sowie Verzweigungen ein, die den Lernfortschritt und die Fähigkeiten der Lernenden berücksichtigen (Crowder 1960). Auf diese Weise können einige der Probleme gelöst werden, die sich bei Skinners ersten linearen Programmen zeigen, z.B. dass die Programmierte Unterweisung für fortgeschrittenere Lerner zu einfach und langweilig ist oder dass das kontinuierliche positive Feedback den intrinsischen Anreiz, sich mit dem Programm auseinander zu setzen, herabsetzt (Saettler 1990).

Häufig wird die behavioristische Lerntheorie dafür kritisiert, dass sie von einem „passiven" Lerner ausgeht, dem mittels wiederholter Vorgabe von Reizen und Belohnungen ein bestimmtes Verhalten „andressiert" werden solle. Skinner (1961) betont aber, dass er Lernen als einen aktiven Prozess begreift, der sich auf tätiger Exploration der Umwelt begründet. Nur durch offenes, experimentelles Handeln findet der Lernende heraus, welches Verhalten positive Konsequenzen nach sich zieht. Insofern ist auch für das Verstärkungslernen die Aktivität des Lernenden zentral. Der Begriff des „aktiven Lerners" wird allerdings unter dem kognitiven und konstruktivistischen Paradigma wesentlich weitreichender verstanden als im Behaviorismus (vgl. 5.1.2 und 5.1.3).

Bei der Gestaltung von Lernmedien wie computer- und internetbasierten Lern- und Übungsprogrammen und -apps werden noch immer die Prinzipien der Programmierten Unterweisung angewandt. Im Vergleich zu Skinners frühen Lernprogrammen weisen heutige Anwendungen jedoch eine größere Variabilität der Instruktion und größere Vielfalt für die Schülerinnen und Schüler auf (Enyedy 2014). Computer und Internet bereichern das behavioristisch orientierte Lernen also in der Weise, dass

- den Voraussetzungen der Lernenden besser Rechenschaft getragen werden kann, indem Verzweigungen der Lernwege und Aufgaben in unterschiedlichen Schwierigkeitsgraden angeboten werden.
- eine multimediale Aufbereitung des Lernstoffes möglich ist, indem nicht-verbale Gestaltungsformen wie Bilder, Grafiken, Simulationen, Filmsequenzen und akustische Gestaltungsformen wie Vorlesen bestimmter Passagen, Originaltöne, Musik etc. eingebunden werden können.
- die Programme motivierender und spielerischer gestaltet werden. Lernende könnten z.B. durch das richtige Lösen von Aufgaben Punkte erwerben, mit denen sie Zugang zu neuen „Programm-Ebenen" oder mitgelieferten Spielen erhalten oder sich ein Zertifikat für das erfolgreiche Absolvieren der Lerneinheit ausdrucken können.
- ortsunabhängiges und zeitunabhängiges Lernen durch die flexible Nutzung von internetbasierten Lernprogrammen möglich wird.
- Informationen über den Lernweg, den Lernstand und die Lernergebnisse im Lernprogramm gespeichert werden können und so für Lehrkräfte wertvolle Hilfen für die Lernstandsdiagnostik bereitgestellt werden können.

Ein Lernen mittels Programmierter Unterweisung scheint insbesondere für den Erwerb einfacher Fertigkeiten geeignet zu sein wie z.B. das Lernen von Vokabeln, Rechtschreibregeln oder Grundrechenfertigkeiten. Seit den 1980er Jahren wird die Effizienz computer-basierter Übungsprogramme wiederholt in Meta-Analysen belegt, insbesondere, wenn sie gezielt zur individuellen Förderung von Schülern im

Unterricht eingesetzt werden (Cheung 2013). Einfache Autorenprogramme oder Quiz-Komponenten, die inzwischen die meisten Lernplattformen enthalten, erlauben es Lehrerinnen und Lehrern dabei auch, solche digitalen Übungsaufgaben passgenau für ihren Unterricht selbst zu gestalten.

Der Programmierte Unterricht stößt bei komplexeren Gegenstandsbereichen, bei Erwerb und kritischer Reflektion von Einstellungen und Wertmaßstäben oder bei der Bearbeitung anwendungsbezogener und problemlösungsorientierter Aufgaben an seine Grenzen. Dennoch ist durch die Programmierte Unterweisung das Augenmerk in der Unterrichtspraxis verstärkt auf den Einsatz von Medien für das individualisierte Lernen gerichtet worden. Lernende können mithilfe von individualisierten Lernmedien ihr Lerntempo bestimmen, erhalten dem persönlichen Lernrhythmus entsprechend Aufgaben und werden angehalten, häufig zu reagieren. Zusätzlich empfangen die Lernenden Rückmeldungen in Form von Feedback (Lob, Anerkennung, Hinweise auf Wissenslücken und richtiges Antwortverhalten) oder erhalten Testergebnisse, so dass sie eine Orientierung haben und lernen, wie sie ihr Verhalten optimieren können.

5.1.2 Lernen mit Medien aus Sicht der Kognitionspsychologie

Mit der „kognitiven Wende" in den 1960er Jahren wuchs die Kritik an einer radikal behavioristischen Perspektive und die Forschung konzentrierte sich auf die internen kognitiven Prozesse des Menschen. Der Kognitivismus bemängelt, dass Reiz-Reaktions-Mechanismen und Verstärkung nur einen Teil des menschlichen Lernens erklären. Die kognitivistisch orientierte Forschung rückt demnach den Prozess des Wissenserwerbs in den Mittelpunkt des Interesses. Um bedeutungsvolles Lernen zu ermöglichen, reichen die im behavioristischen Sinne konstruierten Lernprogramme nicht aus. Diese, so die Kritik, förderten lediglich Übungsprozesse oder gar nur ein Auswendiglernen.

Der Kognitivismus hat – anders als der Behaviorismus – keine einheitliche und umfassende Theorie hervorgebracht. Es existieren zahlreiche kognitionspsychologische Ansätze und Modelle, die wenig integriert sind und häufig nur Teilbereiche des menschlichen Lernens erklären. Grundsätzlich können in der Kognitionstheorie aber drei Theoriestränge unterschieden werden:

- Theorien, die sich mit der Aufnahme und Verarbeitung von Informationen beschäftigen, können als *Theorien der Informationsverarbeitung* zusammengefasst werden. Typisch hierfür sind die seit den 1960er Jahren entwickelten Mehrspeichermodelle, die menschliches Denken anhand einer Computermetapher erklären: Reize werden von den Sinnen aufgenommen, in verschiedenen Instanzen (sensorische Register, Arbeitsgedächtnis) verarbeitet und komprimiert, um abschließend im Langzeitgedächtnis abgelegt zu werden. Das bekannteste Mehrspeichermodell stammt von Atkinson und Shiffrin (1968). Dieses Modell wurde bis heute um weitere Modellkomponenten und rekursive Prozesse ergänzt (Buchner/Brandt 2017, vgl. *Mehrspeichermodelle der Informationsverarbeitung*).

- Der zweite Theoriestrang beschäftigt sich mit der Art und Weise, wie Wissen im Langzeitgedächtnis abgespeichert wird, also mit *Wissensstrukturen und -repräsentationen*. Grundsätzlich gehen die meisten Theorien davon aus, dass Erfahrungen in abstrahierter Form als sogenannte Schemata gespeichert werden (ebd.). Die Theorien machen dabei unterschiedliche Annahmen, in welcher Form die Information gespeichert wird (z.B. verbal und/oder bildlich, deklarativ oder prozedural), wie sie organisiert ist (hierarchisch oder netzwerkartig) und welche Form die Wissensrepräsentation hat (z.B. Schema, mentales Modell, Skript).
- Der dritte Theoriestrang schließlich widmet sich dem *kreativen Denken und Problemlösen*. Hier werden Prozesse betrachtet, die es dem Menschen ermöglichen, eigenständig und produktiv zu denken, Wissen auf neue Probleme anzuwenden (Lerntransfer) usw.

Die Lernwirksamkeit von Medien wird mit Modellen, Konzepten und Theorien aus allen drei Theoriesträngen begründet, die wir aufgrund ihrer Fülle nicht vollständig darstellen können. Stattdessen greifen wir exemplarisch einzelne Theorien heraus, auf die in der Mediendidaktik häufig Bezug genommen wird, weil sie die Lernwirksamkeit von Medien besonders prägnant und einleuchtend erklären. Der Bereich des Problemlösens verbindet aus lerntheoretischer Perspektive kognitivistische Theorien mit konstruktivistischen Grundannahmen und wird in Kapitel 5.1.3 ausführlicher dargestellt.

Informationsverarbeitung

Auf dem Gebiet der Informationsverarbeitungsansätze ist für die Mediendidaktik von besonderer Bedeutung, wie Medien den Transfer von Informationen ins Langzeitgedächtnis unterstützen und wie sie dazu beitragen können, dass diese möglichst gut abrufbar gespeichert werden. Grundlegend für das Verständnis sind dabei die sogenannten Mehrspeichermodelle der Informationsverarbeitung (vgl. *Mehrspeichermodelle der Informationsverarbeitung*).

Theorie

Mehrspeichermodelle der Informationsverarbeitung
Die seit den 1960er Jahren entwickelten Mehrspeichermodelle der Informationsverarbeitung gehen davon aus, dass Informationen von der Aufnahme durch die Sinne bis zu ihrer Speicherung im Gehirn mehrere Speicherinstanzen durchlaufen, in denen die Information mehrfach verarbeitet und komprimiert wird (vgl. Abb. 27). Ein sehr bekanntes Modell hierfür ist das Drei-Speicher-Modell der amerikanischen Psychologen Richard C. Atkinson und Richard M. Shiffrin (1968).
Dieses Modell postuliert, dass durch die Sinne aufgenommene Informationen zunächst im sensorischen Register gespeichert werden. Dort sind die Sinneseindrücke aber nur sehr kurz haltbar und werden sofort vergessen, wenn sie nicht an die nächste Instanz, das Kurz-

zeit- oder Arbeitsgedächtnis weitergereicht werden. Im Arbeitsgedächtnis werden die Informationen verarbeitet und zwischengespeichert, bevor sie im Langzeitgedächtnis endgültig abgelegt werden.

Das Arbeitsgedächtnis hat nur eine sehr begrenzte Aufnahmekapazität und kann deshalb durch zu viele Informationen leicht überfordert werden. Miller (1956) stellte fest, dass wir in der Regel etwa sieben Informationseinheiten gleichzeitig behalten können. Wenn wir uns z.B. eine Telefonnummer merken sollen, geraten wir ziemlich schnell in Schwierigkeiten, wenn diese mehr als sieben Ziffern hat. Wir müssen die Information im Arbeitsgedächtnis daher einerseits ständig aktiv halten (z.B. indem wir die Telefonnummer ständig leise wiederholen) und andererseits sinnvoll bündeln und strukturieren, um möglichst viele Informationen behalten zu können. Der letztere Prozess wird als „Chunking" bezeichnet und geschieht häufig, indem wir Wissensstrukturen aus dem Langzeitgedächtnis zur Hilfe nehmen, um die neue Information sinnvoll zusammenzufassen. Das Arbeitsgedächtnis ist somit auch deshalb für die Informationsverarbeitung besonders bedeutsam, weil hier die Informationen, die von außen kommen, und die bereits vorhandenen Wissensstrukturen zusammengebracht werden.

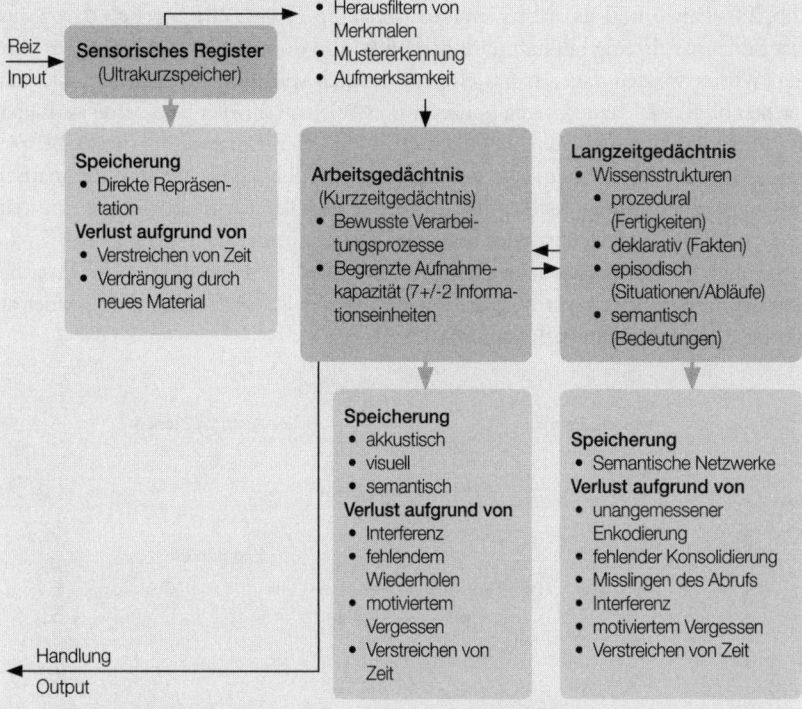

Abb. 27: Vereinfachte Darstellung des Mehrspeicher-Modells der Informationsverarbeitung (nach Heidmann 2001)

Das Modell von Atkinson und Shiffrin ist in den letzten Jahrzehnten in verschiedener Hinsicht weiterentwickelt worden. So geht man inzwischen davon aus, dass weitere Kontrollzentren den Informationsverarbeitungsprozess steuern und dabei insbesondere das Zusammenspiel von vorhandenen Wissensstrukturen im Langzeitgedächtnis und der Verarbeitung neuer Information im Arbeitsgedächtnis koordinieren. Darüber hinaus gehen neuere Modelle davon aus, dass in allen Speicherinstanzen parallele Systeme bildliche und verbale Informationen sowie visuelle und auditive Sinneseindrücke getrennt verarbeiten (Baddeley/Hitch 1974; Engelkamp 1994).

Lerninhalte können mithilfe von Medien in mehreren Codierungsformen, also in verbaler und bildlicher Form dargeboten werden (Multicodierung, vgl. 2.1). Darin wird in der Mediendidaktik häufig ein Vorteil gesehen. Um diesen Vorteil zu erklären, wird z.B. auf die Theorie der Doppelcodierung von Paivio (1986) verwiesen (Weidenmann 2009). Diese Theorie besagt, dass menschliche Kognition auf einem verbalen und einem piktorialen System zur Verarbeitung von Information beruht, so dass Informationen in verbaler wie auch in bildhafter Form gespeichert werden können (vgl. Abb. 28). Paivio und darauf basierend Engelkamp (1994; 2017) gehen davon aus, dass Bilder gleichzeitig bildhaft und sprachlich, also doppelt, im Gehirn codiert werden. Wörter werden dagegen nur einmal, nämlich sprachlich, gespeichert. Deshalb machen bildliche Darstellungen konzeptuelles Wissen schneller und besser verfügbar als Wörter (s. auch Scheiter/Eitel/Schüler 2016). Wenn man also, wie im Beispiel unten, das Bild einer Wolke sieht, wird neben der bildlichen Darstellung automatisch im Gehirn auch immer der Begriff „Wolke" in verbaler Form aktiviert. Wenn man aber das Wort „Wolke" hört oder liest, wird nicht automatisch das Bild einer Wolke aufgerufen. So erklärt sich der sogenannte „Bildüberlegenheitseffekt" – die Tatsache, dass sich Versuchspersonen in Experimenten in der Regel deutlich mehr Bilder als Wörter merken können (z.B. Standing 1973).

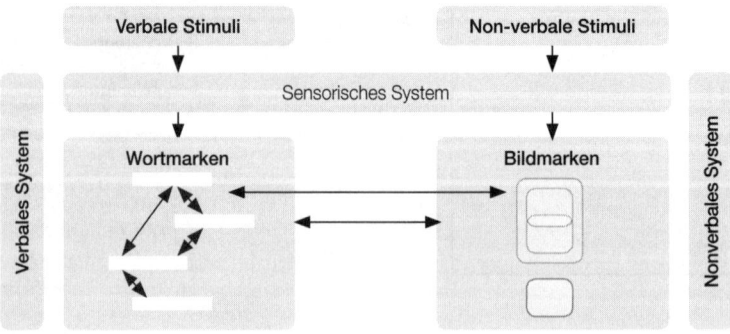

Abb. 28: Theorie der Doppelcodierung nach Paivio (1971, 67)

Die Theorie der Doppelcodierung spricht also dafür, dass Lerninhalte besser behalten werden, wenn sie in bildhafter Form bzw. in der Kombination von Bild und Text dargeboten werden, als wenn sie in rein verbaler Form vermittelt werden.
In ähnlicher Weise wird auch davon ausgegangen, dass es für das Lernen hilfreich ist, wenn bei der Vermittlung von Information mehrere Sinneskanäle, z.B. gleichzeitig Auge und Ohr angesprochen werden (Multimodaliät, vgl. 2.1). Diese Annahme begründet sich auf Theorien zur Struktur des Arbeitsgedächtnisses, in dem die Sinnesreize verarbeitet werden. Einige Autoren nehmen an, dass das Arbeitsgedächtnis aus zwei Komponenten besteht, die visuelle und auditive Reize getrennt verarbeiten (Baddeley/Hitch 1974). Durch eine audiovisuelle Darbietung (Bild und Ton) können zusätzliche Kapazitäten im Arbeitsgedächtnis freigesetzt werden, so dass wir die Lerninhalte besser verarbeiten können (Weidenmann 2009).
Weiterhin hat die Theorie der Verarbeitungstiefe von Craik und Lockhart (1972) in der Mediendidaktik eine besondere Beachtung erfahren. Craik und Lockhart nehmen an, dass Aufmerksamkeits- und Wahrnehmungsprozesse, die bei der Verarbeitung von neuer Information ablaufen, auf unterschiedlichem Niveau stattfinden können. Die sogenannte „Verarbeitungstiefe" bezeichnet dabei die Anzahl der kognitiven Operationen, die mit einer Information durchgeführt werden und damit den Grad, mit dem die Information semantisch umfassend analysiert wird. Solche Operationen sind z.B. das Vergleichen zweier oder mehrerer Begriffe, das Verknüpfen von Wörtern oder das Generieren eines mentalen Vorstellungsbildes. Eine tiefere Analyse-Ebene sorgt dabei nach Craik und Lockhart für länger andauernde und stärkere Gedächtnisspuren als eine oberflächliche Analyse (vgl. *Experiment zur Verarbeitungstiefe*). Tief verarbeitete Informationen werden reichhaltiger vernetzt im Langzeitgedächtnis gespeichert und können dadurch zukünftig besser abgerufen werden. Sie werden also, einfach gesprochen, besser erinnert.

Studie

Experiment zur Verarbeitungstiefe
In einem Experiment (Craik/Tulving 1975) sollten Personen Wörter erkennen. Dabei wurde ihnen vor der Darbietung jedes Worts jeweils eine Frage gestellt, mit der unterschiedlich tiefe Verarbeitungsprozesse angeregt werden sollten:
- Fragen, die auf die Oberflächenstruktur des Worts abzielen und eine oberflächliche Verarbeitung anregen sollten (z.B. ist das Wort in Großbuchstaben geschrieben?)
- Fragen, die auf den phonetischen Klang des Wortes abheben und eine mittlere Verarbeitungstiefe anregen sollten (z.B. reimt sich das Wort auf „train"?)
- Fragen, die auf die Bedeutung des Worts Bezug nehmen und eine tiefe Verarbeitung anregen sollten (z.B. Bezeichnet das Wort ein Tier?)

Im zweiten Teil des Versuchs sollten die Teilnehmerinnen und Teilnehmer dann aus einer längeren Liste die Wörter heraussuchen, die sie vorher gesehen hatten. Es zeigte sich, dass von den Wörtern, die nur oberflächlich verarbeitet wurden, nur etwa 20 % behalten wurden, von den Wörtern, zu denen vorher eine Frage zur Bedeutung gestellt worden war, dagegen 80 %.

> Craik und Tulving folgerten: Je mehr mentale Operationen mit einem Inhalt vorgenommen werden, desto höher ist die Verarbeitungstiefe, und desto besser ist die Gedächtnisleistung.

Es wird davon ausgegangen, dass Medien besonders geeignet sind, die aktive und bedeutungsvolle Auseinandersetzung mit dem Lerngegenstand anzuregen. Dies sollte zu einer größeren Verarbeitungstiefe und damit zu einer besseren Behaltensleistung des Gelernten führen (Graesser/Chipman/King 2008). Vor allem computerbasierte Lernprogramme und Apps sollten durch ihren interaktiven Charakter außerordentlich gut geeignet sein, die Verarbeitungstiefe zu erhöhen, indem sie die Schülerinnen und Schüler z.B. durch Fragen oder dadurch, dass sie selbst Entscheidungen über ihren Lernweg und ihre Lernhandlungen fällen müssen, zu einem aktiven Lernen anhalten (Ally 2011). Wir gehen auf diesen Punkt in Kapitel 5.3.3 noch genauer ein.

Wissensstrukturen und -repräsentationen
Ein weit verbreitetes Konstrukt, mit dem Wissensstrukturen in der kognitiven Lerntheorie beschrieben werden, ist das sogenannte kognitive Schema (Kopp/Mandl 2005). Was genau ein Schema ist und wie es funktioniert, wird in verschiedenen Theorien unterschiedlich gesehen. Die meisten Theorien stimmen jedoch darin überein, dass ein Schema eine abstrahierte Form unserer direkten Erfahrungen mit der Umwelt ist, die sich bei neuen (Lern-)Erfahrungen dynamisch verändert.
Ein Schema ist also eine abstrakte Repräsentation einer direkten Wahrnehmung oder Erfahrung. Wenn wir z.B. eine Katze sehen, nehmen wir die Farbe und Beschaffenheit ihres Fells wahr, ihre Größe, ihre Rasse und andere Besonderheiten, z.B. ein eingerissenes Ohr oder eine ungewöhnliche Augenfarbe. Das Schema aber, mit dem eine Katze auf der Grundlage unserer Erfahrung in unserem Gedächtnis repräsentiert ist und mithilfe dessen wir ein Tier als Katze identifizieren, verfügt über keine solchen Details. Stattdessen sagt uns unser „Katzenschema" nur, dass eine Katze Augen mit schlitzartigen Pupillen, Krallen, spitze Ohren, einen bestimmten Körperbau und bestimmte Gewohnheiten hat. In der Sprache der Schematheorie nennt man die spezifizierten Attribute des Katzenschemas Knoten (Fell, Ohren, Krallen ...), die durch Relationen (haben, sind, ...) verbunden sind. Eine solche Verbindung aus Knoten und Relationen wird als Proposition bezeichnet (vgl. Abb. 29). Diejenigen Eigenschaften, die von Katze zu Katze unterschiedlich sind, wie etwa die Augenfarbe oder das Muster des Fells, bleiben in einer solchen Proposition unspezifiziert. Für die spezifischen Eigenschaften stehen hier nur Platzhalter (auch Slots oder Variablen genannt), die durch Erinnerung oder Wiedererkennung mit konkreten Werten gefüllt werden. Die Abstraktion oder Allgemeinheit macht das Schema besonders nützlich. Wenn im Gedächtnis jede Eigenschaft einer jeden

unserer Erfahrungen gespeichert werden müsste, ohne dass wir die Eigenschaften, die sich immer wieder wiederholen, weglassen könnten, würde unser Gedächtnis hoffnungslos überlastet.

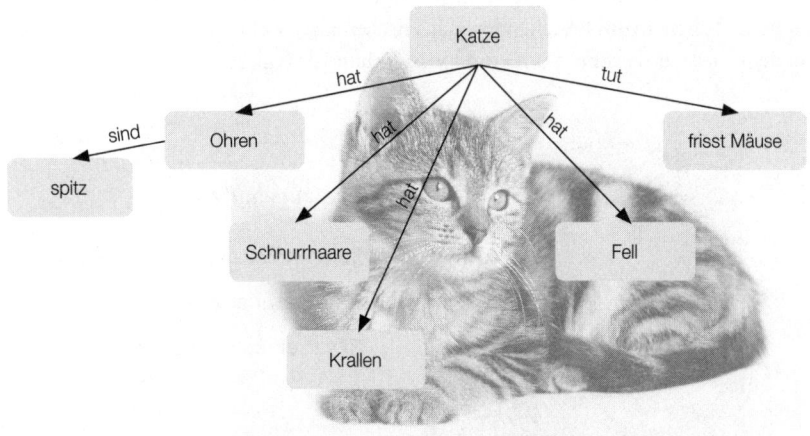

Abb. 29: Beispiel für ein Schema

Theorien des Wissens gehen davon aus, dass Schemata untereinander in vielfältiger Weise verbunden sind. So kann beispielsweise das Katzen-Schema Teil eines übergeordneten Säugetier-Schemas sein, dem wiederum das Schema „Lebewesen" übergeordnet ist. Andererseits kann das Schema „Katze" untergeordnete Schemata enthalten, z.B. ein Schema für „Krallen" oder für „Schnurren", die ihrerseits wieder Knoten und Relationen enthalten. Dabei lässt sich Wissen umso besser aus dem Gedächtnis abrufen, je besser und sinnvoller die entsprechenden Schemata mit anderen verknüpft sind.

Ein Schema ist nicht unveränderlich. Die bekannteste Theorie dazu, wie neue Schemata entstehen, stammt von dem Entwicklungspsychologen Jean Piaget (1964). Piaget geht davon aus, dass wir, wenn wir auf ein unbekanntes Objekt treffen oder eine neue Erfahrung machen, versuchen, in unserem Gedächtnis ein passendes Schema zu finden, das die Eigenschaften des Objekts abbildet. Wir überprüfen dann schemageleitet die Eigenschaften des Objekts genauer um festzustellen, ob das Schema wirklich passt. Wenn das Schema einigermaßen auf die neue Erfahrung passt, wird die neue Erfahrung unter das bestehende Schema subsummiert (Piaget nennt dies „Assimilation"). Wenn wir beispielsweise das erste Mal eine langhaarige Perserkatze sehen, erweitern wir die Varianten für Fellbeschaffenheit in unserem bestehenden Katzenschema – das Schema als solches bleibt aber erhalten, denn ansonsten passt die Perserkatze ziemlich gut in unser Katzenschema. Wenn eine Erfahrung zu sehr abweicht, wird ein neues Schema von dem bestehenden abgespalten (nach Piaget: „Akkomodation"). Wenn Sie zum Beispiel unten stehenden Aushang sehen (der vor einigen Jahren als Witz in den sozialen Medien kursierte), kommen Ihnen nach dem Abgleich mit Ihrem Katzenschema wahrscheinlich Zweifel, dass es sich bei dem gefundenen Tier tatsächlich um eine Katze handelt. Sofern Sie das Tier noch nicht kannten, spalten Sie ein neues Schema vom bestehenden Katzenschema ab, wenn Sie erfahren, dass es sich bei dem Tier auf dem Foto um ein Opossum handelt (vgl. Abb. 30).

Abb. 30: Anzeige, die nach dem Besitzer einer vermeintlichen Katze sucht (eigene Darstellung)

Lernen baut also immer auf dem auf, was wir bereits wissen. Und es passiert immer dann, wenn wir mit Erfahrungen konfrontiert werden, die sich nicht mit unseren vorhandenen Schemata in Einklang bringen lassen und uns zwingen, unsere kognitiven Schemata zu modifizieren und auszudifferenzieren.

Die Schematheorie wird als theoretische Erklärung unterschiedlicher Konzepte digitaler Lernmedien herangezogen. Ein klassisches Beispiel sind Intelligente Tutorielle Systeme (ITS). Diese modellieren Wissensstrukturen von Lernenden und Experten und leiten daraus tutorielle Lernhilfen und Lernerunterstützung ab. Das Ziel des Tutoring ist die Erweiterung und Annäherung der Schemata der Lernenden an eine Experten-Wissensstruktur. Intelligente Tutorielle Systeme vergleichen z.B. die semantischen Wissensnetze von Lernenden und Experten und weisen die Lernenden auf vorhandene Wissenslücken und noch zu erarbeitende Wissensbereiche hin. Damit wird versucht, Intelligente Tutorielle Systeme so zu gestalten, dass sie menschliche Tutoren imitieren, die die Antworten und das Lernverhalten der Lernenden analysieren, sowie differenziert beraten, helfen und anleiten können (Nkambou, Bourdeau/Mizoguchi 2010). An Intelligenten Tutoriellen Systemen wird seit den 1970er Jahren gearbeitet. Neuere Systeme beziehen das World Wide Web als Informationsquelle ein, greifen auf internetbasierte soziale Netzwerke für tutorielle Unterstützung zurück oder stellen intelligente Agenten zur Verfügung, die Lernenden die Fülle internet-basierter Information und Medien erschließen (McCalla 2010).

Zusammenfassend lässt sich sagen, dass kognitionspsychologische Theorien eine wichtige Grundlage bilden, um Lernprozesse, die beim Lernen mit Medien ablaufen, zu erklären und auf diesen Erkenntnissen aufbauend Empfehlungen für die Gestaltung von Lernmedien abzuleiten. Hierauf gehen wir in Kapitel 5.3 ausführlich ein.

5.1.3 Lernen mit Medien aus Sicht des Konstruktivismus

Seit dem Ende der 1980er Jahre nimmt innerhalb der Mediendidaktik die Kritik an den kognitivistischen Lerntheorien zu. Sie konzentriert sich auf die diesem Paradigma zugrundeliegende Annahme, dass Wissen objektivierbar sei. Vertreter des Konstruktivismus sind dagegen der Auffassung, dass Wissen nicht als „wahre" Repräsentation einer externen Realität verstanden und vermittelt werden könne (Duffy/Cunningham 1996; Schulmeister 2002). Der Konstruktivismus ist das letzte der drei großen lerntheoretischen Paradigmen, die wir in diesem Kapitel vorstellen. Wenn man über Konstruktivismus spricht, handelt es sich wie in der kognitiven Lerntheorie um keine ganzheitliche Theorie, sondern um eine Vielzahl theoretischer Ansätze. Im Vergleich zum Kognitivismus ist der Konstruktivismus ein noch stärker interdisziplinärer Forschungsbereich, in dem die Arbeitsweise menschlicher Kognitionen etwa aus Sicht der Psychologie, der philosophischen Erkenntnistheorie und der Pädagogik erörtert wird. Viele Ideen des Konstruktivismus sind nicht neu. Sie haben ihre historischen Wurzeln beispielsweise in der kognitiven Psychologie (z.B. Piaget, Wygotski und Bruner) sowie in der Pädagogik (z.B. Dewey, Rousseau und Montessori, s. Meixner 1997).

Die Perspektive des kognitiven Konstruktivismus basiert auf Piagets Theorie der kognitiven Entwicklung und betont, dass Wissensstrukturen individuell konstruiert sind und sich aus der Interaktion des Individuums mit der Umwelt entwickeln (Piaget 1964). Im Vergleich zur in Kapitel 5.1.2 dargestellten Schema-Theorie, die sich ebenfalls auf Piaget beruft, wird von Vertretern des Konstruktivismus jedoch betont, dass kognitive Strukturen als hoch individualisierte Repräsentationen verstanden werden sollten, die durch je eigene Erfahrungen mit der Umwelt gebildet werden. Damit ist Wissen stets subjektiv, nicht statisch und kann demzufolge nicht direkt und 1:1 an andere weitergegeben werden (von Glasersfeld 2002). Aus Sicht des Konstruktivismus ist daher beispielsweise eine Modellierung von Expertenwissen wie in Tutoriellen Systemen oder eine Orientierung an inhaltlich strikt umrissenen Lernzielen wenig sinnvoll. Stattdessen wird das Potenzial von Medien darin gesehen, die individuelle Wissenskonstruktion zu unterstützen. An Stelle einer Wissensvermittlung von Inhalten und Prozeduren wird als Vorteil von Medien erachtet, dass sie Lernumgebungen bereitstellen, die Schülerinnen und Schülern selbständiges Lernen, Problemlösen, Kreativität und Individualität ermöglichen. Im Mittelpunkt des Interesses steht also die Annahme, dass Medien das individuelle prozesshafte Erkennen fördern können.

Die *Theorie der situierten Kognition* ist als Teilgebiet des kognitiven Konstruktivismus einzuordnen. Die wesentliche Aussage dieses Ansatzes ist, dass Wissen nicht isoliert vom Anwendungskontext betrachtet und angeeignet werden kann, sondern „situiert", d.h. immer mit dem Kontext einer bestimmten Anwendungssituation verbunden ist (Brown/Collins/Duguid 1989; Knaus 2013). Wissensstrukturen sind demzufolge ohne Kontext bedeutungslos und „träge". Sie werden nicht in relevanten Anwendungssituationen aufgerufen und genutzt. Medien erweisen sich in diesem Zusammenhang als vorteilhaft, da sie einen realen oder realitätsnahen Kontext bereitstellen können, in dem praktisch bedeutsames und somit nutzbares Wissen erworben wird (Herrington/Reeves/Oliver 2014). So kann durch die Nutzung des Internets eine Fülle authentischer Informationen im Unterricht verwendet werden. Mithilfe computerbasierter Simulationen und Spiele können Unterrichtsgegenstände realitätsnah präsentiert und bearbeitet werden (vgl. 5.2 und 5.3).

Der *soziale Konstruktivismus* betont einen weiteren Aspekt, der in behavioristischen und kognitiven Ansätzen weitgehend ausgeblendet bleibt, nämlich, dass Wissen in sozialen Situationen, d.h. in der Interaktion mit anderen Menschen, entsteht. Die Interaktion mit anderen ist eine wesentliche Voraussetzung dafür, dass Wissen immer wieder umstrukturiert und unter Einbezug unterschiedlicher Sichtweisen neu formiert wird (Fischer 2001). Der soziale Konstruktivismus geht auf Lew Wygotski (1986) zurück, der viele von Piagets Annahmen über das kindliche Lernen teilte, doch insbesondere die Wichtigkeit des sozialen Kontexts für den Lernprozess herausarbeitete. Das kulturelle Umfeld wird als wesentlich für die kognitive Entwicklung angesehen. So lernen schon Kinder aus der Interaktion mit anderen Menschen, indem eine kulturelle Umgebung einem Kind die kognitiven Werkzeuge zur Verfügung stellt, die es für seine Entwicklung braucht. Der soziale Konstruktivismus überwindet ein wesentliches Problem des *radikalen Konstruktivismus*. Letzterer postuliert, dass eine kognitive Aktivität niemals eine „wahre" Repräsentation der Welt sein kann und somit keine Möglichkeit besteht, Inhalte und Bedeutungen zu übertragen bzw. Wissen in Interaktionen sprachlich zu vermitteln. Vertreter des sozialen Konstruktivismus hingegen sind der Ansicht, dass Konzepte und ihre Bedeutungen auch vermittelbar sind, weil sie sozial ausgehandelt werden. Denn in jeder einzelnen sozialen Interaktion werden erst Bedeutungen konstruiert. Somit geht der soziale Konstruktivismus davon aus, dass Wissensrepräsentationen sich beständig durch soziale Interaktionen verändern. Aus Sicht des sozialen Konstruktivismus liegt das Potenzial von Medien in Lernprozessen vor allem darin, Kommunikationsprozesse beim Lernen zu unterstützen.

In Abkehr insbesondere von behavioristischen Übungsprogrammen oder stark strukturierter Instruktion werden von Vertretern des Konstruktivismus also Lernvorteile generell in Medienangeboten gesehen, die authentische, anwendungsnahe und kollaborative Lernumwelten herstellen können (Herrington et al. 2014). Seit Ende der 1980er Jahre hat sich in der Mediendidaktik, aus dem U.S.-amerikanischen Raum

kommend, eine Gruppe konstruktivistischer Instruktionsansätze herauskristallisiert (Mandl/Gruber/Renkl 2002). Gemeinsam ist ihnen, dass sie Vorschläge machen, wie Medien zur Gestaltung situierter „Problemwelten" eingesetzt werden können. Gefilmte oder multimedial dargebotene Problemsituationen, die Informationsrecherche im Internet und die Kommunikation authentischer Informationen in sozialen Netzwerken mit anderen Lernenden können Beispiele konstruktivistischen Lernens mit Medien sein. Jonassen (1994) systematisiert die wesentlichen Merkmale, die allen konstruktivistischen Lernumgebungen gemeinsam sind:
Konstruktivistische Lernumgebungen
- stellen multiple Repräsentationen der Realität dar. Multiple Repräsentationen repräsentieren die Komplexität der Welt und vermeiden Vereinfachung.
- unterstützen die Wissenskonstruktion und nicht die Wissenreproduktion.
- ermöglichen authentische Aufgabenstellungen in einem bedeutungsvollen Kontext und verhindern abstrakte Instruktionen ohne Kontext.
- stellen Lernkontexte bereit, die realen oder fallbasierten Settings nahekommen, und lehnen vorab determinierte Instruktionssequenzen (wie z.B. Programmierte Unterweisung) ab.
- befähigen zur Reflektion von Erfahrungen.
- fördern kontext- und inhaltsbezogene Wissenskonstruktion.
- unterstützen durch die Anregung zu sozialen Aushandlungen eine kollaborative Wissenskonstruktion (und verhindern so die wettbewerbsorientierte Optimierung der Behaltensleistung von Inhalten).

Einige kognitionspsychologische Wissenschaftler äußern allerdings fundamentale Zweifel an den Annahmen des Konstruktivismus. So werfen Kirschner, Sweller und Clark (2006) den konstruktivistischen Ansätzen vor, Erkenntnisse zur Funktionsweise der menschlichen Informationsverarbeitung zu ignorieren, wenn sie offene, unstrukturierte Lernumgebungen propagieren, in denen die Schülerinnen und Schüler weitgehend selbstgesteuert und entdeckend lernen. Kirschner et al. argumentieren, dass solche Lernumgebungen insbesondere für Lernende mit geringem Vorwissen kontraproduktiv sind, weil sie lediglich zu einer Überlastung des Arbeitsgedächtnisses führen und einen strukturierten Aufbau von Wissen geradezu verhindern. Unterrichtspraktisch ist konstruktivistisches Lernen in der Regel mit einem größeren Zeitaufwand verbunden als instruktionales Lernen (Tobias 2009). Befürworter konstruktivistischen Lernens halten diesen Argumenten entgegen, dass das Ziel konstruktivistischer Lernumgebungen weniger im Erwerb reproduzierbaren Wissens liege, sondern darin, grundlegende Fertigkeiten und Strategien zur Lösung komplexer Probleme zu erlernen. Das zeitaufwendige Lernen unter konstruktivistischer Perspektive lohne sich insofern, als dass eine tief gehende Durchdringung von Inhaltsbereichen, die Erreichung eines Expertenstatus, Enkulturation sowie das Lernen selbständigen und/oder kollaborativen Aneignens und Strukturierens von Informationen angestrebt werden (Jonassen 2009).

Dennoch gestehen auch Vertreter konstruktivistischen Lernens ein, dass inhaltliches und lernstrategisches Vorwissen der Schülerinnen und Schüler wichtige Voraussetzungen für erfolgreiches Arbeiten mit konstruktivistischen Lernumgebungen sind. Deshalb werden in der Mediendidaktik überwiegend gemäßigte Ansätze vertreten, die Prinzipien der Konstruktion und Instruktion integrieren. Diese vertreten die Auffassung, dass Lernmedien so gestaltet werden sollten, dass sie aktiv-konstruktive, situative, problemlösungsorientierte, selbstgesteuerte als auch kollaborative Lernprozesse fördern und zusätzlich Instruktionsstrategien wie Anleiten, Hilfestellung sowie Erklärung durch Lehrende gewährleistet sind. In Lernzyklen könnten sich wechselweise Phasen des offenen, situativen Lernens und des angeleiteten Lernens abwechseln und sinnvoll kombiniert werden. Lernhilfen und Unterstützung sollten dabei variabel dem Vorwissen und dem Fähigkeitsniveau der Lernenden angepasst werden. Insofern wird mit Blick auf die Gestaltung von Lernmedien und mediengestützten Unterrichtsszenarien ein pragmatischer Ansatz der Verknüpfung von Konstruktion und Instruktion favorisiert (Reinmann 2011; Tobias 2009).

5.2 (Medien-)didaktische Modelle

Mit der Darstellung der lerntheoretischen Grundannahmen haben wir verdeutlicht, dass Medien grundsätzlich in vielfältiger Weise dazu dienen können, Lernprozesse zu unterstützen. Welche Rolle und Funktion aber spielen sie im Unterricht? Die Auseinandersetzung mit der Funktion von Medien in Lehr- und Unterrichtsprozessen ist eine Frage der Didaktik. Die Allgemeine Didaktik beschäftigt sich grundsätzlich mit der Gestaltung des Lehrens und Lernens im Unterricht. Neben den Medien werden hier mehrere andere Strukturmomente des Unterrichts, wie Inhalt, Lernziel, zeitliche Strukturierung, Methode usw. in ihrem Zusammenwirken bzw. hinsichtlich ihrer lernförderlichen Anordnung betrachtet. Weiterhin gibt es mit der Mediendidaktik ein eigenes Teilgebiet der Didaktik, das sich ausschließlich mit dem Einsatz von Medien in Lehr- und Lernprozessen beschäftigt. In diesem Kapitel wird also zu klären sein, welche Funktion Medien unter einer didaktischen Perspektive im Unterricht haben.

Ein sehr bekanntes allgemeindidaktisches Strukturmodell, auf das sich viele mediendidaktische Modelle beziehen, ist die *lehr-/lerntheoretische Didaktik* (Heimann, Otto/ Schulz 1972). Dieses Modell postuliert die Interdependenz von sechs zentralen am Unterricht beteiligten Faktoren: Vier Entscheidungsfelder beschreiben die Elemente, die die Lehrperson in ihrer Unterrichtsplanung berücksichtigt und in Übereinstimmung bringen muss. Sie heißen deshalb Entscheidungsfelder, weil die Lehrkraft in diesen Bereichen Entscheidungen darüber trifft, wie sie den Unterricht gestaltet. Ihre

(Medien-)didaktische Modelle | 169

Entscheidungen trifft die Lehrkraft unter Berücksichtigung von zwei Bedingungsfeldern, zum einen den Kontextbedingungen der jeweiligen Unterrichtssituation und zum anderen den Eigenschaften der Schülergruppe (vgl. Abb. 31). Diese stellen die Bedingungen des Unterrichts dar, die die Lehrperson nicht direkt beeinflussen kann, wohl aber in ihren Unterrichtsentscheidungen bedenken sollte.

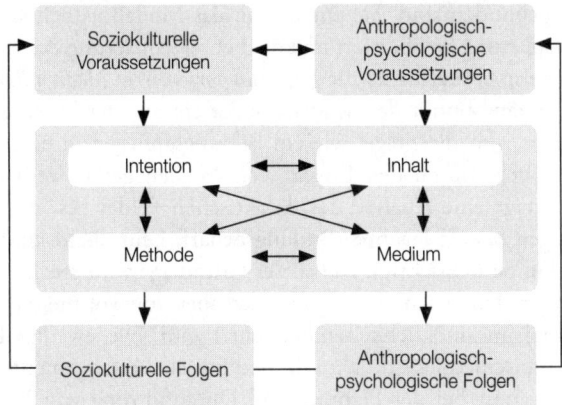

Abb. 31: Lehr-/lerrntheoretische Didaktik (nach Heimann/Otto/Schulz 1972)

Medien haben in diesem Modell eine herausgehobene Bedeutung, indem sie neben der Thematik (Inhalt), der Methodik und der Intentionalität (Lernziel) ein eigenes Entscheidungsfeld darstellen. Die Entscheidungsfelder sind als sich gegenseitig beeinflussende Unterrichtsmerkmale gedacht. So können Medien durch ihre Formqualitäten die Wahrnehmung der Unterrichtsinhalte intensivieren oder verfremden, akzentuieren oder abschwächen. Je nachdem, ob als Unterrichtsmedium beispielsweise ein Lehrfilm, ein Bild oder ein interaktives Computerprogramm gewählt wird, wird der Lerninhalt von den Schülerinnen und Schülern unterschiedlich wahrgenommen. Darüber hinaus erfordert die Medienentscheidung unterschiedliche Akzentuierungen und methodische Entscheidungen, um am Ende in ein stimmiges Unterrichtskonzept zu münden – so wird die Lehrperson, wenn sie einen Film zeigt, den Inhalt möglicherweise eher im Klassenunterricht durchnehmen. Wenn ihr dagegen zum gleichen Thema ein interaktives Computerprogramm zur Verfügung steht, wird sie die Schülerinnen und Schüler den Inhalt eventuell in Einzel- oder Gruppenarbeit erarbeiten lassen. Medien machen dabei bestimmte Methoden und Formen der Auseinandersetzung mit Lerninhalten erst möglich. Beispielsweise können Schülerinnen und Schüler mit interaktiven Geometrie-Programmen geometrische Zusammenhänge dynamisch visualisieren und die Zusammenhänge verschiedener Größen (etwa der Winkelsumme im Dreieck) ganz anders erfahren als durch das Anfertigen statischer Konstruktionen auf dem Papier. So sah

Heimann bereits 1962 den „Anfang vom Ende einer alten Didaktik, da im Zuge der Technisierung überraschend neuartige Medien im Entstehen sind, die imstande sein könnten, unsere didaktischen Konzeptionen von Grund auf zu verändern" (Heimann 1962, 421).

Neuere mediendidaktische Konzeptionen übernehmen aus der lehr-/lerntheoretischen Didaktik die Idee, dass Medien in einer komplexen Art und Weise in den Unterricht eingebunden sind. Sie entwickeln das Modell jedoch weiter. So wird die Unterrichtsplanung flexibilisiert und die Lehrerzentrierung des Modells aufgebrochen. Ein Beispiel hierfür ist die *gestaltungsorientierte Mediendidaktik* (Kerres 2013). Den Ausgangspunkt des Modells bildet ein aus der Praxis erwachsendes Bildungsproblem, also die Frage, wie ein Bildungsanliegen in einer spezifischen Lernsituation (auch) durch den Einsatz von Medien gelöst werden kann. Zur Beantwortung trägt eine Analyse des didaktischen Feldes bei, das die Eckwerte Anforderungen der Zielgruppe, Bildungsbedarf, Lehrinhalte und -ziele sowie die Lernsituation berücksichtigt. Auf dieser Grundlage wird ein Entwurf für den Medieneinsatz im Unterricht konzipiert, der aber von vornherein nur als eine von mehreren Lösungsmöglichkeiten betrachtet wird. Die jeweilige Lösung kann pragmatisch unterschiedliche didaktisch-methodische Arrangements verknüpfen. Die Lehrkraft nimmt bei der Planung und Durchführung von Unterricht eine forschende Haltung ein, variiert und überprüft den Medieneinsatz, um ihn situationsangemessen auf die jeweilige Unterrichtssituation anzupassen. Der Einsatz von Medien im Unterricht wird in diesem Sinn als eine immer wieder erneut zu lösende Gestaltungsaufgabe begriffen.

Tulodziecki et al. (2010) binden ihre Überlegungen zum Einsatz von Medien, ausgehend von einem handlungstheoretisch fundierten Modell der Medienkompetenz (vgl. Kap 4.1) in die Gesamtkonzeption eines *handlungsorientierten Unterrichts mit Medien* ein. Grundsätzlich formulieren sie für Lern- und Arbeitsformen im mediengestützten, handlungsorientierten Unterricht die Anforderung, dass

- der Unterricht von einer für die Schülerinnen und Schüler bedeutsamen Aufgabe ausgeht.
- die Schülerinnen und Schüler sich aktiv an der Planung des Unterrichts und der Verständigung über Ziele, Fragestellungen und Vorgehensweisen beteiligen.
- der Medieneinsatz im Unterricht dazu beiträgt, dass die Schülerinnen und Schüler Kenntnisse oder Fertigkeiten aktiv und kooperativ erweitern und ausdifferenzieren, integrieren oder auch korrigieren.
- die Schülerinnen und Schüler neues Wissen zur Lösung der gestellten Aufgabe anwenden und erproben.
- der Medieneinsatz im Unterricht den Vergleich unterschiedlicher Lösungen sowie die Systematisierung, Anwendung, Weiterführung und Reflexion von Kenntnissen und Vorgehensweisen ermöglicht.

Auf der Grundlage dieser Anforderungen unterscheiden Tulodziecki et al. (ebd.) fünf Arten von Aufgaben (Erkundungsaufgaben, Probleme, Entscheidungsfälle, Gestaltungsaufgaben und Beurteilungsaufgaben) und formulieren eine idealtypische Unterrichtsstrukturierung (vgl. Abb. 32)

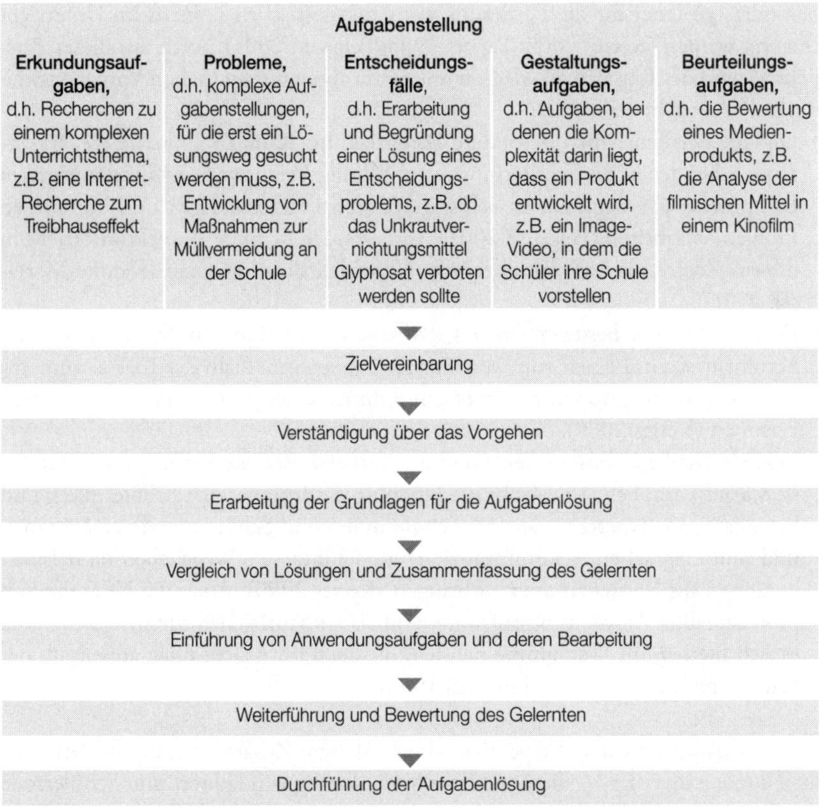

Aufgabenstellung				
Erkundungsaufgaben, d.h. Recherchen zu einem komplexen Unterrichtsthema, z.B. eine Internet-Recherche zum Treibhauseffekt	**Probleme,** d.h. komplexe Aufgabenstellungen, für die erst ein Lösungsweg gesucht werden muss, z.B. Entwicklung von Maßnahmen zur Müllvermeidung an der Schule	**Entscheidungsfälle,** d.h. Erarbeitung und Begründung einer Lösung eines Entscheidungsproblems, z.B. ob das Unkrautvernichtungsmittel Glyphosat verboten werden sollte	**Gestaltungsaufgaben,** d.h. Aufgaben, bei denen die Komplexität darin liegt, dass ein Produkt entwickelt wird, z.B. ein Image-Video, in dem die Schüler ihre Schule vorstellen	**Beurteilungsaufgaben,** d.h. die Bewertung eines Medienprodukts, z.B. die Analyse der filmischen Mittel in einem Kinofilm

▼
Zielvereinbarung
▼
Verständigung über das Vorgehen
▼
Erarbeitung der Grundlagen für die Aufgabenlösung
▼
Vergleich von Lösungen und Zusammenfassung des Gelernten
▼
Einführung von Anwendungsaufgaben und deren Bearbeitung
▼
Weiterführung und Bewertung des Gelernten
▼
Durchführung der Aufgabenlösung

Abb. 32: Idealtypische Unterrichtsstrukturierung nach Tulodziecki et al. (2010, 121)

Tulodziecki et al. legen damit ein Modell vor, das zum einen die Schülerinnen und Schüler aktiv in die Gestaltung des Unterrichts einbezieht und gleichermaßen den Erwerb von fachlicher Kompetenz und von Medienkompetenz bedenkt. Entsprechend lassen sich die Aufgabentypen den Dimensionen des Medienkompetenz-Modells von Tulodziecki et al. zuordnen (vgl. 4.1). Auch die idealtypische Unterrichtsstrukturierung sieht systematisch Phasen vor, in denen nicht nur die fachliche Lösung, sondern auch die Nutzung der jeweiligen Medien bei der Bearbeitung der Aufgabe thematisiert werden kann. Das Modell von Tulodziecki et al. ist damit eines der wenigen Unterrichtsmodelle, das die Förderung fachlicher Kompetenzen und die Förderung von Medienkompetenz systematisch miteinander verzahnt. Seit Beginn der 1990er Jahre wird der Einsatz von Medien im Schulunterricht vor allem unter einer konstruktivistischen Perspektive diskutiert (vgl. 5.1.3). Diese Diskussion ist hauptsächlich mit dem Einsatz digitaler Medien verbunden, die als besonders geeignet für die Förderung konstruktivistischen Lernens im Unterricht erachtet werden (Kerres 2000; Papert 1998; Pelgrum 2001). Auch aus dieser Perspektive wird der Einsatz von Medien mit bestimmten methodischen Vorgehensweisen im Unterricht verbunden:

- Digitale Medien haben besondere Potenziale im Rahmen *selbständiger Arbeitsformen*, bei denen die Schülerinnen und Schüler Verantwortung für den eigenen Lernprozess übernehmen, an selbst gewählten Fragestellungen und komplexen Problemen arbeiten (Pelgrum 2001). Insbesondere wird der Projektunterricht in diesem Zusammenhang als geeignete Unterrichtsform gesehen (Kamke-Martasek 2001).
- Digitale Medien besitzen einen spezifischen Mehrwert zur Stärkung sozialer Lernformen, zum einen zum *kooperativen Lernen* innerhalb der Klasse, zum anderen zur Kooperation über den engen Rahmen einer Klasse hinaus mit anderen Personen (Kerres 2000).
- Digitale Medien können den Grad an *Authentizität von Lerninhalten und Arbeitsformen* erhöhen. So erlaubt die Nutzung des Internet den Schülerinnen und Schülern, mit Experten oder mit Schülerinnen und Schülern anderer Nationen und Muttersprachen zu kommunizieren und auf diesem Wege lebensnahe Informationen ins Klassenzimmer zu bringen (Kerres 2000). Auch die Nutzung von professioneller Anwendungssoftware wird als authentizitätsfördernd gesehen, da es sich hierbei um Programme handelt, die auch im Arbeitsalltag außerhalb der Schule verwendet werden (Jonassen 1996).

Aus konstruktivistischer Perspektive wird in diesem Zusammenhang betont, dass die Nutzung digitaler Medien mit einer Veränderung von Lehrer- und Schülerrolle einhergehen muss. Um konstruktivistisches Lernen zu ermöglichen, müssen Lehrerinnen und Lehrer von ihrer zentralen Position im Unterricht abrücken (Scott/Cole/Engel 1992, Pelgrum 2001). Dies ist unabdingbar, wenn digitale Medien so eingesetzt werden sollen, dass die Schülerinnen und Schüler befähigt werden, sich Lerninhalte stärker eigenständig anzueignen. Es kann sich mitunter aber auch daraus ergeben, dass die Schülerinnen und Schüler ihren Lehrkräften hinsichtlich der Anwendungskompetenzen bei digitalen Medien überlegen sind. Die Veränderung der Lehrerrolle hin zu der eines Lernberaters wird deshalb als eine notwendige Folge der veränderten Arbeitsformen, die durch die Nutzung digitaler Medien verstärkt eingesetzt werden sollten, gesehen (Pelgrum 2001; vgl. Tab. 16).

Tab. 16: Vermutete Unterrichtsveränderungen durch die Integration des Computers (nach Pelgrum 2001, 164)

Akteur	traditioneller (lehrergelenkter) Unterricht	mediengestützter konstruktivistischer Unterricht
Lehrerinnen und Lehrer	• Initiatoren des Lernens • Klassenunterricht • bewerten Schülerinnen und Schüler • geringe Betonung kommunikativer Fertigkeiten	• Lernberaterinnen und Lernberater • unterstützen selbständiges Lernen der Schülerinnen und Schüler • helfen Schülerinnen und Schülern, ihren eigenen Lernfortschritt zu bewerten • hohe Betonung kommunikativer Fertigkeiten
Schülerinnen und Schüler	• eher passiv • lernen meist in der Schule • kaum Teamarbeit • erhalten Fragen aus Büchern oder von Lehrerinnen und Lehrern • lernen Antworten auf Fragen • geringes Lerninteresse	• eher aktiv • lernen in und außerhalb der Schule • viel Teamarbeit • stellen eigene Fragen • finden eigene Antworten • hohes Lerninteresse

Zusammenfassend können wir festhalten, dass die Einbindung von Medien in den Unterricht in einem komplexen didaktischen Gesamtzusammenhang gesehen werden muss. Dabei kann die Integration von Medien, je nach didaktischer Ausrichtung des Unterrichts, im Rahmen unterschiedlicher Unterrichtsarrangements erfolgen. In einer systematischen Annäherung differenzieren Tulodziecki et al. (2010) in diesem Zusammenhang fünf Verwendungskonzepte von Medien im Unterricht, die wir abschließend vorstellen. Abhängig davon, wie stark die Lernprozesse durch die verwendeten Medien selbst strukturiert werden, wie sehr ihr Einsatz in der Hand der Lehrkräfte oder der Schülerinnen und Schüler liegt und welche Lernprozesse durch die Mediennutzung angeregt werden, unterscheiden Tulodzieki et al. folgende Verwendungskonzepte:
- *Lehrmittelkonzept:* Medien werden von der Lehrkraft zur Unterstützung der (durch die Lehrkraft gesteuerten) Vermittlung von Lerninhalten verwendet. Beispiele hierfür sind die Verwendung eines Bilds als stummer Impuls zu Beginn einer Unterrichtsstunde oder die Darbietung von Audioclips zur Schulung des Hörverstehens im Fremdsprachenunterricht. Viele der frühen kognitionspsychologischen Annahmen zum Lernen mit Medien (vgl. 5.1.2) beruhen implizit auf der Vorstellung der Verwendung von Medien als Lehrmittel im Unterricht.
- *Arbeitsmittelkonzept:* In diesem Konzept werden den Schülerinnen und Schülern speziell für bestimmte Lernaufgaben konzipierte Medien zur Verfügung gestellt, damit sie sich einen Lerninhalt anhand dieser Materialien eigentätig aneignen können. Als typisches Beispiel nennen Tuldozziecki et al. hierfür die aus der Re-

formpädagogik stammenden Montessori-Materialien, mit denen Schülerinnen und Schüler sich beispielsweise Zahlenräume erschließen.
- *Baustein- und Systemkonzept:* Hierunter verstehen Tulodziecki et al. mediale Einzelbausteine (Bausteinkonzept) bzw. Gesamtarrangements (Systemkonzept), die, anders als im Arbeitsmittelkonzept, den Lernprozess der Schülerinnen und Schüler kleinschrittig vorstrukturieren. Die Medien sind dabei so konzipiert, dass sie die Lehrkraft von ihrer Lehrfunktion entlasten. Beispiele hierfür sind Lehrfilme oder Schulfernsehsendungen, sowie Unterrichtsmaterialien, die nach dem Prinzip der Programmierten Unterweisung gestaltet sind (vgl. 5.1.1).
- *Lernumgebungskonzept:* Die Idealvorstellung dieses Konzepts ist ein Unterricht, in dem eine Vielfalt unterschiedlicher Medien angeboten wird, mit der sich die Schülerinnen und Schüler Lerninhalte eigenaktiv und selbstgesteuert anhand komplexer Problemstellungen erarbeiten. Die Schülerinnen und Schüler besitzen dabei eine größere Autonomie als in den anderen Verwendungskonzepten hinsichtlich der Herangehensweise und der inhaltlichen Ausgestaltung ihres Lernens. Die Überlegungen von Tulodziecki et al. zu einem handlungsorientierten Unterricht mit Medien (s.o.) lassen sich hier ebenso einordnen wie die konstruktivistischen Konzepte des Unterrichts mit Medien.

5.3 Funktionen von Medien im Unterricht

Im vorangegangenen Kapitel haben wir uns mit der Einbindung von Medien in das Gesamtgefüge des Unterrichts auseinandergesetzt und reflektiert, welche didaktischen Erwägungen hierfür relevant sind. In diesem Kapitel wollen wir diese Überlegungen im Zusammenhang mit den methodischen Entscheidungen im Unterricht vertiefen und beschäftigen uns gründlicher mit der Funktion von Medien im Unterrichtsverlauf. In Anlehnung an Maier (1998), der den Einsatz von Medien im Kontext der Artikulationsschemata, also der methodischen Ablaufschritte des Unterrichts betrachtet, wollen wir nun einen genaueren Blick auf folgende Funktionen werfen, die Medien im Unterricht übernehmen können:
- Motivieren
- Präsentieren und Veranschaulichen
- Aktivieren und Vertiefen
- Differenzieren und Individualisieren
- Kommunizieren und Kooperieren

Für jede dieser Funktionen stellen wir jeweils einige mediendidaktische Modelle vor, gehen auf empirische Befunde ein und leiten einige Hinweise für den Einsatz im Unterricht ab. Dabei legen wir einen Schwerpunkt auf die besonderen Potenziale digitaler Medien. Abschließend diskutieren wir, ebenfalls mit dem Fokus auf digitale Medien, einige Herausforderungen und Probleme beim Einsatz dieser Medien im Unterricht.

5.3.1 Motivieren mit Medien

Es gibt zahlreiche Gründe, warum der Einsatz von Medien im Unterricht mit der Erwartung verbunden wird, die Schülerinnen und Schüler zu motivieren: mit Medien kann das Lernen anschaulicher gemacht und Bezüge zur Alltagswelt hergestellt werden, sie haben einen Neuheitseffekt, wecken Interesse und bringen Abwechslung in den Unterricht, sie versprechen Lernen mit Spaß, Spannung und Unterhaltung (Deimann 2002; Issing/Strzebkowksi 2001). Letzteres gilt besonders für das Lernen mit Lernspielen, das man auch als *Game-Based Learning* bezeichnet (Le/Weber/Ebner 2013). Hierunter werden Ansätze verstanden, bei denen kommerzielle oder speziell zu Lernzwecken entwickelte Computerspiele in der Schule eingesetzt werden (vgl. *Spielend lernen – Game-Based Learning*).

Praxisbeispiel

Spielend lernen – Game-Based Learning
Die Idee, Computerspiele bzw. digitale Spiele zu Unterrichts- und Lernzwecken einzusetzen, gibt es bereits seit den 1970er Jahren (Abt 1970). Sie findet jedoch erst seit der Jahrtausendwende unter unterschiedlichen Namen (z.B. Serious Games, Educational Games, Edutainment, Digital Game-Based Learning) zunehmende Verbreitung in der Mediendidaktik. Digitale Spiele sind nach Klimmt (2008) für die Lernenden deshalb besonders fesselnd, weil sie das Erleben von Selbstwirksamkeit, Spannung und von simulierten Lebens- und Rollenerfahrungen miteinander verbinden (vgl. auch 3.2 zu Motiven und 3.6.2 zu Risiken der Nutzung digitaler Spiele). Beim Einsatz von Spielen in Bildungskontexten macht man sich diese Eigenschaften von Spielen zunutze und erhofft sich daraus einen motivierenden und lernförderlichen Effekt. Besonders aus einer konstruktivistischen Perspektive werden zahlreiche weitere Potenziale gesehen, da der Einsatz von Spielen aktives, selbstgesteuertes und konstruktives Lernen fördert. Weitere Vorteile sind, dass das Lernen situativ eingebettet werden kann und bei Multi-Player-Games im sozialen Austausch mit anderen Lernenden erfolgt (Le et al. 2013, vgl. 5.1.3 und 5.3.5).
Eine Reihe von Studien belegt, dass der Einsatz von digitalen (Lern-)spielen positive Effekte auf die Lernleistungen und die Motivation von Schülerinnen und Schülern haben kann (Connolly et al. 2012, vgl. auch 5.5.1 sowie 3.6.3 zu nicht fach-bezogenen Lerneffekten). Untersuchungen zum Game-Based Learning zeigen allerdings auch, dass sich die Potenziale digitaler Spiele im Schulalltag nicht immer einfach umsetzen lassen (Le et al. 2013). So stellt sich beim Einsatz kommerzieller Spiele im Unterricht z.B. das Problem, dass die Spielszenarien aus einer fachlichen Perspektive Fehler und Ungenauigkeiten aufweisen (etwa bei historischen Spielen). Speziell zu Lernzwecken entwickelte Spiele reichen dagegen in ihrer technischen Funktionalität, ästhetischen Präsentation und ihrem Game Design meistens nicht an die mit wesentlich größerem Aufwand produzierten kommerziellen Spiele heran und werden deshalb mitunter von Schülerinnen und Schülern als schlecht gemacht und langweilig empfunden.

Für den Einsatz im Unterricht empfiehlt Petko (2008), Spiele nach folgenden Kriterien auszuwählen:
1. Das Spiel sollte einen klaren Bezug zu Lehrplan und Lerninhalten haben.
2. Es sollte ein günstiges Verhältnis von relevanten zu irrelevanten Aspekten bezüglich des eigentlichen Lerninhalts aufweisen.
3. Spiel- und Lernelemente sollten gut integriert sein.
4. Spielidee, Steuerung und Grafik sollten für die Schülerinnen und Schüler ansprechend sein.
5. Hard- und Software-Anforderungen müssen den technischen Gegebenheiten an der Schule entsprechen.
6. Die Spieldauer sollte nicht zu lang sein, damit sie sich in den Unterrichtsrhythmus integrieren lassen.
7. Die Altersfreigabe im Rahmen des Jugendmedienschutzes ist zu beachten.

Aber auch in vielen Studien zum Mehrwert von Medien gehört ein Anstieg der Motivation zu den sehr häufig berichteten Untersuchungsergebnissen (Bekele 2010; Nguyen, Barton/Nguyen 2015; Schaumburg 2001). Warum aber haben Medien überhaupt diesen Effekt und wie kann man ihn im Unterricht gezielt einsetzen?

Im Vergleich zu kognitiven Effekten und der Lernwirksamkeit von Medien, die seit Jahrzehnten intensiv beforscht werden, sind motivational-emotionale Effekte bisher deutlich weniger intensiv untersucht worden (Mayer 2014). Dennoch gibt es einige mediendidaktische Modelle, die sich speziell mit der Motivation bzw. der Motivierung beschäftigen (Astleitner/Wiesner 2004; Keller 2008; Malone/Lepper 1987; Moreno/Mayer 2007). Sie basieren auf allgemeinen Motivationsmodellen, wobei der Erwartungs-Valenz-Theorie (Wigfield/Eccles 2000) und der Unterscheidung in intrinsische und extrinsische Motivation (Deci/Ryan 2008) eine besondere Bedeutung zukommt (vgl. *Erwartungs-Valenz-Theorie*).

Theorie

Erwartungs-Valenz-Theorie
Vereinfacht gesagt, geht die Erwartungs-Valenz-Theorie davon aus, dass für die Motivation von Schülerinnen und Schülern in einer Lernsituation grundsätzlich zwei Voraussetzungen erfüllt sein müssen:
- Zum einen muss die Beschäftigung mit dem Lerngegenstand in irgendeiner Weise als gewinnbringend oder attraktiv wahrgenommen werden (Valenz);
- des Weiteren müssen die Schülerinnen und Schüler der Meinung sein, dass sie die Herausforderung der Lernsituation auch meistern können (Erfolgserwartung).

Die Valenz lässt sich nochmals in eine extrinsische und eine intrinsische Komponente unterscheiden. Ein Verhalten gilt als intrinsisch motiviert, wenn die Lernenden ihm aus sich heraus einen Wert beimessen (z.B. Stolz, Freude, Spaß) und als extrinsisch motiviert, wenn es durch Belohnungen durch Dritte (z.B. Noten, Lob, Geld) unterstützt wird.

> Wigfield und Eccles (2000) fügen der Wertkomponente neben dem intrinsischen und dem extrinsischen Anreiz noch eine dritte Wertform hinzu, die subjektive Wichtigkeit des Erfolgs (attainment value). Damit ist gemeint, dass das Ziel, um deretwillen gelernt wird, für die Schülerinnen und Schüler subjektiv bedeutsam sein muss.

Auf diesen Theorien basiert auch das einflussreichste mediendidaktische Modell der Motivierung, das ARCS- bzw. das ARCS-V-Modell des pädagogischen Psychologen John Keller (1987 2008; s. auch Niegemann et al. 2008). Das Modell verbindet eine Reihe von Theorien und Befunden der Motivationsforschung und leitet daraus Annahmen und Strategien ab, wie Lernende durch den Einsatz von Medien motiviert werden können. Das Akronym ARCS steht für vier Hauptkomponenten der Motivierung:
A Attention (Aufmerksamkeit),
R Relevance (Relevanz),
C Confidence (Selbstvertrauen) und
S Satisfaction (Zufriedenheit).

Aufmerksamkeit: Farben, Bewegung und Töne ziehen bei der Rezeption von Medien die Aufmerksamkeit in einer Weise auf sich, der man sich kaum entziehen kann (vgl. 3.4). Medien werden deshalb häufig genutzt, um die Aufmerksamkeit von Schülerinnen und Schüler für einen Unterrichtsgegenstand herzustellen. Die einmalige Erregung von Aufmerksamkeit zu Beginn einer Lerneinheit ist aber nicht ausreichend. Mindestens genauso wichtig und didaktisch weitaus schwieriger ist die Bindung von Aufmerksamkeit über einen längeren Zeitraum in einer Art und Weise, die die Lernenden weder langweilt noch überreizt. Eine mögliche Strategie hierfür ist die Darbietung des Lernstoffs, so dass Neugier erzeugt wird. In seinen Untersuchungen zum Neugierverhalten stellt Berlyne (1954) fest, dass eine verlängerte Aufmerksamkeitszuwendung z.B. durch die Verfremdung von bekannten Bildern erreicht werden kann (z.B. die Darstellung eines Hundes mit Elefantenkopf). Auch Situationen, die mit bereits Bekanntem nicht oder nur teilweise vereinbar sind, lösen die Zuwendung von Interesse aus. Neben Bildern bieten sich auch viele andere Medien, wie Filme, Hörspiele oder digitale Medien an, um Neugier zu erzeugen und aufrecht zu erhalten.
Relevanz: Die Relevanz begründet sich aus der Wertkomponente der Erwartungs-Valenz-Theorie: Die Beschäftigung mit dem Lerngegenstand muss für die Lernenden relevant sein. Die Relevanz kann dabei intrinsisch oder extrinsisch motiviert sein. Intrinsisch motiviert wäre sie beispielsweise, wenn der Lerngegenstand selbst für die Schülerinnen und Schüler relevant ist, z.B. wenn sie Vokabeln lernen, um sich im Ausland verständigen zu können. Ein anderer Weg, eine Lernhandlung intrinsisch zu motivieren, besteht darin, die Relevanz über den methodischen Zugang

herzustellen. Wenn beispielsweise eine Aufgabe in Kleingruppen erarbeitet werden soll, kann sie auch dadurch relevant werden, dass die Schülerinnen und Schüler ein Bedürfnis nach Zugehörigkeit zu ihrer Lerngruppe entwickeln.

Selbstvertrauen: Das Konzept des Selbstvertrauens spielt in Kellers Modell eine besondere Rolle. Aufbauend auf dem Konzept der Selbstwirksamkeitserwartung nach Bandura (1977) betont Keller, dass besonders schwächere Schüler in ihrem Selbstvertrauen gestärkt werden sollten. Dies kann z.B. durch ein dem Können angepasstes Anspruchsniveau erreicht werden. Das Feedback, das Schülerinnen und Schüler im Unterricht bzw. durch ein Lernmedium erhalten, sollte dazu beitragen, dass Erfolge dem eigenen Können zugeschrieben werden (statt Erfolge auf Glück oder Zufall zurückzuführen). In diesem Zusammenhang sollte sich das Gefühl der Kontrollierbarkeit positiv auf die Selbstwirksamkeitserwartung des Lernenden auswirken. Gleichzeitig hat sich jedoch gezeigt, dass zu viele Freiheitsgrade beim Lernen verwirrend wirken und schließlich zu Frustration des Lernenden führen können (Williams 1996). Keller stellt hier eine Verbindung zur Cognitive Load Theorie her (vgl. 5.1.2). Er geht davon aus, dass ein mittlerer bzw. den Fähigkeiten der Lernenden angemessener Grad von Kontrolle optimal ist. Die Überlegungen von Keller zu Feedback und Kontrolle werden besonders bei Einsatz, Auswahl und Gestaltung digitaler Lernprogramme und Apps relevant, da diese durch ihre Interaktivität vielfältige Optionen für Rückmeldung und Kontrolle bieten.

Zufriedenheit: Die Zufriedenheit steht, wie der Faktor Relevanz, in engem Zusammenhang mit der Wertkomponente im Erwartungs-Valenz-Modell. Zufriedenheit kann durch extrinsische Belohnungen erhöht werden. Beim Einsatz von Medien kann eine solche Belohnungen etwa der Erwerb von Punkten in einem Lernprogramm sein. Wenn eine Handlung allerdings intrinsisch motiviert ist, kann eine zusätzliche extrinsische Belohnung kontraproduktiv wirken. Keller weist deshalb darauf hin, dass der Einsatz extrinsischer Belohnungen sorgfältig geplant werden muss.

In der Weiterentwicklung des Modells hat Keller (2008) die Erweiterung ARCS-V aufgenommen. Diese Erweiterung trägt der Tatsache Rechnung, dass in der Motivationsforschung die Rolle der *Volition*, d.h. die Fähigkeit zur willentlichen, bewussten Umsetzung von Zielen und Motiven als zunehmend wichtig erachtet wird. Unter Volition werden die Selbstregulationsprozesse verstanden, mit denen die Lernenden ihren Lernprozess steuern und sich selbst dabei überwachen, fokussiert bei der Sache zu bleiben. So kann es passieren, dass eine Schülerin oder ein Schüler zwar motiviert ist, sich bestimmten Lerninhalten zuzuwenden, im Lernprozess jedoch nicht die notwendige Ausdauer und Konzentration aufbringt. Die Volitionstheorie richtet ihr Augenmerk genau auf diese Prozesse, die ablaufen, nachdem eine Handlung motiviert wurde, und die dazu beitragen, dass die Handlung auch bis zum Ende ausgeführt wird (Kuhl 1983). Zur Lernunterstützung können Medien so gestaltet werden, dass sie die Schülerinnen und Schüler dazu bringen, ihren Lernprozess zu planen und zu überwachen (vgl. Abb. 33).

Funktionen von Medien im Unterricht | 179

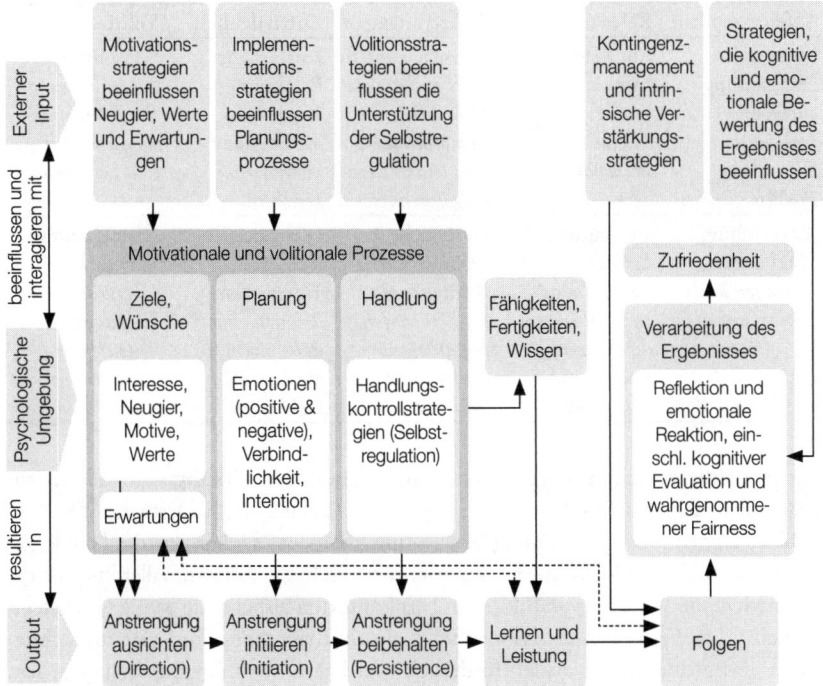

Abb. 33: Makro-Modell der Motivierung (nach Keller 2008, 89)

Auf der Grundlage seiner Annahmen formuliert Keller (2008) Empfehlungen für das Motivationsdesign, in dem er Hinweise zu Motivierungsstrategien für jede Modellkomponente gibt. Diese sind als Hilfestellung bei der Gestaltung von Lernmedien bzw. bei ihrem Einsatz gedacht, um motiviertes Lernen anzuregen (vgl. Tabelle 17).

Tab. 17: Motivierungsstrategien nach Keller (2008; s. auch Niegemann 2009)

Aufmerksamkeit	Relevanz	Selbstvertrauen	Zufriedenheit	Volition
Orientierungsverhalten provozieren *Neue, überraschende Erfahrungen anbieten*	Lehrzielorientierung *Lehrziele, Begründung und Methoden erklären*	Lernanforderungen *Studierende über Anforderungen und Bewertungskriterien informieren*	Intrinsische Verstärkung *Möglichkeiten, das Gelernte anzuwenden, aufzeigen*	Handlungsplanung *Bewusste Formulierung von Lernzielen und Planung des Lernprozesses*

Aufmerksamkeit	Relevanz	Selbstvertrauen	Zufriedenheit	Volition
Neugier, bzw. Fragehaltung anregen *Neugier durch Fragen oder Probleme wecken*	Anpassung an Motivationsprofile *Motive der Lernenden adressieren*	Gelegenheiten für Erfolgserlebnisse *Herausfordernde und bedeutsame, aber lösbare Lernaufgaben anbieten*	Extrinsische Belohnung *Positive Verstärkung und motivierendes Feedback*	Selbstkontrolle *Sensibilisierung für Ablenkungsmöglichkeiten und Lernprobleme*
Abwechslung *Verschiedene Methoden und Medien anbieten*	Vertrautheit *Lerninhalt verständlich und an Erfahrungen der Lernenden anknüpfend präsentieren*	Persönliche Verantwortung *Attribuierung des Lernerfolgs auf die eigene Anstrengung unterstützen*	Gleichheit/Gerechtigkeit *Transparente Bewertungsmaßstäbe, nachvollziehbare Rückmeldungen*	Überwachungsstrategien *Überprüfung der Erreichung von Teilzielen und Lernschritten*

Fasst man die Forschungsergebnisse zur motivierenden Wirkung von Medien zusammen, so zeigen sich u.a. folgende Ergebnisse (Bekele 2010; Deimann 2002):

- Bilder eignen sich zur Erregung von Aufmerksamkeit. Sie können die Freude am Lernen erhöhen, Einstellungen aktivieren und Gefühle auslösen. Allerdings ist die motivierende Wirkung von Bildern in Lernkontexten bisher noch wenig untersucht.
- Auch Film, Fernsehen und Video wird ein motivierendes Potenzial zugeschrieben, das grundsätzlich als lernförderlich gilt. Ein Dilemma wird darin gesehen, dass sie auch zu Reizüberflutung, Emotionalisierung und oberflächlicher Verarbeitung beitragen können (vgl. 3.4 und 5.1.2, siehe auch Hinweis zur CATML weiter unten im Text).
- Multimediale Lernprogramme verbinden eine Reihe motivierender Eigenschaften. Neben dem Anregungspotenzial, das bildliche bzw. audiovisuelle Medien bieten (s.o.), wirken sie durch ihre Interaktivität und Adaptivität (vgl. dazu 5.5.3) zusätzlich motivierend. So lassen sich in multimedialen Programmen nahezu alle der in Tabelle 17 dargestellten Motivierungsstrategien umsetzen.
- Die Motivierungsqualität von internetbasierten Online-Lernangeboten ist in zahlreichen Studien belegt, wobei die Technologie, der Inhalt, verwendete Methoden und Unterstützungsangebote gleichermaßen auf die Motivation wirken. Hier trägt zur Motivierung besonders bei, dass die Angebote zeit- und ortsunabhängig genutzt werden können und dass internet-basierte Kommunikations- und Kooperationsmöglichkeiten angeboten werden können.

Mayer (2014) weist auf die enge Verbindung motivationaler und kognitiver Prozesse hin, die bislang bei der Untersuchung der Lernwirksamkeit von Medien wenig berücksichtigt wurden. Eine Ausnahme stellt die *Kognitiv-Affektive Theorie des Lernens mit Medien* (CATLM) von Moreno und Mayer (2007) dar. Diese geht davon aus, dass die Anreicherung des Lernmaterials mit motivierenden Elementen kognitive Prozesse unterstützt, indem beispielsweise die Ausdauer oder die Verarbeitungstiefe beim Lernen (vgl. 5.1.2) erhöht werden. Andererseits besteht die Gefahr, dass solche motivierenden Elemente verwirren und vom eigentlichen Lerninhalt ablenken, und somit eher negativ auf den Lernprozess wirken. Tatsächlich belegen mehrere Studien, dass zur Motivierung gedachte Elemente, wie Bilder, Filme, zusätzliche Informationen usw. sowohl förderliche wie kontraproduktive Effekte auf das Lernen haben können (Mayer 2014). Deshalb ist es bei der Auswahl und beim Einsatz von Medien zur Erhöhung der Motivierung entscheidend, darauf zu achten, dass die motivierenden Elemente in einem engen und nachvollziehbaren Bezug zum eigentlichen Lernziel bzw. Lerngegenstand stehen.

5.3.2 Präsentieren und Veranschaulichen mit Medien

Wir haben bereits darauf hingewiesen, dass die Anreicherung des Unterrichts mit Bildern oder audiovisuellen Darstellungen als ein wesentlicher Vorteil des Lernens mit Medien erachtet wird (vgl. 5.1.2). Bildliche oder audiovisuelle Darstellungen sollen das Lernen anschaulicher machen. Was aber genau macht die Anschaulichkeit von Medien im Unterricht aus und wie kann diese lernförderlich eingesetzt werden?

Ein klassisches Beispiel, mit dem die Möglichkeiten der Veranschaulichung mit Medien und die sich hieraus ergebenden Potenziale für den Unterricht systematisiert werden, ist der Erfahrungskegel des amerikanischen Pädagogen Edgar Dale (1969; vgl. Abb. 34).

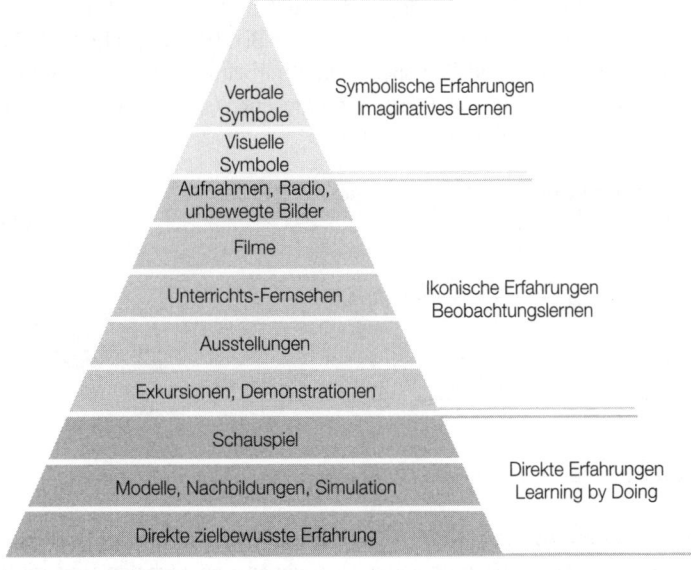

Abb. 34: Erfahrungskegel nach Dale (1969, 127)

Medien sind hier aufsteigend nach ihrer Realitätsnähe bzw. nach der Art und Vielfalt der Sinneserfahrungen, die sie bieten, angeordnet. Am Fuß des Erfahrungskegels liegen die direkten Erfahrungen mit dem Lerngegenstand, die Spitze bildet die abstrakte Darbietung verbaler Symbole. Dale unterscheidet drei Erfahrungsgruppen (direkte Erfahrungen, ikonische Erfahrungen und symbolische Erfahrungen). Diesen ordnet er jeweils unterschiedliche Lernformen zu (Learning by doing, Beobachtungslernen und imaginatives Lernen).

Der Erfahrungskegel wird – im Übrigen entgegen der Intention in der Originalpublikation – häufig herangezogen, um zu argumentieren, dass mit realitätsnahen Erfahrungen besser gelernt wird als mit abstrakten Darstellungen: wir würden 10 % dessen behalten, was wir lesen, 20 % dessen, was wir hören, 30 % dessen, was wir sehen usw. Solche grob vereinfachten Aussagen entbehren jeder wissenschaftlichen Grundlage und standen ursprünglich in keinem Zusammenhang mit dem Konzept des Erfahrungskegels (Subramony et al. 2014). Aber auch die Anordnung der Medien und ihre Einteilung in drei Erfahrungsklassen, denen wiederum drei Lernformen zugeordnet werden, erscheint aus heutiger Sicht zu einfach (Döring/Ritter-Mamczek 1998).

Auf der Grundlage kognitionspsychologischer Modelle der Informationsverarbeitung (vgl. 5.1.2) lässt sich genauer beschreiben, wie das Lernen mithilfe von Veranschaulichungen abläuft. Ein bekanntes Beispiel hierfür ist die *Cognitive Theory of Multimedia Learning* (CTML) des Psychologen Richard E. Mayer (2005), die verschiedene Informationsverarbeitungstheorien zusammenführt. Die CTML beschreibt, wie multimedial gestütze Lernprozesse ablaufen und leitet daraus Empfehlungen ab, wie audiovisuelle bzw. multimediale Lernmedien gestaltet werden sollten. Die CTML unterscheidet, basierend auf den Theorien von Paivio (1986) sowie Baddeley und Hitch (1974) zwei parallele, codierungs- bzw. modalitätsspezifische Verarbeitungsstränge (verbal/phonologisch und piktorial/visuell) und drei Verarbeitungsebenen (sensorische Register, Arbeitsgedächtnis und Langzeitgedächtnis; vgl. Abb. 35).

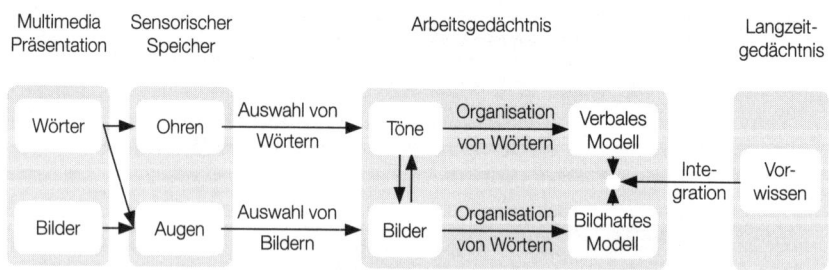

Abb. 35: Cognitive Theory of Multimedia Learning (nach Mayer/Moreno 2003, 44)

Die Theorie nimmt an, dass Wörter und Bilder beim Lernen mit multimedialen Medien zunächst getrennt voneinander zu sogenannten verbalen und bildhaften Modellen verknüpft und erst im letzten Schritt, unter Aktivierung von Vorwissensstrukturen aus dem Langzeitgedächtnis, integriert werden. Beim Lernen mit multimedialer Information sind nach der CTML also drei Aspekte des Informationsverarbeitungsprozesses besonders relevant: die begrenzte Verarbeitungskapazität des Arbeitsgedächtnisses, die aktive Verarbeitung von Information und das im Langzeitgedächtnis gespeicherte Vorwissen der Lernenden. So erklärt sich, dass die Verwendung von Bildern, Tönen und Filmen nicht per se vorteilhaft für den Lernprozess ist. Durch eine große Menge unterschiedlicher, schlecht aufeinander abgestimmter Darbietungsformen kann das Arbeitsgedächtnis leicht überlastet werden (van Merrienboer/Sweller; 2005). Für die Gestaltung von multimedialen Lernmaterialien ergibt sich hieraus die Schlussfolgerung, dass die Kombination von bildlicher und verbaler bzw. akkustischer und visueller Information stets so angelegt werden muss, dass die Integration im Arbeitsgedächtnis möglichst vereinfacht wird. Dies kann beispielsweise dadurch geschehen, dass eine möglichst große Kongruenz von verbaler und bildlicher bzw. akkustischer und visueller Information hergestellt wird (ohne dass die Informationen dabei vollkommen redundant sind). Hilfreich ist es auch, wenn zusammengehörige Text- und Bildinformationen gut erkennbar als Einheit dargestellt werden (etwa durch das Hervorheben der entsprechenden Informationen oder dardurch, dass sie zeitlich und räumlich nah beieinander liegen). Weiterhin sollten Lernhilfen und Prompts gegeben werden, die die Schülerinnen und Schüler auffordern, Text- und Bildinformation zu vergleichen (Scheiter/Schüler/Eitel 2017), wobei gezielte Hinweise gegeben werden sollten, worauf die Lernenden achten sollen (Weidenmann 2009).

Ein weiteres Problem ergibt sich dadurch, dass Lernende bildliche und audiovisuelle Darstellungsformen mitunter nur oberflächlich verarbeiten. Ein bekanntes Experiment hierzu stammt von dem israelischen Psychologen Gavriel Salomon (1984). In seiner Untersuchung „Television is easy and print is tough" erwies sich die Lerneffektivität des Mediums Fernsehen im Vergleich zu Printmedien als überraschend gering, was Salomon auf einen Mangel an mentaler Anstrengung (*Amount of Invested Mental Effort*, kurz: AIME) zurückführt. Weil die Schülerinnen und Schüler in Salomons Experiment Film bzw. Fernsehen für ein „einfaches" Medium halten, strengen sie sich weniger an als beim Lernen mit einem Text und behalten weniger der vermittelten Informationen. Auch in neueren Untersuchungen, z.B. zu dynamischen Visualisierungen in multimedialen Lernprogrammen, wird festgestellt, dass Darstellungsformen, die denen von Unterhaltungsmedien gleichen, solche kontraproduktiven Effekte auf das Lernen haben können (Scheiter 2017). In multimedialen und internetbasierten Lernumgebungen hat sich darüber hinaus gezeigt, dass die Lernenden optional angebotene Visualisierungen häufig nicht aufrufen bzw. sie nicht sinnvoll nutzen, um sich genauer mit dem Lerninhalt auseinanderzusetzen (Gerjets 2017). Man kann aus solchen Ergebnissen schließen, dass Veranschaulichungen unbedingt didaktisch eingebunden werden müssen. Dies kann beispielsweise dadurch geschehen, dass die Schülerinnen und Schüler aufgefordert werden, anhand der Visualisierung einen Sachverhalt zu erläutern oder zumindest für sich selbst anhand der Visualisierung zu überprüfen, ob sie das Dargestellte richtig verstanden haben. Solche Hinweise lassen sich auch auf den Unterricht übertragen: Lehrpersonen sollten mit dem Einsatz von Medien stets Arbeitsaufträge verbinden, so dass die Schülerinnen und Schüler sich gezielt mit den dargebotenen Informationen auseinandersetzen. Werden Abbildungen eingesetzt, ist darauf zu achten, dass diese vollständig und verständlich beschriftet sind und dass Bezüge zu weiteren Informationen in den Materialien bzw. im Text deutlich werden.

Ein konstruktivistisch fundierter didaktischer Vorschlag, der die Anschaulichkeit von Lernmedien nutzt, ist der *Cognitive Apprenticeship-Ansatz* von Collins, Brown und Newman (1988). Medien werden hier im Lernprozess eingesetzt, um praxisnahe Veranschaulichungen bereitzustellen. Der Grundgedanke dabei ist, das Lernen durch Vor- und Nachmachen, wie es in der traditionellen Handwerkslehre vorkommt, auf den kognitiven Bereich zu übertragen. Die Lehrkraft soll ihre Schritte beim Lösen kognitiver Aufgaben oder Probleme schrittweise explizieren, und die Schülerinnen und Schüler darin unterstützen, diese Lösungsschritte schrittweise nachzuvollziehen. Schülerinnen und Schüler eignen sich dabei aktiv Wissen in authentischen Lernumgebungen mit realistischen Problemaufgaben und in sozialen Interaktionen an. Sie werden so gewissermaßen schrittweise in eine „Expertenkultur" eingeführt. Die Lernaufgaben sind vom Einfachen zum Komplexen gestaltet, indem mit weiteren Aufgaben neue Kontexte und Einflussvariablen in die Lernsituation einbezogen werden, um erworbenes Wissen flexibler anwenden zu können. Am Anfang des Lernprozesses wird der Lernende durch viele Hilfestellungen unterstützt, die nach und nach ausgeblendet werden. Der Cognitive Apprenticeship-Ansatz kann beispielsweise als Strategie im Flipped Classroom (vgl. *Flipped Classroom: Unterricht zu Hause – Hausaufgaben in der Schule*) angewandt werden, indem die Lehrkraft explizit und auf Video aufzeichnet, wie sie Probleme oder Aufgaben löst. Die Schülerinnen und Schüler können diese Aufzeichnung dann wiederholt oder auch in Sequenzen unterteilt abspielen, um die Schritte des Problemlöseprozesses zu verinnerlichen. Auch Audio-Kommentare oder interaktive Aufgabenstellungen können die Explikation von kognitiven Problemlöseprozessen in mediengestützten Lernumgebungen unterstützen (Schroeder/Spannagel 2003).

Praxisbeispiel

Flipped Classroom: Unterricht zu Hause – Hausaufgaben in der Schule
Die Methode des Flipped Classroom (auch bekannt als Inverted Classroom oder Umgedrehter Unterricht) wurde 2007 von den Chemielehrern Jonathan Bergmann und Aaron Sams an der Woodland Park Highschool in Colorado, U.S.A. erfunden (Bergmann/Sams 2012). Die Grundidee ist einfach: Der fachliche Input, der häufig einen Großteil des Unterrichts ausmacht,

wird mithilfe kurzer Lernvideos in die Hausaufgabe verlagert, während Übung und Festigung des Gelernten, was normalerweise in die Hausaufgabe ausgelagert wird, im Unterricht mit Unterstützung der Lehrkraft erfolgen. Der Flipped Classroom ist damit ein Ansatz, der selbstorganisiertes, individualisiertes und problemorientiertes Lernen gleichermaßen fördert: Selbstorganisiertes und individualisiertes Lernen dadurch, dass die Schülerinnen und Schüler sich Grundwissen selbständig zuhause aneignen; problemorientiertes Lernen, weil im Unterricht – der von der Vermittlung von Grundlagenwissen entlastet ist – mit den Schülerinnen und Schülern verstärkt an komplexen Anwendungsproblemen gearbeitet werden kann.

Bergmann und Sams (2012) sehen folgende Vorteile des Unterrichts nach dem Flipped Classroom Modell:
- Die Schülerinnen und Schüler sind motiviert, ihre Hausaufgabe zu machen, weil Videos sie ansprechen und es erlauben, dass sie sich individuell und selbstgesteuert auf den Unterricht vorbereiten.
- Leistungsschwächere Schülerinnen und Schüler profitieren – einerseits, weil sie den Lernstoff zuhause mehrfach und in ihrem eigenen Tempo durchgehen können und andererseits, weil die Lehrkräfte im Unterricht – von der Phase der Einführung und Erklärung in den Stoff im Klassenunterricht befreit – mehr Zeit haben, sich individuell um einzelne Schüler zu kümmern, die Probleme mit dem Lernstoff haben.
- Die Intensität von Schüler-Lehrer- aber auch Schüler-Schüler-Interaktionen wird verstärkt, weil anstelle des dominierenden Klassenunterrichts die gemeinsame Bearbeitung von Aufgaben und Problemen tritt.
- Eltern werden stärker in den Unterricht einbezogen, weil sie mithilfe der Lernvideos einen genaueren Einblick in den Unterrichtsstoff und die Unterrichtsmethodik erhalten.

Untersuchungen zum Flipped Classroom (Lo/Hew 2017) belegen zwar einige der positiven Annahmen von Bergmann und Sams. Sie haben aber auch gezeigt, dass
- die Schülerinnen und Schüler mit der Bearbeitung der Lernvideos zuhause überfordert sein können (insbesondere, wenn diese zu lang sind) und unbedingt, wie in diesem Kapitel ausgeführt, zusätzliche Hilfestellungen, z.B. Beobachtungsaufträge und Aufgabenstellungen brauchen, um sinnvoll mit Lernvideos zuhause zu arbeiten.
- Probleme auftreten, wenn die technischen Voraussetzungen der Schülerinnen und Schüler zuhause nicht gegeben sind.
- Lehrkräfte die Erstellung eigener Videos als sehr aufwändig empfinden bzw. ihnen die dafür notwendigen Kompetenzen fehlen, andererseits aber auch nicht immer geeignete bereits produzierte Videos zur Verfügung stehen.
- das Modell erfolgreicher ist, wenn die Schule die notwendigen technischen und zeitlichen Ressourcen zur Verfügung stellt.

5.3.3 Aktivieren und Vertiefen mit Medien

Sowohl aus einer kognitionspsychologischen als auch aus einer konstruktivistischen Perspektive wird in der Aktivierung der Schülerinnen und Schüler und die Anregung komplexer Lern- und Denkprozesse ein wesentliches Potenzial (digitaler) Medien gesehen (vgl. Kap. 5.1.2 und 5.1.3). Aber wie können Medien ein aktives und vertiefendes Lernen befördern? Besonders die konstruktivistische Instruktionspsychologie hat hierzu eine Reihe einflussreicher Ansätze erarbeitet, die wir im Folgenden vorstellen.

Der von der Cognition and Technology Group in Vanderbilt (CTGV 1997) entwickelte *Anchored Instruction-Ansatz* stützt sich auf die Annahme des situierten Lernens (vgl. 5.1.3). Anchored Instruction (anchored = verankert) gibt den Lernenden Beschreibungen authentischer Problemsituationen vor, die der Veranschaulichung und Anregung von Interesse sowie der Einbindung des Lerninhalts in ein komplexes, alltagsnahes Szenario dienen sollen. Die Cognition und Technology Group entwickelte videobasierte Abenteuergeschichten, in die mathematische Problemstellungen eingebettet sind, die die Lernenden zusammen mit der Hauptfigur, dem Wildhüter Jasper Woodbury, lösen müssen. Die Schülerinnen und Schüler erhalten in dieser medialen Lernumgebung – wie im realen Leben – eine Vielzahl an Informationen, von denen einige mehr, andere weniger relevant für die Lösung des Problems sind. Der Lösungsweg ist nicht vorgegeben, vielmehr eröffnet das Szenario unterschiedliche Möglichkeiten, die Aufgabe zu lösen. Lernumgebungen, wie die Jasper-Woodbury-Series zielen also darauf ab, die Fähigkeiten der Schülerinnen und Schüler zu fördern, (mathematische) Probleme zu erkennen, Informationen zu evaluieren und zu strukturieren und kreativ zur Lösung zu nutzen. Empirische Untersuchungen ergaben, dass die Lernumgebung der Jasper Woodbury-Geschichten die Fähigkeit fördert, mathematische Probleme zu erkennen und strukturiert und zügig zu lösen (CGTV 1992). Das Grundprinzip der Anchored Instruction findet sich auch in zahlreichen computerbasierten Lernspielen sowie in virtuellen und immersiven Lernumgebungen, mit denen Problemsituationen authentisch und realitätsnah situiert werden und so eine aktive Auseinandersetzung mit dem Lerninhalt angeregt werden soll (Dawley/Dede 2014).

Ein weiteres Beispiel ist die *Cognitive Flexibility Theory* von Spiro und Jehng (1990). In dieser Theorie steht die Frage im Vordergrund, wie Wissen flexibilisiert werden kann, damit es möglichst gut auf neue Situationen übertragbar ist. Es wird hierfür als hilfreich erachtet, dass die Schülerinnen und Schüler ein Problem wiederholt aus unterschiedlichen Perspektiven betrachten und lösen. Vernetzten Lernumgebungen wie Wikis wird aus dieser Perspektive ein großes Lernpotenzial zugeschrieben, da sie die notwendigen Freiheitsgrade bei der Erkundung von Information erlauben und somit zur multiperspektivischen, vertieften Wissenskonstruktion beitragen können.

Die einfache Darbietung elektronisch vernetzter Informationen, etwa indem die Schülerinnen und Schüler vernetzte Texte der Wikipedia erkunden oder einfach im Internet navigieren, um Informationen zu einem Thema zusammenzutragen, ist allerdings hierfür in der Regel nicht ausreichend. Abgesehen davon, dass die auf diese Weise gefundenen Informationen häufig eben nicht systematisch Perspektiven gegenüberstellen, was den Schülerinnen und Schülern zielgerichtete Vergleiche erlauben würde, zeigt sich als weiteres Problem, dass das Navigieren in solchen komplexen Hypertexten im Vergleich zum Lesen linearer Texte mit einer erhöhten kognitiven Belastung verbunden ist (Scharinger/Kammerer/Gerjets 2016). Die Lernenden werden durch das kontinuierliche Fällen von Navigationsentscheidungen stark gefordert, vor allem, wenn ihnen das entsprechende Vorwissen fehlt, um beurteilen zu können, welche Informationen relevant sind. Es hängt somit entscheidend von den Merkmalen der Schülerinnen und Schüler ab, wie gut sie mit Hypertexten bzw. Wikis und Internetinformationen lernen. Vor allem das Vorwissen, die Einstellungen zum Lerngegenstand und die Nutzung kognitiver und metakognitiver Lernstrategien haben sich als wichtige Voraussetzungen für den Lernerfolg in vernetzten Lernumgebungen erwiesen (Gerjets 2017).

Damit Schülerinnen und Schüler mit solchen vernetzten Hypertexten erfolgreich lernen können, ist es deshalb wichtig, dass diese nach didaktischen Kriterien strukturiert sind. Solche Prinzipien können z.B. darin bestehen, dass durch die Hyperlinks explizit verschiedene Blickwinkel verglichen, Beispiele zu einem abstrakteren Inhalt oder genauere Erklärungen zu unbekannten Begriffen aufgerufen werden können. Weiterhin helfen den Schülerinnen und Schülern didaktisch sinnvolle Hilfen und Prompts bei der Navigation in vernetzten Lernumgebungen, z.B. Hinweise, wo mit der Lektüre begonnen oder welche Texte als nächstes aufgerufen werden sollten (Tergan 2002; Gerjets 2017). Auch stellen sich inhaltliche „Landkarten", in denen die Struktur eines Wissensgebiets graphisch visualisiert wird, in Untersuchungen als förderlich für den Lernerfolg heraus (Winn/Snyder 1996). Bei der Auswahl von hypermedialen Lernprogrammen oder internetbasierten Lernumgebungen für den Unterricht sollte also darauf geachtet werden, dass die o.g. Anforderungen eingehalten werden.

Sollen im Unterricht Internetrecherchen eingesetzt werden, empfiehlt es sich vor dem Hintergrund der dargestellten Probleme beim Lernen in hypermedialen Lernumgebungen, diese didaktisch zu strukturieren, um eine aktive Auseinandersetzung mit der im Internet gefundenen Information anzuregen und die Lernenden bei etwaigen Schwierigkeiten zu unterstützen. Schon vor geraumer Zeit wurde hierfür mit dem *WebQuest-Modell* (Quest = Suche, Schatzsuche) von Bernie Dodge (1995) ein nach wie vor überzeugender Vorschlag erarbeitet. Die Idee einer WebQuest ist es, die Internetrecherche in eine komplexe Problemstellung einzubinden und mit einer Aufgabenstellung zu versehen, die explizit über die Sammlung von Informationen hinausgeht (vgl. *WebQuest: Nachhaltigkeit in der Chemie* für ein Beispiel). Eine WebQuest enthält explizite Hilfestellungen und Hinweise zum Arbeitsprozess.

> **Praxisbeispiel**
>
> **WebQuest: Nachhaltigkeit in der Chemie**
> Du bist zu einer Podiumsdiskussion eingeladen, in der verschiedene Leute über ein Thema diskutieren werden. Das Thema lautet: Was bedeutet Nachhaltigkeit für die Chemie? Deine Lehrerin/Dein Lehrer teilt dich in eine Gruppe ein. Jede Gruppe muss eine der folgenden Rollen ausarbeiten:
> – Eine Nachhaltigkeitsexpertin/einen Nachhaltigkeitsexperten
> – Eine Sprecherin/einen Sprecher eines großen Verbandes der chemischen Industrie
> – Eine Chemikerin/einen Chemiker
> – Ein Mitglied eines Umweltschutzverbandes
> – Eine Politikerin/einen Politiker
> – Eine Moderatorin/einen Moderator der Diskussion
>
> Arbeite dich anhand der Quellen in das Thema ein und bereite dich auf die Diskussion vor. Dazu musst du deine Rolle ausarbeiten und dir Notizen machen, zur Unterstützung erhältst du auch eine Checkliste. Nach der Diskussion werden die Gruppen neu eingeteilt und ihr sollt abschließend gemeinsam einen Zeitungsartikel zu einer bestimmten Überschrift erstellen.
> Die Rollen in Einzelnen: [...]
> Bei der Erstellung des Artikels müsst ihr eure in der Diskussion zutage getretenen Differenzen beilegen und gemeinsam arbeiten. In jeder Gruppe sind nun alle Positionen der Podiumsdiskussion vertreten. Das Ziel ist, einen Artikel zu einer bestimmten Überschrift zu erstellen. Später wird die Titelseite der Zeitung vorgestellt.
> [...]
> Chemiedidaktik der Universität Bremen (o.J.)

In der Regel recherchieren die Schülerinnen und Schüler nicht frei im Internet, sondern erhalten ausgewählte Materialien und Links. Dodge (1995) plädiert dafür, WebQuests als Gruppenaufgaben durchzuführen. Dabei sollten die Schülerinnen und Schüler unterschiedliche Rollen übernehmen und das gegebene Problem aus mehreren Perspektiven bearbeiten. Das Grundmuster der Webquest weist folgende sechs Bausteine auf:

- *Einführung in das Thema:* Die Aufgabe wird in eine Problemsituation oder Problemstellung eingebettet, z.B. in der Form eines Szenarios oder einer kleinen Geschichte.
- *Aufgabenstellung:* Die Aufgabe soll so gestellt sein, dass sie die Verarbeitung, Analyse oder den Vergleich von Informationen erzwingt. Die Schülerinnen und Schüler müssen schlussfolgern, argumentieren, begründen.
- *Hinweise zu Materialien/Links:* Links und Materialien werden vor-ausgewählt und können auch nicht-digitale Materialien enthalten.

- *Arbeitsprozess:* Die Schülerinnen und Schüler erhalten (angepasst an ihr Kompetenzniveau) klare Anweisungen zu Strategien und Instrumenten sowie strukturierende Hilfen (z.B. Arbeitsschritte, Teilfragen).
- *Präsentation:* Die Schülerinnen und Schüler müssen die Ergebnisse ihrer WebQuest in geeigneter Form präsentieren, so dass ein einfaches „Copy-and-Paste" ausgeschlossen wird (z.B. als Vortrag, Poster). Dafür erhalten sie Hinweise und Anleitungen. Die Bewertungs- bzw. Evaluationskriterien werden offengelegt.
- *Bewertung/Evaluation:* Das Ergebnis und der Arbeitsprozess werden mit den Schülerinnen und Schülern reflektiert.

Auch Anwendungsprogramme wie Tabellenkalkulation oder Datenbanken können genutzt werden, um aktives und vertieftes Lernen im Unterricht anzuregen. Jonassen (1996) entwickelt hierfür das didaktische Konzept des Computers als *kognitives Werkzeug*. Als kognitive Werkzeuge bezeichnet Jonassen Anwendungsprogramme, mit deren Hilfe die Schülerinnen und Schüler aktiv Informationen zusammenstellen und strukturieren, komplexe Sachverhalte veranschaulichen, Zusammenhänge zum besseren Verständnis visualisieren usw. Weitere Beispiele neben den eingangs genannten sind Mindmapping-Tools oder -Apps, Werkzeuge, mit denen Schülerinnen und Schüler eigene digitale Produkte (z.B. multimediale Bücher) herstellen können oder Programmierumgebungen. Jonassen argumentiert, dass die Verwendung von Computern für die schlichte Darbietung vorgegebener Informationen und Prozeduren dessen didaktische Potenziale nicht ausschöpft. Vielmehr liege der eigentliche Mehrwert (digitaler) Medien im selbständigen Explorieren und Erarbeiten komplexer Problemstellungen, der Reflektion vielseitiger Lösungswege und der selbständigen Auswahl geeigneter Lerninhalte. In diesem Sinne definiert Jonassen kognitive Werkzeuge anhand folgender Merkmale:

– Kognitive Werkzeuge sind inhaltsfreie Werkzeugprogramme, die Prozesse der Wissenskonstruktion in vielfältigen Inhaltsbereichen anregen und unterstützen.
– Kognitive Werkzeuge zwingen die Schülerinnen und Schüler dazu, sich vertieft mit dem Lerngegenstand auseinanderzusetzen. Gleichzeitig helfen kognitive Werkzeuge ihnen, den Lerngegenstand besser zu durchdringen und zu verstehen.
– Kognitive Werkzeuge regen Prozesse des kritischen Denkens an, indem sie die Lernenden auffordern, den Lerngegenstand genau zu analysieren.
– Kognitive Werkzeuge unterstützen aktives und kreatives Lernen, indem die Schüler ermutigt werden, neue Erkenntnisse zu generieren und eigene Lösungen für komplexe Probleme zu finden.
– Kognitive Werkzeuge sollen das Lernen nicht „vereinfachen", sondern die Schülerinnen und Schüler dazu veranlassen, genauer und vertiefter über den Lerngegenstand nachzudenken.

Der Einsatz des Computers als kognitives Werkzeug erfolgt z.B. im Projekt „Journey North", in dem Schülerinnen und Schüler in den U.S.A. seit Jahren über den Kontinent verteilt Daten zu verschiedenen Naturphänomenen, (z.B. Wanderungsbewegungen von Vögeln, Insekten oder Walen, Wachstum von Pflanzen, Sonnenaufgang und -untergang) sammeln und austauschen, um diese mit Bezug auf die klimatischen und geographischen Bedingungen im Land auszuwerten (in Deutschland und einigen anderen europäischen Ländern fand vor einigen Jahren ein von Journey North inspiriertes Comenius-Projekt statt, vgl. *Das Projekt Tulpengarten*).

Praxisbeispiel

Das Projekt Tulpengarten
„'Tulpengarten' ist ein Forschungsprojekt für Kinder, Jugendliche und Erwachsene im Internet und in vielen wirklichen Gärten. Datenbankeinträge, Karten und Berichte geben Einblick in die Arbeit von etwa 400 Kindern und Jugendlichen und das Wachstum von ungefähr 500 Tulpen [...]. Seit dem Herbst [...] denken alle Beteiligten darüber nach, wie sie mit Hilfe von Klimadaten und erfahrenen Menschen in ihrer Umgebung voraussagen können, wann es bei ihnen Frühling wird. Und ob es dann wirklich stimmt.
Tulpen pflanzen, voraussagen und beobachten, wann der Frühling kommt, die passenden Daten im Internet eintragen und finden, sich mit anderen über die eigenen Ideen und Vermutungen austauschen und nebenbei lernen, wie Wissenschaft funktioniert – das sind die wichtigsten Bausteine des Projekts ‚Tulpengarten'".

Ablauf des Projekts
[...]
Im Frühling:
– gespannt die Temperaturen beobachten,
– sobald die Temperatur über 5° C Tagesmittel steigt anfangen, die Wärmesumme zu dokumentieren,
– genau beobachten, wann sich die allererste grüne Spitze zeigt,
– dieses Datum an tulpengarten@entdeckendes-lernen.de per e-mail schicken, um es in die Tulpengarten-Datenbank eintragen zu lassen,
– jeden Tag die Wärmesumme berechnen,
– mit Hilfe der Daten im Internet auf einer eigenen Karte dokumentieren, wie der Frühling vorankommt,
– die Berichte der anderen Beteiligten im Internet lesen,
– selbst Berichte schicken,
– genau beobachten, wann die erste Tulpe voll aufblüht,
– dieses Datum an tulpengarten@entdeckendes-lernen.de per e-mail schicken, um es in die Tulpengarten-Datenbank eintragen zu lassen,
– auch diese Daten aus dem Internet auf den eigenen Karten auswerten,
– überprüfen, was es mit den eigenen Voraussagen und Vermutungen auf sich hat,
– die Experimente auswerten und Berichte einsenden, damit alle daran Anteil nehmen können,
– die verblühten Tulpen abschneiden, aber die grünen Blätter noch stehen lassen, düngen,
– sehen, was dann im Frühling passiert...

(Entdeckendes Lernen e.V. 2004)

5.3.4 Individualisieren und Differenzieren mit Medien

Angesichts der zunehmenden Heterogenität von Schülerinnen und Schülern erhält die Frage, wie Medien zur Individualisierung und Differenzierung beitragen können, in den letzten Jahren neue Aktualität (Bertelsmann-Stiftung 2015). Dabei wurde bereits in frühen mediendidaktischen Konzeptionen der Reformpädagogik (Moser 2008) oder dem Programmierten Unterricht (Skinner 1961; vgl. 5.1.1) ein besonderes Potenzial von Medien in der Unterstützung individueller Lernbedürfnisse gesehen.

Unter Individualisierung und Differenzierung werden unterrichtsmethodische Maßnahmen verstanden, mit denen die Lernsituation so gestaltet wird, dass sie unterschiedlichen Lernbedürfnissen einzelner Schülerinnen und Schüler (Individualisierung) oder Schülergruppen innerhalb des Unterrichts (innere Differenzierung) gerecht wird. Die methodischen Möglichkeiten sind dabei umfangreich und komplex. So kann Schülerinnen und Schülern ein individuelles Lernangebot unterbreitet werden, bei dem die Arbeitsform, Menge, Schwierigkeit und/oder Inhalt des Lernstoffs, zugestandende Lernzeit, Selbständigkeit bei der Bearbeitung und/oder Kooperationsmöglichkeiten mit anderen Schülerinnen und Schülern variieren. Individualisierungs- und Differenzierungsmaßnahmen unterscheiden sich weiterhin darin, ob sie auf die Erreichung unterschiedlicher oder gleicher Lernziele hinauslaufen, ob sie durch die Lehrperson vorgegeben oder durch die Schüler frei wählbar sind und ob differenzierte Bewertungskriterien angelegt werden. Individualisierungs- und Differenzierungsmaßnahmen sind aus allgemeindidaktischer Perspektive häufig in größere Unterrichtskonzepte eingebunden, beispielsweise den Offenen Unterricht, der diverse methodische Großformen wie Stationenarbeit, Wochenplanarbeit oder Freiarbeit einschließt, den Kompetenzorientierten Unterricht oder den Adaptiven Unterricht (Bönsch 2016).

Medien können prinzipiell alle angesprochenen Dimensionen von Individualisierung und Diffenzierung unterstützen. In der Mediendidaktik werden Medien mit Blick auf ihr Individualisierungs- und Differenzierungspotenzial dabei danach unterschieden, ob sie adaptiv oder adaptierbar sind (Leutner 2011). *Adaptiv* sind Medien dann, wenn sie von sich aus in der Lage sind, den Unterstützungsbedarf der Schülerinnen und Schüler zu erkennen und ihnen ein auf ihre Bedürfnisse angepasstes Lernangebot zur Verfügung stellen. Dies ist vor allem bei computerbasierten Lernprogrammen und Apps der Fall. Adressiert werden können dabei besonders methodische Dimensionen der Differenzierung, während eine Wahlfreiheit nicht möglich ist (vgl. *Adaptivität in computerbasierten Lernprogrammen*). Mit *adaptierbar* ist dagegen gemeint, dass ein Lernmedium durch äußere Eingriffe an die Bedürfnisse der Schülerinnen und Schüler angepasst werden kann. Dies kann dadurch geschehen, dass die Schülerinnen und Schüler z.B. vor oder bei der Arbeit mit einem Lernprogramm selbst Inhalte oder Aufgabenschwierigkeiten festlegen. Beim Einsatz von Medien im Rahmen des Lernmittel- und vor allem des Lernumgebungskonzepts (vgl. 5.2) ist der Medieneinsatz durch die Lernenden im weiteren Sinne adaptierbar: Die Lernenden erhalten Freiräume, wann sie welche Medien in welcher Form zur Bearbeitung von Lernaufgaben nutzen. Die Adaptierbarkeit in diesem Sinne ist anschlussfähig an die allgemeindidaktischen Konzeptionen des Offenen Unterrichts und des konstruktivistischen Lernens.

> **Praxisbeispiel**
>
> **Adaptivität in computerbasierten Lernprogrammen**
> Leutner (2011) unterscheidet folgende Formen der Adaptivität in computerbasierten Lernprogrammen:
> - *Adaptivität der Instruktionssequenz:* In Abhängigkeit der Eingaben werden die Schülerinnen und Schüler zu anderen Folgeaufgaben verzweigt, so dass diejenigen, die eine Aufgabe noch nicht lösen können, weitere Übungsaufgaben und Erklärungen erhalten, während diejenigen, die eine Aufgabe gelöst haben, im Stoff voranschreiten.
> - *Adaptivität der Aufgaben-Präsentationszeit:* Je nach Fähigkeit der Schülerinnen und Schüler variiert die Bearbeitungszeit für eine Aufgabe.
> - Adaptation der Aufgabenschwierigkeit: Bei richtiger Lösung einer Aufgabe wird das Schwierigkeitsniveau erhöht, bei Nicht-Lösung herabgesetzt.
> - *Adaptive Hilfen beim entdeckenden Lernen:* Bei komplexen Aufgaben, z.B. der Bearbeitung einer Computersimulation, gibt das Programm auf die jeweiligen Schwierigkeiten der Lernenden angepasste Hilfestellungen und Hinweise.
> - *Adaptive Definitionen neu zu lernender Begriffe:* In Lernprogrammen, in denen die Schülerinnen und Schüler neue Konzepte oder Fachbegriffe erlernen, werden neue Informationen unter Verwendung der jeweils zuvor gelernten Begriffe vermittelt, um die Verankerung des Wissens im Langzeitgedächtnis zu unterstützen.
> - *Adaptiver Informationszugriff in Hypermedia-Systemen:* Beim Lernen mit einem hypermedialen System werden die Informationseinheiten aufgrund einer lexikalischen Analyse zuvor bearbeiteter Textbausteine individuell angeboten.

Die technisch aufwändigsten adaptiven Lernprogramme sind Intelligente Tutorielle Systeme (ITS, vgl. 5.1.2). Mit diesen sollen komplexe Fähigkeiten, z.B. die Entwicklung problemlösenden Denkens in der vermittelten Domäne individuell gefördert werden, indem die Eingaben der Lernenden umfassend analysiert und daraus individuelle Lernpfade, Hilfen und Rückmeldungen generiert werden (Koedinger et al. 2000; Suppes et al. 2014; vgl. *Cognitive Tutor*). Aufgrund des hohen Entwicklungsaufwands gibt es bislang nur sehr wenige Intelligente Tutorielle Systeme für den Einsatz in der Schule. Häufiger sind einfache adaptive Programme zu finden, bei denen sich aufgrund der gelösten Aufgaben lediglich Instruktionssequenz und Schwierigkeitsgrad anpassen (vgl. *Adaptivität in computerbasierten Lernprogrammen*), Diese Programme enthalten neben adaptiven Übungskomponenten Diagnosewerkzeuge für Lehrkräfte, mit denen diese sich eine genaue Übersicht über den Bearbeitungsstand und bestehende Wissenslücken der Lernenden verschaffen können. Außerhalb Deutschlands, z.B. in den U.S.A., sind solche Programme teilweise schon recht verbreitet (Dynarski et al. 2007; Gatti 2010; 2011). Sie werden dort auch im Rahmen des Response-to-Intervention-Ansatzes, eines Systems zur systematischen Früherkennung von Lernschwierigkeiten und Förderbedarf im inklusiven Unterricht, eingesetzt (Allsopp, McHatton/Farmer 2010). In Deutschland besteht hier im Moment noch Nacholbedarf, auch wenn es bereits einige Programme für den Einsatz in der Schule gibt (Holmes et al. 2018).

Darüber hinaus bietet die differenzierte Analyse der immensen Datenmengen, wie sie beim Navigieren in einem Lern-Management-System oder auf einer Lernplattform anfallen, neue Möglichkeiten für die passgenaue Adaptierung von Lernangeboten. Unter den Stichworten „Educational Data Mining" (Calders/Pechenizkiy 2012) und „Learning Analytics" (Siemens/Baker 2010) arbeiten mehrere Forschergruppen daran, die Bewegungen von Lernenden in Lernprogrammen und Lern-Management-Systemen anhand differenzierter Logfile-Analysen auszuwerten, um so Rückschlüsse auf Lernprozesse oder etwaige Wissensdefizite zu ziehen und adaptive Programme zu optimieren. Bisher stecken solche Technologien allerdings noch in den Kinderschuhen.

Praxisbeispiel

Cognitive Tutor
Adaptive und adaptierbare Funktionen verbindet das an U.S.-amerikanischen Schulen relativ verbreiteten Mathematik-Programm „Cognitive Tutor" (Koedinger et al. 2000). Das Programm bietet konkrete, lebensnahe Problemstellungen als Ausgangssituation, kontextbasierte Lernhilfen und Hinweise, die die Lernenden bei den Schritten zur Problemlösung unterstützen, interaktive Beispiele, in denen Problemlösungen Schritt für Schritt modelliert werden, multiple Darstellungen des Lernstoffs in unterschiedlichen Repräsentationsformen (numerisch, graphisch, verbal) und Personalisierungsmöglichkeiten, mit denen Interessengebiete oder Themen bei den Aufgabenstellungen gewählt werden können. Das Kernstück bildet eine differenzierte Diagnose der Eingaben der Schülerinnen und Schüler und entsprechend vom System generierte adaptive Hilfen und Rückmeldungen.

Die Lernwirksamkeit adaptiver Lernprogramme wurde seit den 1980er Jahren in zahlreichen Studien überprüft. Insbesondere für Intelligente Tutorielle Systeme belegen zahlreiche Studien deren Lernwirksamkeit, wobei die Effekte solcher ITS größer ausfallen als bei einfacheren computerbasierten Lernprogrammen (Enyedy 2014; Kulik/Fletcher 2016). Einschränkend muss dazu allerdings gesagt werden, dass ITS dennoch weniger effektiv sind als menschliche Tutoren und dass die Erfahrung der Lehrpersonen beim Einsatz mit solchen Programmen ebenfalls eine Rolle zu spielen scheint (Kulik/Fletcher 2016). Schließlich zeigten sich mit Bezug auf das Abschneiden der Schülerinnen und Schüler in nationalen Vergleichsarbeiten teilweise nur geringe oder keine Lernvorteile (Wijekumar/Meyer/Lei 2012). Unter dem Gesichtspunkt der Adaptierbarkeit bieten Medien vielfältige Möglichkeiten für Schülerinnen und Schüler, allein und in Gruppen selbstgesteuert und damit ihren individuellen Lernvoraussetzungen und -interessen entsprechend zu lernen. Medial unterstützte Lernarrangements bieten z.b. folgende Potenziale für die Individualisierung und Differenzierung:

- Berücksichtigung unterschiedlicher Lerninteressen und Neigungen: Durch die Bereitstellung einer Fülle medialer Materialien kann eine Vielzahl thematischer Inhalte bearbeitet werden (z.b. im offenen Unterricht und in der Projektarbeit).
- Berücksichtigung unterschiedlicher Lernpräferenzen und -stile: Persönliche Vorlieben und Lernpräferenzen können durch das gleichzeitige Angebot von Lernmaterialien in unterschiedlicher Form (z.B. als Text, als Film, als Spiel) bedient werden.
- Berücksichtigung von Unterschieden in der Leistungsfähigkeit und im Vorwissen: Zusatz- und Übungsmaterial kann den Lernenden für die individuelle Vertiefung bzw. individuelles Nachholen zur Verfügung gestellt werden.

Digitale Medien werden im Sinne adaptierbarer Systeme auch im Rahmen von Online- und Blended-Learning-Angeboten eingesetzt. In einem Überblick über Varianten von Blended Learning an US-amerikanischen Schulen unterscheiden Horn und Staker (2011) sechs Modelle (vgl. Tab. 18), die zeigen, wie der klassische Präsenzunterricht an der Schule durch individualisierte Angebote ergänzt und unterstützt werden kann.

Tab. 18: Blended-Learning-Modelle an K-12 Schulen (nach Horn/Staker 2011: 4 ff.)

Modell	Beschreibung	Beispiel
Face-to-Face Driver	Der Unterricht wird im Wesentlichen Face-to-Face erteilt. Digitale Medien werden vereinzelt zur Unterstützung von Lernenden mit Defiziten bzw. Lernrückständen eingesetzt.	Spanischsprachige Schülerinnen und Schüler haben die Möglichkeit, an Computern im hinteren Teil der Klasse mit einem Online-Lehrbuch und einem Übersetzungsprogramm ihre Sprachkompetenzen zu verbessern und dem Lernstoff in ihrem eigenen Tempo zu folgen.

Modell	Beschreibung	Beispiel
Rotation	Die Lernenden rotieren in einem gegebenen Kursformat zwischen Online- und Face-to-Face-Einheiten. Die Lehrperson kontrolliert auch die online erbrachten Lernergebnisse.	Die Unterrichtsstunden dauern 55 Minuten. Die Schülerinnen und Schüler verbringen jeweils eine Kurseinheit in einem Online-Lern-Labor und beschäftigen sich mit neuen Kursinhalten. In der nächsten Kurseinheit werden die Kursinhalte im klassischen Klassenraum-Setting angewendet und geübt. Jede Schülerin und jeder Schüler nimmt pro Tag an zwei bis drei solcher Rotationen teil.
Flex	Im Zentrum dieser Ansätze steht eine Lernplattform, über die die meisten Lerninhalte vermittelt werden. Lehrkräfte unterstützen die Lernenden flexibel und nach Bedarf.	Die Schülerinnen und Schüler verbringen die meiste Lernzeit online. Je nach Bedarf holen die Lehrerinnen und Lehrer die Schülerinnen und Schüler individuell oder in Kleingruppen zur Arbeit offline in Lernbüros.
Online Lab	Die Lerninhalte werden komplett über eine Online-Plattform angeboten, die Lernenden kommen hierfür jedoch in ein physisches Computer-Lab. Die Lernbetreuung wird von Online-Lehrerinnen und -Lehrern übernommen, während das physisch anwesende Personal nur Aufsichtsfunktion übernimmt. Häufig wird das Online-Angebot mit traditionellem Unterricht kombiniert.	Aufgrund von Lehrermangel lernen die Schülerinnen und Schüler vor Ort in ihrer Schule weitgehend in Online-Kursen und werden dabei von pädagogischen Helfern beaufsichtigt.
Self-Blend	Schülerinnen und Schüler besuchen eine herkömmliche Schule und ergänzen deren Angebot um Online-Kurse, die sie außerhalb der Schule, angeboten durch andere Institutionen, in der Regel als Fernunterricht belegen.	Schülerinnen und Schüler belegen außerhalb der Schule Kurse in solchen Fremdsprachen, die an ihrer Schule nicht angeboten werden.
Online Driver	In diesem Modell werden alle Kurse als Fernlernangebot über eine Lernplattform absolviert und von Online-Lehrkräften betreut. Face-to-Face-Besprechungen sind teilweise verpflichtend.	Vorausgesetzt, sie haben mindestens mittelmäßige Leistungen, können Schülerinnen und Schüler nach einem Treffen mit der Lehrkraft entscheiden, eine Kurseinheit online zu belegen.

Etwa seit Mitte der 2000er Jahre wird im Zusammenhang mit der Individualisierung des Lernens durch digitale Lernumgebungen auch der Begriff der Personalisierung gebraucht. In sogenannten *Personal Learning Environments* (PLE) stellen sich Lernende aus der Fülle der ihnen verfügbaren digitalen Ressourcen ein persönliches Angebot an Lernmaterialien zusammen. Das Kennzeichen von PLEs ist, dass sie eine plattformunabhängige Sammlung individueller Lernressourcen darstellen, die im Idealfall als lebenslange Lernumgebung genutzt und kontinuierlich weiterentwickelt werden (Wilson et al. 2007). PLEs stellen damit eine kritische Gegenposition zu den organisierten und strukturierten Kursformaten dar, wie sie durch Lern-Management-Systeme (LMS) vorgegeben werden.

Obwohl die Adaptierbarkeit von Lernmedien bzw. ihr Einsatz zur adaptierbaren Gestaltung des Unterrichts gerade vor dem Hintergrund konstruktivistischer Lerntheorien als wünschenswert gesehen wird (vgl. 5.1.3), liegen für die Lernwirksamkeit adaptierbarer Lernsysteme keine eindeutigen Belege vor. So finden Karich, Burns und Maki (2014) in einem Forschungsüberblick, dass sich die Möglichkeit der Lernerkontrolle, also der selbstständigen Steuerung bzw. der Wahlmöglichkeit von Lernwegen, Lernzeit, Anzahl und Art von Übungsaufgaben, Menge des Übungsmaterials usw. im Vergleich zu Programmen, die keine Kontrollmöglichkeiten bieten, nicht systematisch positiv auf das Lernergebnis auswirkt (allerdings auch nicht negativ).

Was die Lernwirksamkeit adaptierbarer (konstruktivistischer) Lernumgebungen angeht, in denen Schülerinnen und Schüler ein breites Spektrum verfügbarer Medien zur Bearbeitung komplexer Aufgabenstellungen nutzen, stehen Befunde, die für einen Lernvorteil solcher Lernumgebungen sprechen (Rosen/Salomon 2007), Untersuchungen gegenüber, die keinen Lernvorteil ergeben (Kirschner et al. 2006). Dabei lässt sich ein Lernvorteil vor allem dann feststellen, wenn nicht der Erwerb von Fachwissen, sondern von übergreifenden Kompetenzen, z.B. komplexeren Problemlösefertigkeiten geprüft wird (Rosen/Salomon 2007; vgl. 5.5.1) Andererseits deuten die bereits berichteten Befunde zum Lernen mit Hypertexten (vgl. 5.1.2 und 5.3.3) darauf hin, dass offene Lernumgebungen mit vielen Wahloptionen für Lernende mit geringem Vorwissen oder mit mangelhaften Lernstrategien Probleme aufwerfen können.

Schließlich wird mit der Ratifizierung der UN-Behindertenrechtskonvention in Deutschland auch die Frage nach der Rolle von (digitalen) Medien im Kontext des inklusiven Unterrichts aufgeworfen (Bosse 2017). In der Sonderpädagogik werden adaptive und adaptierbare digitale Medien bereits seit längerem eingesetzt, z.B. internetbasierte Sprach- und Rechenübungen für den Unterricht mit geistig Behinderten (Mästle 2008; Eberhardt/Bauer 2008) oder Lernspiele zur Konzentrationsförderung für Schülerinnen und Schüler mit Lernbehinderungen und ADHS (Heinz/Poerschke 2012). Solche individuellen Förderangebote sind auch im inklusiven Unterricht denkbar. Da der Kerngedanke der Inklusion jedoch das gemeinsame Lernen bzw. das Lernen an einem gemeinsamen Gegenstand ist (Feuser 2015), stellt sich die Frage, wie Medien gerade dieses gemeinsame Lernen unterstützen können. Digitale Medien haben hier im Sinne assistiver Technologien zum einen das Potenzial, spezifische Leistungsdefizite zu kompensieren, etwa indem sprach- oder sehbehinderten Schülerinnen und Schülern mittels Screen Reader oder Talker die Kommunikation und Mitarbeit im Unterricht erleichtert werden kann (Fisseler 2012; Schwier 2009) und sie damit die Möglichkeit erhalten, besser am Unterricht zu partizipieren. Daneben lässt sich aber auch das Lernen in komplexen medialen Lernumgebungen so gestalten, dass die Schülerinnen und Schüler sowohl individuell gefördert als auch in Medienprojekten an einem gemeinsamen Gegenstand arbeiten können (vgl. *Inklusiver Unterricht mit iPads*). Gerade solche Settings zielen auch im inklusiven Unterricht nicht nur auf das fachliche Lernen, sondern ebenfalls auf den Erwerb von Medienkompetenz und Kompetenzen des selbst organisierten Lernens ab.

Praxisbeispiel

Inklusiver Unterricht mit iPads
„Um es gleich klarzustellen: Es war nie unsere Absicht, den Unterricht als Ganzes zu revolutionieren. Vielmehr wollten wir den Unterricht mit Hilfe der personalisierten Schüler iPads nachhaltig besser machen – für alle Schüler. Wir arbeiten also immer noch mit Schulbüchern. Warum auch nicht, schließlich finden sich darin didaktisch hochkompetent aufbereitete Lerninhalte und Materialien. Hingegen nutzen wir den Internetzugang auf den iPads, um z.B.
- einen aktuellen Text zur Atomkatastrophe in Fukushima zu lesen
- oder uns ein YouTube-Video zur Kinderarbeit in Indien anzuschauen
- oder ein Foto für einen selbstgeschriebenen Zeitungsartikel zu verwenden.

Natürlich gibt es noch Arbeitsblätter. Aber diese werden den Schülern über den Speicherdienst Dropbox zur Verfügung gestellt – was ganz nebenbei Kopierkosten sparen hilft. Die Schüler bearbeiten auch immer noch ihre Lernaufgaben. Nun stehen ihnen aber viel mehr Hilfsmittel für individuelle Lernformen zur Verfügung. So hat z.B. jeder seinen eigenen Rechtschreibduden als App und die Korrekturvorschläge von iWorks, der Textverarbeitung. Fehler können korrigiert und Ergänzungen vorgenommen werden, ohne dass man dies der Ausarbeitung negativ ansieht. So können auch leistungsschwache Schüler stolz sein auf das Produkt ihrer Bemühungen. Leistungsstarke Schüler können zusätzliche Aufgaben bearbeiten, ohne dass der Lehrer in eine ‚Kopierschlacht' ziehen muss – das Web hält eine Unzahl an Differenzierungsmöglichkeiten bereit.
[…]
Im Kunstunterricht haben die Schüler die Werke der großen Meister seit jeher bewundert. Mit den Apps ‚Musée du Louvre' und ‚Museum of Modern Art' der gleichnamigen Kunstsammlungen ist dies nun aber in einer viel größeren Vielfalt und Qualität möglich. Im Mathematikunterricht sollen und müssen die Schüler auch weiterhin Arithmetik üben. Mit dem Web-Angebot […] lässt sich dies aber leicht viel stärker auf die individuellen Lernbedürfnisse der einzelnen Schüler abgestimmt tun, als dies mit unserem Mathebuch möglich ist. Diese Liste mit Unterrichtsbeispielen ließe sich fast beliebig fortsetzen." (Münzer 2012, 108f.)

Beim Einsatz von Medien im inklusiven Unterricht ist zu bedenken, dass, je nach Unterstützungsbedarf der Schülerinnen und Schüler spezifische Anforderungen an die Ausstattung zu stellen sind, damit sie im Unterricht eingesetzt werden können, beispielsweise spezielle Eingabehilfen, Ausgabegeräte, Bildschirme usw. (Zentel 2008). Darüber hinaus ist auf die Barrierefreiheit der eingesetzten Medien zu achten. Digitale Medien bieten hier im Vergleich zu klassischen Medien erweiterte Möglichkeiten der Barrierefreiheit – diese werden jedoch nicht immer konsequent ausgeschöpft (Miesenberger et al. 2012). Schließlich kommt der inklusiven Schule mit Blick auf die digitale Spaltung (vgl. 3.5.3) einmal mehr die Aufgabe der Förderung von Medienkompetenz aller Schülerinnen und Schüler zu. Medienbildung zu vermitteln wird aus dieser Perspektive zu einem Kernanliegen des inklusiven Unterrichts (Bosse 2012).

5.3.5 Kooperieren und Kommunizieren mit Medien

Bei der Darstellung der theoretischen Perspektiven auf das Lernen mit Medien haben wir bereits darauf hingewiesen, dass es einige Wissenschaftler gibt, die Lernen als einen grundsätzlich sozialen Prozess auffassen (vgl. 5.1.3). Ein Beispiel hierfür ist der *Communities of Practice-Ansatz* von Lave und Wenger (1991). Hier wird das Prinzip des Lernens in archaischen Gemeinschaften, in denen jedes Mitglied Aufgaben für die Gemeinschaft übernimmt und sich so vom Novizen in der Peripherie der Gemeinschaft allmählich zum Experten im Zentrum der Gemeinschaft vorarbeitet, als Modell verwendet. Lave und Wenger folgern, dass Lernprozesse eine soziale Bedeutung in einer Gemeinschaft haben müssen und sich grundsätzlich im Austausch mit der Gemeinschaft vollziehen. Das Modell der Communities of Practice lässt sich besonders gut auf das Lernen in sozialen Netzwerken anwenden. Soziale Netzwerke können als virtuelle Gemeinschaften aufgefasst werden, an denen die Nutzer durch Dialog und Diskurs partizipieren und sich dabei vom randständigen Novizen zum Experten im Zentrum des Netzwerks entwickeln. Beispiele hierfür sind die gemeinsame Entwicklung von Open Source Software oder von Lexikoneinträgen in der Wikipedia (Brown/Adler 2008; Cress/Kimmerle 2017).

Wir lernen also – wenn nicht immer, dann doch zumindest sehr häufig – von und mit anderen. Im Zusammenhang mit Schule und Unterricht wird dies vor allem unter der Perspektive des kooperativen Lernens beleuchtet. Kooperation kann Lernprozesse z.B. in folgender Weise unterstützen (Konrad/Traub 2001):

- Kooperation hilft dem Einzelnen, Probleme zu identifizieren und anspruchsvolle Problemlösefertigkeiten zu erwerben.
- Unterschiedliche Erfahrungen, Kenntnisse und Fertigkeiten der Einzelnen werden in die Kooperation eingebracht und bereichern das Lernen aller.
- Kommunikation, Austausch und Diskussion können das Verstehen und die Reflektion des Lerngegenstands verbessern.
- Kooperation unterstützt affektive und motivationale Prozesse, kann aber auch emotionale und soziale Herausforderungen bergen.

Kooperatives Lernen in der Schule muss didaktisch so strukturiert werden, dass es für alle Schülerinnen und Schüler möglichst ertragreich ist. Durch eine didaktisch sinnvolle Gestaltung soll Problemen beim Arbeiten in Gruppen entgegengewirkt werden, z.B. dass sich einzelne Gruppenmitglieder auf Kosten der anderen aus der Gruppenarbeit zurückziehen („Trittbrettfahrer-Effekt") oder dass einzelne Schülerinnen und Schüler die Gruppe dominieren. Die pädagogischen Psychologen David und Roger Johnson (1999) sowie Robert Slavin (1980) haben sich intensiv mit dem kooperativen Lernen beschäftigt. Sie weisen darauf hin, dass kooperatives Verhalten sich nicht „von allein" einstellt, wenn Schülerinnen und Schüler in Gruppen arbeiten. Vielmehr sind die Rahmenbedingungen und die Aufgabenstellung entscheidend dafür, ob Schülerinnen und Schüler eine Aufgabe individualistisch, wettbewerbsorientiert oder kooperativ lösen. Um kooperatives Lernen anzuregen, empfehlen sie, dass Aufgaben folgende didaktische Gestaltungsmerkmale aufweisen sollten (Konrad/Traub 2001):

- *Positive Wechselbeziehungen:* Die Aufgabe ist so angelegt, dass die Schülerinnen und Schüler das Ziel nur erreichen können, wenn sie zusammenarbeiten. Der Beitrag jedes Gruppenmitglieds ist wichtig, sein Fehlen bringt die Gruppe zum Scheitern.
- *Individuelle Verantwortlichkeit:* Die Lernenden übernehmen Verantwortung für ihren Anteil an der Arbeit, aber auch füreinander und für das Erreichen des Gruppenziels.
- *Interaktion und Feedback:* Die Aufgabe enthält Teile, die nicht arbeitsteilig erledigt werden können. Die Lernenden müssen sich über das Gesamtergebnis verständigen, sie müssen einander zu Teilergebnissen Rückmeldung geben, Begründungen und Schlussfolgern anregen. Dabei legen sie ihr Wissen und ihre Denkstrukturen offen und erhalten Anregungen durch die Perspektiven der anderen.
- *Unterstützung kooperativer Fähigkeiten und Reflektion des Gruppenprozesses:* Die Aufgabe enthält Anregungen, um die Schülerinnen und Schüler in ihren kooperativen Kompetenzen zu unterstützen, z.B. Gesprächsregeln, Strategien zur Entscheidungsfindung oder Hilfen zur Strukturierung des Arbeitsprozesses. Während oder nach der Aufgabe wird auch über die Art und Weise der Zusammenarbeit, positive Erfahrungen, Probleme und Verbesserungsmöglichkeiten reflektiert.

Der Einsatz von Medien kann die Umsetzung der didaktischen Merkmale kooperativer Aufgaben in unterschiedlicher Hinsicht unterstützen. Zunächst kann das Gruppenziel beim kooperativen Lernen die Erstellung eines medialen Produkts sein, beispielsweise eines Films, einer Präsentation oder einer Wandzeitung. Mediale Produkte als Gruppenziel lassen sich leicht als komplexe Aufgabe anlegen, die die Schülerinnen und Schüler arbeitsteilig bearbeiten können. Dabei sollte jede Teilaufgabe für das Endprodukt relevant sein und die Aufgabe selbst Phasen der gemeinsamen Planung und Abstimmung erfordern. So könnten die Schülerinnen und Schüler beispielsweise im Deutschunterricht die Aufgabe erhalten, einen Fotoroman zu einer Literaturvorlage zu erstellen. Sie müssen sich dazu zunächst gemeinsam auf den Inhalt ihres Fotoromans einigen und ein Storyboard entwickeln. In Arbeitsteilung können dann Fotos gemacht, Texte geschrieben und das graphische Design und Layout erstellt werden. Die Teilergebnisse müssen im Prozess jedoch immer wieder mit dem eingangs vereinbarten Storyboard verglichen und aufeinander abgestimmt werden, damit sie sich zu einem einheitlichen Ganzen zusammenfügen lassen. Einige weitere Beispiele für die kooperative Arbeit an Medienprodukten haben wir in Kapitel 4.4 im Zusammenhang mit der Vermittlung von Medienkompetenz und in Kapitel 5.3.3 im Zusammenhang mit der aktivierenden Funktion von Medien im Unterricht vorgestellt. So integriert beispielsweise Jonassens Konzept der Nutzung des Computers als Denkwerkzeug oder Dodges Konzept der WebQuest kooperative Tätigkeiten, indem sich die Lernenden im sozialen Austausch miteinander über Lösungsschritte und Lösungsmöglichkeiten sowie erzielte Ergebnisse verständigen, Perspektiven vergleichen und diskutieren usw. Dabei sollten immer auch die Kriterien der positiven Wechselbeziehung und der individuellen Verantwortlichkeit gegeben sein, damit die gestellte Aufgabe wirklich gemeinsam gelöst wird.

Unter dem Stichwort *Computer Supported Collaborative Learning* (CSCL) werden schon seit längerem die spezifischen Potenziale untersucht, die digitale Medien für kooperatives Lernen bieten. Dabei wird neben dem Begriff der Kooperation der Terminus Kollaboration verwendet, mit dem die Zusammenarbeit an einem gemeinsamen Produkt akzentuiert wird. Häufig werden die Begriffe aber auch synonym verwendet.

Ein charakteristischer Vorteil digitaler Medien für kooperatives Lernen besteht darin, dass die mit ihnen erstellten Produkte und Arbeitsergebnisse dynamisch und veränderlich sind. Wird zum Beispiel der Fotoroman mit einem Textverarbeitungsprogramm oder einer App zur Gestaltung digitaler Bücher angefertigt, können die von den Gruppenmitgliedern erarbeiteten Bausteine nahtlos zusammengefügt, nachträglich angepasst und überarbeitet werden. Durch die einfache Editierbarkeit können also die Beiträge der Gruppenmitglieder nicht nur gut integriert, sondern auch nochmals bearbeitet und damit erneut gemeinsam reflektiert werden. Auch dass das Endergebnis „professionell" aussieht, kann für Schülerinnen und Schüler motivierend sein. Inzwischen existieren neben der klassischen Textverarbeitungs- und Präsentationssoftware zahlreiche Werkzeuge, mit denen die Schülerinnen und Schüler gemeinsam online an digitalen Produkten arbeiten können, etwa Online-Texteditoren, kollaborative Mindmapping-Werkzeuge oder Apps zum gemeinsamen Erstellen von Präsentationen.

Eine herausgehobene Bedeutung für kooperatives Lernen mit digitalen Medien hat darüber hinaus die computervermittelte Kommunikation. Digitale Kommunikationswerkzeuge können zahlreiche Formen annehmen, z.B. Diskussionsforen und Blogs, Kommentare in einem Textverarbeitungsprogramm, Chatprogramme oder

Videokonferenz-Apps. Diese Formen computervermittelter Kommunikation lassen sich nach zahlreichen Kriterien systematisieren, etwa danach, ob die Kommunikation gleichzeitig (synchron) oder zeitlich versetzt (asynchron) stattfindet, welche Zeichenform (Schrift, Bild) verwendet und welche Modaliät (visuell, auditiv) angesprochen wird, ob die Kommunikation dialogisch oder monologisch erfolgt und ob zwischen Einzelpersonen oder zwischen Gruppen kommuniziert wird (vgl. Tab. 19 für eine einfache Systematisierung).

Tab. 19: Systematisierung verschiedener Werkzeuge für computer-vermittelte Kommunikation nach zeitlicher Struktur und Codierungsform

Zeitliche Struktur		synchron	asynchron
Codierungsform	Schrift	Chat	Diskussionforum, Blog, Wiki, E-Mail, Online-Werkzeuge (Texteditoren, Mindmapping, Präsentationsprogramme), Kommentarfunktionen
	Bild	Video-Konferenz	Vlog

Allerdings verschwimmen die Grenzen bei solchen Systematisierungen zusehends, da die Werkzeuge, die für die computervermittelte Kommunikation zur Verfügung stehen, eine zunehmend erweiterte Funktionalität bereitstellen: So wird in dem an sich textbasierten Medium Chat auch mit Emojis (also nicht nur schriftlich sondern auch bildlich) oder Audionachrichten (also nicht nur visuell sondern auch auditiv) kommuniziert und sie können sich an einzelne oder an Gruppen richten, (Audiovisuelle) Video-Chats können von Zuschauern schriftlich kommentiert werden, mit einem Online-Werkzeug (z.B. einem Texteditor) kann sowohl synchron wie auch asynchron gearbeitet werden usw.

In der Mediendidaktik werden die Potenziale der computer-vermittelten Kommunikation in erster Linie im Zusammenhang mit E-Learning-Umgebungen für das Fernlernen diskutiert. Allerdings können die Vorteile auch zur Unterstützung des Schulunterrichts, bei dem die Schülerinnen und Schüler sich regelmäßig in der Schule sehen und für ihre Kommunikation eigentlich nicht auf die Unterstützung durch computer-vermittelte Werkzeuge angewiesen sind, eingesetzt werden. Folgende Merkmale computervermittelter Kommunikation gelten als vorteilhaft für kooperatives Lernen (zusammenfassend in Niegemann et al. 2008; Petko 2014):

- Die Kommunikation erfolgt häufig *textbasiert*. Indem die Schülerinnen und Schüler ihre Beiträge zum Gruppenergebnis und ihre Kommentare zu den Beiträgen anderer aufschreiben, werden sie angeregt, sich intensiv mit diesen auseinanderzusetzen. Auch, dass die Beiträge der anderen Gruppenmitglieder gelesen werden müssen, kann zu einer vertieften Beschäftigung mit deren Kommentaren und Anmerkungen führen. Ein Beispiel hierfür wäre die gemeinsame Erstellung eines Wikis. Moskaliuk (2010), der Überlegungen des kognitiven Ansatzes mit konstruktivistischen Überlegungen verbindet, unterscheidet hierbei in Anlehnung an Cress und Kimmerle (2008) einen Informationsraum, der durch das Wiki abgebildet wird, und einen Wissensraum, der die kognitiven Strukturen des Lernenden beinhaltet. Beim Lernen mit einem Wiki kommt es zu Austauschprozessen zwischen dem Informationsraum des Wikis und dem Wissensraum der Lernenden. Ein solcher Austauschprozess ist zum einen die Aufnahme von Informationen aus dem Wiki, indem die Lernenden die Information, die sie im Wiki finden, dekodieren und in ihre Wissensstrukturen integrieren. Wenn die Lernenden dagegen den Informationsraum des Wikis entsprechend ihrer Wissensstrukturen verändern und ergänzen, tragen sie ihre Wissensstrukturen nach außen, wobei sie diese gleichzeitig reflektieren. Bei der Externalisierung werden also gleichzeitig der Wissensraum der Lernenden und der Informationsraum des Wikis weiterentwickelt. Wenn ein Wiki von mehreren Lernenden gemeinsam bearbeitet wird, schaffen sie auf diese Weise beständig neue Lerngelegenheiten füreinander.

- Die Kommunikation, und damit die Gruppenarbeit, kann *zeitlich versetzt* und *örtlich getrennt* erfolgen. Dies hat einerseits den Vorteil, dass die Gruppenmitglieder nicht unbedingt gleichzeitig am selben Ort sein müssen, um miteinander zu lernen. So können Gruppenaufgaben einfacher außerhalb der Schule bearbeitet werden oder Lernaufgaben über den Kreis der Schülerinnen und Schüler einer Klasse hinaus erweitert werden. Besonders im Fremdsprachen-Unterricht werden hierin Vorteile gesehen, da die computervermittelte Kommunikation Projekte mit Partnerklassen aus anderen Ländern, mit denen in einer Fremdsprache kommuniziert werden muss, erleichtert. Neben fremdsprachlichen Fertigkeiten werden bei solchen Austauschprojekten auch viele weitere Kompetenzen aufgebaut (vgl. Praxisbeispiel *eTwinning*). Die Asynchronität gibt darüber hinaus zurückhaltenderen oder langsameren Schülerinnen und Schülern die Möglichkeit, über einen Beitrag oder eine Antwort länger nachzudenken, bevor sie sich in die Gruppendiskussion einbringen.

Praxisbeispiel

eTwinning
„Einmal pro Woche hatten wir zusammen mit anderen Schülern aus Europa Unterricht, und wir chatteten regelmäßig oder führten Videokonferenzen durch, um über philosophische Texte und Vorstellungen zu sprechen, mit denen wir uns beschäftigt hatten.
Die Diskussionen über philosophische Konzepte mit Menschen aus anderen Ländern und mit einem anderen Hintergrund waren unglaublich bereichernd. Sie brachten mich dazu, schwierige Fragen aus unterschiedlichen Perspektiven und mithilfe verschiedener Ansätze zu betrachten.

> Die Gespräche stellten meine eigenen Ansichten auf den Prüfstand und zwangen mich häufig nicht nur dazu, diese so klar wie möglich zu formulieren, sondern sie auch vollständig zu überdenken, indem ich auf Sachverhalte oder nicht gerechtfertigte Annahmen hingewiesen wurde, die meine Mitschüler möglicherweise teilten und deshalb nicht infrage stellten. [...]
> eTwinning ist eine wirklich einzigartige Chance für Schüler aller Altersgruppen, sich offen mit einer Vielzahl von Lern- und Lehrmethoden und anderen Schülern aus einem Umfeld auseinanderzusetzen, das sich möglicherweise stark von dem ihren unterscheidet. Nutze das Potenzial dieser unschätzbaren Austausch- und Beziehungsmöglichkeiten, die gleichzeitig eine Herausforderung, eine Lernerfahrung und ein Abenteuer darstellen."
>
> (eTwinning 2015, 31)

Untersuchungen zur Lernwirksamkeit digitaler Medien in kooperativen Lernsettings zeigen allerdings, dass die Nutzung digitaler Kommunikationswerkzeuge für sich genommen nicht notwendigerweise zu einer Verbesserung des Lernens führt (zusammenfassend in Fischer/Vogel 2018). Wie bereits mehrfach in diesem Kapitel betont, ist auch für die Nutzung computer-vermittelter Kommunikation zur Unterstützung kooperativen Lernens eine didaktische Strukturierung notwendig. Eine in der mediendidaktischen Forschung propagierte Methode hierfür sind computergestützte *Kooperationsskripts* (Kobbe/Weinberger/Fischer 2009). Kooperationsskripts sind als Methode zur Strukturierung von Gruppenarbeit bekannt (vgl. das Praxisbeispiel *Textlesestrategie MURDER*). Allgemein gesprochen handelt es sich hierbei um detaillierte Anleitungen, mit denen dem Kommunikations- bzw. Arbeitsprozess der Lernenden in einer Gruppe eine bestimmte Struktur gegeben wird. Bei der computerunterstützten Kooperation werden solche Skripts in die computerbasierte Lernumgebung integriert. Zum Beispiel entwickelten Weinberger, Stegmann und Fischer (2010) ein Kooperationsskript, mit dem Lernende in einem E-Learning-Kurs gemeinsam mehrere Falldarstellungen analysieren sollten. Das Skript zwingt die Lernenden dazu, in einer festgelegten Reihenfolge zunächst Hypothesen aufzustellen, Beweise für die Hypothesen zu finden, die Qualität der Argumente kritisch zu prüfen usw. In Evaluationen konnte gezeigt werden, dass der Einsatz solcher Kooperationsskripts die Lerneffektivität computerbasierter kooperativer Lernumgebungen verbessert (Fischer/Vogel 2018).

Praxisbeispiel

Textlesestrategie *MURDER* (Dansereau et al. 1979)
Ein klassisches Kooperationsskript ist die Textlese-Strategie MURDER. Dabei werden Texte individuell gelesen und dann nach einem strukturierten Verfahren von den Schülerinnen und Schülern in Partnerarbeit analysiert. Die Schülerinnen und Schüler gehen jeweils nach folgenden sechs Schritten vor:

- **M**ood: Die Lernenden stimmen sich auf die Textbearbeitung ein.
- **U**nderstand: Die Schülerinnen und Schüler lesen jede/r für sich den ersten Textabschnitt und notieren sich Kerngedanken und wichtige Fakten.
- **R**epeat: Eine/r der beiden Schüler/innen wiederholt aus dem Gedächtnis die wichtigsten Inhalte.
- **D**etect: Die/der andere Schüler/in überprüft den Inhalt und deckt ggf. Fehler und Fehlkonzepte auf.
- **E**laborate: Die Schüler/innen stellen einander Fragen, um den Inhalt zu durchdringen und mit ihrem Vorwissen zu verknüpfen.
- **R**eview: Die Schüler/innen wiederholen nochmals die wichtigsten Erkenntnisse, die sie aus der Lektüre mitnehmen. (Dansereau et al. 1979)

Ein weiteres digitales Werkzeug zur Unterstützung kooperativen Lernens sind sogenannte *Group-Awareness-Tools*. Ursprünglich sind solche Werkzeuge dafür gedacht, die Anonymität beim Lernen in Online-Kursen abzumildern, die dadurch entsteht, dass die Teilnehmerinnen und Teilnehmer sich in einem Online-Kurs nicht direkt sehen können. Ein Beispiel für ein einfaches Group-Awareness-Tool ist die Anzeige, wer in einer Lernumgebung oder in einem sozialen Netzwerk zur Zeit noch online ist. Didaktisch eingesetzt, können Group-Awareness-Tools genutzt werden, um die Meinungen und Standpunkte der Mitglieder einer Gruppe zu visualisieren und Diskussionsprozesse anzuregen. So haben Dillenbourg und Jermann (2006) eine Methode zur Unterstützung kontroverser Diskussionen entwickelt, bei der die Schülerinnen und Schüler einer Gruppe zunächst mit einem Online-Fragebogen ihre Meinung zu einem gegebenen Thema abgeben. Die Antworten werden sofort ausgewertet und in einem Koordinatensystem graphisch dargestellt. Dies dient einerseits dazu, das Meinungsspektrum in der Klasse für alle graphisch darzustellen und zu diskutieren. Mittlerweile stehen für die Nutzung in der Schule zahlreiche Apps und Werkzeuge zur Verfügung, mit denen solche kleinen Umfragen in der Klasse z.B. über die Handys der Schülerinnen und Schüler durchgeführt und die Ergebnisse sofort über ein interaktives Whiteboard oder einen Computer visualisiert werden können. Die Applikation von Dillenbourg und Jerman bietet zusätzlich noch die Möglichkeit, dass die Lehrperson in der Schülergruppe Paare mit möglichst unterschiedlichen Meinungen bildet, die im nächsten Schritt die Aufgabe bekommen, einen gemeinsamen Standpunkt auszuhandeln. Weiterhin bieten solche Group-Awareness-Tools auch die Möglichkeit, das Ausmaß der Beteiligung der Lernenden an einer gemeinsamen Aufgabe zu veranschaulichen (etwa die Anzahl der Beiträge, die jedes Mitglied einer Gruppe zu einer Online-Diskussion geleistet hat) oder Bewertungen zur Qualität der Zusammenarbeit der einzelnen Mitglieder an die Gruppe zurückzumelden. Bezogen auf die eingangs dargestellten Merkmale kooperativen Lernens können Group Awareness Tools dazu beitragen, die Reflektion über den Gruppenprozess anzuregen und die individuelle Verantwortlichkeit der Lernenden zu erhöhen, indem transparent gemacht wird, wie sich die einzelnen Mitglieder in die Gruppenarbeit eingebracht haben (vgl. Abb. 36).

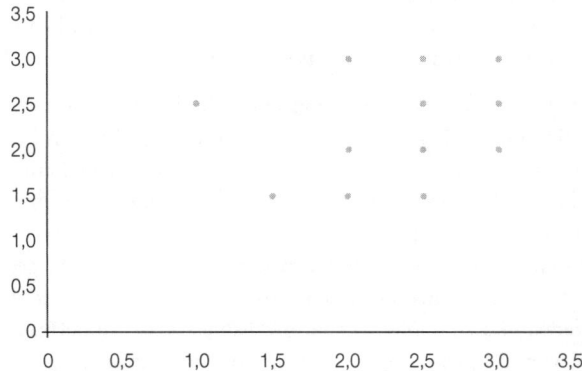

Abb. 36: Mögliche Art der Rückmeldung mit einem Group Awareness Tool bei der computer-unterstützten Gruppenarbeit (eigene Darstellung)

5.3.6 Herausforderungen im Unterricht mit (digitalen) Medien

Während große Einigkeit darüber besteht, dass Medien ganz allgemein eine wichtige Funktion zur Bereicherung des Unterrichts haben, wird mit Blick auf digitale Medien häufig über Probleme und Schwierigkeiten berichtet. Lehrerinnen und Lehrer haben mitunter Bedenken, dass digitale Medien den Unterricht eher stören als einen Mehrwert darstellen könnten (vgl. 6.1.2). Befragungen unter Lehrpersonen geben Hinweise darauf, worin Probleme und Risiken bei der Implementation digitaler Medien in den Unterricht bestehen. In der Studie ICILS 2013 wurden z.B. folgende Probleme von den befragten Leherinnen und Lehrern genannt (vgl. Tab. 20):

Tab. 20: Zustimmung deutscher Lehrkräfte zu Problemen beim Einsatz digitaler Medien im Unterricht in der Studie ICILS 2013 (eigene Darstellung nach Fraillon et al. 2014, 200f.)

	Lehrerbefragung (Deutschland)
Verleitet zum Kopieren von Materialien aus dem Internet	76 %
Negative Wirkung auf Schreibfertigkeiten	52 %
Führt zu reduzierter Kommunikation zwischen den Schülern	52 %
Negative Wirkung auf Rechenfertigkeiten	41 %
Behindert das konzeptuelle Verständnis im Vergleich zum Lernen mit realen Objekten	38 %
Organisatorische Probleme	34 %
Lenkt Schüler vom Lernen ab	29 %

Aus der Vielzahl der genannten Schwierigkeiten nehmen wir im Folgenden die Probleme des Kopierens von Materialien, der Schreibfertigkeit und der Ablenkung in den Fokus, da diese besonders häufig in der öffentlichen Diskussion um digitale Medien thematisiert werden und hierzu auch bereits einige Studien vorliegen, deren Ergebnisse wir an dieser Stelle zusammenfassen.

1) Oberflächliche Verarbeitung und Plagiate bei der Informationsrecherche: Während die Fülle und Aktualität der im Internet verfügbaren Information als großer Vorteil gegenüber nicht digitalen Medien wie dem Lehrbuch gesehen wird, machen Evaluationsstudien auch auf Schwierigkeiten aufmerksam. So besteht die Gefahr, dass Schülerinnen und Schüler Informationen unhinterfragt aus dem Internet übernehmen und sich so mit dem Unterrichtsgegenstand nur noch oberflächlich auseinandersetzen (Spitzer 2014). Welling et al. (2014) finden in ihrer Studie zu Tablet-PCs zum Beispiel, dass Schülerinnen und Schüler die Antworten auf Fragen der Lehrperson im Unterrichtsgespräch spontan auf ihren Tablet-PCs recherchieren. Dies kann deshalb problematisch sein, da das Unterrichtsgespräch ja dazu dienen soll, vorhandenes Wissen zu aktivieren, zu überprüfen und weiterzuentwickeln, was durch das Nachschlagen und Ablesen der Antwort im Internet unterlaufen wird. Auch wurde in dieser Studie gefunden, dass Schülerinnen und Schüler teilweise Schwierigkeiten hatten, die Glaubwürdigkeit von Internetquellen einzuschätzen (s. auch Karsenti/Fievez 2012; Ludwig/Mayrberger/Weidmann 2011; Schaumburg et al. 2007). Huchison und Reinking (2011) stellten in einer breit angelegten Befragung mit fast 1.500 amerikanischen Lehrkräften fest, dass Probleme im Umgang mit Internetinformation (mangelnde Kontrolle der Lehrerinnen und Lehrer über die genutzten Internetquellen, Internettexte zu schwierig für Schülerinnen und Schüler, fehlendes Verständnis für Urheberrechtsverletzungen) von vielen Lehrkräften als Barriere für den sinnvollen Unterrichtseinsatz digitaler Medien wahrgenommen werden. Vor dem Hintergrund der in Kapitel 4.3 und 4.4 dargestellten Aufgabe der Schule, die Medienkompetenz von Schülerinnen und Schülern zu fördern, möchten wir an dieser Stelle allerdings relativieren, dass Probleme mit Informationsrecherchen und Plagiaten kein Hinderungsgrund für den Einsatz digitaler Medien sein, sondern eher Anlass bieten sollten, den Umgang mit Informationen explizit zum Unterrichtsgegenstand zu machen.

2) Schülerinnen und Schüler verlernen das Schreiben
Die Einführung digitaler Medien in der Schule kann dazu führen, dass die Schülerinnen und Schüler insgesamt weniger schreiben oder wenig mit der Hand schreiben. Dies kann problematisch sein, da kognitionspsychologische Untersuchungen Hinweise darauf geben, dass das handschriftliche Schreiben für den Erwerb von Schreibkompetenzen sowie für die vertiefte Informationsverarbeitung von Bedeutung ist (zusammenfassend in Spitzer 2014). Evaluationsstudien zum Einsatz di-

gitaler Medien in der Schule zeigen allerdings, dass digitale Medien in der Schule nicht durchgängig zum Schreiben genutzt werden, da Schülerinnen und Schüler wie auch die Lehrkräfte das digitale Schreiben dem handschriftlichen Schreiben in verschiedener Hinsicht als unterlegen ansehen (Karsenti/Fievez 2012; Welling et al. 2014), z.B. weil es länger dauert oder man Annotationen nicht direkt an Arbeitsblättern oder Texten anbringen kann. Etwa die Hälfte der Schülerinnen und Schüler in der Studie von Welling et al. (2014) gibt an, auch im Unterricht mit Tablet-PCs eher auf Papier zu schreiben. Eine US-amerikanische Repräsentativbefragung an 700 Jugendlichen und ihren Eltern bestätigt ebenfalls, dass Jugendliche nach wie vor in der Regel mit der Hand schreiben, auch wenn sie digitale Medien besitzen. Dabei sehen die Jugendlichen das schriftliche Kommunizieren in sozialen Netzwerken und Chats allerdings gar nicht als Schreiben an (Lenhart/Arafeh/Smith 2008). Welling et al. (2014) und auch Schaumburg et al. (2007) fanden, dass Schülerinnen und Schüler sehr genau überlegen, wann sie elektronische Medien zum Schreiben einsetzen und wann nicht. Welling et al. (2014) stellen fest, dass sich bei den Schülerinnen und Schülern unterschiedliche Schreibstrategien, die digitales und handschriftliches Schreiben verknüpfen, herausbilden. Auch Belege für einen negativen Zusammenhang des Einsatzes digitaler Medien in der Schule und handschriftlicher Fertigkeiten bzw. Schreibkompetenzen liegen bisher nicht vor. Eine der wenigen Studien, die diesen Zusammenhang untersucht (Tschackert 2013), zeigt, dass mehrere Schreibtypen unterschieden werden können, die den Computer unterschiedlich gewinnbringend für die Überarbeitung von Texten und damit zur Verbesserung ihrer Schreibprodukte, einsetzen. Auch Schaumburg et al. (2007) konnten weder einen positiven noch einen negativen Effekt des Lernens in Laptop-Klassen auf die Aufsatzleistungen von Neuntklässlern feststellen.

3) Ablenkung im Unterricht
Alarmierende Ergebnisse US-amerikanischer Studien zeigen, dass Lernende mit Laptops oder Tablets mitunter zwei Drittel der Unterrichtszeit mit unterrichtsfernen Tätigkeiten, wie der Kommunikation über Facebook, Spielen und Webrecherchen, verbringen (Spitzer 2014). Allerdings wurden diese Studien mit Studierenden in universitären Vorlesungen durchgeführt. Die Ergebnisse können nicht ohne Weiteres auf das schulische Lernen im Klassenraum, also auf ein wesentlich interaktiveres und überschaubareres Lernsetting übertragen werden. Aber auch in der Schule ist das Problem der Ablenkung in zahlreichen Evaluationen dokumentiert, insbesondere für den Einsatz mobiler Medien wie Laptops und Tablet-PCs in 1:1-Ausstattungssituationen (Gutknecht-Gmeiner/Neugschwendner 2012; Karsenti/Fievez 2012; Schaumburg et al. 2007; Welling et al. 2014).
Das Ablenkungspotenzial digitaler Medien wird in Studien, die sich auf den schulischen Kontext beziehen, jedoch relativiert. So schätzen viele Lehrkräfte die Ablenkung durch digitale Medien als vergleichbar mit den Ablenkungsmöglichkeiten

im herkömmlichen Unterricht ein (Schaumburg et al. 2007; Welling et al. 2014). Häuptle und Reimann (2006) stellen fest, dass Schülerinnen und Schüler digitalen „Nebenbeschäftigungen" vor allem dann nachgehen, wenn im Unterricht „Leerlaufphasen" entstehen, z.b. wenn die Lehrkraft ein technisches Problem beheben muss. Durch entsprechende Regeln können Lehrkräfte der Ablenkungsgefahr durch die digitalen Geräte im Unterricht begegnen (z.B. die Geräte in bestimmten Unterrichtsphasen abzuschalten oder zuzuklappen) und die Ablenkung damit erheblich reduzieren (Gutknecht-Gmeiner/Neugschwendner 2012; Schaumburg/Issing 2002; Schaumburg et al. 2007). Teilweise erweisen sich ergänzend auch technische Lösungen, wie eine Kontroll-Software für Lehrerinnen und Lehrer oder die Möglichkeit, den Internetzugang variabel an- und abzuschalten, als hilfreich (Schaumburg et al. 2007). Welling et al. (2014) fanden in ihrer Evaluation eines Gymnasiums, an dem Tablet-PCs eingesetzt werden, dass sich im Lauf des Projektes bei den Schülerinnen und Schülern ein gewisses Problembewusstsein für die Ablenkungsgefahr durch die Tablets einstellt und sie Strategien entwickeln, sich weniger ablenken zu lassen. In dieser Studie zeigte sich, dass der Umgang mit der Ablenkung Teil des Prozesses ist, Verantwortung für das eigene Lernen zu übernehmen.

Insgesamt lassen sich Probleme für die Unterrichtsgestaltung häufig als eine mangelnde Passung von Unterrichtsgestaltung und Medieneinsatz interpretieren. Sie machen einmal mehr deutlich, dass der Unterricht an den jeweiligen Medieneinsatz angepasst werden muss: Beim Unterricht mit digitalen Medien müssen neue Schwerpunkte im Unterricht gesetzt und neue Regeln für den Umgang mit den Geräten festgelegt werden. Das unhinterfragte Übernehmen von Informationen aus dem Internet sollte im Unterricht mit digitalen Medien ebenso thematisiert werden wie der bewusste Umgang mit der Ablenkungsgefahr digitaler Medien, um nicht nur das fachliche Lernen, sondern auch eigenverantwortliches Medienhandeln im Unterricht zu fördern. Gerade solche Überlegungen zeigen insofern auch, dass es zu kurz greift, (digitale) Medien allein als Hilfsmittel für die Vermittlung von Unterrichtsstoff zu begreifen. Unweigerlich muss beim Einsatz von Medien auch über die Vermittlung von Medienkompetenz nachgedacht und diese mit den Schülerinnen und Schülern thematisiert werden.

5.4 Instructional Systems Design

Das Konzept des Instructional Systems Design („systematisches Instruktionsdesign") bezeichnet den formalisierten schrittweisen Prozess der Analyse des Lernbedarfs und der darauf basierenden Entwicklung, Implementation und Evaluation von Lernmedien (Issing 2009; Niegemann 2009). Es entstand im zweiten Weltkrieg in den U.S.A., als sich das amerikanische Militär mit der Aufgabe konfrontiert sah, in kurzer Zeit eine große Zahl von Soldaten auszubilden. Die amerikanische Regierung gab deshalb pädagogische Forschung in Auftrag, um Lehrmethoden und -medien zu entwickeln, mit denen die Soldaten schnell und effektiv geschult werden konnten. Der Bedarf nach effizienten Instruktionsmethoden wurde in den 1950er Jahren weiter befördert durch den sogenannten „Sputnikschock", der zur Folge hatte, dass in den Vereinigten Staaten massiv in das Bildungssystem investiert wurde, um den wissenschaftlich-technologischen Rückstand gegenüber der Sowjetunion aufzuholen.

Das Ergebnis war eine Reihe von Modellen, die das Prozedere für die systematische Entwicklung von hinsichtlich ihrer Effizienz geprüfter Lernmaterialien vorschreiben. Diese Modelle sind „systematisch" im Sinne von regelgeleitet. Die Entwicklung von Lernmaterialien nach dem Instruktionsdesign-Ansatz erfolgt nicht spontan und zufällig, sondern orientiert sich an festgelegten Prozeduren und Schritten. Diese Schritte sind das Ergebnis eines pädagogisch-wissenschaftlichen Forschungsprozesses und ihre Einhaltung soll die Effektivität und Effizienz der Lernmaterialien sicherstellen. Das Systematische Instruktionsdesign unterscheidet sich von deutschsprachigen Ansätzen der Mediendidaktik dadurch, dass es explizit im Kontext der außerschulischen Aus- und Weiterbildung entstanden ist und auf schulische Aspekte kaum Bezug nimmt. Auch steht der Vermittlungsaspekt im Vergleich zur deutschsprachigen Mediendidaktik deutlich stärker im Vordergrund. Seit einigen Jahren wird der Ansatz aber auch in Deutschland zunehmend zur Kenntnis genommen, in dem Maße, wie an die Entwicklung von Lernmedien die Anforderung herangetragen wird, dass ihre Wirksamkeit empirisch geprüft und evidenzbasiert nachgewiesen werden sollte (Kerres 2013).

Das einfachste der Modelle des systematischen Instruktionsdesign, das sogenannte *ADDIE-Modell* besteht aus den fünf aufeinander folgenden Schritten: *A*nalyse → *D*esign → *D*evelopment → *I*mplementation → *E*valuation. Die Analysephase dient dazu, die Lücken zwischen dem gewünschten Verhalten oder Wissen der Lernenden und ihren aktuellen Fertigkeiten und Fähigkeiten zu ermitteln. Während der Designphase wird die Lerneinheit oder das Lernmaterial zunächst geplant. Es werden Lernziele festgelegt, Formen der Lernzielkontrolle bestimmt, sowie die Struktur von Lerninhalt und Übungen entworfen. Die eigentliche Erstellung der Lernmaterialien erfolgt dann in der Entwicklungsphase. In der Implementationsphase werden die Materialien an die Lernenden verteilt und erprobt. Schließlich wird die Effektivität der Lernmaterialien in der Evaluationsphase bewertet (Niegemann 2009).

Das ADDIE-Modell wurde seit den 60er Jahren zunehmend kritisiert. Der Designprozess, den es vorschreibt, wurde als zu schematisch bemängelt, d.h. zu linear, zu unflexibel und darüber hinaus zu zeitaufwendig in der Anwendung. Das Modell wurde deshalb verschiedentlich weiterentwickelt. Prototypisch ist das Modell von Dick und Carey (1985, vgl. Abb. 37). Deren Weiterentwicklung des ADDIE-Modells besteht darin, das Instruktionsdesign nicht nur als systematisch im Sinne von „regelgeleitet", sondern in einem weiteren Sinne als „System" zu begreifen. Dick und Carey legen Wert darauf, dass zwischen den Elementen des Instruktionsdesigns Feedback-Schleifen eingebaut werden müssen. So wird aus der statischen Abfolge von Schritten im ADDIE-Modell ein dynamischer Prozess, bei dem beispielsweise Probleme, die sich bei der Implementation zeigen, sofort bei der Weiterentwicklung der Lernmaterialien berücksichtigt werden. Auf diese Weise sollte eine bessere Passung der entwickelten Lernmaterialien auf die Erfordernisse der Lernsituation und die Bedürfnisse der Lernenden erreicht und Fehlentwicklungen vermieden werden.

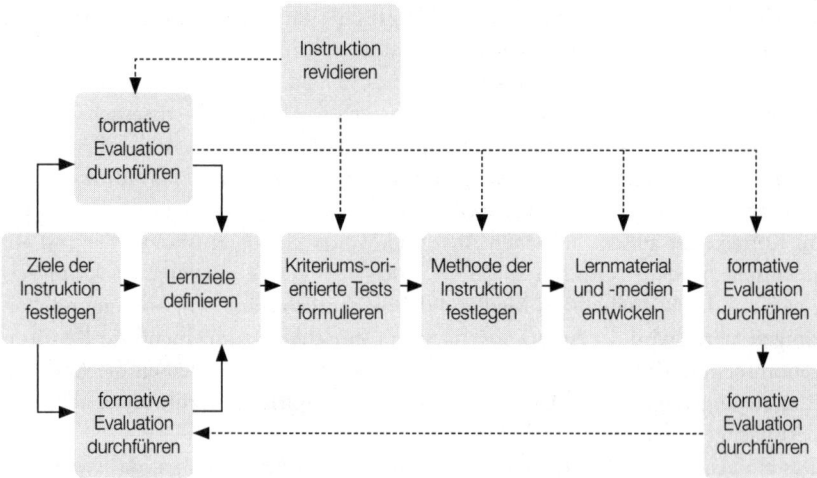

Abb. 37: Modell des Instruktionsdesigns von Dick und Carey (1985, 2)

Weiterentwicklungen des systematischen Instruktionsdesigns bestehen darin, die Zyklen von Entwicklung, Implementation und Evaluation noch enger zu verknüpfen. Dies geschieht zum Beispiel beim sogenannten Rapid-Prototyping (Tripp/Bichelmeyer 1990), bei dem zunächst mit möglichst geringem Aufwand ein erster Entwurf des Lernmaterials gestaltet, dann einigen Testlernern oder Evaluatoren vorgelegt und auf der Grundlage von deren Feedback weiterentwickelt wird. Auf diese Weise erfolgt die Entwicklung über zahlreiche Erprobungs- und Entwicklungszyklen.

Weiterhin werden in neueren Ansätzen die Lehrkräfte und ihre Schülerinnen und Schüler stärker in einer aktiven Rolle in den Designprozess einbezogen. Dabei weitet sich die Perspektive vom Fokus auf die Mediengestaltung zur Gestaltung der gesamten Lernsituation. Dies geschieht z.B. bei der Entwicklung von Lernmaterialien im Rahmen des Total Quality Management (Ehlers 2011) oder beim Ansatz der gestaltungsorientierten Mediendidaktik (Kerres/de Witt 2011, vgl. 5.2).

5.5 Lerneffektivität von Medien

Fassen wir die Ausführungen der vorangegangenen Kapitel zusammen, so können wir festhalten, dass aus unterschiedlichen lerntheoretischen Perspektiven von der Lernwirksamkeit von Medien im Unterricht ausgegangen wird (vgl. 5.1). Unter einem didaktischen Blickwinkel wird darüber hinaus deutlich, dass der Einsatz von Medien im Unterricht mit mannigfaltigen Zielsetzungen gestaltet werden kann und in einem komplexen Bedingungsgefüge, das Inhalte, Lernziele, Methoden, Schülervoraussetzungen und schulische Kontextbedingungen einschließt, betrachtet werden muss (vgl. 5.2, 5.3 und 5.4). Diese beiden Gesichtspunkte verbindend, gehen wir abschließend der Frage nach, inwieweit die Lernwirksamkeit von Medien durch Forschung belegt ist. Einleitend stellen wir einige grundsätzliche Überlegungen zur empirischen Überprüfung der Lerneffektivität von Medien im Schulkontext an. Wir zeigen auf, welche forschungsmethodischen Wege zur Beantwortung der Frage „Verbessern Medien das Lernen der Schülerinnen und Schüler?" beschritten werden. Damit möchten wir auch verdeutlichen, dass diese Frage gar nicht so einfach zu beantworten ist, wie es auf den ersten Blick scheint. Anschließend skizzieren wir anhand sogenannter Meta-Studien einige zentrale Befundmuster zur Frage, ob Schülerinnen und Schüler mit Medien „besser" oder „mehr" lernen. Wir beschränken uns dabei auf die digitalen Medien, deren Lerneffektivität in den vergangenen 40 Jahren besonders intensiv untersucht wurde und fokussieren in diesem Zusammenhang, bezugnehmend auf die vorherigen Abschnitte dieses Kapitels die Integration digitaler Medien in den Unterricht.

5.5.1 Forschungsdesigns zur Überprüfung der Lerneffektivität von Medien

Zur Untersuchung der Lernwirksamkeit von Medien wird häufig ein Vergleich von Lerngruppen durchgeführt. Dabei hat jeweils eine Gruppe ein bestimmtes Unterrichtsmedium verwendet und eine zweite (die sogenannte Kontrollgruppe) hat das jeweilige Lernmedium nicht genutzt. Ein solches Forschungsdesign, bei dem ein „traditioneller" mit dem mediengestützten Unterricht verglichen wird, wird von einigen Wissenschaftlern verächtlich als „horse race approach" (Salomon 2016, 156) bezeichnet und ist in der Mediendidaktik fundamentaler Kritik ausgesetzt:
- Erstens blenden einfache Medienvergleichsuntersuchungen aus, dass ein Buch, ein Lehrfilm oder ein Lernprogramm sehr unterschiedlich gestaltet sein kann. Gerade diese Gestaltungsmerkmale können aber ausschlaggebend dafür sein, wie gut oder schlecht mit dem jeweiligen Medium gelernt wird (vgl. dazu z.B. die Untersuchungen, die wir in Kapitel 5.3.2 dargestellt haben).
- Ein zweiter Kritikpunkt betrifft die Technikzentrierung von Medienvergleichsstudien. Bereits Clark (1983 1994) stellt infrage, ob statt der Medien nicht besser die eingesetzten Unterrichtsmethoden verglichen werden sollten. Clark kleidet dies in die provokante Metapher, dass Medien nicht mehr und nicht weniger zur Verbesserung des Lernens beitrügen, als ein Lastwagen, der Lebensmittel transportiert,

die Qualität der Ernährung verbessere. Nach Clark ist die relevante Größe für die Qualität von Unterricht die Wahl der Unterrichtsmethoden, die mit unterschiedlichen Medien realisiert werden können. Kozma (1991 1994) hält dieser Auffassung entgegen, dass die Fokussierung der Unterrichtsmethoden ohne die Medien zu betrachten, ebenfalls zu kurz greift. Ganz im Sinne der unter 5.2 diskutierten mediendidaktischen Modelle geht er von einer Wechselwirkung der Verwendung bestimmter Medien mit der Unterrichtsmethodik aus. Bei der Untersuchung müssen also – so wie wir es im vorigen Kapitel am Beispiel von interaktiven Whiteboards und mobilen Medien angedeutet haben – Medium und Methode gleichermaßen betrachtet werden, um solche Wechselwirkungen genauer analysieren zu können.
- Drittens ignorieren Medienvergleichsstudien neben unterrichtsmethodischen Aspekten auch die Merkmale der Lernenden, die aus lerntheoretischer und didaktischer Perspektive für die Lernwirksamkeit von Medien ebenfalls hochrelevant sind.
- Ein vierter Kritikpunkt betrifft schließlich die Messung des Lernergebnisses. Klassischerweise werden in Medienvergleichsstudien Tests eingesetzt, mit denen die Behaltensleistung bzw. der Lernzuwachs bezogen auf ein bestimmtes fachliches Lernziel überprüft wird. Was aber, wenn ein mediendidaktisches Unterrichtsarrangement hinsichtlich der Lerninhalte und Lernwege bewusst Freiheitsgrade eröffnet, wie in konstruktivistischen Lernumgebungen? Wenn neben fachlichen Kompetenzen auch Fertigkeiten wie Selbststeuerung oder Problemlösefertigkeit erworben werden sollen, die nur schwer empirisch fassbar sind? Den Nachweis der Effektivität solcher Lernarrangements lediglich an das Abschneiden in Fachleistungstests zu knüpfen, wird dem Anspruch, den solche Lernumgebungen erheben, nicht gerecht. Jonassen (1992) schlägt deshalb vor, aus konstruktivistischer Perspektive andere Evaluationskriterien festzulegen, z.B. ergebnisoffene Evaluationen, authentische Lernaufgaben oder Aufgaben, die Wissenskonstruktion erlauben und nicht nur das Lernergebnis, sondern auch den Lernprozess betrachten.

Forschungsmethodisch können unterschiedliche Wege beschritten werden, die die Kritik an Medienvergleichsstudien aufgreifen. So erscheint die theoretisch begründete, differenzierte Untersuchung der Gestaltung einzelner Medienmerkmale gewinnbringender als ein pauschaler Vergleich verschiedener Medien. Beispielsweise lässt der Vergleich unterschiedlicher Kombinationsmöglichkeiten von Bildern und Texten oder Formen des Feedbacks brauchbarere Ergebnisse für die bestmögliche Gestaltung von Medienangeboten erwarten als ein pauschaler Vergleich des Lernerfolgs beim Lernen mit einem Lehrbuch und einem Lernprogramm.

Mit der Kritik am „horse race approach" wird also nicht das experimentelle Vorgehen per se abgelehnt. So wird die Lernwirksamkeit einzelner Gestaltungsmerkmale von Medien häufig im Rahmen instruktionspsychologischer *experimenteller Laborstudien* durchgeführt. Hierbei wird, unter möglichst weitgehender Konstanthaltung äußerer Bedingungen, ein Medienmerkmal variiert und die Auswirkung auf den Lerneffekt beobachtet (vgl. *Experiment zur Überprüfung von Medien- und Methodeneffekten*).

Studie

Experiment zur Überprüfung von Medien- und Methodeneffekten
Mit einer Studie (Sung/Mayer 2013) soll die Aussage von Clark (1994) überprüft werden, dass Methoden einen wichtigeren Beitrag zum Lernerfolg leisten als das verwendete Medium. Dazu wird einer Gruppe von 79 Psychologie-Studierenden entweder eine interaktive oder eine nicht-interaktive Version eines Lernprogramms zur Funktionsweise von Solarzellen vorgelegt. Die interaktive Version besteht aus 11 Bildschirmseiten, zwischen denen die Lernenden hin- und zurückblättern konnten. In der nicht-interaktiven Version werden die Bildschirmseiten nach dem Starten hintereinander eingeblendet (Variation der Methode). Weiterhin wird das Medium variiert: Die Hälfte der Studierenden sehen sich das Lernprogramm auf einem Computer in einem Computerraum an, die andere Hälfte erhält einen Tablet-PC und geht zum Lernen in einen Hof. Danach wird ein Behaltenstest sowie eine Befragung zur Motivation, weiter mit dem Programm zu lernen, vorgelegt. Es zeigt sich, dass unabhängig vom Medium (Computer oder Tablet-PC) die Studierenden, die mit der interaktiven Version des Programms gelernt haben, mehr Informationen behalten haben. Unabhängig von der verwendeten Methode (interaktives oder nicht-interaktives Programm) beurteilten die Studierenden, die mit dem Tablet-PC gelernt haben, das Programm als motivierender.
Die Methode beeinflusst in diesem Experiment also das Lernergebnis stärker, das Medium hingegen wirkt auf die Motivation stärker.

In komplexeren Versuchsanordnungen kann man auch bestimmte Eigenschaften der Lernenden, wie z.B. das Vorwissen vor Beginn des Experiments erfassen und die Lernenden dann jeweils bestimmten Versuchsgruppen zuweisen, um die Interaktion von Lernenden- und Medieneigenschaften systematisch zu untersuchen. Die gezielte Untersuchung solcher Wechselwirkungen zwischen Eigenschaften der Lernenden und Medien- bzw. Methodenmerkmalen bezeichnet man auch als *Aptitude-Treatment-Interaction-Ansatz* (ATI-Ansatz; Cronbach/Snow 1977). Das Ziel dieses aus der pädagogischen Psychologie stammenden Ansatzes besteht darin, systematisch die Passung von Schülermerkmalen und Unterrichtsmethoden zu erforschen, um Lehrkräften so empirisch gesicherte Hinweise für die Unterrichtsgestaltung geben zu können. Zwar kommt auch die Aptitude-Treatment-Forschung angesichts des komplexen Zusammenwirkens von Schülereigenschaften, Medien- und Methodenmerkmalen zu uneinheitlichen und widersprüchlichen Ergebnissen (Driscoll 1987). Dennoch ist dieser Ansatz deutlich besser als ein reiner Medienvergleich geeignet, Aussagen über die Lernwirksamkeit von Medien zu machen.
In der Regel werden experimentelle Studien mit Testpersonen in einer Laborsituation durchgeführt. Die Praxisferne solcher Untersuchungen ist ein wesentlicher Kritikpunkt an diesem Ansatz – je nach Anlage der Studie ist unklar, inwieweit sich die gefundenen Ergebnisse auf das Lernverhalten von Schülerinnen und Schülern in realen Unterrichtssituationen übertragen lassen (Petko 2011). Ein anderer Weg besteht deshalb darin, die Nutzung von Medien in Lernprozessen in der Schule zu untersuchen, so wie sie dort tatsächlich stattfindet. Diesen Ansatz verfolgen *Feld- und*

Evaluationsstudien. Während der Vorteil ganz klar darin liegt, dass hier die Nutzung von Medien im Alltag relativ unmittelbar erforscht wird (obwohl es z.B. aufgrund sozial erwünschten Verhaltens auch hier zu Verzerrungen kommen kann), besitzen diese Studien wiederum den Nachteil, dass die Rahmenbedingungen nicht gezielt variiert werden können und die Zuordnung der Untersuchungsteilnehmer zu einer Untersuchungsgruppe nicht zufällig erfolgt. So ist es denkbar, dass sich für die Teilnahme an einer Medienklasse eher medienbegeisterte Schülerinnen und Schüler und innovationsbereite Lehrkräfte bereit erklären. Die Befunde solcher Untersuchungen müssen deshalb immer im Kontext der jeweiligen Rahmenbedingungen interpretiert werden, wobei der Anteil an Veränderung, der auf den Medieneinsatz zurückführbar ist, schwer zu bestimmen ist. Auch eine Verallgemeinerung der Ergebnisse lässt sich, wenn überhaupt, erst über den Vergleich mehrerer Evaluationsstudien, die unter unterschiedlichen Rahmenbedingungen durchgeführt wurden, erreichen. Darüber hinaus gilt auch hier, dass ein reiner Vergleich beispielsweise der Lernergebnisse von Schulklassen, die mit und ohne ein bestimmtes Medium unterrichtet werden, ohne die Betrachtung komplexer Interaktionen mit technischen, methodischen und inhaltlichen Aspekten, relativ wenig Aussagekraft hat.

Ein Forschungsansatz, der beansprucht, experimentelle Forschung mit Feld- und Evaluationsforschung zu verbinden, sind sogenannte *Randomized Field Trials* (randomisierte Feldversuche; Boruch/de Moya/Snyder 2002). Darunter wird der Versuch verstanden, die kontrollierten Bedingungen einer experimentellen Laborforschung unter den Bedingungen des Schulalltags möglichst weitgehend herzustellen. Dies geschieht z.B. dadurch, dass durch das Aufteilen von Schulklassen mehrere Untersuchungsgruppen gebildet werden, die quasi-experimentell verglichen werden können. Eine weitere Strategie besteht darin, möglichst viele Variablen, die das Untersuchungsergebnis beeinflussen können (z.B. Vorwissen, Leistungsfähigkeit, Lernmotivation usw.), zu erheben, um ihren Einfluss statistisch zu prüfen und zu kontrollieren. Randomized Field Trials sind in der Sozialwissenschaft weit verbreitet, werden aber auch im Rahmen mediendidaktischer Forschung als vielversprechend erachtet (Petko 2011). Das Hauptproblem dieses Ansatzes besteht darin, dass es nicht immer möglich ist, die Ansprüche einer experimentellen Forschung im Feld umzusetzen. So werden die für komplexe statistische Analysen benötigten Stichprobengrößen nicht erreicht oder die Schülerinnen und Schüler können nur mit Einschränkungen zufällig auf die Untersuchungsgruppen verteilt werden (Towne/Hilton 2004). Ersteres ist gerade bei der Erforschung der Implementierung digitaler Medien ein Problem, da diese häufig lediglich in Modellversuchen und Pilotprogrammen an ausgewählten Schulen bzw. in ausgewählten Schulklassen eingesetzt werden.

Eine Alternative, die ebenfalls die Lücke zwischen experimenteller Forschung und Feld- bzw. Evaluationsforschung schließt, ist der sogenannte *Design-Based Research-Ansatz* (Reinmann 2005). Bei dieser Methode werden Forschungsdesigns in enger Zusammenarbeit von Forscherinnen und Forschern sowie Lehrkräften erarbeitet, von den Lehrpersonen im Unterricht erprobt und wiederum in Zusammenarbeit mit Forscherinnen und Forschern systematisch ausgewertet. Die Rückmeldung der Ergebnisse wird sofort in der Praxis angewandt, um den Unterricht weiterzuentwickeln. Der Design-Based Research-Ansatz wurde im Kontext der Unterrichtsentwicklung erarbeitet, lässt sich aber auch im Rahmen mediendidaktischer Forschung gut anwenden (Petko 2011). Das in Kapitel 5.4 besprochene Instructional Systems Design weist, ebenso wie der Ansatz der gestaltungsorientierten Mediendidaktik (vgl. 5.2), eine gewisse Nähe zum Design-Based Research-Ansatz auf. Probleme dieses Ansatzes liegen wiederum in der fehlenden Generalisierbarkeit der Ergebnisse. Da die Forschung sich explizit auf einen spezifischen Anwendungskontext richtet, steht hier weniger die Verallgemeinerbarkeit als die Verbesserung der Praxis im Vordergrund.

5.5.2 Empirische Befunde zur Lerneffektivität digitaler Medien

Die mediendidaktische Forschung hat eine kaum noch zu überschauende Fülle von Untersuchungen hervorgebracht, mit der die Lernwirksamkeit von Medien überprüft wird. Dabei wird, wie im vorigen Abschnitt ausgeführt, eine Vielfalt unterschiedlicher Forschungsdesigns gewählt. Die Ergebnisse dieser Untersuchungen sind uneinheitlich und widersprechen sich – Studien, die von großen Lernzuwächsen berichten, stehen neben anderen, in denen keine oder sogar negative Effekte auf das Lernen der Schülerinnen und Schüler gefunden wurden.

Eine Methode, mit der die vielen Einzelergebnisse systematisch zusammengefasst und verglichen werden können, stellen sogenannte Meta-Analysen dar (vgl. *Das Verfahren der Meta-Analyse*).

Theorie

Das Verfahren der Meta-Analyse
Meta-Analysen sind Untersuchungen, die die Ergebnisse vieler Untersuchungen mittels statistischer Verfahren miteinander verrechnen. Auf diese Weise kann über verschiedene Studien hinweg ein gemeinsamer Wert für die Wirksamkeit des Medieneinsatzes, die sogenannte Effektstärke, angegeben werden (Cohen 1988). Die Effektstärke kann Werte im positiven wie im negativen Bereich annehmen. Cohen spricht ab einer Effektstärke von 0.2 von einem geringen, aber praktisch bedeutsamen Effekt.
Effektstärken, die größer als 0.5 sind, werden als mittlere und Effektstärken über 0.8 als starke, praktisch bedeutsame Effekte bezeichnet.
Meta-Analysen haben verschiedene Besonderheiten: Sie gehen von einer umfangreichen Literaturrecherche aus, die neben Zeitschriftenartikeln auch Doktorarbeiten und Forschungsberichte einschließt. Damit verhindert man, dass vor allem Studien mit signifikanten Effekten berücksichtigt werden, da diese möglicherweise eher publiziert werden, als Studien, die keine signifikanten Ergebnisse berichten.
Sie betrachten überdies nur Studien, in denen die Wirksamkeit des Medieneinsatzes anhand von objektiven Tests sowie im Rahmen eines experimentellen Kontrollgruppen-Designs ermittelt wird. Ausgeschlossen bleiben also Studien, in denen die Beteiligten lediglich über subjektiv wahrgenommene Kompetenzgewinne berichten.

In den letzten Jahren wurden für viele unterschiedliche digitale Medien und Konzepte digitalen Lernens, z.B. Intelligente Tutorielle Systeme, Game-Based Learning und Flipped Classroom, Laptop- und Tabletklassen oder interaktive Whiteboards solche Meta-Analysen durchgeführt. Interessant ist in diesem Zusammenhang die Studie „Visible Learning" des australischen Bildungsforschers John Hattie (2009). In dieser Studie wird die Wirksamkeit unterschiedlichster Einflussfaktoren auf das schulische Lernen anhand von Meta-Analysen vergleichend untersucht. Bei der Hattie-Studie handelt es sich also um eine Meta-Meta-Analyse, d.h. sie fasst nicht die Ergebnisse von Einzelstudien zu einer Meta-Studie zusammen, sondern betrachtet die Ergebnisse vieler Meta-Analysen im Vergleich. Man kann anhand der Hattie-Studie also ablesen, wie lerneffektiv digitale Medien im Vergleich zu anderen Maßnahmen und Methoden sind, die zur Verbesserung des Lernens in der Schule führen sollen (z.B. die Häufigkeit, mit der die Lehrkraft den Schülerinnen und Schülern informatives Feedback gibt oder die Klarheit der Lehrperson). Hattie fand über alle betrachteten Meta-Analysen hinweg eine mittlere Effektstärke von 0.4. Etwas abweichend von Cohen (vgl. *Das Verfahren der Meta-Analyse*) stehen in der Hattie-Studie Werte von unter 0.4 für pädagogische Maßnahmen mit unterdurchschnittlicher Effektivität, Werte von über 0.4 deuten auf eine überdurchschnittliche Lernwirksamkeit hin.

Die Ergebnisse vorliegender Meta-Analysen zusammenfassend kann festgestellt werden, dass sich durch digitale Medien unterstütztes Lernen insgesamt positiv auf die fachlichen Leistungen von Schülerinnen und Schülern auswirkt (vgl. Tab. 21). Dies gilt für fast alle untersuchten Konzepte des digitalen Lernens. Es gilt für neuere Studien genauso wie für ältere, für Ausstattungskonzepte (Laptops, Tablets) ebenso wie für Programmtypen (tutorielle Systeme, interaktive Videos) und für didaktische Settings (flipped classroom). Eine negative Wirkung wird in keiner einzigen Meta-Analyse berichtet.

Man kann also aus den Ergebnissen der vorliegenden Meta-Analysen zunächst schlussfolgern, dass der Einsatz digitaler Medien sich insgesamt positiv auf die Lernergebnisse von Schülerinnen und Schülern auswirkt. Die Behauptung, ihre schulische Nutzung würde sich generell negativ auf das Lernen auswirken, wird nicht durch die vorliegenden Forschungsergebnisse gestützt.

Allerdings ist die Effektstärke nicht besonders groß. Im Licht der Bewertung der Effektstärke nach Cohen und des Grenzwerts von Hattie muss festgestellt werden, dass fast alle Konzepte digitalen Lernens nur eine geringe Effektivität haben bzw. im Vergleich zu anderen Maßnahmen, die man zur Verbesserung der Lernleistungen treffen kann, unterdurchschnittlich effektiv sind.

Wie lassen sich diese Ergebnisse erklären? Vermutlich damit, dass die berichteten Effektstärken die Komplexität des Einsatzes digitaler Medien im Unterricht, die wir in den vorigen Kapiteln ausführlich entfaltet haben, nur unzureichend berücksichtigen. Bei der Berechnung der Gesamt-Effektstärke einer Meta-Analyse werden die verschiedenen Einflussfaktoren, die in den zugrundeliegenden Einzelstudien betrachtet werden, zunächst nicht berücksichtigt, sondern alle Studien gewissermaßen „in einen Topf" geworfen.

Tab. 21: Meta-Analysen zu Konzepten digitalen Lernens

Konzepte digitalen Lernens	Effektstärke	Anzahl Einzelstudien	Veröffentlichungsjahre der Einzelstudien	Studie
Intelligente Tutorielle Systeme	0.36 (gering)	107	1997-2011	Ma et al. (2014)
Flipped Classroom	0.30 (gering)	21	2014-2016	Lo et al. (2017)
Game-based Learning	0.29 (gering)	39	1996-2012	Wouters et al. (2013)
Interaktive Lernvideos	0.52 (mittel)	6	1980-1999	Hattie (2009)
Computer-unterstützter Unterricht	0.37 (gering)	76	1977-2007	Hattie (2009)
Simulationen	0.33 (gering)	9	1981-2002	Hattie (2009)
Programmierte Instruktion	0.24 (gering)	7	1977-2000	Hattie (2009)
Web-basiertes Lernen	0.18 (sehr gering)	3	2002-2006	Hattie (2009)
Laptopklassen	0.12 – 0.5 (gering bis mittel)	10	2005-2012	Zheng et al. (2016)
Tabletklassen	0.23 (gering)	27	2010-2014	Tamin et al. (2015)
Mobile Geräte (insgesamt)	0.52 (mittel)	110	1993-2013	Sung et al. (2016)
Interactive Whiteboards (Forschungsreview)	nicht signifikant	16	2003-2013	Kyriakou/Higgins (2016)

Sofern die zugrundeliegenden Einzelstudien hinsichtlich von Merkmalen wie z.B. Unterrichtsarrangements, Technik- oder Schülereigenschaften variieren, können solche Zusammenhänge aber in einem zweiten Schritt auf der Grundlage von Meta-Analysen systematisch verglichen werden. Exemplarisch wollen wir einen solchen Vergleich anhand der Ergebnisse zu Interaktiven Whiteboards, mobilen Geräten (Laptops, Tablet-PCs, Smartphones usw.) und Game-Based Learning anstellen. Wir konzentrieren uns dabei auf die methodische Verwendung dieser Medien im Unterricht.

1) Interaktive Whiteboards

Der Vorteil Interaktiver Whiteboards wird in erster Linie in verbesserten Möglichkeiten der Visualisierung gesehen und sie werden vor allem in dieser Funktion im Unterricht eingesetzt. Hauptsächlich als Präsentationswerkzeug genutzt, ersetzen sie die traditionelle Wandtafel. Durch den Einsatz Interaktiver Whiteboards beschleunigt sich das Unterrichtstempo, da Medienbrüche durch den Wechsel zwischen verschiedenen Medien (Tafel, OH-Projektor, usw.) entfallen und Tafelbilder von den Lehrkräften bereits im Voraus erstellt und nicht während des Unterrichts an die Tafel gebracht werden müssen. Interaktive Whiteboards werden von Lehrkräften sehr unterschiedlich in den Unterricht integriert. Es wird sowohl eine Verstärkung des lehrerzentrierten Unterrichts beobachtet als auch berichtet, der Einsatz von Interaktiven Whiteboards führe dazu, dass die gesamte Klasse intensiver in den Unterricht einbezogen werden könne, indem die Lehrkräfte mehr offene Fragen stellen, häufigere Nachfragen zulassen und ausführlichere Rückmeldungen zu Schüleräußerungen geben. Die interaktiven Möglichkeiten der Geräte werden jedoch von den meisten Lehrkräften nicht ausgeschöpft. Technische Probleme bzw. Probleme mit der Bedienung der Geräte behindern den Unterricht (De Vita/Verschaffel/Elen 2014, Hennessy 2017; Higgins 2010; Kyriakou/Higgins 2016).

In einer Studie von Swan et al. (2010) an 14 Schulen mit mehr als 3.000 Schülerinnen und Schülern sowie 72 Lehrkräften wurden positive Effekte auf die Lernleistung in den Fächern Mathematik und Deutsch vor allem bei solchen Lehrkräften festgestellt, die die Interaktiven Whiteboards häufiger und vielfältiger einsetzen. Diese Lehrkräfte nutzen die interaktive Funktionalität stärker aus und bieten den Schülerinnen und Schülern Anlässe, selbst am Interaktiven Whiteboard zu arbeiten, z.B. indem ein mathematisches Problem an der Tafel gezeigt und verschiedene Lösungsansätze von den Schülerinnen und Schülern am Whiteboard entwickelt und mit der Klasse diskutiert werden. Lehrkräfte, bei denen keine positiven Effekte auf die Lernleistungen gefunden wurden, nutzen die Interaktiven Whiteboards dagegen primär zur Motivierung der Schülerinnen und Schüler am Stundenbeginn sowie für Lehrerpräsentationen.

2) Mobile digitale Medien
Evaluationen von mobilen digitalen Medien kommen recht einheitlich zu dem Ergebnis, dass sich im Unterricht mit Mobilgeräten die Häufigkeit und die Variationsbreite der schulischen Nutzung digitaler Medien deutlich erhöht. Dabei stehen schülerorientierte Unterrichtsmethoden bzw. die aktive Nutzung der Geräte durch die Schülerinnen und Schüler im Vordergrund. Hinsichtlich der eingesetzten Sozialformen wird sowohl berichtet, dass der Einsatz von Mobilgeräten dazu führt, dass verstärkt individualisiert gelernt wird, als auch, dass es zu einer Erhöhung des kooperativen Lernens kommt. Mobile digitale Medien werden häufig im Rahmen von Projektarbeit, für problem-basiertes Lernen sowie generell für eine Öffnung des Unterrichts genutzt. Untersuchungen in Laptopklassen zeigen darüber hinaus, dass die Geräte häufig als Schreibwerkzeuge eingesetzt werden, was zu einer Verstärkung des schriftlichen Arbeitens bzw. des Arbeitens mit eigenen Texten im Vergleich zu Klassen, die keine Laptops nutzen, führt. Schließlich wird als Vorteil dargestellt, dass mobile digitale Medien zu einer Intensivierung der Lehrer-Schüler-Interaktion beitragen. Als Probleme beim Einsatz von Mobilgeräten im Unterricht werden übereinstimmend technische Probleme sowie die Ablenkung der

Schülerinnen und Schüler genannt (Islam/Grönlund 2016; Tamim et al. 2015; Welling et al. 2014; Zheng et al 2016). Zwei Meta-Analysen zur Integration mobiler Medien in den Unterricht zeigen übereinstimmend, dass eine schülerorientierte Nutzung sich in deutlich höheren Effektstärken niederschlägt als eine lehrerzentrierte Integration. So finden Tamim et al. (2015) eine um ein Dreifaches höhere Effektstärke in den Studien, in denen Tablets verstärkt zur Kommunikation der Schülerinnen und Schüler untereinander eingesetzt werden, als beim lehrerkontrollierten Einsatz. Sung, Chang und Liu (2016) stellen fest, dass der Einsatz mobiler digitaler Medien für projekt- und problembasiertes, forschendes und entdeckendes Lernen die Lernleistungen signifikant erhöht. Signifikante positive Effekte werden aber auch für den Einsatz computer-basierter Tests und Quizze und für selbstgesteuertes Lernen gefunden.

3) Game-based Learning
Neben einem Effekt auf fachliche Lernleistungen wird in verschiedenen Studien gefunden, dass der Einsatz von Computerspielen sich förderlich auf die Fähigkeit zum Lösen komplexer Probleme, das Interesse und die Lernmotivation von Schülerinnen und Schülern auswirkt (Clark/Tanner-Smith/Killingsworth 2016; Perrotta et al. 2013; Connolly et al. 2012). Dabei hängt die Lerneffektivität entscheidend von der Reflektion des eigenen Vorgehens bei der Bearbeitung der Spielszenarien bzw. bei der durch das Spiel vorgegebenen Probleme ab. Die instruktionale Unterstützung durch die Lehrperson ist deshalb beim game-based learning von zentraler Bedeutung. Diese wurde in einer Meta-Analyse von Wouters et al. (2016) systematisch untersucht. Es zeigte sich, dass der Einsatz von Computerspielen im Unterricht dann größere Effekte zeigte, wenn die Nutzung der Spiele im Unterricht methodisch unterstützt wurde, etwa indem die Lernenden sich über ihre Lösungsstrategien austauschten oder im Klassenverband verschiedene Strategien, wie Problemsituationen im Spiel gelöst werden können, reflektiert wurden. Eine andere Meta-Analyse von Clark et al. (2013) findet zwar keinen generellen Effekt der Einbettung von Spielen in den Unterricht, stellt aber fest, dass die Lerneffektivität sich zum einen dann erhöht, wenn die Schülerinnen und Schüler beim Lernen mit dem Spiel von ihren Lehrkräften individuell unterstützt werden und zum anderen, wenn sie in Teams gegeneinander spielen.

Zusammengefasst bestätigen die Ergebnisse, dass die Art und Weise der didaktischen Einbindung in den Unterricht entscheidend für die Lerneffektivität digitaler Medien ist. Schüler- und problemorientierte Ansätze scheinen hier ein größeres Potenzial aufzuweisen als die Einbindung in einen lehrerzentrierten Unterricht. Dies bedeutet jedoch keinesfalls, dass die Lehrkraft im Unterricht mit digitalen Medien überflüssig wird. Im Gegenteil ist ein weiteres Ergebnis des kurzen Forschungsüberblicks in diesem Kapitel, dass die Unterstützung durch die Lehrkraft eine wesentliche Voraussetzung darstellt, damit digitale Medien in solchen Lernumgebungen ihr lernförderliches Potenzial entfalten können. Dies zeigen die berichteten Befunde zum game-based Learning besonders deutlich. Aber auch in den Studien zur Nutzung interaktiver Whiteboards und mobiler Computer erhielten die Schülerinnen und Schüler zwar Freiräume für die selbstgesteuerte und forschende Bearbeitung komplexer Aufgabenstellungen und Probleme, wurden dabei jedoch stets durch die Lehrkräfte angeleitet. Schülerinnen und Schülern benötigen für diese ausgesprochen anspruchsvolle Arbeitsweise individuelle Unterstützung, die Lehrkräfte und/oder Mitschülerinnen und Mitschüler wesentlich besser und effektiver leisten können als jede tutorielle Begleitung eines Lernprogramms. Auch muss die Nutzung digitaler Medien im Unterricht sorgfältig mit den Schülerinnen und Schülern vorbereitet und reflektiert werden, damit sich fachliche (und medienbezogene) Lernvorteile einstellen.

5.6 Zusammenfassung

In diesem Kapitel haben wir die Rolle von Medien zur Unterstützung fachlicher Lernprozesse beleuchtet. Einleitend betrachteten wir zunächst lerntheoretische Annahmen, mit denen die Lernwirksamkeit von Medien begründet wird. Diese sind insofern grundlegend, als dass sie Konsequenzen für didaktische Überlegungen zur Gestaltung von Medien und zur Einbindung von Medien in den Unterricht haben. Geht man davon aus, dass für das Lernen klar strukturierte Information und kontinuierliches Feedback besonders wichtig ist, ergeben sich andere Schlussfolgerungen für den Einsatz von Medien in Lernprozessen, als wenn davon ausgegangen wird, dass Lernen anhand komplexer Probleme in mehrdeutigen und unklar strukturierten Inhaltsbereichen erfolgt. Während bis in die 1990er Jahre über die Frage, ob Schülerinnen und Schüler besser instruktionistisch oder konstruktivistisch lernen, erbittert gestritten wurde, hat sich in der Mediendidaktik inzwischen eine pragmatische Grundhaltung durchgesetzt, die die Zugänge aus beiden theoretischen Lagern verknüpft. Eine solche Grundhaltung lässt sich gut verbinden mit allgemeindidaktischen Überlegungen zur Unterrichtsgestaltung: Im Zentrum dieser Überlegungen stehen die Schülerinnen und Schüler mit ihren Lernbedürfnissen auf der einen und die Inhalte und fachlichen Kompetenzziele des Unterrichts auf der anderen Seite. Je nach Lernvoraussetzungen der Schülerinnen und Schüler und angestrebten Lernzielen können instruktionistische Ansätze, die die Schülerinnen und Schüler strukturiert und angeleitet mit dem Lerngegenstand konfrontieren, ebenso sinnvoll sein wie offene Lernumgebungen, in denen die Schülerinnen und Schüler durch eigenes Erproben und Entdecken lernen. Vor dem Hintergrund der vielfältigen Gestaltungsmöglichkeiten von (insbesondere digitalen) Medien sowie eines handlungsorientierten Zugangs zum Erwerb von Medienkompetenz spricht aus mediendidaktischer Sicht jedoch einiges dafür, sich besonders intensiv mit dem gewinnbringenden Einsatz von Medien im Rahmen von alltagsnahen, komplexen Problem- und Aufgabenstellungen auseinanderzusetzen.

Zusammenfassung | 221

Anhand der fünf Funktionen Motivieren, Veranschaulichen/Präsentieren, Aktivieren, Individualisieren und Kommunizieren/Kooperieren haben wir in diesem Kapitel aufgezeigt, wie Medien – theoretisch begründet – im Unterricht eingesetzt werden können. In diesem Zusammenhang sind wir auch auf einige Probleme des Einsatzes digitaler Medien im Unterricht eingegangen.

Häufig wird gefordert, dass die Einbindung von Medien in die Unterrichtsgestaltung einen empirisch belegbaren Mehrwert für die Lernprozesse der Schülerinnen und Schüler haben solle, und dies umso mehr, je kosten- und arbeitsaufwändiger der Einsatz von Medien ist (Baumgartner/Herber 2013). Im letzten Abschnitt dieses Kapitels gingen wir deshalb darauf ein, inwieweit der Einsatz von Medien nachweislich positiv auf den Lernerfolg von Schülerinnen und Schülern wirkt. Anhand einer Betrachtung der Untersuchungsdesigns und Versuchsanordnungen, mit denen die Lerneffizienz von Medien nachgewiesen werden soll, zeigten wir auf, dass die zunächst einfach scheinende Frage nach dem Mehrwert von Medien etliche Fallstricke aufweist. So lässt sich, angesichts der Tatsache, dass der Unterricht mit Medien ein komplexes Bedingungsgefüge darstellt, die Lernwirksamkeit des Medieneinsatzes nicht generell nachweisen, sondern muss immer im Kontext seiner jeweiligen Rahmenbedingungen betrachet werden. Studien zur Lernwirksamkeit von Medien liefern in vielen Fällen einander widersprechende Ergebnisse. Bestenfalls zeigen sich dann in der Zusammenführung Muster und systematische Zusammenhänge. Auf diese Weise lassen sich trotz der komplexen Ausgangslage Aussagen dazu machen, was generell beim Einsatz von Medien zu bedenken ist und wie ein lernförderlicher Einsatz gestaltet werden kann. Insgesamt bestätigen diese Ergebnisse das Potenzial digitaler Medien für einen schüler- und problemorientierten Unterricht. Der Lehrperson kommt in einem solchen mediengestützten Unterricht eine zentrale Funktion zur Anregung und Unterstützung der Schülerinnen und Schüler zu.

Wird die Lernwirksamkeit von Medien fokussiert, gerät häufig aus dem Blick, dass der Einsatz von Medien im Unterricht gleichermaßen der Unterstützung des fachlichen Lernens und der Förderung von Medienkompetenz dienen soll, zumindest wenn die Medienkompetenzentwicklung weitgehend fachintegriert erfolgt (vgl. 4.3). Der Mehrwert des Medieneinsatzes ist also auch daran festzumachen, wie gut es gelingt, neben den fachlichen Zielen Kompetenzen im Bereich des Medienhandelns zu fördern. Aus dieser Perspektive erscheinen einige der Probleme des Medieneinsatzes, wie mangelnde Recherchekompetenzen der Schülerinnen und Schüler oder das Ablenkungspotenzial digitaler Medien weniger als Faktoren, die ihre Lernwirksamkeit einschränken. Vielmehr bieten sie Anlässe, den Medieneinsatz zum Ausgangspunkt der Entwicklung von Medienkompetenz zu machen. Aus der Perspektive der Unterrichtspraxis ist deshalb die Trennung in Medienerziehung und Medienkompetenzförderung einerseits (Kapitel 4) und Mediendidaktik andererseits (Kapitel 5) ein Stück weit künstlich. Der Einsatz von Medien im Unterricht spricht zumindest implizit immer auch die Medienkompetenz der Schülerinnen und Schüler an. Die Vermittlung von fachlicher und von Medienkompetenz gehen bei der Nutzung von Medien im Unterricht Hand in Hand.

6 Rahmenbedingungen der (digitalen) Medienintegration in Schulen

6.1 Wie kann Medienintegration gelingen?

Schulen stehen vor der komplexen Herausforderung, die didaktischen Potenziale digitaler Medien für die Unterrichtsarbeit zu nutzen und Schülerinnen und Schülern die für das Leben in einer Informationsgesellschaft notwendigen Kompetenzen zu vermitteln (Döbeli Honegger 2016). Die Bedeutung dieser medienpädagogischen und mediendidaktischen Aufgaben haben wir in den letzten Kapiteln ausführlich erörtert. In den letzten Jahren rücken digitale Medien auch auf der bildungspolitischen Agenda immer höher (z.B. KMK 2016). In den aktuellen Bildungsstandards und curricularen Vorgaben werden die Potenziale digitaler Medien zunehmend adressiert und die Ziele medienpädagogischer und -didaktischer Arbeit festgehalten und spezifiziert (vgl. 4.3). Zudem versuchen zahlreiche Technologieinitiativen, die unzureichende Ausstattungssituation in den Schulen zu verbessern. Vielerorts werden Klassen, Schulen oder sogar ganze Schulregionen mit mobilen digitalen Medien, wie Notebooks und Tablets, ausgerüstet und es wird zunehmend in Weiterbildungsmaßnahmen für Lehrpersonen investiert (vgl. 6.4.3).
Trotz dieser umfangreichen Bemühungen weisen die Ergebnisse zahlreicher vergangener und aktueller Untersuchungen darauf hin, dass die Medienintegration in Schulen oft schleppend erfolgt und an vielen Schulen bei der konkreten Mediennutzung und -thematisierung deutlicher Nachholbedarf besteht. Internationale Studien zeigen, dass beispielsweise in Deutschland und der Schweiz, trotz einer vergleichsweise guten technischen Ausstattung der Schulen, digitale Medien nur von verhältnismäßig wenigen Lehrpersonen regelmäßig im Unterricht eingesetzt werden (OECD 2015; Fraillon et al. 2014). In Deutschland nutzten laut der *International Computer- and Information Literacy Study 2013* (ICILS) im Durchschnitt nur etwa ein Drittel der Lehrpersonen digitale Medien mindestens wöchentlich im Unterricht, in Australien oder den Niederlanden finden sich bedeutend höhere Anteile. Aber auch innerhalb eines Landes, einer Schulregion oder sogar einer Schule gibt es erhebliche Unterschiede, in welchem Umfang Lehrpersonen digitale Medien in ihrem Unterricht einsetzen. So nutzt in einigen Bundesländern in Deutschland nur ein Drittel der Lehrerschaft regelmäßig digitale Medien im Unterricht, in anderen Bundesländern liegt dieser Anteil dagegen bei über 60 % (Lorenz/Endberg/

Eickelmann 2017). Wie Studien gezeigt haben, sind diese Unterschiede nicht unbedingt durch eine bessere oder schlechtere technologische Infrastruktur bedingt, sondern stehen mit einer Reihe weiterer schulischer Rahmenbedingungen (z.B. Organisationsklima) in Verbindung, die in der einzelnen Schule in unterschiedlich guter Ausprägung vorliegen.

Nicht nur der Umfang, sondern auch die Qualität der Mediennutzung in Unterricht und Schule kann sehr unterschiedlich aussehen. Beispielsweise werden in einigen Schulen die neu angeschafften Tablets nur sehr sporadisch im Unterricht und nur in einigen Fächern genutzt und ergänzen dann großteils traditionelle Unterrichtsformen (z.B. Ausfüllen „digitaler" Arbeitsblätter, Apps zum Einüben bestimmter Fertigkeiten). Oder die neu installierten interaktiven Whiteboards im Klassenzimmer werden lediglich für eine durch die Technik nun effizientere Form des Frontalunterrichts genutzt (s. Breiter/Welling/Stolpmann 2010). In anderen Schulen erproben und entwickeln die Lehrpersonen dagegen neue didaktische Möglichkeiten und die konsequente Integration digitaler Medien in alle Fächer führt unter Umständen sogar zu einem Aufbrechen der üblichen Unterrichts- und Zeitstrukturen, so dass die Schülerinnen und Schüler vermehrt individuell und selbstgesteuert über längere Zeitabschnitte in realen und virtuellen Räumen lernen können (vgl. das Praxisbeispiel *Flipped Classroom* in 5.2). Einige Lehrpersonen nutzen digitale Medien vorrangig zu Übungszwecken und zur Präsentation von Lerninhalten, andere gestalten mit digitalen Werkzeugen die Kommunikation und Zusammenarbeit der Schülerinnen und Schüler und verwirklichen damit neue Formen des gemeinsamen Lernens. Lehrpersonen sowie infolge dann auch Schülerinnen und Schüler schöpfen den möglichen Mehrwert digitaler Medien für die Unterrichts- und Schulprozesse (vgl. 5.5) also ganz unterschiedlich aus und Schulen gelingt es mehr oder weniger gut, digitale Medien nachhaltig in den Schulalltag zu integrieren.

Solche enormen Differenzen in der Quantität und Qualität der Nutzbarmachung und Integration digitaler Medien in den Unterrichts- und Schulalltag werfen die Frage auf, weshalb eigentlich zwischen Lehrpersonen und zwischen Schulen so große Unterschiede existieren. Welche Bedingungen sind hierfür verantwortlich? Eine Beantwortung dieser Frage hilft uns dann auch die Voraussetzungen zu bestimmen, die am Ende einen medial anspruchsvoll gestalteten Unterricht für Schülerinnen und Schüler und eine umfassende Thematisierung medienpädagogischer Fragen in verschiedenen Bereichen von Schule ermöglichen.

Auf der Suche nach den förderlichen Bedingungen und den Hindernissen einer erfolgreichen Medienintegration an Schulen denkt man oft zu allererst an veraltete Technik, schlechte Datenverbindungen oder einen Mangel an für das jeweilige Fach geeignete digitalen Lehrmedien. All dies erschwert für Lehrpersonen, Schülerinnen und Schüler natürlich eine nachhaltige Integration. Lehrpersonen müssen aber vor allem von den positiven Effekten des Medieneinsatzes und der Notwendigkeit der Integration digitaler Medien überzeugt sein, damit sie bereit sind, den Mehraufwand für die erforderlichen Anpassungen und Veränderungen ihres Unterrichts in Kauf zu nehmen. Es bedarf oft viel Zeit, einer beträchtlichen Motivation und einer sehr positiven Einstellung, um ein jahrelang angewendetes Unterrichtskonzept abzuändern und digitale Medien in neu zu gestaltenen Unterrichtsszenarien zu erproben. Hinter den bestehenden pädagogischen Praktiken und Unterrichtsroutinen von Lehrpersonen stehen außerdem oft tieferliegende Handlungsmuster und pädagogische Orientierungen, die sich in der langjährigen Lehrpraxis herausgebildet haben und die nicht einfach zu verändern sind (z.B. Brüggemann 2013; Petko 2012). Lehrpersonen müssen weiterhin über umfangreiche Kompetenzen verfügen, um didaktisch wertvolle, medial unterstützte Lernszenarien für ihren Unterricht zu entwickeln und umsetzen zu können. Um solche Kompetenzen aufzubauen, brauchen sie Unterstützung, beispielsweise durch entsprechende Weiterbildungsmaßnahmen, die Verfügbarkeit eines technischen und pädagogischen Supports an der Schule, der bei Fragen konsultiert werden kann, sowie Möglichkeiten des professionellen Austausches mit anderen Kolleginnen und Kollegen. Außerdem entstehen gegebenenfalls neue Herausforderungen und Bedürfnisse durch den Medieneinsatz, z.B. hinsichtlich Stunden- und Raumplanungen oder den curricularen Vorgaben. Hier ist auch die Schulleitung oder die Bildungsadministration gefragt, die diese neuen Anforderungen in ihre organisatorischen Planungen einbeziehen muss.

Eine förderliche Infrastruktur an der Schule ist also nur einer von vielen Faktoren für eine nachhaltige Integration der Mediennutzung und Medienbildung in die Strukturen und Prozesse einer Schule. Tatsächlich ist die Medienintegration ein vielschichtiger und komplexer Prozess, der von zahlreichen Bedingungen auf ganz unterschiedlichen Ebenen von Schule abhängig ist und auf diese zurückwirkt. Diese Interdependenz der Prozesse zeigt sich zum Beispiel bei der Bewertung von Schülerinnen- und Schülerleistungen: Die Nutzung digitaler Werkzeuge ermöglicht eine Veränderung der Art und der Qualität der Lernprodukte von Schülerinnen und Schülern (z.B. multimedial gestaltete Präsentationen, Videos) und gibt diesen einen anderen Stellenwert im Lehr-Lernprozess. Damit wird es notwendig, die Bewertungsroutinen sowohl im eigenen Unterricht als auch in der Schule insgesamt zu hinterfragen, da diese möglicherweise nicht mehr auf den veränderten pädagogisch-didaktischen Fokus des Unterrichts passen und dort zu Konflikten führen können (z.B. wenn digitale Werkzeuge zwar selbstverständlich im Lernprozess, nicht aber in Prüfungssituationen genutzt werden dürfen). Medienintegration in diesem Sinne bedeutet, dass eine Schule Veränderungsprozesse durchläuft, die zum einen den Unterricht, die einzelne Lehrperson und die in einer Klasse lernenden Schülerinnen und Schüler berühren. Zum anderen umfasst die Medienintegration aber auch Veränderungsprozesse, die über den Unterricht hinausgehen und die Schule als Organisation sowie ihre Umweltbedingungen (z.B. institutionelle, rechtliche und finanzielle Rahmenbedingungen) betreffen (Breiter et al. 2010). In dieser Hinsicht gleicht Medienintegration anderen Schulentwicklungsprozessen, wie sie beispielsweise bei der Einführung neuer Lehrpläne oder der Einrichtung jahrgangsgemischter Klassen ablaufen.

Schulische Veränderungsprozesse, wie die Medienintegration, betreffen je nach theoretischem Konzept zumeist drei miteinander verknüpfte Ebenen: die des Individuums, die der Schule und die des Schulsystems. Diese entsprechen der sogenannten Mikro-, Meso- und Makroebene von Organisationen und sind bei allen schulischen Veränderungsprozessen von Bedeutung (vgl. *Ebenen der Schulorganisation*).

Theorie

Ebenen der Schulorganisation
- *Mikroebene (Individuum):* Auf der Ebene des Individuums geht es um die Merkmale von Lehrpersonen, d.h. ihre persönlichen Werte, ihre Überzeugungen, ihr Wissen und ihre Kompetenzen. Manche Modelle betrachten auch die Schülerinnen und Schüler, die mit ihren Kompetenzen und Einstellungen natürlich ebenfalls Einfluss auf die Ausgestaltung der Schul- und Unterrichtsprozesse nehmen.
- *Mesoebene (Einzelschule):* Auf der Ebene der Schule sind beispielsweise Fragen der existierenden Kommunikations- und Kooperationsbeziehungen, einer innovationsfreundlichen Schulkultur, aber auch Aspekte der strategischen Planung und Steuerung angesprochen.
- *Makroebene (Schulsystem):* Auf der Ebene des Schulsystems geht es vor allem um adäquate bildungspolitische Rahmenbedingungen, wie beispielsweise passende Curricula, Bildungsstandards, rechtliche Rahmenbedingungen oder die Zuweisung entsprechender Ressourcen für Infrastruktur und Weiterbildung. Hier sind aber auch die Kooperationsbeziehungen mit regionalen Partnern (Kitas, Hochschulen, Unternehmen) zu verorten (Ditton 2000; Fend 1998).

Abbildung 38 gibt einen Überblick über die Bedingungen der Medienintegration auf den unterschiedlichen Ebenen. Die Ebenen wurden in dieser Abbildung als Ellipsen dargestellt, um zu verdeutlichen, dass eine Ebene jeweils auch konstituierend für die darüber liegende Ebene ist und Wechselwirkungen zwischen den Ebenen bestehen (Aesaert et al. 2015). So ist eine Schule eine formalisierte Institution, mit einem Gebäude und einer bestimmten technischen und räumlichen Infrastruktur, mit einer Schulordnung und eventuell einem schulischen Medien- oder ICT-Konzept, mit Gremien und Arbeitsgruppen (möglicherweise einer Mediengruppe), Stundenplänen usw. Die Schule als organisationales Gebilde formt sich aber auch aus ihren Organisationsmitgliedern, d.h. vor allem den Lehrpersonen, Erziehern, Schülerinnen und Schülern. Diese konstituieren beispielsweise die Kommunikations- und Kooperationsbeziehungen in der Schule und bestimmen mit ihren Meinungen und Verhaltensweisen eine bestimmte Schulkultur oder ein spezielles Medienklima. Ein solches Medienklima drückt sich z.B. darin aus, für wie wichtig oder auch unwichtig man die Nutzung digitaler Medien an der Schule im Allgemeinen hält. Umgekehrt erleben Lehrpersonen, Schülerinnen und Schüler dieses Medienklima ihrer Schule, was wiederum ihre Einstellungen und Verhaltensweisen beeinflusst. Wir werden uns diese Prozesse in Kapitel 6.3.4 näher anschauen. Ähnliches gilt auch für die Ebene des Schulsystems. Zum einen bezieht sich dieses auf bestimmte formale Strukturen und Vorgaben (z.B. rechtliche Rahmenbedingungen, Bildungsstandards). Diese setzen die Voraussetzungen, unter denen eine einzelne Schule agiert. Beispielsweise muss eine Schule Richtlinien zum Datenschutz beachten, wenn sie die digitalen Daten von Schülerinnen und Schülern sammelt, nutzen oder dritten Personen zugänglich machen will. Außerdem werden die Prozesse und Strukturen auf der Ebene des Schulsystems auch von den konkreten Akteuren (Schulen, Hochschulen, Weiterbildungseinrichtungen etc.) ausgestaltet, die beispielsweise maßgeblich die Ausbildungs- und Weiterbildungsinhalte gestalten. Ein Beispiel wäre auch der regionale IT- und Medienplan einer Gemeinde, der von verschiedenen Akteuren ausgearbeitet wurde und nun strategische Vorgaben und Weichenstellungen für die einzelne Schule liefert. Die in Abbildung 38 zusammengefassten Bedingungen werden für die individuelle Ebene in Kapitel 6.2, für die schulische Ebene in Kapitel 6.3 und für die schulsystemische Ebene in Kapitel 6.4 detailliert beschrieben.

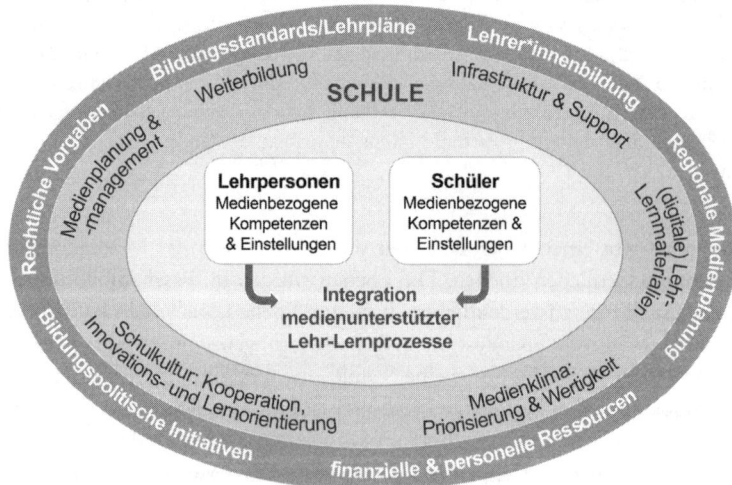

Abb. 38: Bedingungen der Medienintegration auf den verschiedenen Ebenen des Schulsystems (eigene Darstellung)

Wenn wir uns die Bedingungen für eine umfassende Medienintegration anschauen, ist es also wichtig, dass diese auf verschiedenen Ebenen zu verorten sind und zudem noch miteinander interagieren. In den folgenden Kapiteln wollen wir nun die verschiedenen Faktoren etwas näher beleuchten und Hinweise dafür geben, wie Medienintegration gelingen kann.

6.2 Individuelle Bedingungen: Lehrpersonen als zentrale Akteure bei der Medienintegration

Lehrerinnen und Lehrer können den Prozess einer wachsenden Medienintegration in ihrem Unterricht initiieren und voranbringen oder auch ignorieren oder gar behindern. Sie können die Potentiale digitaler Medien ausschöpfen und für Lernprozesse nutzbar machen oder aber deren Nutzen bezweifeln und mögliche Risiken in den Vordergrund stellen. Lehrpersonen haben Meinungen, Überzeugungen und Einstellungen darüber, ob und wie digitale Medien eingesetzt werden sollten oder wie bedeutsam es ist, verschiedene Aspekte der Medienbildung im Unterricht zu thematisieren. Natürlich geben Bildungsstandards, Rahmenlehrpläne sowie schulinterne Curricula oder Medienkonzepte einen äußeren Rahmen vor, an dem sich Lehrpersonen mit der Planung und Umsetzung ihres Unterrichts orientieren (vgl. 4.3). Trotzdem treffen sie an vielen Stellen ihre eigenen mehr oder weniger bewussten Entscheidungen darüber, in welchem Umfang und auf welche Weise Medien im Unterricht thematisiert und eingesetzt werden. Für solche Entscheidungen spielen die Einstellungen und Überzeugungen zu einem bestimmten Medienhandeln eine zentrale Rolle. Zudem kommt es aber auch darauf an, welche technischen, fachlichen und didaktischen Kompetenzen eine Lehrkraft hat und ob sie über genug Selbstvertrauen und Innovationsbereitschaft verfügt, diese auch für die (Neu)-Gestaltung des Unterrichts einzusetzen.

In Studien zur Integration digitaler Medien in den Unterricht ist das sogenannte *Will-Skill-Tool*-Modell ob seiner Fokussierung auf einige wenige zentrale Bedingungen für die Medienintegration von Lehrpersonen populär geworden, auch wenn es unter einer handlungstheoretischen Perspektive nicht ganz unproblematisch ist (z.B. Agyei/Voogt 2011; Christensen/Knezek 2008). Es postuliert drei Faktoren, die sich für die Integration (digitaler) Medien als bedeutsam erwiesen haben. Die *will*-Komponente bezeichnet die positive Einstellung der Lehrperson, die *skill*-Komponente die objektiven und subjektiven Fähigkeiten und Fertigkeiten im Umgang mit (digitalen) Medien und die *tool*-Komponente die Verfügbarkeit und Beschaffenheit entsprechender Technologien (Werkzeuge) für die Lehrperson. In einer neueren Version des Modells wurde noch eine vierte Komponente *pedagogy* hinzugefügt (WSTP-Modell), da sich in der Forschung die Bedeutung konstruktivistischer pädagogischer Praktiken für eine effektive Integration digitaler Medien gezeigt hatte (s. Knezek & Christensen 2016).

Im Folgenden beleuchten wir den Bereich *will* mit dem Kapitel *Medienbezogene Einstellungen und Überzeugungen* und *skill* mit dem Kapitel *Medienbezogene Kompetenzen* etwas genauer. Dabei skizzieren wir wichtige theoretische Konzepte und Begriffe und stellen die Ergebnisse aus aktuellen Untersuchungen zur Medienintegration dar.

6.2.1 Die Rolle medienbezogener Einstellungen für das Medienhandeln von Lehrerinnen und Lehrern

Zahlreiche Studien haben untersucht, warum Lehrpersonen Medien, und hier vor allem digitale Medien, mehr oder weniger intensiv in ihren Unterricht integrieren. In fast allen Studien haben sich die Einstellungen und Überzeugungen von Lehrerinnen und Lehrern als einer der wichtigsten Faktoren überhaupt herauskristallisiert (s. Prasse 2012 für einen Überblick). Ob digitale Medien im Unterricht eingesetzt werden, hängt also nicht nur vom Wissen um die verschiedenen Möglichkeiten und Potentiale des Medieneinsatzes ab, sondern auch davon, ob die Lehrperson davon überzeugt ist, dass es einen tatsächlichen Nutzen für den Unterricht, die Schülerinnen und Schüler oder ihre eigene Arbeit gibt (Ertmer/Ottenbreit-Leftwich/Tondeur 2014; Petko 2014). Solche Einstellungen und Überzeugungen sind manchmal recht global („Also ich halte überhaupt nichts von Tablets im Unterricht"), richten sich aber oft auf eine spezifische Handlung oder ein spezifisches Objekt (z.B. Einsatz digitaler Medien zum Präsentieren des Unterrichtsstoffs). Sie sind außerdem mit weiteren generellen Überzeugungen verknüpft, etwa darüber, was guten Unterricht bzw. einen guten Lehr-Lernprozess ausmacht. Bevor wir einen Blick auf die spezifischen Einstellungen im Zusammenhang mit dem Medienhandeln von Lehrpersonen werfen, wollen wir zunächst kurz klären, wie die zentralen Begriffe (Einstellung, Überzeugung, Orientierungen) theoretisch verankert sind.

Einstellungen bezeichnen bestimmte Überzeugungen und Meinungen, die wir über reale oder fiktive Dinge und Verhaltensweisen haben. Sie entstehen durch persönliche Erfahrungen oder wurden von anderen Personen übernommen und helfen bei der schnellen Orientierung in komplexen Situationen, wenn die Konsequenzen eigener Handlungen schwer abzuschätzen sind. Einstellungen beruhen auf einer Art individueller, bilanzierender Bewertung eines bestimmten gedanklichen Objektes (Mayerl 2008). Dabei beziehen sich diese aber nicht nur auf eine rein rationale Bilanzierung objektiver Fakten, sondern schließen auch irrationale Überzeugungen, Gefühle oder tief verwurzelte Denk- und Verhaltensroutinen ein. Einstellungen beinhalten also eine kognitive Komponente (mentale Überzeugungen zu bestimmten Verhaltenskonsequenzen), eine emotionale Komponente (Gefühle und Emotionen gegenüber dem Einstellungsobjekt) und meist auch eine konative Komponente, d.h. bestimmte Verhaltensvorlieben und -intentionen. Hat eine Lehrperson beispielsweise eine positive Einstellung zum Einsatz digitaler Medien im Unterricht, dann sieht sie in deren Einsatz positive Konsequenzen für den Unterricht, die Lernprozesse der Schülerinnen und Schüler oder die eigene Arbeitsorganisation. Neben solchen rationalen Überlegungen verbindet sie mit dem Medieneinsatz aber auch positive Gefühle, sei es, weil sie den Unterricht einfach spannender und interessanter findet, oder, weil die Thematisierung digitaler Medien für sie auch emotional bedeutsam ist. Eine positive Einstellung zeigt sich daneben oft auch in der Tendenz, digital unterstützte Lernszenarien tatsächlich gerne einmal im Unterricht ausprobieren zu wollen.

Der Begriff der Einstellung wurde im wissenschaftlichen Gebrauch vor allem durch die psychologische Forschung bestimmt und hier maßgeblich durch sogenannte Einstellungs-Verhaltensmodelle beeinflusst. Eine weit verbreitete Theorie, die auch starken Einfluss auf andere Modelle genommen hat, ist die *Theorie des geplanten Verhaltens* (z.B. Ajzen 1991). Diese Theorie geht davon aus, dass drei wesentliche Einflussgrößen die Verhaltensintention beeinflussen, die dann wiederum – unter bestimmten weiteren externen Bedingungen – zu einem gewissen Verhalten führen Dies sind 1) die Verhaltenseinstellung, 2) die wahrgenommene Verhaltenskontrolle und 3) die subjektive Norm (vgl. Abb. 39). Jede dieser drei Einflussgrößen wird durch spezifische Überzeugungen – die verhaltensbezogenen, kontrollbezogenen und normativen *beliefs* – geformt.

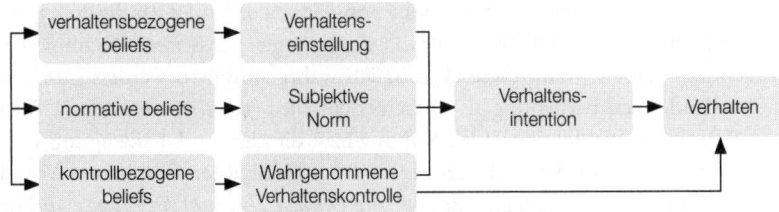

Abb. 39: Theory of Planned Behavior von Ajzen (1985, 1991) und Ajzen/Madden (1986)

Die *verhaltensbezogenen beliefs* verweisen auf Überzeugungen zu den positiv oder negativ bewerteten und persönlich mehr oder weniger bedeutsamen Konsequenzen des eigenen Verhaltens. So kann eine positiv eingestellte Lehrperson beispielsweise davon überzeugt sein, dass digitale Medien ihre Kommunikationsprozesse mit Schülerinnen und Schülern bezüglich der Lernaufgaben verbessern. Eine andere Lehrperson glaubt möglicherweise, dass die unmittelbare face-to-face Kommunikation in der Klasse der medial vermittelten Kommunikation überlegen ist und entwickelt deswegen keine Intention, mit den Schülerinnen und Schülern auch digitale Kommunikationskanäle auszuprobieren.

Die *wahrgenommene Verhaltenskontrolle* verweist auf die Wahrnehmung einer Person, wie einfach oder schwer das entsprechende Verhalten tatsächlich umsetzbar ist. Dies ist abhängig von einer subjektiven Einschätzung externer Ressourcen und Bedingungen (z.B. „Kann ich schnell jemanden vom pädagogischen Support in der Schule fragen, wenn es Probleme gibt?") und von einer Bewertung personeninterner Faktoren (z.B. „Verfüge ich über die benötigten mediendidaktischen Kompetenzen, um digitale Medien erfolgreich im Unterricht einzusetzen?"). Hier geht es also nicht um die objektiv vorhandenen Kompetenzen oder Ressourcen, sondern

deren subjektive Bewertung. Je mehr eine Person daran glaubt, dass sie über entsprechende Ressourcen und Möglichkeiten verfügt und je weniger Hindernisse sie wahrnimmt, desto größer ist die wahrgenommene Verhaltenskontrolle.
Der dritte Einflussfaktor, die *subjektive Norm* bzw. die normativen Überzeugungen verweisen auf die subjektiv wahrgenommenen Erwartungen des sozialen Umfeldes, d.h. persönlich wichtige Personen, wie beispielsweise Freunde oder Kollegen. Wenn die einem persönlich wichtigen Kolleginnen oder Kollegen alle das Thema digitale Medien für sehr bedeutsam halten und dies intensiv besprechen und umsetzen, dann entwicklt man zu diesem Thema eher eine positivere Einstellung, vorausgesetzt, es existiert eine generelle Bereitschaft einer Person, solchen sozialen Einflüssen zu folgen.
Aufbauend auf der Theorie des geplanten Verhaltens wurde speziell für die Einführung technologischer Innovationen im angloamerikanischen Raum das *Technology-Acceptance-Modell (TAM)* entwickelt, das als spezieller Anwendungsfall im Bereich der Forschung zur Medienintegration sehr populär geworden ist. In der ursprünglichen Version (Davis 1989) wurde davon ausgegangen, dass neue Technologien dann genutzt werden, wenn diese als nützlich wahrgenommen werden (*perceived usefulness*) und deren Bedienung als einfach erlebt wird (*perceived ease of use*). Auch hier spielen also die subjektive Wahrnehmung bzw. die eigenen Überzeugungen die entscheidende Rolle für das Verhalten. Die in den Folgejahren erweiterten Versionen des Technologieakzeptanzmodells, wie die *Unified Theory of Acceptance and Use of Technology* (UTAUT), umfassen zusätzliche kognitive und soziale Faktoren. So beziehen sie neben der subjektiven Norm und der wahrgenommenen Verfügbarkeit externaler Ressourcen (beides analog zur *Theorie geplanten Verhaltens*) beispielsweise auch noch die Relevanz der neuen Technologie für das berufliche Aufgabenfeld mit ein (Venkatesh/Davis 2000; Venkatesh et al. 2003; 2012).
Abbildung 40 zeigt die aus Einstellungs-Verhaltensmodellen ableitbaren medienbezogenen Überzeugungen und Einstellungen, geordnet in die drei Bereiche Verhaltenseinstellung, Verhaltenskontrolle und subjektive Norm, die der *Theorie des geplanten Verhaltens* entsprechen. Auf der linken Seite der Abbildung sind zusätzlich Merkmale des schulischen Umfeldes (z.B. Medienklima der Schule) und Personenmerkmale (z.B. pädagogisch-didaktische Überzeugungen) aufgeführt, die diese drei Komponenten direkt beeinflussen. Klassische Einstellungs-Verhaltens-Modelle nehmen an, dass diese Bedingungen und Merkmale zwar teilweise auch direkt auf das Verhalten wirken können, ihren Einfluss aber vor allem vermittelt über die subjektive Wahrnehmung einer Person ausüben. Auf die medienbezogenen Überzeugungen gehen wir im folgenden Abschnitt noch einmal detaillierter ein. Generelle Überzeugungen und Kompetenzen werden in Kapitel 6.2.5 weiterführend besprochen.

Lehrpersonen als zentrale Akteure bei der Medienintegration | 231

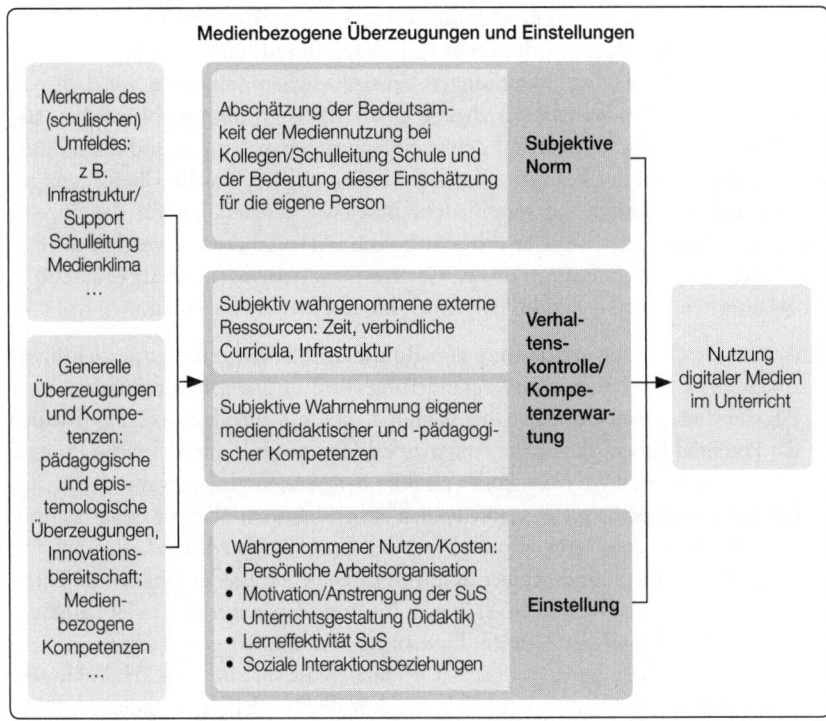

Abb. 40: Relevante Bedingungen und ihre Beziehung zur Theory of Planned Behavior (TPB)

Zahlreiche Untersuchungen haben den Zusammenhang zwischen positiven Einstellungen von Lehrpersonen zum Einsatz digitaler Medien und der tatsächlichen Nutzung dieser im Unterricht bzw. der Bereitschaft sich nötiges Wissen dazu anzueignen, empirisch nachgewiesen (z.B. Petko 2012; Prasse 2012). Studien, die solche Zusammenhänge aufbauend auf Einstellungs-Verhaltens-Modellen (s.o.) konzeptualisieren, zeigen, dass positive bzw. negative Einstellungen auch dann eine wichtige Rolle spielen, wenn die eigenen medienbezogenen Kompetenzen als relativ gut eingeschätzt werden. Eine positive Kompetenzeinschätzung ist also keine hinreichende Bedingung für den tatsächlichen Einsatz digitaler Medien im Unterricht (Biermann 2009). Außerdem können positive Einstellungen auch die eigenen als unzureichend wahrgenommenen Kompetenzen „kompensieren". Je mehr eine Lehrperson von bestimmten digital unterstützten Lernszenarien überzeugt ist, desto eher wird sie auch über die eigenen Kompetenzlücken hinwegsehen. Hier wird also noch einmal die große handlungspraktische Bedeutung von Einstellungen sichtbar.

6.2.2 Medienbezogene Überzeugungen: Nutzen und Kosten des Medieneinsatzes aus der Sicht von Lehrerinnen und Lehrern

In der Forschung zu den Einstellungen bei der Medienintegration von Lehrpersonen sind vor allem verhaltensbezogene Überzeugungen untersucht worden, also jene Überzeugungen, die sich auf den wahrgenommenen Nutzen und die wahrgenommenen Kosten des Einsatzes digitaler Medien richten. Solche Überzeugungen können sich theoretisch auf verschiedene Bereiche beziehen, die für die einzelne Lehrperson mehr oder weniger Priorität besitzen. Typischerweise werden diese in verschiedenen Bereichen verortet (Lee/Cerreto/Lee 2010; Schaumburg et al. 2007), die wichtigsten davon sollen im Folgenden kurz beschrieben werden.

1) Arbeitserleichterung, Entlastung von Routinen, Effektivierung unterrichtlicher Abläufe (vs. Arbeitsbelastung, Veränderung von Routinen, Mehrarbeit)
Für viele Lehrpersonen ist die Überzeugung handlungsleitend, dass digitale Medien das Potential haben, die eigene Arbeit zu erleichtern und unterrichtliche Prozesse effizienter zu gestalten. Hier gibt es zahllose Beispiele, angefangen von digital aufbereiteten und effektiver zu verbreitenden Arbeitsblättern, über die besser zu optimierenden digitalen Präsentationen bis zu den spontan einsetzbaren Lern-Apps, mit denen Schülerinnen und Schüler in unvorhergesehenen Leerlaufphasen im Unterricht mit wenig Aufwand, schnell in eine (mehr oder weniger sinnvolle) Lerntätigkeit eingebunden werden können. Eine solche Nutzenüberlegung steht meist nicht ganz oben auf der bildungspolitischen Agenda, sie ist aber für viele Lehrkräfte sehr bedeutsam, wenn es um konkrete Entscheidungen für oder gegen bestimmte schulische Medienaktivitäten geht. Solche wahrgenommenen Rationalisierungseffekte wirken sich oft förderlich auf die Mediennutzung aus (Brüggemann 2013). Auch hier gilt, dass solche Überzeugungen subjektiv sind und von vielen Bedingungen abhängen: Halte ich mich für wenig kompetent mit bestimmten Anwendungen, habe ich wenige positive Erfahrungen und klagen alle Kolleginnen und Kollegen meiner Schule über die aufwendige Mehrarbeit, dann überschätze ich möglicherweise den zeitlichen Aufwand und die Unwägbarkeiten eines Medieneinsatzes und entwickle eine eher ablehnende Haltung.

2) Förderung von Motivation und Anstrengung der Schülerinnen und Schüler (vs. Ablenkung, mangelnde Aufmerksamkeit und Anstrengung)
Die Überzeugung, dass sich durch den Einsatz digitaler Medien die Lernmotivation der Schülerinnen und Schüler fördern lässt, ist bei Lehrpersonen in Befragungen oft besonders stark ausgeprägt und wird meist als wichtigster Grund für den Medieneinsatz genannt. Dies gilt besonders für Novizen oder für Lehrpersonen, die digitale Medien nur sporadisch in ihren Unterricht integrieren. Lehrpersonen mit mehr Erfahrungen beim Medieneinsatz beschreiben dagegen, dass der Effekt digitaler Medien für die Lernmotivation mit zunehmender Ein-

satzdauer leicht „verblassen" kann und die Qualität der konkreten Lernaufgaben bzw. des spezifischen Lernszenarios hier wichtiger wird (vgl. 5.5.2). Nichtsdestotrotz ist die Überzeugung, den Unterricht mit digitalen Medien interessanter, abwechslungsreicher, schülerzentrierter und damit insgesamt motivierender gestalten zu können, auch für sie handlungsleitend. Lehrpersonen mit negativen Einstellungen bezweifeln dagegen, dass Schülerinnen und Schüler bei digital zu bearbeitenden Lernaufgaben mehr Motivation und Anstrengung zeigen werden. Für sie haben digitale Medien meist nur einen kurzfristigen „Spaß-Effekt", der aber zu keiner intensiveren Auseinandersetzung mit dem Lerngegenstand führt. Ihren Fokus richten sie vor allem auf das erhöhte Ablenkungspotential für Schülerinnen und Schüler, beispielsweise durch das mögliche parallele Chatten mit Freunden oder das Anschauen von für die Lernaufgaben irrelevanten Inhalten im Internet. Damit zusammenhängend wird oft auch die Überzeugung geäußert, dass durch die verbesserten digitalen Möglichkeiten des Kopierens und der Verbreitung von Inhalten, die Schülerinnen und Schüler sich weniger anstrengen und eher den „schnellen Lernerfolg" anstreben (vgl. 5.3.6).

3) Umsetzung eigener Vorstellungen einer pädagogisch-didaktisch angemessenen Unterrichtsgestaltung (vs. mangelnde Passung, „Untergraben" eigener Unterrichtsroutinen)
Damit Lehrpersonen (digitale) Medien in ihrem Unterricht nutzen, müssen sie davon überzeugt sein, dass diese in ihr Unterrichtskonzept passen und dieses fördern, statt es eventuell gar zu unterlaufen. Schon in den frühen Untersuchungen der 1990er Jahre zur schulischen Integration digitaler Medien hat man festgestellt, dass solche Lehrpersonen besonders engagiert waren, die in den digitalen Medien einen Katalysator für ihre (zumeist problemorientiert-konstruktivistischen) Gestaltungsideen für den Unterricht sahen (Becker/Ravitz 2001). Diese Lehrpersonen erleben digitale Medien als nutzbringend, weil sie einen neuartigen Zugang zu authentischen Lernmaterialien und Lernanlässen ermöglichen, weil sie neue Formen kollaborativen Lernens befördern und weil sie neue Möglichkeiten für das selbstgesteuerte Lernen der Schülerinnen und Schüler eröffnen. Für pädagogisch anders orientierte Lehrpersonen können dies aber auch negative Kosten des Medieneinsatzes sein. So kann beispielsweise die Vielfalt und Ambivalenz der im Internet verfügbaren Informationen als Risiko für einen nun weniger steuerbaren Unterrichtsverlauf und als Gefährdung bewährter Bewertungspraktiken wahrgenommen werden. Je mehr Lehrpersonen davon überzeugt sind, dass der Medieneinsatz die eigenen Unterrichtsroutinen oder sogar die eigene Expertenrolle als Lehrperson gefährdet, desto eher werden sie bestimmte Nutzungsformen mit digitalen Medien meiden. Auch hier spielen möglicherweise subjektiv übertriebene Vorstellungen (z.B. „Ich verliere meine Autorität bei den Schülern.") eine wichtige Rolle.

4) Förderung von Medienkompetenz und/oder Computer- und Informationskompetenz (vs. Überbetonung medial und digital vermittelter Denk- und Erfahrungswelten, Medienkompetenz als Aufgabe der Eltern)
Lehrpersonen, die den Aufbau von Medienkompetenz als wichtiges Lernziel schulischer Bildung ansehen und davon überzeugt sind, dass die Nutzung und Thematisierung digitaler Medien im Unterricht eine Voraussetzung für den Aufbau von Medienkompetenz (vgl. 4.1) ist, integrieren diese vermutlich als Lernwerkzeug und -gegenstand stärker in ihre Unterrichtsarbeit. Obwohl heute kaum noch eine Lehrperson die Bedeutung eines kompetenten Umgangs mit (digitalen) Medien ernsthaft bezweifelt, existieren auch hier Überzeugungen, die eine eher negative Einstellung zu bestimmten Formen des schulischen Medieneinsatzes begründen können. Zum einen kann der Begriff der Medienkompetenz auf eine Reihe von Anwendungskompetenzen verkürzt werden (z.B. Textverarbeitungs- oder Präsentationsprogramme bedienen können). Diese können auch in sehr umgrenzten Zeiträumen der Computernutzung erworben werden und benötigen keine tiefgreifende Medienintegration in den Unterricht. Zum anderen glauben manche Lehrpersonen, dass digitale Geräte und Themen im Unterricht einen zu großen Raum einnehmen und nicht-digitale bzw. -mediale Denk- und Erfahrungswelten zunehmend verdrängen. Manche Lehrpersonen befürchten hier ein „Zurückdrängen" physischer bzw. sinnlicher Lernerfahrungen, andere einen Verlust sogenannter Basisfertigkeiten, wie beispielsweise das Erlernen der Handschrift (vgl. 5.3.6). Solche Befürchtungen sind oft sehr emotional, weil sie grundsätzliche, persönliche Wertüberzeugungen berühren.

5) Optimierung von Lernprozessen und Verbesserung fachlicher Schülerkompetenzen (vs. oberflächliches Lernen, Verschlechterung fachlicher (Verstehens-)Leistungen)
Die Überzeugung, dass sich durch digitale Medien, sei es als Werkzeug oder als Lernumgebung, die Art und Weise der Lernprozesse von Schülerinnen und Schülern verbessern lässt und diese dadurch fachliche Inhalte tatsächlich besser verstehen können, ist aus fachdidaktischer Perspektive entscheidend für die Nutzungsentscheidung einer Lehrperson. Wird dieser Zusammenhang ernsthaft bezweifelt und angenommen, dass digitale Medien zu einer „Verflachung" von Lernprozessen führen, fachliche Inhalte nicht mehr tiefgreifend durchdrungen und verstanden werden und insgesamt die fachlichen Kompetenzen der Schülerinnen und Schüler unter der vermehrten Mediennutzung leiden, dann ist eine Lehrperson insbesondere dann mit einem ernsthaften Dilemma konfrontiert, wenn sie gleichzeitig beispielsweise die Förderung von Medienkompetenz in ihrem Unterricht als sehr wichtig einstuft. Die Bedeutsamkeit der Überzeugungen vor allem in diesem Bereich ergibt sich aus dem hohen Stellenwert fachlicher Kompetenzen für den Leistungsauftrag von Lehrpersonen, wie er sich derzeit in

den curricularen Vorgaben, der Notengebung, den Übergangsentscheidungen oder den Erwartungen der Eltern widerspiegelt. Wie wir in Kapitel 5.4 und 5.5 allerdings gezeigt haben, beruhen die Wirkungen digitaler Medien auf einem komplexen Zusammenspiel verschiedenster Faktoren und sind von dem konkreten Einsatzszenario abhängig, so dass aus der Forschung kaum pauschale Wirksamkeitsaussagen abgeleitet werden können. Entsprechende Wirksamkeitsüberzeugungen der Lehrpersonen beruhen also auf einer Mischung aus eigenen Erfahrungen sowie mehr oder weniger geprüften Informationen. Sie begründen nicht immer eine fundierte Entscheidung für oder gegen eine Mediennutzung, sondern rechtfertigen oft im Nachhinein das eigene Medienhandeln.

6) Verbesserung unterrichtsbezogener Kommunikation und Kooperation (vs. „unechte" Kommunikationsbeziehungen und soziale Vereinsamung)
(Digitale) Medien konstituieren und beeinflussen die Kommunikations- und Kooperationsbeziehungen zwischen Schülerinnen und Schülern sowie Lehrpersonen. Wie wir in Kapitel 5.5 gesehen haben, bringt dies Chancen und Risiken mit sich, die von der einzelnen Lehrperson unterschiedlich bewertet werden können. Positiv eingestellte Lehrpersonen betonen die neuen Möglichkeiten, wie das zeitnahe und individuelle Feedback für Schülerinnen und Schüler oder das kollaborative Erstellen von Lernprodukten. Einige Lehrpersonen empfinden die Präsenz digitaler Medien aber auch als Barriere für die direkte (physisch vermittelte) Kommunikation mit den Schülerinnen und Schülern und befürchten, dass die verminderte face-to-face Kommunikation die soziale oder emotionale Qualität der Interaktion und damit auch die pädagogische Beziehung zu Schülerinnen und Schülern beeinträchtigen könnte (z.B. Breiter et al. 2010).

Überzeugungen von Lehrpersonen hinsichtlich des Einsatzes digitaler Medien sind sowohl quantitativ als auch qualitativ umfänglich untersucht worden (z.B. Lim/Chai 2008; Prestridge 2012; Schaumburg et al. 2007). Dabei zeigte sich, dass Lehrpersonen zwar generell positiv oder negativ eingestellt sein können. Sie lassen sich aber auch durch bestimmte typische Muster an spezifischen Überzeugungen charakterisieren. So findet Schmotz (2009) beispielsweise drei Überzeugungsmuster: Für eine erste Gruppe an Lehrpersonen steht die effektive Unterstützung einer stärker konstruktivistischen und schülerzentrierten Unterrichtsgestaltung im Vordergrund. Lehrpersonen der zweiten Gruppe sehen den Hauptfokus in der Steigerung einer anwendungsbezogenen Informations- und Medienkompetenz von Schülerinnen und Schülern, etwa um die späteren Berufschancen zu verbessern. Für eine dritte Gruppe haben digitale Medien als Hilfsmittel vor allem das Potential, bestimmte unterrichtliche Abläufe effektiver zu machen und zu vereinfachen. Eine generell positive oder negative Einstellung bestimmt zunächst, ob digitale Medien überhaupt im Unterricht eingesetzt werden. Spezifische Einstellungsmuster beeinflussen, wie und vor allem in welcher didaktischen Form digitale Medien im

Unterricht genutzt werden (Brüggemann 2013). So nutzen Lehrpersonen mit eher konstruktivistischen Überzeugungen zum Unterricht digitale Medien oft in einer stärker schülerzentrierten Art und Weise (z.B. für digital unterstütztes kollaboratives Arbeiten und die Produktion von Medienbeiträgen). Auch nutzen sie eine Vielzahl digitaler Möglichkeiten für ihren Unterricht. Lehrerinnen und Lehrer, die den Nutzen digitaler Medien in der Effektivierung von Unterrichtsabläufen sehen, praktizieren eher lehrerzentrierte Lernszenarien (z.B. digital unterstützte Präsentation von Fachinhalten, Übungsprogramme) und beschränken sich auf eine kleinere Anzahl digitaler Anwendungen. Sie meiden außerdem bestimmte, vom Output her schwieriger zu steuernde Anwendungen (z.B. Schaumburg et al. 2007; Kammerl et al. 2016).

Medienbezogene Überzeugungen sind also eng mit den didaktischen Nutzungsformen verwoben und müssen deshalb bei einer tiefgreifenden Integration digitaler Medien in den Unterricht Beachtung finden (z.B. im Kontext von Weiterbildungen). Interessanterweise zeigen mehrere Untersuchungen, dass Überzeugungen zum Potential digitaler Medien für die Medienkompetenz von Schülerinnen und Schülern häufig keinen Zusammenhang mit dem Medieneinsatz der Lehrpersonen aufweisen (Biermann 2009; Brüggemann 2013; Schmotz 2009). Dies liegt wahrscheinlich darin begründet, dass Lehrpersonen für die die Medienkompetenz im Fokus ihrer Aufmerksamkeit steht, oft auch gleichzeitig große Bedenken hinsichtlich einer negativen Wirkung digitaler Medien äußern. Sie sehen sich in der Rolle, die Schülerinnen und Schüler vor den schädlichen Einflüssen digitaler Medien bewahren zu wollen, z.B. durch medienfreie „Schutzräume" und betonen einseitig medienerzieherische Fragen ohne für aktive Medienarbeit an der Schule zu plädieren (Biermann 2009; Brüggemann 2013).

Nationale und internationale quantitative Studien zeichnen beispielsweise in Deutschland ein insgesamt eher positives Bild der Einstellungen von Lehrpersonen zum Einsatz und zur Thematisierung digitaler Medien im Unterricht (Fraillon et al. 2014; Gerick et al. 2014). Allerdings äußern Lehrkräfte in Deutschland im internationalen Vergleich deutlich weniger positive Überzeugungen als in anderen Ländern, wenn es um den Medieneinsatz im Unterricht geht (vgl. 5.3.6). Außerdem werden zwar viele positive Überzeugungen in den Bereichen Motivation und Förderung von Medienkompetenz durch die Nutzung digitaler Medien beschrieben. Hinsichtlich der Potentiale digitaler Medien für die Unterstützung des Lernprozesses von Schülerinnen und Schülern (z.B. vertiefte Informationsverarbeitung, bessere Zusammenarbeit und Kommunikation) und deren Einfluss auf die fachlichen Leistungen zeigen sich viele Lehrkräfte aber noch durchaus skeptisch. Auch in Bezug auf die medienerzieherische Arbeit in ihrem Unterricht vermitteln die Überzeugungen der Lehrpersonen oft ein ambivalentes Bild. Zwar ist die Grundeinstellung von Lehrpersonen oberflächlich zunächst positiv. Bei differenzierter Betrachtung zeigen sich allerdings auch deutliche Bedenken (Breiter et al. 2010; Gysbers 2008). So finden relativ viele Lehrpersonen, dass nicht sie, sondern das Elternhaus für medienerzieherische Aufgaben zuständig sei. Auch reduzieren sie die Medienerziehung auf den alleinigen Schutz der Kinder vor negativen Medieneinflüssen und bewerten andere bedeutsame Bereiche als weniger wichtig für ihren Unterricht. Wie Gysbers (2008) und Brüggemann (2013) betonen, erleben viele Lehrkräfte eine gewisse Fremdheit gegenüber den Medienpraxen ihrer Schülerinnen und Schüler, die sich auch negativ auf ihre medienbezogenen Einstellungen auswirken könnte.

6.2.3 Das Zusammenspiel von pädagogischen, epistemologischen und medienbezogenen Überzeugungen

Medienbezogene Einstellungen sind eng an die generellen *pädagogischen bzw. unterrichtsbezogenen Überzeugungen* einer Lehrperson gekoppelt (z.B. Petko 2012). Pädagogische Überzeugungen wurden vor allem in der Tradition der sogenannten *belief-Forschung* untersucht (Pajares 1992; Hofer/Pintrich 1997, vgl. *Beliefs und epistemologische Überzeugungen*).

Theorie

Beliefs und epistemologische Überzeugungen
Beliefs (engl. für Überzeugungen) bezeichnen mehr oder weniger stabile Überzeugungen über die Beschaffenheit von Dingen oder Beziehungen, von denen wir glauben, dass sie im Großen und Ganzen „wahr" sind (Richardson 2003). Solche *beliefs* spielen zwar auch in den weiter oben beschriebenen Einstellungs-Verhaltens-Modellen eine Rolle. Sie sind dort jedoch jeweils auf ein konkretes Verhalten bezogen. Überzeugungen in der Tradition der *belief*-Forschung werden dagegen auf einer abstrakteren Ebene verortet (Leuchter et al. 2006). Beispielsweise haben Lehrpersonen pädagogische *beliefs* bzw. Überzeugungen dazu, wie sich eine Lehrperson „richtig" verhält, was ein „guter Lehr-Lernprozess" ist und wie ein Lerner am besten bestimmte Kompetenzen aufbaut (Schoenfeld 1998). Solche pädagogischen Überzeugungen hängen wiederum auch eng mit den sogenannten *epistemologischen Überzeugungen* einer Person zusammen. Epistemologische Überzeugungen sind allgemeine Überzeugungen über das Wesen von Wissen und Lernen (z.B. Schraw/Olafson 2002). Sie betreffen Vorstellungen über die Struktur von Wissen (als eine Ansammlung von Fakten vs. als eine komplexe Struktur von Konzepten) oder die Art und Weise, wie wir lernen (Lernen ist die Aneignung eines bestimmten, von Autoritäten weitergegebenen Wissensfundus vs. Lernen ist die Entwicklung eines eigenen integrierten Verständnisses eines Sachverhaltes). Epistemologische Überzeugungen beeinflussen, wie wir selbst lernen und – vermittelt über die pädagogischen Überzeugungen – wie Lehrkräfte die Lernprozesse anderer gestalten. Epistemologische und pädagogische Überzeugungen determinieren maßgeblich, welche instruktionale Rolle eine Lehrperson im Unterricht übernimmt (z.B. Lernprozesse lenken vs. Lernprozesse moderieren) und wie sie didaktische Settings im Unterricht konkret ausgestaltet.

In der pädagogischen Forschung werden *beliefs* auf der Grundlage pädagogischer Überzeugungen zumeist in zwei Orientierungen unterteilt, und zwar in eine konstruktivistische (oder auch schülerzentriert genannte) und in eine transmissionsorientierte (auch rezeptiv oder instruktional genannte) Orientierung (Diedrich/ Thusbas/Klieme 2002; Leuchter et al. 2006; Staub/Stern 2002). Wie wir weiter oben beschrieben haben, findet sich diese Unterscheidung auch in der medienbezogenen Forschung wieder. Das ist kein Zufall. Im Gegenteil kann davon ausgegangen werden, dass solche generellen pädagogischen *beliefs* die spezielleren Überzeugungen und Einstellungen zur Nutzung digitaler Medien im Unterricht stark beeinflussen.

Beispielsweise sehen Lehrpersonen mit einer stärker instruktionalen Orientierung bzw. einer Transmissionsorientierung die Vorteile digitaler Medien vor allem bei der Veranschaulichung von Lehrinhalten oder dem Einsatz von Lernprogrammen zum Einüben von Fertigkeiten. Dies entspricht ihren pädagogischen Vorstellungen, nach denen der Aufbau von Fertigkeiten der Schülerinnen und Schüler nach einer bestimmten vorgegebenen Schrittfolge ablaufen und von der Lehrperson gesteuert und kontrolliert werden sollte. Gleichzeitig haben instruktional orientierte Lehrpersonen oft auch größere Bedenken bezüglich negativer Konsequenzen des Medieneinsatzes, wie beispielsweise eine Ablenkung der Schüler und einen Verlust an Steuerungs- und Kontrollmöglichkeiten, was sich nach ihren Vorstellungen negativ auf die Lernergebnisse bei den Schülerinnen und Schülern auswirkt.

Solche Bedenken haben konstruktivistisch orientierte Lehrpersonen weniger, da sie sowohl die veränderte Rollenverteilung mit einer stärkeren Steuerung des Lernprozesses durch die Schülerinnen und Schüler als auch die sich nun stärker individuellen und damit vielfältigeren Lernwege als Chance sehen. Pädagogische, epistemologische und die damit verbundenen medienbezogenen Überzeugungen prägen also maßgeblich, mit welchen Zielstellungen und in welcher didaktischen Lernumgebung digitale Medien aus Sicht der Lehrperson sinnvoll eingesetzt werden können.

6.2.4 Innovationsbereitschaft und Medienintegration

Forschende beschreiben die Integration digitaler Medien in den Unterricht oft als einen schrittweisen und zeitintensiven Prozess, der von einer punktuellen Nutzung und Ergänzung der eigenen Unterrichtsmethodik über das Experimentieren mit methodisch innovativen Nutzungsformen hin zu einer tiefgreifenden Integration in alle Unterrichtsbereiche verläuft. Insbesondere, wenn digitale Medien auf eine Art und Weise genutzt werden sollen (z.B. konstruktivistisch orientiert), die nicht mit den eigenen pädagogischen und medienbezogenen Überzeugungen übereinstimmt, verlangt Medienintegration von der Lehrperson ein Maß an Veränderungen, das weit über die reine Einführung einer neuen Technologie hinausgeht. Hier geht es auch um das Hinterfragen der eigenen pädagogischen Ansichten, der eigenen Rolle und der eigenen, gut eingespielten Unterrichtsroutinen, denen langjährig erworbene Erfahrungen und die professionelle Identität einer Lehrperson zugrunde liegen. Ein solch komplexer Veränderungsprozess ist nicht einfach und es erstaunt nicht, dass eine tiefgreifende Integration digitaler Medien vor allem in schülerzentrierten Unterrichtsformen mehrere Jahre dauern kann (z.b. Hadley/Sheingold 1993).

Neben der eventuell nötigen Auseinandersetzung mit den eigenen Ansichten und Meinungen stellen sich den Lehrerinnen und Lehrern eine Reihe weiterer Herausforderungen. So verursachen die erforderlichen Veränderungen einen Zeit- und Arbeitsaufwand, der – sofern noch keine Erfahrungswerte existieren – für die Lehrkräfte nur schwer abzuschätzen und zu planen ist. Die nötigen Umstellungen im Unterricht bringen möglicherweise auch „Reibungsverluste" mit sich (z.b. bezüglich einer effektiven Unterrichtsorganisation), weil die neuen Prozesse sowohl bei Schülerinnen und Schülern als auch bei den Lehrpersonen noch zu wenig routiniert ablaufen (z.B. Schaumburg et al. 2007). Dadurch ergeben sich in der Übergangszeit möglicherweise auch temporäre Nachteile für die Schülerinnen und Schüler bezüglich der Erreichung bestimmter Lehrplan- und Leistungsziele. Auch die Reaktionen der Eltern hinsichtlich eines befürchteten Niveauverlustes in den Fachleistungen ihrer Kinder oder einer schädlichen „Funksmogbelastung" können eine Herausforderung oder gar Belastung für Lehrpersonen sein. Lehrerinnen und Lehrer, die lieber „auf der sicheren Seite stehen" bevor sie mit etwas Neuem beginnen, die wenig experimentierfreudig sind und Risiken eher vermeiden, haben Probleme mit einem solchen von Unsicherheiten begleiteten Integrationsprozess (Prasse 2012).

Lehrkräfte benötigen also neben entsprechenden pädagogischen und medienbezogenen Einstellungen auch eine grundsätzliche Offenheit gegenüber Veränderungen und die Überzeugung, diese auch bewältigen zu können. Eine solche Innovationsbereitschaft oder Innovationsorientierung (engl. „innovativeness", vgl. *Innovationsbereitschaft von Lehrpersonen*) ist eine Eigenschaft, die Personen in unterschiedlichem Ausmaß besitzen und die determiniert, wie Personen auf Neues und Unvorhergesehenes reagieren (z.B. Hurt/Joseph/Cook 1977).

Definition

Innovationsbereitschaft von Lehrpersonen
Innovationsbereitschaft kann als eine grundsätzliche Offenheit und positive Einstellung gegenüber neuen und unbekannten Ideen oder Verhaltensweisen verstanden werden. Sie umfasst eine persönliche positive Kompetenzerwartung, Flexibilität und Kreativität, mit unsicheren und unvorhergesehenen Situationen gut umgehen zu können. Stärker innovationsbereite (Lehr)Personen besitzen außerdem oft ein höheres Maß an Fehlertoleranz und können die vorhandenen Risiken und Unsicherheiten von Neuerungen besser „tolerieren". (Prasse 2012).

Das Konzept der Innovationsbereitschaft wurde ursprünglich in der Forschung zur Aufgeschlossenheit von Konsumenten gegenüber technologischen Neuerungen benutzt. Man wollte damit die persönliche Disposition von Personen erklären, technologische Neuerungen unterschiedlich schnell auszuprobieren und zu übernehmen. Rogers und Shoemaker (1971) beschreiben aufbauend auf ihren Beobachtungen zur Diffusion von Innovationen (Rogers 1995) fünf Kategorien, die unterschiedliche Reaktionsmuster von Personen auf Neues abbilden. Die folgende Beschreibung ist angelehnt an Döbeli Honegger (2016, 107):

1) *Innovatoren (innovators)* sind im Vergleich zu anderen Personen besonders experimentierfreudig und testen gerne neue Konzepte, Methoden und Technologien. In der Schule sind dies solche Lehrpersonen, die neue Technologien schon lange vor allen anderen in ihrem Unterricht ausprobieren (Leitmotiv: „Ich hab' da was Neues gefunden").

2) *Erstanwender (early adopters)* lassen sich von den Innovatoren anstecken, übernehmen gerne deren „Entdeckungen" und prüfen diese auf ihre Umsetzbarkeit und Sinnhaftigkeit. In der Schule sind das jene Lehrpersonen, die das erste Pilotprojekt gemeinsam stemmen, auch wenn die Konzepte noch nicht ganz ausgereift sind und einige Unsicherheiten auf dem Weg lauern. (Leitmotiv: „Ja klar, versuchen wir es").

3) *Die frühe Mehrheit (early majority)* wartet, bis sich der Nutzen einer Neuerung in den Versuchen der Erstanwender gezeigt oder bestätigt hat. Dann sind sie gerne bereit, die Neuerung in ihren Unterricht einzubauen, aber nur, wenn sie von der Nützlichkeit der Sache überzeugt sind (Leitmotiv: „Ja, aber …").

4) *Die späte Mehrheit (late majority)* orientiert sich gerne am Bewährten und sieht bei einer Neuerung meist viele Gründe, warum diese noch nicht wirklich genutzt werden kann (Zeit, Aufwand, Nutzen). Sie bleiben so lange wie möglich bei der traditionellen Lösung und brauchen sehr viel Überzeugung und Unterstützung für einen Wechsel. (Leitmotiv: „Nein, weil …").

5) *Die Skeptiker (laggards)* sind grundsätzlich misstrauisch gegenüber neuen Produkten, Methoden oder Denkweisen. Oft arbeiten sie sogar aktiv gegen deren Einführung. (Leitmotiv: „Nur über meine Leiche").

Diese Einteilung in fünf Typen ist natürlich stark vereinfachend, auch wenn die Typen die unterschiedlichen Positionen von Lehrpersonen im Medienintegrationsprozess relativ plausibel wiederspiegeln. Diese Einteilung kann einer Schule beispielsweise auch helfen, entsprechende Fördermaßnahmen zu planen (Döbeli Honegger 2016). Wahrscheinlich ist bei Lehrkräften aber eher von einem Kontinuum zwischen einer sehr geringen und einer sehr hohen Innovationsbereitschaft auszugehen.

Studien zur Integration digitaler Medien konnten zeigen, dass eine mangelnde Innovationsbereitschaft von Lehrpersonen die Medienintegration in den Unterricht deutlich behindern kann (Mueller et al. 2008; Prasse 2012; Tondeur 2007). Darüber hinaus zeigte sich für die schülerzentrierte Mediennutzung im Unterricht, dass hier eine konstruktivistische Unterrichtsphilosophie und positive medienbezogene Einstellungen von Lehrpersonen allein nicht ausreichen. Erst, wenn Lehrpersonen zusätzlich auch über ein gewisses Maß an Innovationsbereitschaft verfügen, integrieren sie diese tiefgreifend bzw. schülerzentriert-konstruktivistisch in ihren Unterricht (Mueller et al. 2008; Prasse 2012).

6.2.5 Medienbezogene Kompetenzen von Lehrerinnen und Lehrern

Neben entsprechenden Einstellungen und einer gewissen Innovationsbereitschaft benötigen Lehrerinnen und Lehrer vielfältige Kompetenzen, um digitale Medien lernförderlich in den Unterricht zu integrieren und außerdem die medienbezogenen Kompetenzen der Schülerinnen und Schüler zu fördern. Verschiedene Nutzungsmöglichkeiten digitaler Medien zu kennen und die entsprechende Hard- und Software kompetent bedienen zu können, reicht dabei bei weitem nicht aus (Petko 2014). Lehrpersonen stehen vor der konkreten Herausforderung, Medienthemen und -anwendungen sinnvoll für bestimmte Unterrichtsziele und in angemessenen didaktischen Settings nutzen bzw. vermitteln zu können.

Aus einer theoretischen Perspektive beschreiben inzwischen eine Reihe von Konzepten differenziert verschiedene medienbezogene Kompetenzfacetten, die in der Forschung oft unter dem Begriff der *medienpädagogischen Kompetenz* von Lehrpersonen zusammengefasst werden (Blömeke 2000; Mayrberger 2012; Tiede et al. 2015; Tulodziecki 2013). Medienpädagogische Kompetenz umfasst, wie wir in der Einleitung dieses Bands bereits angerissen haben, neben der eigenen Medienkompetenz mediendidaktische und -erzieherische Kompetenzen, die es der Lehrperson erst ermöglichen, ihre spezifischen Vermittlungsaufgaben im Unterricht wahrzunehmen (Brüggemann 2013). Je nachdem, wie das Konzept der Medienkompetenz bei Schülerinnen und Schülern genau definiert ist (vgl. 4.1), unterscheiden sich jeweils auch die Konzepte medienpädagogischer Medienkompetenz von Lehrpersonen in ihrer Schwerpunktsetzung auf unterschiedliche Kompetenzfacetten. Dies gilt insbesondere für den Stellenwert des Verständnisses und der Vermittlung digitaler Themen (Döbeli Honegger 2016) und die Ausweitung des Medienkompetenzbegriffes auf schulentwicklungsbezogene Kompetenzen.

Das Konzept medienpädagogischer Kompetenz von Blömeke (2000) ist, zumindest im deutschsprachigen Raum, recht weit verbreitet, weshalb wir es im Folgenden beispielhaft kurz skizzieren. Es umfasst ein relativ breites Kompetenzspektrum, das auch in konzeptionellen Weiterentwicklungen anderer Autoren aufgegriffen wird (z.B. Mayrberger 2012; Tiede et al. 2015; Tulodziecki 2013). Das Modell baut auf früheren Überlegungen zur medienpädagogischen Kompetenz von Baacke, Tulodziecki und Schulz-Zander auf (vgl. 4.1. und 4.2 und die Überblicksdarstellung von Blömeke 2001) und beschreibt auf dieser Grundlage insgesamt fünf Teilkompetenzen, die Lehrpersonen benötigen:

- *Mediendidaktische Kompetenz* bezieht sich auf die angemessene Verwendung (digitaler) Medien in didaktisch sinnvoll gestalteten Lehr- und Lernformen. Schulz-Zander (1998) verortet in diesem Bereich auch die Fähigkeit der Lehrperson, spezifische Medien für den Lehr-Lernprozess auswählen, nutzen, analysieren und bewerten zu können. Weiterhin zählt die Fähigkeit dazu, die Wirkungen des Medieneinsatzes auf den Lehr-Lernprozess reflektieren zu können, z.b. die Rolle der Lehrenden und Lernenden oder neue Formen der Lernorganisation. Mit diesem Bereich hat sich die Forschung besonders intensiv auseinandergesetzt. Wir werden hierzu noch ein im angloamerikanischen Raum sehr populäres Modell vorstellen (s.u.).
- *Medienerzieherische Kompetenz* bezieht sich nach Blömeke (2000) auf die kompetente Thematisierung und Vermittlung von medienerzieherischen Themen im Unterricht. Dazu zählt zum Beispiel die Beschäftigung mit Themen wie dem Einfluss digitaler Medien auf soziale Beziehungen (z.B. Cybermobbing) oder der gezielten Nutzung und Wirkung von Medieneinflüssen (z.B. Fake News, vgl. 4.4). Allerdings ist der Bereich ein Sammelbecken für sehr unterschiedliche Kompetenzaspekte und hat bisher noch wenig Systematisierung erfahren (Tulodziecki et al. 2010).
- *Sozialisationsbezogene Kompetenz* richtet sich auf das Wissen zu den „Medienwelten" von Kindern und Jugendlichen. Lehrpersonen sollten entsprechende Kenntnisse darüber haben, in welchen Medienkulturen sich ihre Schülerinnen und Schüler bewegen und über welche Medienpraxen sie verfügen.
- *Schulentwicklungsbezogene Kompetenz* beschreibt die Fähigkeit zur Mitgestaltung förderlicher schulischer Rahmenbedingungen (z.B. die Entwicklung von Medienkonzepten an Schulen oder die Gestaltung einer medienförderlichen Kooperationskultur unter Lehrpersonen). Diese Kompetenz begründet sich insbesondere aus der Beobachtung, dass eine tiefgreifende Integration (digitaler) Medien im Unterricht nur mithilfe einer gesamtschulischen Entwicklung durch alle schulischen Akteure möglich ist (Breiter/Welling 2011; Eickelmann/Schulz-Zander 2006; Prasse 2012).
- Die *eigene Medienkompetenz* von Lehrpersonen bildet schließlich eine wesentliche Grundlage für die vier anderen Kompetenzbereiche. Diese Kompetenz beschreibt nach Blömeke (2000) die Fähigkeit der Lehrperson, selbst (digitale) Medien bzw. Medieninhalte sachgerecht, selbstbestimmt, kreativ und sozial verantwortlich nutzen und gestalten zu können und umfasst weiterhin die kompetente Reflektion und Analyse der Nutzung (digitaler) Medien in gesellschaftlichen Zusammenhängen sowie das Wissen über deren Einfluss auf individuelle und gesellschaftliche Prozesse.

Aufbauend auf diesem Modell hat Blömeke (2000) einen medienpädagogischen Kompetenzrahmen für die Lehrkräfteausbildung entwickelt. Das Modell ist allerdings nicht mit Lehrpersonen in der Schulpraxis überprüft worden und es bleibt unklar, inwieweit sich damit die medienpädagogischen Kompetenzen von Lehrpersonen adäquat abbilden lassen (Brüggemann 2013).

In einem neueren Medienkompetenzmodell, dem M^3K-*Modell*, fassen Tiede et al. (2015) die Aspekte professioneller Medienkompetenz in drei Komponenten zusammen, und zwar in das Lehren mit Medien (mediendidaktische Kompetenz), das Lehren über Medien (medienpädagogische Kompetenz) sowie eine schulentwicklungsbezogene Komponente (Medien und Schule). Diese drei Bereiche werden noch einmal mit fünf Kompetenzaspekten kombiniert, die sich auf unterschiedliche professionelle Tätigkeiten beziehen (Analysieren, Bewerten, Entwickeln, Implementieren, Evaluieren). In der so gebildeten Matrix (vgl. Abb. 41) definiert das M³K-Modell für jedes Feld Medienkompetenz-Standards, deren Erfüllung mit einem entsprechenden Fragebogen überprüft werden können.

Kompetenzaspekte \ Kompetenzbereiche	Mediendidaktik (MD)	Medienerziehung (ME)	Schulentwicklung (SE)
Bedingungen für medienpädagogisches Handeln durchschauen und einschätzen			ME 2.1: Die Studierenden sind in der Lage, Ansätze der Medienintegration bzw. zur Medienbildung sowie empirische Ergebnisse, die Bezüge dazu aufweisen, sachgerecht darzustellen.
Theoretische Ansätze für medienpädagogisches Handeln charakterisieren und bewerten		Standard ME2.1 Standard ME2.2	
Beispiele für medienpädagogisches Handeln analysieren und bewerten			
Eigene Vorschläge für medienpädagogisches Handeln theoriegeleitet entwickeln			ME 2.2 Die Studierenden sind in der Lage, Ansätze der Medienerziehung bzw. Medienbildung aus empirischer, normativer und realisierungsbezogener Sicht zu bewerten
Theoriebasierte Beispiele für medienpädagogisches Handeln erproben und evaluieren			

Abb. 41: Theoretischer Aufbau des Medienkompetenz-Modell M³K (Tiede et al., 22) (eigene Darstellung)

Schließlich ist auf Europäischer Ebene mit dem „Europäischen Rahmen für die Digitale Kompetenz von Lehrenden" (DigCompEdu) ein Kompetenzraster entwickelt worden (Redecker/Punie 2017), das auf dem DigComp-Kompetenzrahmen für Bürgerinnen und Bürger aufbaut (vgl. 4.3). Ähnlich wie das M³K-Modell weist es drei Bereiche aus (berufliche Kompetenzen der Lehrkräfte, pädagogisch-didaktische Kompetenzen und die eigene Medienkompetenz), für die sechs Teilaspekte und 22 Einzelkompetenzen definiert werden. Im Unterschied zu den vorher besprochenen Modellen erhält in diesem Modell das Auswählen, Erstellen und Managen digitaler Lernmaterialien sowie die digital gestützte Lernstandsdiagnostik und Bewertung stärkeres Gewicht und tritt gleichwertig neben Aspekte wie die Gestaltung von Unterrichtsprozessen oder die professionelle Weiterbildung. Die Bemühungen möglichst genau zu definieren über welche medienbezogenen Kompetenzen Lehrpersonen verfügen sollen, hat weitreichende Bedeutung sowohl für die Integration in die Ausbildungsstandards von Lehramtsstudierenden als auch für die Erfassung der Kompetenzen von Lehrpersonen an Schulen, um darauf aufbauend entsprechende Weiterbildungsmaßnahmen planen zu können (vgl. 6.4.3).

Mit der fortschreitenden Digitalisierung aller gesellschaftlichen Bereiche wird außerdem gefordert, der informatikdidaktischen Kompetenz als zentralem Element der Kompetenz von Lehrpersonen zur Vermittlung des Digitalen einen größeren Stellenwert beizumessen (Döbeli Honegger 2016). Manche Modelle auf digitale Medien bezogener Kompetenzen fokussieren deswegen drei Bereiche (Lehren über Medien, Lehren über Informatik, Lernen und Lehren mit Medien). Beim Bereich Lehren über Informatik geht es vor allem um das Wissen zu informatischen Grundkonzepten, deren Verständnis teilweise eng an Themen der Medienbildung andockt. So hilft es beispielsweise, die Bedeutung von Informationen im Internet zu bewerten, wenn ein grundlegendes Wissen zur Funktionsweise von Suchmaschinen existiert. Eine sehr gute Übersicht zu den verschiedenen Begründungslinien, warum eine grundlegende informatische Bildung zu den zukünftigen Kompetenzen von Lehrpersonen (und Schülerinnen und Schülern) zählen sollte, findet sich bei Döbeli Honegger (2016).

Die beschriebenen Modelle medienpädagogischer Kompetenzen haben häufig einen stark normativen Charakter und unterscheiden unzureichend zwischen dem Wissen (um bestimmte Sachverhalte und Prozesse) und der tatsächlichen Fähigkeit, dieses Wissen auch im Unterricht konkret umzusetzen. Außerdem bleibt die Rolle fachlicher bzw. fachdidaktischer Aspekte weitgehend unberücksichtigt, die aber insbesondere in mediendidaktischen Fragen sehr relevant ist (Petko 2014).

Für den Bereich mediendidaktischer Kompetenz existiert ein theoretisches Konzept, das die Rolle verschiedener Wissensbereiche für das Unterrichtshandeln von Lehrpersonen integriert. Mishra und Koehler (2009) entwickelten das sognannte *TPACK-Modell*, das theoretische Überlegungen zum Kompetenzbegriff von Shulman (1987) aufgreift. Shulman und andere Bildungsforscher (z.B. Baumert 2006; Bromme 1997) gehen davon aus, dass sich die eigentliche professionelle Kompetenz von Lehrpersonen darin zeigt, dass sie in der Lage sind, für spezifische Unterrichtssituationen sowohl an die Unterrichtsziele als auch an konkrete Schüler- und Schülerinnengruppen angepasste Unterrichtshandlungen auszuwählen. Dazu müssen Lehrkräfte die folgenden drei Bereiche: 1) fachliches Wissen, 2) fachdidaktisches Wissen und 3) pädagogisches Wissen verknüpfen und ihr Wissen situationsadäquat anwenden. Beispielsweise verknüpfen sie Wissen über angemessene Erklärungs- und Darstellungsformen mit dem Wissen über einen bestimmten fachlichen Inhalt.

Mishra und Koehler (2009) ergänzen das Modell von Shulman (1986) um eine technologische Komponente, womit sich die folgenden technologiebezogenen Wissens- bzw. Kompetenzbereiche für Lehrpersonen ergeben:

– *Technologisches Wissen:* Wissen darüber, wie Medien funktionieren und wie sie sich nutzen lassen (z.B. wie Wikis funktionieren und wie man ein Wiki für das Wissensmanagement verwendet).

Lehrpersonen als zentrale Akteure bei der Medienintegration | 245

- *Technologisches Inhaltswissen:* Wissen darüber, in welcher Form Technologien bestimmte Fachinhalte und deren Vermittlung prägen (z.b. welchen Einfluss digitale Animationen auf das Verständnis physikalischer Zusammenhänge haben).
- *Technologisch-pädagogisches Wissen: Wissen darüber,* wie sich Lehr-Lernprozesse durch digitale Medien verändern und wie sich digitale Technologien für die Gestaltung von Lehr-Lernprozessen nutzen lassen (z.b. wie sich Wikis für das kollaborative Erarbeiten eines Themas nutzen lassen).
- *Technologisch-pädagogisches Inhaltswissen: betrifft* als Schnittmenge aller drei Bereiche ein konkretes, situationsbezogenes Anwendungswissen darüber, mit welchen digitalen Anwendungen welche Fachinhalte („Der menschliche Körper") in welcher an die entsprechende Schülergruppe angepassten pädagogisch-didaktischen Form (z.B. Gruppenarbeit mit hohem Anteil an Selbststeuerung) gelernt werden sollten.

Wie im Modell von Shulman (1987) werden auch im TPACK-Modell von Mishra und Koehler (2009) technologisches, pädagogisches und fachliches Wissen einer Lehrperson nicht getrennt voneinander gesehen. Medienkompetentes Handeln der Lehrkraft entwickelt sich nur in den Überschneidungen dieser drei Wissensbereiche (vgl. Abb. 42).

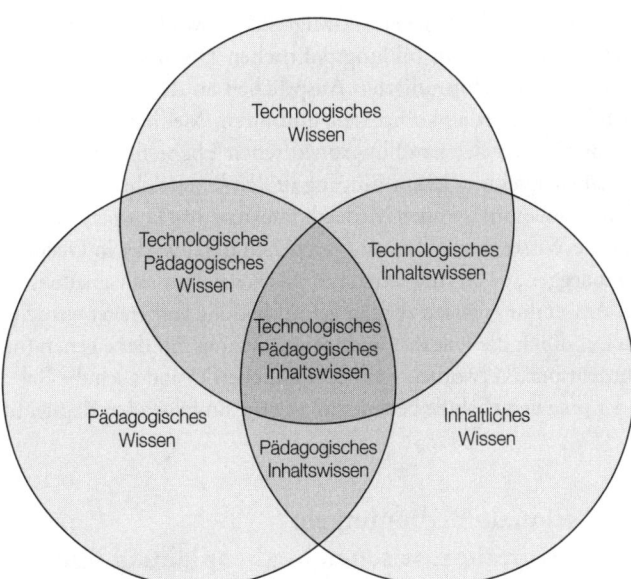

Abb. 42: Aufbau des Technologisch-Pädagogischen Inhaltswissens nach Mishra und Koehler (2009, 63)

Das TPACK-Modell bietet eine gute Grundlage, um die Herausforderungen an Lehrpersonen bezüglich ihrer technologiebezogenen Kompetenzen zu beschreiben und die unterschiedlichen Wissensfacetten, beispielsweise im Kontext der Lehreraus- und weiterbildung, adressieren zu können. (Vogt et al. 2013). Im deutschsprachigen Raum wurde das Modell beispielsweise von der Forschungsgruppe Lehrerbildung Digitaler Campus Bayern (2018) aufgegriffen und auf konkrete praktische Handlungsanforderungen an Lehrpersonen bezogen, auf die die Aus- und Weiterbildung Bezug nehmen sollte. Zukünftig wird es entscheidend sein, insbesondere die fachdidaktischen Spezifika mediendidaktischen Handelns stärker zu thematisieren.

Studien zur Medienkompetenz bei Lehrpersonen zeigen, dass sich diese im deutschsprachigen Raum hinsichtlich ihres technologischen Wissens bzw. ihrer technischen Anwendungskompetenzen relativ gut auf ihre Unterrichtspraxis vorbereitet fühlen (Gerick et al. 2014). Insbesondere für die Integration digitaler Medien in stärker schülerzentrierte Unterrichtsformen ist jedoch ein pädagogisch-didaktisches Wissen bzw. ein technologisch-pädagogisches Inhaltswissen im Sinne von Mishra und Köhler (2009) vermutlich weitaus bedeutsamer. Gerade hier beurteilen sich Lehrpersonen jedoch oft weniger positiv, was sich beispielsweise an den mangelhaften Kompetenzen für die konkrete Entwicklung und Durchführung digital unterstützter Lernaktivitäten zeigt (Law/Chow 2008).

Im Bereich der medienerzieherischen Kompetenzen, der schulentwicklungs- und der informatikbezogenen Fähigkeiten sind noch viele Kompetenzlücken zu vermuten. Wie Brüggemann (2013) betont, zeigt sich sowohl in der medienpädagogischen Forschung als auch im bildungspolitischen Diskurs eine deutliche Diskrepanz zwischen den dort formulierten Ansprüchen an die Lehrpersonen bezüglich der Vermittlung von Medienkompetenz und ihrem Medienkompetenzverständnis in der Schulpraxis. Auf der handlungspraktischen Ebene finden insbesondere Aspekte der Medienerziehung kaum Eingang in den Unterricht.

Für den Aufbau einer umfassenden Medienkompetenz von Lehrpersonen müssen ganz unterschiedliche Wissensbestände und Disziplinen miteinander in Dialog treten (Petko/Döbeli Honegger 2011). Aus dem TPACK-Modell lässt sich ableiten, dass ein entsprechendes Anwendungswissen zwar in der Ausbildung vorbereitet werden muss, aber letztendlich nur durch die reflexive Auseinandersetzung mit der eigenen (medial-digitalen) Unterrichtspraxis erworben werden kann. Hierfür sind auch die Rahmenbedingungen in der jeweiligen Schule bedeutsam, die wir im folgenden Kapitel besprechen.

6.3 Organisationale Bedingungen: Medienintegration zwischen Medienplanung und Schulentwicklung

Zwischen Schulen bestehen große Unterschiede bezüglich der Nutzung digitaler Medien in den unterrichtlichen und schulischen Prozessen. Zahlreiche Untersuchungen zu den Gelingensbedingungen und Barrieren der Medienintegration an Schulen verweisen auf eine Reihe bedeutsamer schulischer Probleme, wie die technische und organisatorische Infrastruktur, den fehlenden technischen und pädagogischen Support, mangelhafte Weiterbildung oder behindernde curriculare Vorgaben (Eickelmann 2010; Law/Chow 2008; Pelgrum 2008; Schaumburg, et al. 2007; Tondeur/Valcke/van Braak 2008; Scholl/Prasse 2000). Auch wenn diese Faktoren eine Integration digitaler Medien in den Unterricht bedeutsam erschweren, gelingt es einigen Schulen dennoch besser als anderen, trotz dieser Hindernisse zu einer umfassenderen Integration in die schulische Arbeit zu gelangen, und das bei oftmals sogar ähnlichen Ausgangsbedingungen. Dies zeigt sich beispielsweise anhand der großen Spannbreite der Medienintegration von Schulen innerhalb der gleichen Schulregion (Prasse 2012). Offensichtlich verfügen Schulen über unterschiedliche Merkmale und Strategien, um die Medienintegration zu fördern und entsprechende Lern- und Entwicklungsmöglichkeiten für den Aufbau von Medienkompetenz und -expertise bei Lehrkräften sowie Schülerinnen und Schülern zu schaffen.

Medienintegration haben wir im vorigen Kapitel als einen die Lehrperson betreffenden individuellen Prozess betrachtet: Vor dem Hintergrund ihrer spezifischen Einstellungen, Orientierungen und Kompetenzen wählt und entwickelt sie bestimmte digitale Nutzungsformen für ihren Unterricht und setzt digitale Medien in einer bestimmten Art und Weise ein. Schulische Medienintegration beschreibt dagegen Veränderungsprozesse, die nicht nur den Unterricht betreffen, sondern die Schule als ganze Organisation und zwar sowohl auf einer strukturell-institutionellen als auch auf einer schulkulturellen bzw. sozialen Ebene.

Auf einer strukturell-institutionellen Ebene geht es beispielsweise um die Schaffung von institutionellen Strukturen und Abläufen, die eine adäquate Nutzung digitaler Medien in Unterricht und Schule befördern können. Dazu gehören beispielsweise die Infra- und Supportstruktur, die Regelung der Weiterbildungsmöglichkeiten, die Anpassung institutioneller und rechtlicher Abläufe und Reglements (z.B. Fragen des Datenschutzes) oder die Schaffung konkreter schulprogrammatischer und curricularer Verbindlichkeiten. Schulen können Ziele und Maßnahmen in diesen Bereichen zum Beispiel in einem entsprechenden Medienplan festlegen und steuern. Idealerweise ist ein solcher Medienplan integriert in ein gesamtschulisches pädagogisches Konzept (Breiter 2001; Vanderlinde/Dexter/van Braak 2011).

Auf der zweiten, der schulkulturellen oder sozialen Ebene, sind die Prozesse weniger gut plan- und steuerbar. Hier geht es um die Ermöglichung professioneller Lernprozesse, wie dies z.B. durch ein entsprechendes Medien- oder Innovationsklima (Prasse 2012) sowie lernförderliche Kooperations- und Führungsstrukturen erreicht werden kann (Gerick et al. 2016). Fallstudien an hinsichtlich ihrer Medienintegration fortgeschrittenen Schulen zeigten, dass diese oft schulkulturelle Besonderheiten aufweisen, wie etwa eine unterstützende Kooperationskultur oder eine innovationsfreundliche Schulleitung. Merkmale beider Ebenen, der strukturellen und der kulturellen, konstituieren die Rahmenbedingungen unter denen die verschiedenen schulischen Akteure ihr Wissen, ihre Einstellungen und ihre schulischen Praktiken verändern (Altrichter/Wiesinger 2005).

Die Komplexität der Prozesse schulischer Medienintegration wird von vielen Autorinnen und Autoren auch als schulischer Innovationsprozess bezeichnet. Dieser Begriff stammt ursprünglich aus der organisationspsychologischen und wirtschaftswissenschaftlichen Forschung. Er wurde von Autoren wie Fullan (1991) schon in den 1990er Jahren auf die Beschreibung der besonderen Bedingungen schulischer Veränderungsprozesse angewendet. Medienintegration als Innovationsprozess zu bezeichnen, bedeutet zu betonen, dass dieser neuartige unterrichtliche und schulische Prozesse und Strukturen hervorbringt, die sich fernerhin wechselseitig beeinflussen (s. auch Reinmann-Rothmeier 2003; Scholl 2004). Im Zusammenhang mit der Medienintegration kann beispielsweise eine didaktische Innovation im Unterricht (z.B. der Einsatz von Erklärvideos in selbstgesteuerten Schülerarbeitsphasen) auch Konsequenzen für den Wandel der Organisation der Lernprozesse in der gesamten Schule (z.B. „flipped classroom" als schulisches Lernprinzip) und damit wiederum Rückwirkungen auf die Bildungsziele von Schule (Stärkung der Eigenverantwortung der Schülerinnen und Schüler für ihren Lernprozess) haben.

Darüber hinaus beinhaltet die Konzeptualisierung der Medienintegration als Innovationsprozess (in Abgrenzung zum Begriff der Implementation) zumeist auch eine Distanzierung von der Annahme der (vollständigen) rationalen Planbarkeit und Steuerbarkeit schulischer Veränderungsprozesse (Scholl 2004). Dies liegt zum einen an der – aufgrund der Neuartigkeit – begrenzten Vorhersehbarkeit der auf den verschiedenen Ebenen (individuell, organisational) angestoßenen Veränderungen. Zum anderen betreffen die Veränderungen nicht nur die konkreten Aktivitäten, sondern eben auch das Wissen, die Einstellungen und die Werte der in ihre sozialen und organisationalen Strukturen eingebetteten Akteure. Insoweit sind Lehrpersonen nicht das Endelement in einer Kette rationaler, meist seitens der Führung (z.B. Schulleitung) von oben nach unten durchgesetzten Anweisungen und Verordnungen (z.B. Umsetzung der medienbezogenen Elemente des Lehrplans). Stattdessen treffen sie aktiv Entscheidungen über die Nutzung oder Nicht-Nutzung einer Neuerung, wie hier den Einsatz digitaler Medien.

Wenn es also um die Frage geht, wie eine Schule jenseits zentraler Steuermaßnahmen beeinflusst, ob eine Lehrperson sich für bestimmte digital unterstützte Unterrichtsformen entscheidet, dann rückt der Fokus stärker auf die sozialen und kulturellen Faktoren von Schule. Wie Rogers (1995) in seinem Diffusionsmodell von Innovationen (vgl. 6.2.4) zeigt, hat die (wechselseitige) Kommunikation von Akteuren, die eine Neuerung bereits angenommen haben, mit solchen, die sich noch nicht beteiligen, eine entscheidende Bedeutung für deren Verbreitung (Diffusion), da in diesem Kommunikationsprozess neues Wissen ausgetauscht und produziert wird (Frank/Zhao/Bormann. 2004). Auch aus einer Schulentwicklungsperspektive ist es bedeutsam, die individuellen und kollektiven Erfahrungen, Wertehaltungen und Einstellungen zum Thema digitale Medien zu thematisieren und zu diskutieren sowie in die Entscheidungsprozesse im Prozess der Medienintegration einzubinden (z.b. bei Entscheidungen über die zu wählende Infrastruktur). Wie Untersuchungen zeigen, ist dies nicht unbedingt selbstverständlich. In vielen Schulen wird die Medienintegration einseitig durch die Schuladministration von oben nach unten gesteuert. Letztendlich besteht die Kunst darin, eine gute Balance zwischen einer strategischen und zielgerichteten Steuerung einerseits und einer breiten Partizipation der beteiligten Schulakteure andererseits zu finden (Fullan 2003; Petko 2014). Im Folgenden beschreiben wir eine Auswahl organisationaler Bedingungen der Medienintegration (Infrastruktur und Support, Schulleitung und Promotoren, Medienklima sowie professionelle Entwicklung und Weiterbildung) aus strukturell-institutioneller sowie schulkultureller Perspektive. Diese Aspekte haben sich in der Forschung für eine nachhaltige Medienintegration als besonders bedeutsam erwiesen.

6.3.1 Infrastruktur und Support

Schulen verfügen trotz in den letzten Jahren vielerorts intensivierter Bemühungen nach wie vor über recht heterogene IT-Ausstattungsbedingungen. Dies ist in Deutschland z.B. vor allem auf das föderale Bildungssystem zurückzuführen, in welchem die kommunalen Schulträger die digitale Infrastruktur finanzieren müssen und dies je nach finanziellen Mitteln unterschiedlich stark tun können oder wollen (Döbeli Honegger 2016). Im internationalen Vergleich liegt in Deutschland die IT-Ausstattung aber auf einem durchschnittlichen Niveau (Fraillon et al. 2014; Endberg/Lorenz 2016). Allerdings erweist sich für die Medienintegration inzwischen weniger die grundsätzliche Verfügbarkeit von Computern an der Schule als bedeutsam, sondern vielmehr die Qualität der Netzwerkverbindungen in den Klassenräumen und die Möglichkeit, mobile, im besten Fall persönliche Geräte der Schülerinnen und Schüler verlässlich im Unterricht nutzen zu können. Hier ist die Situation im internationalen Vergleich unterdurchschnittlich (ebd.). In den letzten Jahren sind jedoch eine Vielzahl von Projekten mit 1:1 Ausstattungen und/ oder mit einem *Bring Your Own Device* Modell (BYOD, s.u.) gestartet, die in den bisher durchgeführten Evaluationen generell positiv beurteilt werden (Kammerl et al. 2016; Prasse et al. 2017). Ein weiterere wichtiger Aspekt ist die Existenz eines gut funktionierenden technischen und mediendidaktischen Supports, wobei sich insbesondere letzterer als sehr bedeutsam für die Medienintegration erwiesen hat (Tondeur et al. 2008).

Die Planung der IT-Infrastruktur einer Schule sollte in enger Zusammenarbeit zwischen Schule und Schulträger erfolgen, der für die Finanzierung, Wartung, den Support und damit auch die Folgekosten zuständig ist (Breiter/Fischer/Stolpmann

2006). Gerade die Folgekosten bestimmter IT-Lösungen sind ein wesentlicher Entscheidungsfaktor bei der Anschaffung. Schulen können in einem IT-Plan ihren Bedarf auf der Grundlage mediendidaktischer und medienpädagogischer Überlegungen festlegen. Dabei ist die Partizipation aller schulischen Akteure (also auch bisheriger Nicht-Nutzer sowie der Schülerinnen und Schüler) sinnvoll, um eine von allen akzeptierte Lösung zu finden. Folgende Überlegungen können in diesem Bereich leitend sein (Döbeli Honegger 2016):

– *Verfügbarkeit und Zuverlässigkeit garantieren*: Insbesondere bei Infrastrukturen, die nicht auf eine 1:1 Ausstattung aller Schülerinnen und Schüler zielen, ist die Verfügbarkeit einer adäquaten Anzahl von Geräten im Klassenraum ein zentraler Faktor für deren Nutzung. Ein gut gemeinter Notebookpool, für dessen Nutzung aber erst Erlaubnisse und Schlüssel organisiert werden müssen, fördert die Medienintegration nicht. Mit der Zunahme des netzbasierten Arbeitens, der Nutzung von Lernplattformen oder dem Cloud-Computing ist die Funktionstüchtigkeit des Netzwerkes oder die Regelung mobiler Internetvarianten extrem wichtig.

– *1:1-Ausstattung ist die Zukunft:* Die verlässliche Präsenz mobiler Geräte im Unterricht, bei der jeder Schülerin und jedem Schüler ein eigener Laptop oder Tablet-PC zur Verfügung steht, bringt für Lehrpersonen eine qualitativ einzigartige Situation mit sich: die Geräte können spontan auch in kurzen Sequenzen genutzt werden und erhalten als Arbeitswerkzeug einen bedeutsamen Stellenwert. Wichtig ist bei 1:1-Ausstattungen darüber hinaus der Aspekt des persönlichen Besitzes, wodurch die Geräte zur persönlichen Lernumgebung der Schülerinnen und Schüler werden können. 1:1-Ausstattungen brauchen aber auch eine gemeinsame Aushandlung fester Nutzungsregeln, die sowohl für Schülerinnen und Schüler als auch Lehrkräfte eine angemessene Lern- und Lehratmosphäre schaffen (vgl. 5.3.6).

– *Bring Your Own Device (BYOD)*: Schon heute besitzen fast alle Schülerinnen und Schüler mindestens ein eigenes digitales Gerät (vgl. 3.1.1), das prinzipiell auch im Unterricht nutzbar wäre. Beim Konzept des Bring Your Own Device bringen die Schülerinnen und Schüler diese eigenen Geräte mit in den Unterricht (Notebooks, Tablets, Smartphones). Von den Befürwortern werden als Argumente u.a. der eingangs genannte hohe Ausstattungsgrad von Jugendlichen mit Digitalgeräten, die ökologische Verträglichkeit (es wird kein zusätzliches Gerät angeschafft) und die Kostenersparnis für die Schule angeführt. Der Übergang zur 1:1-Ausstattung ist fließend, und zwar dann, wenn das Mitbringen der Geräte obligatorisch ist und von der Schule ggf. bestimmte technische Mindestanforderungen definiert werden. Wichtig bei BYOD Modellen ist die Frage der Chancengleichheit („nicht jeder kann sich ein angesagtes, teures Gerät leisten"), die sich insbesondere bei einer sozial heterogenen Schülerschaft stellt.

- *Datenschutz und Sicherheit*: Mit der Nutzung persönlicher digitaler Geräte und der Zunahme des sogenannten Cloud-Computing (vereinfacht gesagt, bedeutet das, dass bestimmte Dienste ins Internet ausgelagert werden) ergibt sich die Chance der Entlastung der Schule von komplizierten Server-Infrastrukturen. Allerdings steigen damit auch die Anforderungen an die Datensicherheit und den Datenschutz.
- *Software und Content:* Schulen müssen u.a. entscheiden, welche Software sie anschaffen wollen (z.B. Office-Programme, Lernprogramme, Schulverwaltungssoftware), welche Anwendungen interbasiert genutzt werden können (z.B. Anwendungen wie Wikis, Weblogs, E-Portfolios) und welche digitalen Lernmedien (z.B. digitale Schulbücher) eingesetzt werden. Aufgrund der zunehmenden Vielfalt ist es wichtig, sich als Schule zu überlegen, wie die Angebote und Erfahrungen bei der Nutzung koordiniert werden können, um den Lehrpersonen ihre Auswahl und Nutzungsentscheidungen zu erleichtern. Für die Medienintegration ist eine Verknüpfung zwischen digitalen Lernmedien und den gültigen Bildungsstandards/Lehrplänen hilfreich, wie sie z.B. in manchen Bundesländern Deutschlands angeboten wird (vgl. 4.3).

6.3.2 Schulleitung und andere potentielle Promotoren

Die Schulleitung bzw. eine von ihr wahrgenommene Führungsrolle bei der Medienintegration, gilt als einer der bedeutsamsten Faktoren in diesem Prozess (Eickelmann/Gerick 2018). Das ist nicht nur durch zahlreiche Studien im Bereich digitaler Medien gut belegt (für einen Überblick s. Prasse 2012, 64ff.), sondern trifft auch generell auf die Umsetzung von Reformvorhaben und auf die Innovationsförderung in Schulen zu (z.B. Fullan 1991; Gräsel 2010). Ohne das aktive Engagement der Schulleitung sind diese nur selten erfolgreich, da Schulleitungen an zentraler Stelle für den Innovationsprozess wichtige Entscheidungen initiieren, vermitteln und fördern (oder blockieren) und entscheidend für ein innovationsfreundliches Klima in der Schule sind (ebd.). Die Führungsrolle der Schulleitung ergibt sich also zum einen aus ihrer strategischen Funktion als Manager und Entscheidungsträger schulischer Abläufe und zum anderen durch die Führungsfunktion, die sie auch für die sozialen und kulturellen Prozesse der Schule hat (vgl. *Managementaufgaben von Schulleitungen*).

> Praxisbeispiel
>
> **Managementaufgaben von Schulleitungen bei der Medienintegration**
> Breiter (2007) unterscheidet drei Aufgabenbereiche, in denen Schulleitungen Themen der Medienintegration systematisch in die vorhandenen allgemeinen Managementaufgaben (z.B. Personalmanagement, Weiterbildungsplanung) einbeziehen müssen:
> - *Strategische Ebene:* betrifft die Erstellung eines IT-Planes oder Medienkonzeptes, die Festlegung von und Auseinandersetzung mit pädagogischen Zielen der Nutzung digitaler Medien im Unterricht und die Integration der Medienarbeit in die Personalentwicklung (z.B. Weiterbildungsplanung, Personalrekrutierung).

- *Management der Informationssysteme und Anwendungen:* betrifft die Planung des Medieneinsatzes und die Evaluation, Auswahl, Beschaffung und Bewertung didaktischer Medien für verschiedene Fächer.
- *Management der IT-Infrastruktur:* Sicherstellung des reibungslosen Betriebs der technischen Ressourcen (Hardware, Basissoftware, Netze), Integration außerschulischer Akteure (z.B. regionale Partner) und Koordination von durch den Schulträger vorgegebenen Rahmenbedingungen.

Schulleitungen brauchen entsprechende Kompetenzen in Bereichen des IT-Managements und finanzielle und rechtliche Gestaltungsfreiräume, um die Prozesse den Schulbedürfnissen entsprechend steuern zu können (Breiter 2007). Ist dies gegeben, kann die Wahrnehmung dieser Managementaufgaben einen großen Einfluss auf die Nutzung digitaler Medien haben (Anderson/Dexter 2005).

Schulleitungen steuern die Medienintegration aber auch durch die Beeinflussung und Mitgestaltung schulkultureller und sozialer Prozesse (O'Dwyer/Russell/Bebell 2004; Tondeur et al. 2008). So können sie die Bedeutung des Themas in ihrer Schule unterschiedlich stark hervorheben (z.B. auf Konferenzen oder im persönlichen Gespräch mit den Lehrpersonen), sich persönlich mehr oder weniger interessiert an Medienfragen zeigen oder mehr oder weniger eine Schulidentität mitentwickeln, in der digitale Medien einen selbstverständlichen Platz einnehmen (z.B. in der Darstellung auf der Homepage der Schule). Schulleitungen spielen demzufolge eine wichtige Rolle bei der Gestaltung eines innovationsfreundlichen (Medien-) Klimas, das Raum für die notwendigen Lernprozesse und die Aneignung neuen Wissens schafft. Hierfür benötigen Schulleitungen nicht nur Expertise zum Führungshandeln in Innovationsprozessen, sondern auch eine eigene Vision für die zukünftige Mediennutzung an ihrer Schule (Law 2008). Im Kontrast zu diesen Ansprüchen stehen allerdings aktuelle Studien, die zeigen, dass Schulleitungen noch oft zurückhaltend bezüglich ihrer wichtigen Rolle bei der Medienintegration sind (Fraillon et al. 2014).

Nicht nur die Schulleitung, sondern auch besonders engagierte Lehrpersonen in der Schule, sogenannte *Fach- und Prozesspromotoren*, können die Medienintegration maßgeblich beeinflussen (Prasse 2012; Scholl/Prasse 2000). Nach dem Promotorenmodell von Witte (1973) stellen Fachpromotoren relevantes Fachwissen für den Innovationsprozess bereit. Auf die Medienintegration angewandt sind das Lehrpersonen, die in ihrem Fach Expertenwissen zu bestimmten didaktischen Einsatzmöglichkeiten digitaler Medien aufgebaut haben. Prozesspromotoren wiederum unterstützen Innovationen, indem sie beispielsweise den Informationsaustausch sowie die Netzwerkbildung unter den Lehrkräften, mit der Schulleitung und mit schulexternen Partnern fördern und koordinieren sowie Überzeugungsarbeit leisten und auftretende Barrieren beseitigen. Die Ergebnisse einer Untersuchung von Prasse (2012) zeigen, dass ein schulisches Netzwerk intensiv kommunizierender Fach- und Prozesspromotoren eine wichtige Rolle bei der Unterstützung und Steuerung des Medienintegrationsprozesses spielt. Dagegen ist es für die schulweite Verbreitung des Medieneinsatzes hinderlich, wenn an einer Schule nur ein zentraler Promotor existiert oder wichtige Promotoren im Netzwerk isoliert sind (weil sie nicht ausreichend mit den anderen Akteuren kommunizieren). Sowohl die mangelnde Prozesspromotion in einer Schule (z.B. einzelne Medienexperten, die im „stillen Kämmerlein" exzellente Medienprojekte entwickeln) als auch Kommunikationsprobleme im Netzwerk zwischen Promotoren und weiteren Schulakteuren (z.B. ein persönliches Problem zwischen dem Medienkoordinator der Schule und der Schulleitung) können die Medienintegration behindern. Dies betrifft vor allem die Verbreitung einer qualitativ hochwertigen, schülerzentrierten Mediennutzung, weil diese oft besonders viele schulstrukturelle und -kulturelle Veränderungen mit sich bringt (ebd.).

6.3.3 Schulkultur und Medienklima:
Zusammen ein professionelles Klima entwickeln

In den vorigen Kapiteln haben wir darauf aufmerksam gemacht, dass die Integration digitaler Medien als ein Innovationsprozess verstanden werden kann, in dem pädagogische Vorstellungen, Handlungsroutinen und organisationale Abläufe hinterfragt und gegebenenfalls verändert werden müssen. Solche Veränderungen sind umso schwieriger, je größer die Neuartigkeit und die damit einhergehenden Veränderungserfordernisse für die Lehrkräfte und die Schule sind. Die Installation einiger Whiteboards, die vorrangig im Frontalunterricht genutzt werden sollen, würde an einer Schule, an der die Lehrkräfte bisher ohne digitale Medien arbeiten und eher lehrerzentrierte Lehr-Lernvorstellungen vertreten, nicht unbedingt weitreichende schulische Veränderungen nach sich ziehen. Wenn hingegen an einer solchen Schule die schulweite Nutzung digital unterstützter konstruktivistischer Unterrichtsformen in Tabletklassen eingeführt werden soll, erfordert dies weitreichende Veränderungen der Einstellungen und Kompetenzen der Lehrpersonen, der Schülerinnen und Schüler sowie eine Neuregelung gesamtschulischer Organisations- und Koordinationsaufgaben hinsichtlich Zeiten, Räumen und Personen. Wie bereits betont, erfordern solche umfangreichen Veränderungen in hohem Maße positive Einstellungen, Kompetenzentwicklung und Innovationsbereitschaft. Sie müssen, neben den bereits besprochenen Faktoren, durch eine Schulkultur gefördert werden, die Experimentierfreude unterstützt und zur Veränderung von Routinen ermutigt. Untersuchungen zeigen, dass sich ein innovationsfreundliches Medienklima insbesondere durch eine unterstützende Kooperationskultur und eine hohe Innovationsorientierung in der Schule auszeichnet (Dexter et al. 2002; Ertmer/Ottenbreit-Leftwich 2010; Prasse 2012, vgl. *Innovationsfreundliches Medienklima*).

> **Theorie**
>
> **Innovationsfreundliches Medienklima**
> Prasse (2012) beschreibt in Anlehnung an Brodbeck/Maier (2001) die folgenden Aspekte, die ein innovationsförderndes Medienklima in Schulen aufweisen sollte:
> – *Commitment, Wertschätzung und gemeinsame Vision bezüglich des Einsatzes digitaler Medien im Unterricht:* Existiert an der Schule ein gemeinsames Commitment zum Stellenwert mediendidaktischer, medienpädagogischer und digitaler Fragen? Erfahren in diesem Bereich engagierte Lehrpersonen Wertschätzung in der Schule? Werden die Ziele des Medieneinsatzes in der Schule reflektiert, diskutiert und definiert (z.B. im Schulprogramm)?
> – *Innovationsorientierung und Unterstützung neuer Ideen und Praktiken:* Werden an der Schule Experimentierfreude und die Veränderung von Handlungsroutinen wertgeschätzt und unterstützt? Werden die mit Veränderungen verbundenen Risiken und „Fehler" abgefedert und toleriert (z.B. durch die Schulleitung)?
> – *Qualität von Information und Kommunikation:* Existiert generell, sowie bezogen auf die Mediennutzung, ein umfangreicher, transparenter und barrierefreier Informationsfluss an der Schule, in den alle wichtigen Akteursgruppen eingeschlossen sind?
> – *Unterstützung und Kooperation im Kollegium:* Existieren bezogen auf die Mediennutzung vielfältige und vertrauensvolle Formen der Unterstützung und der Kooperation im Kollegium?

Insbesondere die Kommunikations- und Kooperationsprozesse einer Schule haben hier eine zentrale Funktion, in dem sie den Erfahrungsaustausch und Wissensaufbau hinsichtlich der Nutzung digitaler Medien fördern und Unterstützung bei auftretenden Problemen und Konflikten leisten. Schulische kollegiale Lerngemeinschaften können helfen, Unsicherheit zu reduzieren und Vertrauen zu schaffen und auf dieser Basis ein gemeinsames Lernen ermöglichen (Law/Chow 2008). Mögliche Instrumente sind z.B. Teamteaching, kollegiale Hospitationen und die gemeinsame Entwicklung von Unterrichtsmaterialien bzw. digitalen Lernangeboten. Allerdings werden solche Kooperationsformen in Bezug auf digitale Themen zumindest in Deutschland noch in eher geringem Umfang praktiziert (Fraillon et al. 2014; Welling/Lorenz/Eickelmann 2016).

Die Medienintegration ist ein Projekt der gesamten Schule. So ist es bei der Entwicklung von Strategien und Konzepten bedeutsam, dies nicht nur dem ICT-Verantwortlichen oder einer Gruppe besonders medienaffiner Lehrerinnen und Lehrer zu überlassen, sondern Vertreter unterschiedlicher Ansichten in die Integration digitaler Medien einzubeziehen. Die Zusammensetzung solcher Teams hat Konsequenzen für konkrete Entscheidungen zur organisatorischen, infrastrukturellen oder curricularen Ausgestaltung. Wird dies nicht beachtet und werden Partizipationsmöglichkeiten zu sehr beschränkt, können sich Teile des Kollegiums „abgehängt" fühlen und nachfolgend gar den schulweiten Integrationsprozess behindern (Prasse 2012).

6.4 Bedingungen der Medienintegration auf Schulsystemebene

Schulen agieren nicht im luftleeren Raum, sondern sind Teil eines Schulsystems, das Ziele und Bedingungen definiert, die den Gestaltungsspielraum von Schulen konstituieren. Hinsichtlich der Medienintegration sind dies beispielsweise die Formulierung einer nationalen Strategie bezüglich digitaler Medien in der Schule, die Bestimmung von Bildungsstandards, die Ausgestaltung von Lehrplänen oder die Anpassung rechtlicher Bestimmungen für Schulen (z.B. Datenschutz). Wie diese Bedingungen genau ausgestaltet sind und wie sich die Verbindlichkeit bestimmter Vorgaben für Schulen gestaltet, kann allerdings je nach Schulsystem eines Landes bzw. Bundeslandes oder Kantons stark variieren (EURYDICE 2011; Fraillon et al. 2014; Kozma 2008). So zeigt die internationale ICILS-Studie 2013 ganz unterschiedliche Voraussetzungen auf Schulsystemebene in den teilnehmenden Ländern, die die Integration digitaler Medien in Schulen dort mehr oder weniger unterstützen (Eickelmann et al. 2014b). Im Folgenden greifen wir abschließend die in Kapitel 4.3 bereits ausführlich dargestellten bildungspolitischen und curricularen Rahmenbedingungen nochmals auf und diskutieren sie mit Blick auf ihre Bedeutung für die Medienintegration auf der Ebene des Schulsystems (s. Petko 2014 und Breiter 2007 für ausführlichere Darstellungen rechtlicher und organisatorischer Rahmenbedingungen; aus internationaler Perspektive s. Eickelmann 2018).

6.4.1 Ziele und Strategien der Bildungsadministration und Bildungspolitik

Die Bedeutung von Themen der Medienbildung und der Integration (digitaler) Medien in schulische Prozesse kann sich auf nationaler oder regionaler Ebene mehr oder weniger nachdrücklich in programmatischen Erlassen oder bildungsplanerischen Entscheidungen niederschlagen. Hiermit wird zum einen der Bedeutung solcher Themen durch die politischen Entscheidungsträger eines Landes Ausdruck verliehen. Zum anderen werden auf diese Weise wichtige Schwerpunkte, strategische Ziele und Vorschläge zu entsprechenden Maßnahmen festgelegt und Kriterien für deren Überprüfung formuliert.

In Deutschland wird das Thema digitale Medien schon seit Längerem als zentraler Bestandteil der Bildungsplanung herausgestellt, wie sich beispielsweise in dem 1995 veröffentlichten Orientierungsrahmen der Bund-Länder-Kommission (BLK) für Bildungsplanung und Forschungsförderung erkennen lässt (Brüggemann 2013). Der Dringlichkeit des Themas digitale Medien wird besonders mit der Stellungnahme der Kultusministerkonferenz Rechnung getragen (KMK 2016). Hier definiert die KMK normative Erwartungen an die Inhalte und Rahmenbedingungen für die Medienbildung in Schulen (z.B. die Notwendigkeit einer stärkeren Verankerung medienbezogener Themen in der Lehrkräftebildung). Diese dienen beispielsweise als Orientierung für die Lehrplanentwicklung oder die Überprüfung in nationalen Vergleichsuntersuchungen. Daneben wurden in den letzten Jahren auch in den Bundesländern verschiedene Strategiepapiere verabschiedet.

Viele Bundesländer bzw. Städte oder Landkreise haben – teilweise mit Partnern aus der Wirtschaft und von Stiftungen – umfangreiche Ausstattungsinitiativen oder Modellprojekte lanciert. Allerdings haben sich die Anstrengungen in der Vergangenheit häufig nur auf die Ausstattung mit entsprechender Hardware gerichtet. Weiterhin können solche Initiativen zwar Impulse setzen, vernachlässigen aber die organisationale und strukturelle Einbettung (in Lehrpläne, Aus- und Weiterbildung) ohne die eine flächendeckende Medienintegration in Schulen nicht möglich ist.

6.4.2 Digitale Medien als Bestandteil von Lehrplänen

Die Ausgestaltung strategischer Bildungsziele und festgelegter Bildungsstandards erfolgt vor allem in Lehrplänen bzw. Bildungsplänen und Richtlinien, die in Deutschland durch die einzelnen Bundesländer (in der der Schweiz durch einzelne Kantone) verantwortet werden. Bezogen auf die Situation in Deutschland, bleibt dabei die Verbindlichkeit der formulierten Ziele oft unklar und es ist den Lehrpersonen meist freigestellt, ob sie digitale Medien und Themen in ihren Unterricht integrieren. Dies kann eine flächendeckende und systematische Medienintegration behindern (Brüggemann 2013). Ausführliche und in Lehrplänen oder Bildungsstandards verbindlich festgeschriebene Stufenbeschreibungen medienbezogener Kompetenzen können eine bessere Orientierung und eine höhere Verbindlichkeit für Schulen und Lehrpersonen schaffen. Wie das Beispiel der Einführung des neuen Lehrplans *LP21* in der Deutschschweiz zeigt (vgl. 4.3), kann dies einen Entwicklungsschub für weitere Aktivitäten und Maßnahmen (z.B. in der Aus- und Weiterbildung) auslösen (Döbeli Honegger 2016). Im Zusammenhang mit der Integration medienbezogener und digitaler Themen in den Lehrplan wird ebenfalls unterschiedlich diskutiert, ob dies im Rahmen des üblichen Fächerkanons geschehen sollte oder ein eigenes Fach für das Thema (digitale) Medien nötig ist. Inzwischen kann es als Konsens angesehen werden, dass die Medienintegration eine fachübergreifende Aufgabe ist, die von allen Fachdisziplinen geleistet werden muss. Allerdings kann es aufgrund der zunehmenden Komplexität medienbezogener sowie digitaler Kompetenzen von Vorteil sein, ein eigenes Fach als Voraussetzung für das fächerintegrierte Arbeiten mit digitalen Medien zu etablieren (s. Petko 2014).

6.4.3 Verbindlichkeit medienbezogener Kompetenzen in der Aus- und Weiterbildung

Die verbindliche Verankerung digitaler und medienbezogener Themen in der Aus- und Weiterbildung von Lehrpersonen schafft die Grundlage dafür, dass Lehrkräfte die nötigen Kompetenzen erwerben, um (digitale) Medien in ihrem Unterricht als Thema und als Werkzeug adäquat zu nutzen. Die in Kapitel 6.2.5 beschriebenen Kompetenzmodelle könnten dabei als Orientierungsrahmen dienen. Die aktuelle Situation in der ersten und der zweiten Phase der Lehrkräfteausbildung stellt sich allerdings zumeist sehr heterogen in Bezug auf Umfang, inhaltliche Zugänge und Verpflichtungsgrade dar (Imort/Niesyto 2014; Kammerl/Mayrberger 2014). Ein systematischer und verlässlicher Aufbau medienbezogener Kompetenzen für alle zukünftigen Lehrpersonen wird auf bildungspolitischer Ebene zwar mit Nachdruck gefordert (z.b. KMK 2016), stellt aber nach wie vor eine Herausforderung dar (Monitor Lehrerbildung 2018). Gleichzeitig sind aktuell viele Hochschulen in Bewegung und versuchen, auf unterschiedliche Weise Entwicklungen anzustoßen (Goertz & Baeßler, 2018). Dabei wird als wichtig erachtet, nicht nur das Thema Mediendidaktik, sondern auch Themen der Mediensozialisation, der Schulentwicklung mit digitalen Medien und informatikbezogene Themen einzubinden (Eickelmann et al. 2016; Schiefner-Rohs 2012; Tiede et al. 2015). Weiterhin spielen auch die Medienerfahrungen in der Ausbildung und die Medieneinbindung seitens der Dozierenden an den Universitäten sowie der Ausbilder in den Praxisphasen eine entscheidende Rolle und zwar nicht nur für den Kompetenzaufbau, sondern auch für die Herausbildung positiver medienbezogener Orientierungen und Einstellungen (Breiter et al. 2010). Auch hier liegen wichtige Bedingungen für die Medienintegration in Schulen.

Neben der verbindlichen Gestaltung einer systematisch aufgebauten Lehrkräfteausbildung sind für Lehrpersonen in der Schulpraxis vor allem die existierenden Angebote an berufsbegleitenden Weiterbildungen relevant. Solche Weiterbildungen sollten die kontinuierliche Reflexion und Entwicklung eigener medienbezogener Kompetenzen und Unterrichtspraktiken unterstützen und es Lehrerinnen und Lehrern ermöglichen, sich mit den dynamischen Entwicklungen im Bereich digitaler Medien über ihre Berufslaufbahn hinweg auseinanderzusetzen (Eickelmann et al. 2016; Herzig/Grafe 2007). Auch hier stellt sich die Frage der Systematik und Verbindlichkeit, die bislang – je nach existierenden Lehrplänen und Bildungsstandards unterschiedlich geregelt ist. Es ist jedoch wichtig, dass sich Lehrpersonen gründlich mit der Breite medienbezogener Themen auseinandersetzen (können). Digitale Technologien können diesen Prozesse vielfältig unterstützen, z.B. durch neue Möglichkeiten hinsichtlich der Reflexion eigener Praxis in Form von Weblogs oder E-Portfolios. Die verbindliche Ausgestaltung und Implementation entsprechender Bildungsstandards und Lehrpläne bietet in diesem Zusammenhang die Chance für eine Systematisierung der Medienaus- und Weiterbildung, die eine größere Verlässlichkeit des Kompetenzstands von Lehrpersonen für die Schulen mit sich bringen könnte (Döbeli Honegger 2016).

Verzeichnisse

Literaturverzeichnis

Abt, C.C. (1970). *Serious games.* New York: Viking Press.

Aesaert, K., Van Nijlen, D., Vanderlinde, R., Tondeur, J., Devlieger, I. & van Braak, J. (2015). The contribution of pupil, classroom and school level characteristics to primary school pupils' ICT competences: A performance-based approach. *Computers & Education 87*, 55-69.

AFPA [Association Francaise de Pédiatrie Ambulatoire] (2011). Du bon usage des écrans chez les enfants. „La règle du 3-6-9-12". Communiqué de presse. Paris: ANPAA. Internet-Dokument: http://www.anpaa.asso.fr/images/stories/telechargement/cp_ecrans_tele_afpa_tisseron.pdf

Agyei, D.D. & Voogt, J.M. (2011). Exploring the potential of the will, skill, tool model in Ghana: predicting prospective and practicing teachers' use of technology. *Computers & Education, 56*, 91-100.

Ajzen, I. (1985). From intentions to actions: A theory of planned behavior. In: J. Kuhl & J. Beckmann (eds.), *Action-control: From cognition to behavior* (pp. 11-39). Heidelberg: Springer.

Ajzen, I. (1991). The theory of planned behavior. *Organizational Behavior and Human decision Processes 50*, 179-211.

Ajzen, I. & Madden, T.J. (1986). Prediction of goal-directed behavior: Attitudes, intentions, and perceived behavioral control. *Journal of Experimental Social Psychology, 22*, 453-474.

Albert, M., Hurrelmann, K. & Quenzel, G. (2010). *Jugend 2010. 16. Shell Jugendstudie.* Hamburg: Deutsche Shell Holding. Internet-Dokument: http://s05.static-shell.com/content/dam/shell-new/local/country/deu/downloads/pdf/youth-study-2010flyer.pdf

Albrecht, G. (1979). Filmanalyse. In: G. Albrecht, U. Allwardt, P. Uhlig & E. Weinreuter (Hrsg.), *Handbuch Medienarbeit. Medienanalyse, Medieneinordnung, Medienwirkung* (S. 9-42). Opladen: Leske+Budrich.

Allsopp, D.H., McHatton, P.A. & Farmer, J.L. (2010). Technology, mathematics PS/RTI, and students with LD: What do we know, what have we tried, and what can we do to improve outcomes now and in the future? *Learning Disability Quarterly, 33*(4), 273-288.

Ally, M. (2011). Foundations of educational theory for online learning. In: T. Anderson (ed.), *Theory and practice of online learning* (pp. 15-44). Edmonton, AB: AU Press.

Altrichter, H. & Wiesinger, S. (2005). Implementation von Schulinnovationen – aktuelle Hoffnungen und Forschungswissen. *Journal für Schulentwicklung, 9*, 4, 28-36.

Ammerer, H. (2008). Mit Nachrichtensendungen im Unterricht arbeiten. In: Forum Politische Bildung (Hrsg.), *Informationen zur Politischen Bildung,* Bd. 29. Innsbruck: Forum Politische Bildung.

Anderson, C.A. und Bushman, B.J. (2002). Human aggression. *Annual Review of Psychology, 53*, 27-51.

Anderson, D. R., & Hanson, K. G. (2010). From blooming, buzzing confusion to media literacy: The early development of television viewing. Developmental Review, 30(2), 239-255.

Anderson, R.E. & Dexter, S.L. (2005). School technology leadership: An empirical investigation of prevalence and effect. *Educational Administration Quarterly, 41*(1), 49-82.

APA [American Psychiatric Association] (2013). *Diagnostic and statistical manual of mental disorders, (DSM-5*).* Washington, DC: American Psychiatric Publishing.

Astleitner, H. & Wiesner, C. (2004). An integrated model of multimedia learning and motivation. *Journal of Educational Multimedia and Hypermedia, 13*(1), 3.

Atkinson, R.K. & Shiffrin, R.M. (1968). Human memory: a proposed system and its control processes. In: K. Spence & J. Spence (eds.), *The psychology of learning and motivation* (Vol. 2, pp 89-195). New York: Academic Press.

Literaturverzeichnis | 259

Aufderheide, P. & Firestone, C.M. (1993). *M Media literacy: A report of the National Leadership Conference on Media Literacy.* Washington D.C.: Aspen Institut.
Aufenanger, S. (1991). Zum pädagogischen Umgang mit den Medienerfahrungen von Kindern. In: Ders. (Hrsg.), *Neue Medien – Neue Pädagogik?* Schriftenreihe Band 301 der Bundeszentrale für politische Bildung (S. 197-204). Bonn: BpB.
Aufenanger, S. (1997). Medienpädagogik und Medienkompetenz – Eine Bestandsaufnahme. In: Deutscher Bundestag (Hrsg.), Medienkompetenz im Informationszeitalter (S. 15-22). Bonn: ZV Zeitungs-Verlag Service GmbH.
Aufenanger, S. (2003). Medienkompetenz und Medienbildung. *ajs-informationen, 1,* 2003. Internet-Dokument [24.2.2017] http://ajs-bw.de/media/files/ajs-info/ausgaben_altbis05/aufenanger.pdf
Aufenanger, S. (2004). Medienpädagogik. In: H.-H. Krüger & C. Grunert (Hrsg.), *Wörterbuch Erziehungswissenschaft* (S. 302-307). Wiesbaden: UTB.

Baacke, D. (1973). *Kommunikation und Kompetenz.* München: Juventa.
Baacke, D. (1996). Medienkompetenz – Begrifflichkeit und sozialer Wandel. In: A. v. Rein (Hrsg.), *Medienkompetenz als Schlüsselbegriff* (S. 112-124). Bad Heilbrunn: Klinkhardt.
Baacke, D. (1999). „Medienkompetenz": theoretisch erschließend und praktisch folgenreich. medien und erziehung, 43(1), 7-12.
Bachmair, B. (2010). Medien und Bildung im dramatischen kulturellen Wandel. In: B. Bachmair (Hrsg.), *Medienbildung in neuen Kulturräumen* (S. 9-30). Wiesbaden: VS Verlag.
Baddeley, A.D. & Hitch, G. (1974). Working memory. *Psychology of learning and motivation, 8,* 47-89.
Baier, D. & Pfeiffer, C. (2011). Mediennutzung als Ursache der schlechteren Schulleistung von Jungen. In: A. Hadjar (Hrsg.), *Geschlechtsspezifische Bildungsungleichheiten* (S. 261-284). Wiesbaden: VS Verlag.
Baier, D. & Rehbein, F. (2009). Computerspielabhängigkeit im Jugendalter. In: C.J. Tully (Hrsg.) *Virtuelle Raumüberwindung* (S. 139-155), Weinheim: Juventa.
Bandura, A. (1977). Self-efficacy: toward a unifying theory of behavioral change. *Psychological Review, 84*(2), 191-215.
Bandura, A. (1983). Psychological mechanisms of aggression. In: R.G. Green & E.I. Donnerstein (Hrsg.), *Aggression: Theoretical and empirical reviews* (S. 1-40). New York: Academic.
Barth, M. (1995). Entwicklungsstufen des Kinderwerbeverständnisses – ein schema- und wissensbasiertes Modell. In: M. Charlton, S. Aufenanger, K. Neumann-Braun, W. Hoffmann u.a. (Hrsg.), *Fernsehwerbung und Kinder. Bd. 2. Rezeptionsanalyse und rechtliche Rahmenbedingungen* (S. 17-30). Opladen: Leske+Budrich.
Batinic, B. (2008). Medienwahl. In: B. Batinic & M. Appel (Hrsg.), *Medienpsychologie* (S. 107-125). Heidelberg: Springer.
Bauernhofer, K., Papousek, I., Fink, A., Unterrainer, H.F. & Weiss, E.M. (2015). Biologische Grundlagen des Problematischen Internetnutzungsverhaltens (PIN) und therapeutische Implikationen. *neuropsychiatrie, 29*(4), 157-162.
Baumert, J. (2006). Was wissen wir über die Entwicklung von Schulleistungen? *Pädagogik, 58*(4), 40-46.
Baumert, J., Stanat, P. & Demmrich, A. (2001). PISA 2000: Untersuchungsgegenstand, theoretische Grundlagen und Durchführung der Studie. In: J. Baumert et al. (Hrsg.), *PISA 2000. Basiskompetenzen von Schülerinnen und Schülern im Vergleich* (S. 15-68). Opladen: Leske + Budrich.
Baumgartner, P. & Herber, E. (2013). Höhere Lernqualität durch interaktive Medien?: eine kritische Reflexion. *Erziehung & Unterricht,* 3-4, 327-335.
Beaton, A.E., Mullis, I.V.S., Martin, M.O., Gonzalez, E.J., Kelly, D.L. & Smith, T.A. (1996). *Mathematics achievement in the middle school years: IEA's third international mathematics and science study (TIMSS).* Chestnut Hill, MA: TIMSS International Study Center, Boston College.
Becker, H.J. & Ravitz, J.L. (2001). *Computer use by teachers: Are Cuban's predictions correct.* Paper presented at the Annual Meeting of the American Educational Research Association, Seattle, WA.
Bekele, T.A. (2010). Motivation and satisfaction in internet-supported learning environments: A review. *Journal of Educational Technology & Society, 13*(2), 116.

Bente, G. & Fromm, B. (1997). *Affektfernsehen: Motive, Angebotsweisen und Wirkungen*. Opladen: Leske und Budrich.
Bergmann, A., Gottberg, J. v. & Schneider, J.F. (2013). *Scripted Reality auf dem Prüfstand. Teil 2. Berlin – Tag & Nacht aus der Sicht jugendlicher Fans. Eine qualitative Befragung*. Berlin: FSF.
Bergmann, J. & Sams, A. (2012). *Flip your classroom: Reach every student in every class every day*. Eugene, OR: International Society for Technology in Education.
Bergsdorf, W. (1980). *Die vierte Gewalt*. Mainz: Hase & Koehler.
Berlyne, D.E. (1954). A theory of human curiosity. *British Journal of Psychology, 45*(3), 180-191.
Bertelsmann-Stifung (2015). *Individuell fördern mit digitalen Medien*. Gütersloh: Bertelsmann-Stiftung.
Biermann, R. (2009). *Der mediale Habitus von Lehramtsstudierenden*. Wiesbaden: Springer.
Bijwank, N.M., Konijn, E.A. & Bushman, B.J. (2012). „We don't need no education": Video game preferences, video game motivations, and aggressiveness among adolescent boys of different educational ability levels. *Journal of Adolescence, 35*, 153-162.
BITKOM (2015). *Digitale Schule – vernetztes Lernen. Ergebnisse repräsentativer Schüler- und Lehrerbefragungen zum Einsatz digitaler Medien im Schulunterricht*. Berlin: Bitkom. Internet-Dokument: https://www.bitkom.org/noindex/Publikationen/2015/Studien/Digitale-SchulevernetztesLernen/BITKOM-Studie-Digitale-Schule-2015.pdf [18.7.17]
Bleiker, B. & Keller, S. (2014), *Handyregulation an Schulen. Einstellungen von Kindern und Jugendlichen*. Bachelorarbeit. Zürich: Züricher Hochschule für Angewandte Wissenschaften.
BLK [Bund-Länder-Kommission für Bildungsplanung und Forschungsförderung] (1987). *Gesamtkonzept für die informationstechnische Bildung* (16). Bonn: Sekretariat der BLK.
BLK [Bund-Länder-Kommission für Bildungsplanung und Forschungsförderung] (1995). *Medienerziehung in der Schule. Orientierungsrahmen*. Materialien zur Bildungsplanung und zur Forschungsförderung, 44. Bonn: Bund-Länder- Kommission für Bildungsplanung und Forschungsförderung.
Blömeke, S. (2017). Analyse von Konzepten zum Erwerb medienpädagogischer Kompetenz. *Jahrbuch Medienpädagogik 2(2001)*, 27-47. doi:10.21240/mpaed/retro/2017.06.03.X.
Blömeke, S. (2001). Analyse von Konzepten zum Erwerb medienpädagogischer Kompetenz. Folgerungen aus den Ansätzen von Dieter Baacke und Gerhard Tulodziecki. In: B. Bachmair, D. Spanhel, & C. De Witt (Hrsg.), Jahrbuch Medienpädagogik 2 (S. 27-47). Opladen: Leske + Budrich.
Blumberg, F.C., Altschuler, E.A., Almonte, D.E. & Mileaf, M.I. (2013). The impact of recreational video game play on children's and adolescents' cognition. *New Directions for Child and Adolescent Development, 139*, 41-50.
BMBF [Bundesministerium für Bildung und Frauen] (2012). *Unterrichtsprinzip Medienerziehung – Grundsatzerlass*. Wien: BMBF. Internet-Dokument: https://bildung.bmbwf.gv.at/schulen/unterricht/uek/medienerziehung_5796.pdf [28.2.2017].
BMUKK [Bundesministerium für Unterricht, Kunst und Kultur] (2016). Lehrplan der neuen Mittelschule. Wien: BMUKK. Internet-Dokument: https://www.ris.bka.gv.at/Dokumente/Bundesnormen/NOR40181121/NOR40181121.pdf [28.2.2017].
Bolz, N. (2008). *Am Ende der Gutenberg-Galaxis*. München: Fink Verlag.
Bonfadelli, H. & Marr, M. (2008). Kognitive Medienwirkungen. In: B. Batinic & M. Appel (Hrsg.). *Medienpsychologie* (S. 127-147). Heidelber: Springer.
Bonfadelli, H. (2004). *Medienwirkungsforschung I. Grundlagen* (3. Auflage). Konstanz: UVK Verlag.
Bonfadelli, H. (2009). Die quantitative Jugendmedienforschung im Umbruch. Das Programm der Züricher Schule. In: A. Schorr (Hrsg.), *Jugendmedienforschung. Forschungsprogramme, Synopse, Perspektiven* (S. 223-277). Wiesbaden: VS Verlag für Sozialwissenschaften.
Bönsch, M. (2016). Heterogenität verlangt Differenzierung. *Zeitschrift für Bildungsverwaltung. 32*(1), 11-20.
Boruch, R., De Moya, D. & Snyder, B. (2002). The importance of randomized field trials in education and related areas. In: F. Mosteller & R. Boruch (eds.), *Evidence matters: Randomized trials in education research* (pp. 50-79). Washington: Brookings Institution Press.
Bos, W., Eickelmann, B., Gerick, J., Goldhammer, F., Schaumburg, H., Schwippert, K. (Hrsg.). (2014). *Computer- und informationsbezogene Kompetenzen von Schülerinnen und Schülern in der 8. Jahrgangsstufe im internationalen Vergleich*. Münster: Waxmann.

Bos, W., Lankes E.M., Prenzel, M., Schwippert, K., Walther, G., Valtin, R. (2003). *Erste Ergebnisse aus IGLU. Schülerleistungen am Ende der vierten Jahrgangsstufe im internationalen Vergleich.* Münster: Waxmann.

Bosse, I. (2012). Medienbildung im Zeitalter der Inklusion – eine Einführung. In: Ders. (Hrsg.), *Medienbildung im Zeitalter der Inklusion* (S. 11-25). Düsseldorf: lfm.

Bosse, I. (2017). Gestaltungsprinzipien für digitale Lernmittel im Gemeinsamen Unterricht. Eine explorative Studie am Beispiel der Lernplattform Planet Schule. In: K. Mayrberger, J. Fromme, P. Grell & T. Hug (Hrsg.), *Jahrbuch Medienpädagogik 13* (S. 133-149). Wiesbaden: Springer Fachmedien.

Bourdieu, P. (1983). Ökonomisches Kapital, kulturelles Kapital, soziales Kapital. In: R. Kreckel (Hrsg.), Soziale Ungleichheiten (S. 183-198). Göttingen: Schwartz.

Bowers, A.J. & Berland, M. (2013). Does recreational computer use affect high school achievement? *Educational Technology Research & Development, 61,* 51-69.

Brandhofer, G. (2014). Ein Gegenstand ‚Digitale Medienbildung und Informatik' – notwendige Bedingung für digitale Kompetenz? *R&E Source, 1.* Internet-Dokument: https://journal.ph-noe.ac.at/index.php/resource/article/view/23 [27.2.2017].

Braun, U. (2014). Exzessive Computer-und Internetnutzung Jugendlicher – Überblick über den aktuellen Forschungsstand. In: Ders. (Hrsg.), *Exzessive Internetnutzung Jugendlicher im familialen Kontext* (S. 15-22). Wiesbaden: Springer.

Breier, N. (2011). Informatische Bildung und Medienbildung im Fächerkanon. In: Meyer, T. et al. (Hrsg.), *Medien & Bildung. Institutionelle Kontexte und kultureller Wandel* (S. 255-264). Wiesbaden: Springer Fachmedien.

Breiter, A. (2001). *IT-Management in Schulen – Pädagogische Hintergründe, Planung, Finanzierung und Betreuung des Informationstechnikeinsatzes.* Neuwied: Luchterhand.

Breiter, A. (2007). Management digitaler Medien als Teil der Schulentwicklung. Neue Herausforderungen für die Schulleitung. In: R. Pfundtner (Hrsg.), *Leiten und Verwalten einer Schule* (S. 349-355). Neuwied: Kluwer.

Breiter, A. & Welling, St. (2011). Medienkompetenz in weiterführenden Schulen. Zentrale Ergebnisse eines Forschungsprojektes der Landesanstalt für Medien. *Schule NRW,* S. 63-64.

Breiter, A., Fischer, A. & Stolpmann, B.E. (2006). IT-Service-Management—neue Herausforderungen für kommunale Schulträger. In: *Handbuch IT in der Verwaltung* (S. 253-272). Springer Berlin Heidelberg.

Breiter, A., Welling, S. & Stolpmann, B.E. (2010). *Medienkompetenz in der Schule. Integration von Medien in den weiterführenden Schulen in Nordrhein-Westfalen. Landesanstalt für Medien Nordrhein-Westfalen (LfM).* Verfügbar unter www.lfm-nrw.de/fi leadmin/lfm-nrw/Forschung/LfM-Band-64.pdf [13.03.2018]

Bromme, R. (1997). Kompetenzen, Funktionen und unterrichtliches Handeln des Lehrers. In: F.E. Weinert (Hrsg.), *Enzyklopädie der Psychologie: Psychologie des Unterrichts und der Schule* (S. 177-212). Göttingen: Hogrefe.

Brown, J.S. & Adler, R.P. (2008). Minds on fire: Open education, the long tail and learning 2.0. *Educause Review, 43*(1), 16-32.

Brown, J.S., Collins, A. & Duguid, P. (1989). Situated cognition and the culture of learning. *Educational Researcher,* 18, 32-42.

Brüggemann, M. (2013). *Digitale Medien im Schulalltag: eine qualitativ rekonstruktive Studie zum Medienhandeln und berufsbezogenen Orientierungen von Lehrkräften.* München: kopäd.

Bucher, P. (2004). *Leseverhalten und Leseförderung. Zur Rolle von Schule, Familie und Bibliothek im Medienalltag Heranwachsender.* Zürich: Pestalozzianum.

Buchner, A. & Brandt, M. (2017). Gedächtniskonzeptionen und Wissensrepräsentationen. In: J. Müsseler & M. Rieger (Hrsg.), *Allgemeine Psychologie* (S. 401-434). Berlin: Springer.

Bündnis gegen Cybermobbing (2013). *Cyberlife-Gesamt-Studie: Cyberlife im Spannungsfeld zwischen Faszination und Gefahr. Bestandsaufnahme und Gegenmaßnahmen.* Internet-Dokument: http://www.buendnis-gegen-cybermobbing.de/Studie/cybermobbingstudie.pdf [4.6.2015]

Burgess, S.R., Stermer, S.P. & Burgess, M.C.R. (2012). Video game playing and academic performance in college students. *College Student Journal, 46*(2), 376-387.

BZgA [Bundeszentrale für gesundheitliche Aufklärung] (2015). *Tipps und Regeln für Fernsehen und Computer.* Internet-Dokument: https://www.kindergesundheit-info.de/fileadmin/user_upload/kindergesundheit-info.de/Download/Spielen/downloads_fernsehen-computer_spielen_03.pdf

Calders, T. & Pechenizkiy, M. (2012). Introduction to the special section on educational data mining. *ACM SIGKDD Explorations Newsletter, 13*(2), 3-6.

Cantor, J. (2012). The media and children's fears, anxieties, and perceptions of danger. In: D. Singer & J. Singer (eds.), *Handbook of children and the media* (S. 207-221). Thousand Oaks, CA: Sage Publishing.

Cassidy, W., Jackson, M. & Brown, K.N. (2009). Sticks and stones can break my bones, but how can pixels hurt me? Students' experiences with cyber-bullying. *School Psychology International, 30*, 383-402.

Castells, M. (2004). *Das Informationszeitalter.* Leverkusen: Leske + Budrich.

Charlton, M. (2004). Entwicklungspsychologische Grundlagen. In: R. Mangold, P. Vorderer & G. Bente (Hrsg.), *Lehrbuch der Medienpsychologie* (S. 129-150). Göttingen: Hogrefe.

Chemiedidaktik der Universität Bremen (o.J.). Nachhaltigkeit in der Chemie. Ein WebQuest. Internet-Dokument: http://www.idn.uni-bremen.de/chemiedidaktik/material/Nachhaltigkeit/WebQuest/Startseite.html [10.10.18] Cheung, A. (2013). Effects of educational technology applications on student achievement for disadvantaged students: What forty years of research tells us. *Cypriot Journal of Educational Sciences, 8*(1), 19-33.

Chomsky, N. (1969). *Aspekte der Syntaxtheorie.* Berlin: Suhrkamp.

Christensen, R. & Knezek, G. (2008). Self-report measures and findings for information technology attitudes and competencies. In: J. Voogt & G. Knezek (Eds.), *International handbook of information technology in primary and secondary education, Vol. 20* (pp. 349-366). New York: Springer.

Clark, D.B., Tanner-Smith, E.E. & Killingsworth, S.S. (2016). Digital games, design, and learning: A systematic review and meta-analysis. *Review of Educational Research, 86*(1), 79-122.

Clark, R.E. (1983). Reconsidering research of learning from media. *Review of Educational Research, 53*(4), 445-459.

Clark, R.E. (1994). Media will never influence learning, *Educational Technology Research and Development, 42*(2), 21-29.

CTGV [Cognition and Technology Group at Vanderbilt] (1992). The Jasper series as an example of anchored instruction. *Educational Psychologist, 27*(3), 291-315.

CTGV [Cognition and Technology Group at Vanderbilt] (1997). The Jasper Project: Lessons in curriculum, instruction, assessment, and professional development. Mahwah, NJ: Lawrence Erlbaum Associates.

Collins, A., Brown, J.S. & Newman, S.E. (1988). Cognitive apprenticeship: Teaching the craft of reading, writing and mathematics. *Thinking: The Journal of Philosophy for Children, 8*(1), 2-10.

Connolly, T.M., Boyle, E.A., MacArthur, E., Hainey, T. & Boyle, J.M. (2012). A systematic literature review of empirical evidence on computer games and serious games. *Computers & Education, 59*(2), 661-686.

Craik, F.I. & Lockhart, R.S. (1972). Levels of processing: A framework for memory research. *Journal of verbal learning and verbal behavior, 11*(6), 671-684.

Craik, F.I. & Tulving, E. (1975). Depth of processing and the retention of words in episodic memory. *Journal of experimental Psychology: general, 104*(3), 268.

Cress, U. & Kimmerle, J. (2008). A systemic and cognitive view on collaborative knowledge building with wikis. *International Journal of Computer Supported Collaborative Learning 3*(2), 105-122.

Cress, U. & Kimmerle, J. (2017). The interrelations of individual learning and collective knowledge construction: A cognitive-systemic framework. In: S. Schwan & U. Cress (eds.), *The psychology of digital learning* (pp. 123-145). Springer International Publishing.

Cronbach, L.J. & Snow, R.E. (1977). *Aptitudes and instructional methods: A handbook for research on interactions.* Oxford: Irvington.

Crowder, N.A. (1960). Automatic tutoring by intrinsic programming. In: A. Lumsdaine & R. Glaser (Hrsg.), *Teaching machines and programmed learning* (pp. 286-298). Washington, D.C.: National Education Association.

Dale, E. (1969) *Audiovisual methods in teaching.* 3rd. New York: The Dryden Press; Holt, Rinehart and Winston.

Dansereau, D.F., Collins, K.W., McDonald, B.A., Holly, C.D., Garland, J., Diekhoff, G. & Evans, S.H. (1979). Development and evaluation of a learning strategy training program. *Journal of Educational Psychology, 71*(1), 64-73.

Davis, F.D. (1989). Perceived usefulness, perceived ease of use, and user acceptance of information technology. *MIS Quarterly, 13*, 319-340.

Dawley, L. & Dede, C. (2014). Situated learning in virtual worlds and immersive simulations. In: J.M. Spector, M.D. Merrill, J. Elen & M.J. Bishop (eds.), *The handbook of research for educational communications and technology.*(pp. 723-734). New York: Springer.

De Vita, M., Verschaffel, L. & Elen, J. (2014). Interactive whiteboards in mathematics teaching: A literature review. *Education Research International*. Internet-Dokument: https://www.hindawi.com/journals/edri/2014/401315/abs/[19.10.2017]

Debray, R. (2004). Für eine Mediologie. In: C. Pias, J. Vogl & L. Engell (Hrsg.): *Kursbuch Medienkultur. Die maßgeblichen Theorien von Brecht bis Baudrillard* (S. 67-75). Stuttgart: DVA.

Deci, E.L. & Ryan, R.M. (2008). Self-determination theory: A macrotheory of human motivation, development, and health. *Canadian Psychology/Psychologie Canadienne, 49*(3), 182-185.

D-EDK [Deutschschweizer Erziehungsdirektoren-Konferenz] (2016). *Lehrplan 21. Medien und Informatik.* Luzern: D-EDK. Internet-Dokument: http://v-ef.lehrplan.ch/lehrplan_printout.php?e=1&k=1&fb_id=10 [28.2.2017].

Deimann, M. (2002). Motivationale Bedingungen beim Lernen mit Neuen Medien. In: W.-G. Bleek, D. Krause, H. Oberquelle & B. Pape (Hrsg.), *Medienunterstütztes Lernen-Beiträge von der WissPro Wintertagung* (S- 61-70). Hamburg: Universität Hamburg.

Detenber, B.H. & Lang, A. (2011). The influence of form and representation attributes of media on emotion. In: H. Döveling, C. v. Scheve & E.A. Konjin (eds.). *Routledge handbook on the emotions and mass media* (pp. 275-293). New York: Routledge.

Dexter, S., Seashore, K.R. & Anderson, R.E. (2002). Contributions of professional community to exemplary use of ICT. *Journal of Computer Assisted Learning, 18*, 489-497.

Dick, W. & Carey, L. (1985). *The systematic design of instruction*. Glenview, IL: Scott Foresman.

Diedrich, M., Thusbas, C. & Klieme, E. (2002). Professionelles Lehrerwissen und selbstberichtete Unterrichtspraxis im Fach Mathematik. *Zeitschrift für Pädagogik, Beiheft 45*, 107-123.

Dillenbourg, P. & Jermann, P. (2007). Designing integrative scripts. In: F. Fischer, I. Kollar, H. Mandl & J.M. Haake (eds.), *Scripting computer-supported collaborative learning* (pp. 275-301). New York: Springer.

Ditton, H. (2000). Qualitätskontrolle und -sicherung in Schule und Unterricht – ein Überblick zum Stand der empirischen Forschung. In: A. Helmke, W. Hornstein & E. Terhart (Hrsg.), *Qualitätssicherung im Bildungsbereich. Zeitschrift für Pädagogik, Beiheft 41*, 73-92.

Döbeli Honegger, B. (2016). *Mehr als 0 und 1. Schule in einer digitalisierten Welt.* Bern: hep.

Döbeli Honegger, B. & Neff, C. (2012). Personal Smartphones in Primary School: Devices for a PLE? *International Journal of Virtual and Personal Learning Environments 2*(4), 40-48.

Döbeli Honegger, B., Kuhnt, B. & Zehnder C.A. (2013). Informatik, ICT und Medienbildung. In: J. Kohlas, J. Schmid und C.A. Zehnder (Hrsg.), *informatik@gymnasium*. (S. 159-191) Zürich: NZZ Verlag.

Dodge, B. (1995). WebQuests: A technique for internet-based learning. *Distance Educator, 1*(2), 10-13.

Döring, K.W. & Ritter-Mamczek, B. (1998). *Lehren und Trainieren in der Weiterbildung*. 2. völlig überarbeitete Auflage. Weinheim; Deutscher Studien-Verlag.

Dreher, E. & Dreher, M. (1985). Entwicklungsaufgabe – Theoretisches Konzept und Forschungsprogramm. In: R. Oerter (Hrsg.), *Lebensbewältigung im Jugendalter* (S. 30-61). Weinheim: Hrsg. Psychologie VCH.

Dreier, M., Wölfling, K. & Beutel, M.E. (2014). Internetsucht bei Jugendlichen. *Monatsschrift Kinderheilkunde, 162*(6), 496-502.

Driscoll, M.P. (1987). Aptitude-treatment interaction revisited. *Paper presented at the Association for Education Communications and Technology.* Atlanta, Georgia.

Duffy, T.M. & Cunningham, D.J. (1996). Constructivism: Implications for the design and delivery of instruction. In: D.H. Jonassen (Hrsg.), *Handbook of research for educational communications and technology* (pp. 170-198). New York: Macmillan.

Durand, D., Landmann, N., Piosczyk, H., Holz, J., Riemann, D., Voderholzer, U. & Nissen, C. (2012). Auswirkungen von Medienkonsum auf Schlaf bei Kindern und Jugendlichen. *Somnologie, 16,* 88-98.

Dworak, M., Schierl, T., Bruns, T. & Strüder, H.K. (2007). Impact of singular excessive computergame and television exposure on sleep patterns and memory performance of school-aged children. *Pediatrics, 120,* 978-985.

Dynarski, M., Agodini, R., Heaviside, S., Novak, T., Carey, N., et al. (2007). Effectiveness of Reading and Mathematics Software Products: Findings from the First Student Cohort. Report to Congress. *National Center for Education Evaluation and Regional Assistance.* Internet-Dokument: http://files.eric.ed.gov/fulltext/ED496015.pdf [5.6.2015]

Eberhardt, O. & Bauer, B. (2008). Software für die Schule für Geistigbehinderte. In: Landesmedienzentrum Baden-Württemberg (Hrsg.), *Neue Medien und Sonderpädagogik* (S. 72-74). Karlsruhe: LMZ.

Ehlers, U.-D. (2011), *Qualität im E-Learning aus Lernersicht.* Wiesbaden: VS Verlag für Sozialwissenschaften.

Eickelmann, B. (2010). *Digitale Medien in Schule und Unterricht erfolgreich implementieren.* Münster: Waxmann.

Eickelmann, B. & Schulz-Zander, R. (2006). Schulentwicklung mit digitalen Medien – nationale Entwicklung und Perspektiven. In: W. Bos, H.G. Holtappels, H. Pfeiffer, H.-G. Rolff & R. Schulz-Zander (Hrsg.), *Jahrbuch der Schulentwicklung, Bd. 14 Daten, Beispiele und Perspektiven* (S. 277-309). Weinheim: Juventa

Eickelmann, B., Bos, W. Gerick, J. & Kahnert, J. (2014a). Anlage, Durchführung und Instrumentierung von ICILS 2013. In: Bos et al. (Hrsg.), *ICILS 2013. Computer- und informationsbezogene Kompetenzen von Schülerinnen und Schülern der 8. Jahrgangsstufe im internationalen Vergleich* (S. 43-81). Münster:Waxmann.

Eickelmann, B., Lorenz, R. & Endberg, M. (2016). Die eingeschätzte Relevanz der Phasen der Lehrerausbildung hinsichtlich der Vermittlung didaktischer und methodischer Kompetenzen von Lehrpersonen für den schulischen Einsatz digitaler Medien in Deutschland und im Bundesländervergleich. In: W. Bos et al. (Hrsg.), *Schule digital – der Länderindikator 2016. Kompetenzen von Lehrpersonen der Sekundarstufe I im Umgang mit digitalen Medien im Bundesländervergleich* (S. 149-182). Münster: Waxmann.

Eickelmann, B., Schaumburg, H., Drossel, K. & Lorenz, J. (2014b). Schulische Nutzung neuer Technologien in Deutschland im internationalen Vergleich. In: Bos et al. (Hrsg.), *Computer- und informationsbezogene Kompetenzen von Schülerinnen und Schülern in der 8. Jahrgangsstufe im internationalen Vergleich* (S. 197-229). Münster: Waxmann.

Eickelmann, B. & Gerick, J. (2018). Herausforderungen und Zielsetzungen im Kontext der Digitalisierung von Schule und Unterricht. Teil 3: Neue Aufgaben für die Schulleitung. *SchulVerwaltung Hessen/Rheinland-Pfalz,* 23 (7-8), 200-202.

Eickelmann, B. (2018). Cross-national policies on information and communication technology in primary and secondary schools – An international perspective. In: J. Voogt, G. Knezek, R. Christensen & K.-W. Lai (eds.), *Second handbook of information technology in primary and secondary education* (pp. 1227-1238). Cham: Springer.

Eidenbenz, F. (2013). Therapie von Online-Sucht – systemisches Phasenmodell. *Psychotherapie-Wissenschaft, 2*(2), 81-89.

Eimeren, B. v. (2013). „Always on" – Smartphone, Tablet & Co. als neue Taktgeber im Netz. *Media Perspektiven, 7-8,* 386-390.

Endberg, M. & Lorenz, R. (2016). Schulische Ausstattung mit digitalen Medien in der Sekundarstufe I in Deutschland und im Bundesländervergleich. Aktuelle Ergebnisse für 2016 und der Trend seit 2015. In: W. Bos et al. (Hrsg.), *Schule digital – der Länderindikator 2016. Kompetenzen von Lehrpersonen der Sekundarstufe I im Umgang mit digitalen Medien im Bundesländervergleich* (S. 42-79). Münster: Waxmann.

Engelkamp, J. (1994). Episodisches Gedächtnis: Vom Speichern zu Prozessen und Informationen. *Psychologische Rundschau, 45,* 195-210. Berlin: Springer.

Engelkamp, J. (2017). Systemmodelle: Sensorische und motorische Prozeßle beim episodischen Erinnern. In: J. Hoffmann & J. Engelkamp (Hrsg.), *Lern- und Gedächtnispsychologie* (S. 169-194).

Entdeckendes Lernen e.V. (2004). Tulpengarten. Internet-Dokument: http://www.tulpengarten.entdeckendes-lernen.de/projekt/projekt_start.htm [10.10.2018]

Ennemoser, M. & Schneider, W. (2009). Fernsehen im Kindesalter. Risikofaktor für die Entstehung von Aufmerksamkeitsstörungen oder wirksames Medium zur Lernförderung? *Monatsschrift Kinderheilkunde, 157,* 423-432.

Ennemoser, M., Schiffer, K., Reinsch, C. & Schneider, W. (2003). Fernsehkonsum und die Entwicklung von Sprach- und Lesekompetenzen im frühen Grundschulalter. Eine empirische Überprüfung der SÖS-Mainstreaming-Hypothese. *Zeitschrift für Entwicklungspsychologie und Pädagogische Psychologie, 35*(1), 12-26.

Enyedy, N. (2014). *Personalized instruction: New interest, old rhetoric, limited results, and the need for a new direction for computer-mediated learning.* Boulder, CO: National Education Policy Center.

Erpenbeck, J. & Rosenstiel, L. v. (2003). *Handbuch Kompetenzmessung. Erkennen, verstehen, und bewerten von Kompetenzen in der betrieblichen, pädagogischen und psychologischen Praxis.* Stuttgart: Schäfer-Pöschel.

Ertmer, P.A. & Ottenbreit-Leftwich, A. (2010). Teacher technology change: How knowledge, confidence, beliefs, and culture intersect. *Journal of Research on Technology in Education, 42*(3), 255-284.

Ertmer, P. A., Ottenbreit-Leftwich, A. T., & Tondeur, J. (2015). Teachers' beliefs and uses of technology to support 21st-century teaching and learning. In: H. Fives & M. G. Gill (eds.), *International handbook of research on teacher beliefs* (pp. 403–418). New York: Routledge Abingdon.

eTwinning (2015). *Generation eTwinning – Zehn Jahre eTwinning.* Brüssel: European Schoolnet.

EU [European Union] (2016). *The European digital competence framework for citizens.* Luxemburg: Publications Office of the European Union.

EU Kids Online (2014) *EU Kids Online: findings, methods, recommendations (deliverable D1.6).* EU Kids Online, LSE, London, UK. Internet-Dokument: http://eprints.lse.ac.uk/60512/1/__lse.ac.uk_storage_LIBRARY_Secondary_libfile_shared_repository_Content_EU%20Kids%20Online_EU%20 Kids_ interactive_Final_Report_2014.pdf [4.6.2015]

EURYDICE (2011). *Key data on learning and innovation through ICT at school in Europe.* Internet-Dokument: http://www.schoolleadership.eu/sites/default/files/129en_6.pdf [4.6.2015]

Fairlie, R.W. & Robinson, J. (2013). *Experimental evidence on the effects of home computers and academic achievement.* NBER Working Paper, 19060. Cambridge, MA: National Bureau of Economic Research. Online-Dokument [21.11.2014]: http://www.nber.org/papers/w19060

Faßler, M. (1997). *Was ist Kommunikation?* München: Fink.

Feierabend, S. & Kahl, A. (2017). Was Kinder sehen. *Media Perspektiven, 4,* 216-227.

Feierabend, S., Klingler, W. & Turecek, I. (2016). Mediennutzung junger Menschen im Langzeitvergleich. *Media Perspektiven,* 2, 120-128.

Feil, C. (1994). Medienpädagogik in den Lehrplänen der Fachschulen für Sozialpädagogik. In: Deutsches Jugendinstitut (Hrsg.), Handbuch Medienerziehung im Kindergarten (S. 62-67). Wiesbaden: VS Verlag für Sozialwissenschaften.

Feil, C. (2001). Der Umgang mit den Medienerfahrungen von Kindern als Grundlage der Vermittlung von Medienkompetenz. In: S. Aufenanger, R. Schulz-Zander & D. Spanhel (Hrsg.), *Jahrbuch Medienpädagogik 1* (S. 167-176). Wiesbaden: VS Verlag für Sozialwissenschaften.

Fend, H. (1998). *Qualität im Bildungswesen. Schulforschung zu Systembedingungen, Schulprofilen und Lehrerleistung.* Weinheim/München: Juventa.

Ferguson, C.J. (2007). The good, the bad and the ugly: A meta-analytic review of positive and negative effects of violent video games. *Psychiatric Quarterly 78,* 309 – 316.

Ferguson, C.J. & Olson, C.K. (2013). Friends, fun, frustration and fantasy: Child motivations for video game play. *Motivation and Emotion, 37(*1), 154-164.

Ferguson, C.J. & Rueda, S.M. (2010). The hitman study. Violent videogame exposure effects on aggressive behavior, hostile feelings, and depression. *European Psychologist, 15*(2), 99-108.

Feuser, G. (2015). Inklusion – eine Herausforderung der Pädagogik?. *Jahrbuch für Pädagogik, 14*(1), 133-146.

Fileccia, M. (2014). *Medienscouts NRW.* Düsseldorf: Landesanstalt für Medien Nordrhein-Westfalen.

Fileccia, M. (2015). *Medien non-stop? Die eigene Mediennutzung reflektieren und Risiken erkennen.* 3. überarbeitete Auflage. München: Stiftung Medienpädagogik Bayern.

Fileccia, M., Kimmel, B., Rack, S. Tatsch, I. & Groschup, F. (2016). *Mehr Sicherheit im Umgang mit dem World Wide Web. Knowhow für junge User.* Ludwigshafen: klicksafe.

Fiore, Q. & McLuhan, M. (1967). *The medium is the massage.* New York: Random House.
Fisch, S.M. (2014). *Children's learning from educational television: Sesame Street and beyond.* London: Routledge.
Fischer, F. (2001). *Gemeinsame Wissenskonstruktion – theoretische und methodologische Aspekte.* Forschungsbericht Nr. 140. München: Ludwig-Maximilians- Universität.
Fischer, F. & Vogel, F. (2018). Computerunterstütztes kollaboratives Lernen. In: M. Heilemann, H. Stöger & A. Ziegler (Hrsg.), *Lernen im Internet* (S. 114-130). Münster: LIT-Verlag.
Fisseler, B. (2012). Assistive und Unterstützende Technologien in Förderschulen und inklusivem Unterricht. In: I. Bosse (Hrsg.), *Medienbildung im Zeitalter der Inklusion* (S. 87-90). Düsseldorf: lfm.
Fleischer, S. & Grebe, C. (2014). Entwicklungsaufgaben und kritische Lebensereignisse. In: A. Tillmann, S. Fleischer & K.-U. Hugger (Hrsg.), *Handbuch Kinder und Medien* (S. 153-162). Wiesbaden: Springer.
Fraillon, J., Ainley, J., Schulz, W., Friedman, T. & Gebhardt, E. (2014). *Preparing for life in a digital age. The IEA International Computer and Information Literacy Study.* International Report. Cham, Heidelberg, New York, Dordrecht, London: Springer.
Frank, K.A., Zhao, Y. & Borman, K. (2004). Social capital and the diffusion of innovations within organizations: Application to the implementation of computer technology in schools. *Sociology of Education, 77*(2), 148-171.
Friedrich, K. (2013). Wirkungen gewalthaltiger Medienangebote. In: W. Schweiger & A. Fahr (Hrsg.), *Handbuch Medienwirkungsforschung* (S.401-418). Wiesbaden: Springer VS.
Friedrichs, H. & Sander, U. (2010). Peers und Medien – die Bedeutung von Medien für den Kommunikations- und Sozialitionsprozess im Kontext von Peerbeziehungen. In: M. Harring, O. Böhm-Kasper, C. Rohlfs & C. Palentien (Hrsg.), *Freundschaften, Cliquen und Jugendkulturen. Peers als Bildungs- und Sozialisationsinstanzen* (S. 283-307). Wiesbaden: VS Verlag für Sozialwissenschaften.
Früh, H. & Brosius, H.-B. (2008). Gewalt in den Medien. In: B. Batinic & M. Appel (Hrsg.), *Medienpsychologie* (S. 177-194). Heidelberg: Springer.
FSK [Freiwillige Selbstkontrolle der Filmwirtschaft] (o. J.). Alterseinstufungen und FSK-Kennzeichen. Internet-Dokument: Quelle: https://www.spio-fsk.de/?seitid=508&tid=72 [9.10.2018]
FSM [Freiwillige Selbstkontrolle Multimedia-Diensteanbieter e.V.], (2013). *Fernsehnachrichten verstehen und selbst erstellen.* Berlin: FSM.
Fullan, M.G. (2003). *The moral imperative of school leadership.* Thousand Oaks, CA: Corwin Press.
Fullan, M.G. (1991). *The new meaning of educational change.* London: Cassell.
Füssel, S. (2012). *Medienkonvergenz – Transdisziplinär.* Berlin: De Gruyter.
Gagné, R.M. (1965). *The Conditions of Learning.* New York: Holt, Rinehart and Winston.
Ganguin, S. (2004). Medienkritik–Kernkompetenz unserer Mediengesellschaft. Ludwigsburger Beiträge zur Medienpädagogik, 6, 1-7.
Ganguin, S. & Sander, U. (2006). Der >angemessene< Umgang mit Sensationen – die stufige Entwicklung von Medienkritik. In: Dies. (Hrsg.), *Sensation, Skurrilität und Tabus in den Medien* (S. 135-149). Wiesbaden: VS Verlag für Sozialwissenschaften.
Gapski, H. & Tekster, T. (2009). *Informationskompetenz in Deutschland. Überblick zum Stand der Fachdiskussion und Zusammenstellung von Literaturangaben, Projekten und Materialien zu einzelnen Zielgruppen.* Düsseldorf: Landesanstalt für Medien.
Gapski, H. (2001). *Medienkompetenz. Eine Bestandsaufnahme und Vorüberlegungen zu einem systemtheoretischen Rahmenkonzept.* Wiesbaden: Westdeutscher Verlag.
Gapski, H. (2006). *Medienkompetenzen messen? Verfahren und Reflexionen zur Erfassung von Schlüsselkompetenzen.* Düsseldorf: LfM.
Gatti, G.G. (2010). *Pearson Successmaker Math Efficacy Study.* Final report. Pittsburgh, PA: Gatti Evaluation Inc. Internet-Dokument: https://www.pearsoned.com/wp-content/uploads/successmaker-math-efficacy-report-final.pdf [5.6.2015]
Gatti, G.G. (2011). *Pearson Successmaker Reading Efficacy Study.* Final report. Pittsburgh, PA: Gatti Evaluation Inc. Internet-Dokument: https://www.pearsoned.com/wp-content/uploads/sm-reading-rct-report1.pdf [5.6.2015]

Gattringer, K. & Klingler, W. (2016). Wie Deutschland Radio hört. *Media Perspektiven*, 9, 460-474.
Genner, S., Suter, L., Waller, G., Schoch, P., Willemse, I. & Süss, D. (2017). *MIKE – Medien, Interaktion, Kinder, Eltern: Ergebnisbericht zur MIKE-Studie 2017*. Zürich: Zürcher Hochschule für Angewandte Wissenschaften.
Gentile, D.A. (2011). The multiple dimensions of video game effects. *Child Development Perspectives*, 5(2), 75-81.
Gentile, D.A., Swing, E.L. & Lim, C.G. (2012). *Psychology of Popular Media Culture*, 1, 62-70.
Gerbner, G. & Gross, L. (1976). Living with television: The violence profile. *Journal of Communication*, 26, 173-199.
Gerbner, G., Gross, L., Morgan, M., Signorielli, N. und Shanahan, J. (2002). Growing up with television: Cultivation processes. In: J. Bryant und D. Zillmann (eds.), *Media effects. Advances in theory and research* (pp. 43-67). Hillsdale, NJ: Erlbaum.
Gerick, J., Eickelmann, B., Drossel, K. & Lorenz, R. (2016). Perspektiven von Schulleitungen auf neue Technologien in Schule und Unterricht. In: B. Eickelmann, J. Gerick, K. Drossel & W. Bos (Hrsg.), *ICILS 2013. Vertiefende Analysen zu computer- und informationsbezogenen Kompetenzen von Jugendlichen* (S. 60-92). Münster: Waxmann.
Gerick, J., Schaumburg, H., Kahnert, J. & Eickelmann, B. (2014). Lehr- und Lernbedingungen des Erwerbs computer-und informationsbezogener Kompetenzen in den ICILS-2013-Teilnehmerländern. In: W. Bos et al. (Hrsg.), *ICILS 2013. Computer- und informationsbezogene Kompetenzen von Schülerinnen und Schülern in der 8. Jahrgangsstufe* im internationalen Vergleich (S. 147-196) Münster: Waxmann.
Gerjets, P. (2017). Learning and problem-solving with hypermedia in the twenty-first century: From hypertext to multiple Web sources and multimodal adaptivity. In: S. Schwan & U. Cress (eds.), *The Psychology of Digital Learning* (pp. 61-88). Cham: Springer International Publishing.
GI [Gesellschaft für Informatik] (2016). Dagstuhl-Erklärung. Bildung in der digitalen vernetzten Welt. Berlin: Gesellschaft für Informatik. Internet-Dokument: https://gi.de/fileadmin/GI/Hauptseite/Themen/Dagstuhl-Erkla__rung_2016-03-23.pdf [9.10.2018]
Glasersfeld, E. v. (2002). Was heißt Lernen aus konstruktivistischer Sicht? In R. Voss (Hrsg.) *Unterricht aus konstruktivistischer Sicht* (S. 214-223). Kriftel: Hermann Luchterhand.
Godina, B., Grübele, H. & Keidel, K. (2010). Jugendliche als Medienscouts. In: H.-J. Kerner & E. Marks (Hrsg.), *Internetdokumentation des Deutschen Präventionstages*. Hannover. Internet-Dokument: www.praeventionstag.de/Dokumentation.cms/908 [22.5.2017]
Goffinan, E. (1993). *Rahmenanalyse. Ein Versuch über die Organisation von Alltagserfahrungen*. Frankfurt a.M.: Suhrkamp.
Goertz, L. & Baeßler, B. (2018). *Überblicksstudie zum Thema Digitalisierung in der Lehrerbildung*. Arbeitspapier Nummer 36. Internet-Dokument: https://hochschulforumdigitalisierung.de [18.10.18]
Gottberg, J. v. (2012). Der gesetzliche Jugendmedienschutz und seine Institutionen. In: D. Meister, F. v. Gross & U. Sander (Hrsg.), *Enzyklopädie Erziehungswissenschaft Online*. Weinheim: Beltz Juventa.
Götz, M. & Gather, J. (2010). Wer bleibt drin, wer fliegt raus? Was Kinder und Jugendliche aus Deutschland sucht den Superstar und Germany's Next Topmodel mitnehmen. *TelevIZIon*, 23(1), 52-59.
Götz, M. (2002). Geschlechterforschung und Medienpädagogik. Auf den Wegen zu einer geschlechterreflektierenden Medienpädagogik. In: I. Paus-Haase, C. Lampert & D. Süss (Hrsg.), *Medienpädagogik in der Kommunikationswissenschaft* (S. 115-129). VS Verlag für Sozialwissenschaften.
Götz, M. (2007). Die Fernsehfiguren der Kinder. *TelevIZIon*, 20(2), 22-27.
Götz, M., Holler, A., Bulla, C. & Gruber, S. (2012). *Wie Kinder und Jugendliche Familien im Brennpunkt verstehen. Forschungsbericht zur Studie „Scripted Reality: Familien im Brennpunkt"*. Düsseldorf: Landesanstalt für Medien.
Gräsel, C. (2010). Stichwort: Transfer und Transferforschung im Bildungsbereich. *Zeitschrift für Erziehungswissenschaft*, 13, 7-20.
Graesser, A.C., Chipman, P. & King, B.G. (2008). Computer-mediated technologies. In: J.M. Spector, M.D. Merrill, J. v. Merriënboer, M.P. Driscoll (eds.), *Handbook of research on educational communications and technology* (pp. 211-224). New York: LEA.

Grimm, J. (1996). Das Verhältnis von Medien und Gewalt – oder welchen Einfluss hat das Fernsehen auf Jugendliche und Erwachsene? In: Der Bundesminister des Inneren (Hrsg.), *Medien und Gewalt* (S. 39-150). Bonn: Bundesinnenministerium.

Grimm, P., Rhein, S., Clausen-Muradian, E. & Koch, E. (2008). *Gewalt im Web 2.0. Der Umgang Jugendlicher mit gewalthaltigen Inhalten und Cybermobbing sowie die rechtliche Einordnung der Problematik.* Berlin: Vistas.

Grodal, T. (2000). Video games and the pleasures of control. In: D. Zillmann & P. Vorderer (Eds), *Media entertainment: The psychology of its appeal. LEA's communication series* (pp. 197-213). Mahwah, NJ: Lawrence Erlbaum Associates.

Groebel, J. & Gehrke, G. (2003). *Internet 2002. Deutschland und die digitale Welt.* Opladen: Leske+Budrich.

Groeben, N. (2002). *Medienkompetenz. Voraussetzungen, Dimensionen, Funktionen.* Weinheim: Juventa-Verlag.

Groeben, N. (2004). Medienkompetenz. In: R. Mangold, P. Vorderer & G. Bente (Hrsg.), *Lehrbuch der Medienpsychologie* (S. 27-49). Göttingen: Hogrefe.

Grunder, H.U. (2000). Die Verteufelung des Bildes in der Geschichte der Pädagogik. *Paedagogica Historica: International Journal of the History of Education, 36*(1), 53-71.

Gutknecht-Gmeiner, M. & Neugschwendtner, M. (2012). *Mobile Lernbegleiter im Unterricht 2011-2012. Evaluationsbericht.* Wien: Impulse. Internet-Dokument: http://www.impulse.at/media/pdf/Berichte/2012_05_30_Gutknecht-Gmeiner_%20Mobile-Lernbegleiter.pdf [5.6.2015]

Gysbers, A. (2008). *Lehrer, Medien, Kompetenz. Eine empirische Untersuchung zur medienpädagogischen Kompetenz und Performanz niedersächsischer Lehrkräfte.* Berlin: VISTAS.

Habermas, J. (1971). *Vorbereitende Bemerkungen zu einer Theorie der kommunikativen Kompetenz.* Berlin: Suhrkamp.

Hacke, S. (2012). *Medienaneignung von Jugendlichen aus deutschen und türkischen Familien.* Freiburg: Centaurus.

Hadley, M. & Sheingold, K. (1993). Commonalities and distinctive patterns in teachers' integration of classroom computers. *American Journal of Education, 101*, 261-313.

handysektor.de (o.J.). *Leitfaden und Unterrichtseinheit zur Handyordnung an Schulen.* Internet-Dokument: https://www.handysektor.de/fileadmin/user_upload/bilder/basisthemen/Paedagogenecke/HS-Unterrichtseinheiten/Handysektor_Leitfaden%2BUE_Handyordnung.pdf [22.5.2017]

Harrison, K. & Cantor, J. (1999). Tales from the screen: Enduring fright reactions to scary media. *Media Psychology, 1*(2), 97-116.

Hastings, E.C., Karas, T.L., Winsler, A., Way, E., Madigan, A. & Tyler, S. (2009). Young children's video/computer game use: Relations with school performance and behavior. *Issues in Mental Health Nursing, 30*, 638-649.

Hattie, J. (2009). *Visible learning: A synthesis of over 800 meta-analyses relating to achievement.* New York: Routledge.

Hauenschild, M. (2014). Bindung und Individuation – Exzessive Computerspielenutzung im Kontext familiärer Beziehungsgestaltung Eine empirische Untersuchung mit qualitativen und quantitativen Zugängen. In: R. Kammerl, A. Unger, P. Grell & T. Hug (Hrsg.), *Jahrbuch Medienpädagogik 11* (S. 101-120). Wiesbaden: Springer Fachmedien.

Häuptle, E. & Reinmann, G. (2006). *Notebooks in der Hauptschule. Eine Einzelfallstudie zur Wirkung des Notebook-Einsatzes auf Unterricht, Lernen und Schule.* Universität Augsburg: Abschlussbericht. Internet-Dokument: http://medienpaedagogik.phil.uni-augsburg.de/downloads/dokumente/2006/Notebook-Klassen_Abschlussbericht.pdf [22.1.2008]

Havighurst, R.T. (1956). Research on the developmental-task concept. *The School Review, 64*(5), 215-223.

Havighurst, R.T. (1972). *Developmental tasks and education* New York: McKay.

Heidmann, S. (2001). Gedächtnis. In: Spektrum.de (Hrsg.), *Lexikon der Kartographie und Geomatik.* Heidelberg: Spektrum Akademischer Verlag. Internet-Dokument: http://www.spektrum.de/lexikon/kartographie-geomatik/gedaechtnis/1663 [6.3.2018]

Heimann, P. (1962). Didaktik als Theorie der Lehre. *Die Deutsche Schule, 9*, 409-427.
Heimann, P., Otto, G. & Schulz, W. (1972). *Unterricht – Analyse und Planung*. Hannover: Schroedel.
Heinz, D. & Poerschke, D. (2012). Computerspielpädagogik im Zeitalter der Inklusion. In: I. Bosse (Hrsg.), *Medienbildung im Zeitalter der Inklusion* (S. 132-137). Düsseldorf: lfm.
Henke, U., Huster, E.-U. & Mogge-Grotjahn, H. (2012). E-exclusion oder E-inclusion. In: E.-U. Huster et al. (Hrsg.), *Handbuch Armut und soziale Ausgrenzung* (S. 548-566). Wiesbaden: VS Verlag für Sozialwissenschaften.
Hennessy, S. (2017). International experiences with integrating interactive whiteboards: Policy, practice, pedagogy and professional development. In: R. MacLean (ed.), *Life in schools and classrooms* (pp. 633-650). Singapore: Springer.
Herrington, J., Reeves, T.C. & Oliver, R. (2014). Authentic learning environments. In: J.M. Spector, M.D. Merrill, J. Elen & M.J. Bishop (eds.), *Handbook of research on educational communications and technology* (pp. 401-412). Springer New York.
Herzig, B. (2012). *Medienbildung*. München: kopäd.
Herzig, B. & Grafe, S. (2007). *Digitale Medien in der Schule. Standortbestimmung und Handlungs-empfehlungen für die Zukunft*. Bonn: Deutsche Telekom AG.
Hofer, B. & Pintrich, P.R. (1997). The development of epistemological theories: Beliefs about knowledge- and knowing and their relation to learning. *Review of Educational Research, 67*(1), 88-140.
Höfer, W. (2013). *Medien und Emotionen. Zum Medienhandeln junger Menschen*. Wiesbaden: Springer VS.
Hoffmann, B. (2008). Bewahrpädagogik. In: U. Sander, F. v. Gross & K.-U. Hugger (Hrsg.), *Handbuch Medienpädagogik* (S. 42-50). Wiesbaden: VS Verlag für Sozialwissenschaften.
Hoffner, C.A. & Levine, K.J. (2005). Enjoyment of mediated fright and violence: A meta-analysis. *Media Psychology, 7*, 207-237.
Holmes, W., Anastopoulou, S., Schaumburg, H. & Mavrikis, M. (2018). Personalsiertes Lernen mit digitalen Medien. Ein roter Faden. Stuttgart: Robert Bosch Stiftung.
Horn, M.B. & Staker, H. (2011). *The rise of K-12 blended learning*. Innosight Institute. Internet-Dokument: http://www.leadcommission.org/sites/default/files/The%20Rise%20of%20K-12%20Blended%20Learning_0.pdf [5.6.2015]
Hsu, S.H., Wen, M.H. & Wu, M.C. (2009). Exploring user experiences as predictors of MMORPG addiction. *Computers & Education, 53*(3), 990-999.
Hug, T. (2002). Medienpädagogik – Begriffe, Konzeptionen, Perspektiven. In: G. Rusch (Hrsg.), *Einführung in die Medienwissenschaft* (S. 189-207). Opladen: Westdeutscher Verlag.
Hugger, K.-U. & Tillmann, A. (2015). Mobiles digitales Spielen von Kindern: Angebot, Nutzung und Bewertung des Mobilspielens durch Kinder und Eltern. In: P. Grell, T. Hug, K.U. Hugger, S. Iske, R. Kammerl & A. Tillmann (Hrsg.), *Jahrbuch Medienpädagogik 12* (S. 45-69). Wiesbaden: Springer Fachmedien.
Hugger, K.-U. (2008). Uses-and-Gratifications-Approach und Nutzenansatz. In: U. Sander, F. v. Gross & K.-U. Hugger (Hrsg.), *Handbuch Medienpädagogik* (S. 173-178). Wiesbaden: VS Verlag für Sozialwissenschaften.
Hurt, H.T., Joseph, K. & Cook, C. (1977). Scales for the measurement of innovativeness. *Human Communication Ressources, 4*(1), 58-65.
Hutchison, A. & Reinking, D. (2011). Teachers' perceptions of integrating information and communication technologies into literacy instruction: A national survey in the United States. *Reading Research Quarterly, 46*(4), 312-333.
Hüther, J. & Podehl, B. (2005). Geschichte der Medienpädagogik. In: J. Hüther & B. Schorb (Hrsg.), *Grundbegriffe Medienpädagogik* (S. 116-127). 4. vollständig neu konzipierte Auflage. München: Kopäd.
IBI [Institut für Bildung in der Informationsgesellschaft gGmbH] (2016). *Stakeholder-Studie zum Bundestagsbeschluss: Durch Stärkung der digitalen Bildung Medienkompetenz fördern und digitale Spaltung überwinden*. Berlin: IBI. Internet-Dokument: http://www.ibi.tu-berlin.de/images/161013_IBI-Studie_Digitale_Bildung_BT-Beschluss_Kurzfassung.pdf [28.2.2017].
Imort, P. & Niesyto, H. (2014). *Grundbildung Medien in pädagogischen Studiengängen*. München: kopaed.

Institut für Jugendkulturforschung (2016). Gerüchte im Web. Key Outcomes. Wien: Institut für Jugendkulturforschung. Internet-Dokument: https://www.saferinternet.at/fileadmin/redakteure/Footer/Presse/Zusammenfassung_Studie_Geruechte_im_Web.pdf [11.10.18]
Iske, S., Klein, A. & Kutscher, N. (2004). *Digitale Ungleichheit und formaler Bildungshintergrund – Ergebnisse einer empirischen Untersuchung über Nutzungsdifferenzen von Jugendlichen im Internet*. Bielefeld: Universität Bielefeld, Kompetenzzentrum Informelle Bildung.
Islam, M.S. & Grönlund, Å. (2016). An international literature review of 1: 1 computing in schools. *Journal of Educational Change, 17*(2), 191-222.
Isler, D., Philipp, M. & Tilemann, F. (2010). *Lese- und Medienkompetenzen: Modelle, Sozialisation und Förderung*. Düsseldorf: Landesanstalt für Medien.
Issing, L.J. (2009). Psychologische Grundlagen des Online-Lernens. In: L.J. Issing & P. Klimsa (Hrsg.), *Online-Lernen* (S. 19-34). München: Oldenbourg Verlag.
Issing, L.J. & Strzebkowski, R. (2001). Multimedia und Hypermedia—aktives Lernen mit Spaß. In: S. Aufenanger, R. Schulz-Zander & D. Spanhel (Hrsg.), *Jahrbuch Medienpädagogik 1* (S. 301-316). Opladen: Leske+Budrich.

Jäckel, M. (2012). Medienwirkungen kompakt. Wiesbaden: Springer VS.
Jonassen, D.H. (1992). Evaluating constructivistic learning. In: T.M. Duffy & D.H. Jonassen (eds.), *Constructivism and the technology of instruction: A conversation* (pp. 137-148). Hillsdale, NJ: Lawrence Erlbaum Associates.
Jonassen, D.H. (1994). Learning with media: Restructuring the debate. *Educational Technology Research and Development, 42*(2) 31-39.
Jonassen, D.H. (1996). *Computers in the classroom: Mindtools for critical thinking*. Englewood Cliffs, NJ: Prentice-Hall, Inc.
Jonassen, D.H. (2009). Reconciling a human cognitive architecture. In: S. Tobias & T.M. Duffy (eds.), *Constructivist instruction: success or failure?* (S. 13-33). New York: Routledge.
Jörissen, B. & Marotzki, W. (2009). *Medienbildung- eine Einführung*. Bad Heilbrunn: Klinkhardt.
Jörissen, B. (2011). „Medienbildung" – Begriffsverständnisse und Reichweiten. In: In: H. Moser, P. Grell & H. Niesyto (Hrsg.), *Medienbildung und Medienkompetenz* (S. 211-236). München: kopäd.
Jörissen, B. (2013). „*Medienbildung" in fünf Sätzen*. Internet-Dokument: http://joerissen.name/medienbildung/medienbildung-in-5-satzen/

Kälble, F.-A. (2018). *Mit Smartphone haben es die Kinder viel schwerer*. Internet-Dokument: https://www.zdf.de/nachrichten/heute/digitalisierungs-hype-mit-smartphone-haben-es-kinder-viel-schwerer-100.html [5.3.2018]
Kamke-Martasek, I. (2001). *Allgemeine Didaktik des Computer integrierenden Unterrichts*. Frankfurt: Peter Lang.
Kammerl, R. & Mayrberger, K. (2014). Medienpädagogik in der Lehrerbildung. Zum Status Quo dreier Standorte in verschiedenen deutschen Bundesländern. In: P. Imort & H. Niesyto (Hrsg.), *Grundbildung Medien in pädagogischen Studiengängen* (S. 81-94). München: kopaed.
Kammerl, R., Unger, A., Günther, S. & Schwedler, A. (2016). *BYOD – Start in die nächste Generation. Abschlussbericht der wissenschaftlichen Evaluation des Pilotprojekts*. Internet-Dokument: https://www.ew.uni-hamburg.de/einrichtungen/ew1/medienpaedagogik-aesthetische-bildung/medienpaedagogik/dokumente/byod-bericht-final.pdf [01.02.2017]
Karich, A.C., Burns, M.K. & Maki, K.E. (2014). Updated meta-analysis of learner control within educational technology. *Review of Educational Research, 84*(3), 392-410.
Karsenti, T. & Fievez, A. (2012). *The iPad in Education: uses, benefits and challenges. A survey of 6057 students and 302 teachers in Quebec, Canada*. Internet-Dokument: http://karsenti.ca/ipad/pdf/iPad_report_Karsenti-Fievez_EN.pdf [5.6.2015]
Katz, E., Blumler, J.G. & Gurevich, M. (1973). Uses and gratifications research. *The Public Opinion Quarterly, 37*(4), 509-523.
Katzer, C. (2014). Cybermobbing. In: Dies. (Hrsg.), *Cybermobbing – Wenn das Internet zur W@ffe wird* (S. 55-127). Berlin: Springer.

Katzer, C., Fetchenhauer, D. & Belschak, E. (2009). Einmal Bully, immer Bully? Ein Vergleich von Chatbullying und Schulbullying aus der Täterperspektive. *Zeitschrift für Entwicklungspsychologie und Pädagogische Psychologie, 41*(1), 33-44.

Keller, J.M. (1987). Development and use of the ARCS model of instructional design. *Journal of instructional development, 10*(3), 2-10.

Keller, J.M. (2008). An integrative theory of motivation, volition, and performance. *Technology, Instruction, Cognition, and Learning, 6*(2), 79-104.

Kerres, M. (2000). Internet und Schule. *Zeitschrift für Pädagogik, 46*(1), 113-130.

Kerres, M. (2013). *Mediendidaktik: Konzeption und Entwicklung mediengestützter Lernangebote*. München: Oldenbourg Verlag.

Kerres, M. & de Witt, C. (2011). Zur (Neu-)Positionierung der Mediendidaktik. Handlungs- und Gestaltungsorientierung in der Medienpädagogik. *MedienPädagogik: Zeitschrift für Theorie und Praxis der Medienbildung, 20*, 259-270.

KGS Sittensen (o.J.). *100 Stunden ohne – oder: Wer schafft es länger? Projektbericht.* Internet-Dokument [22.4.17]: https://www.handysektor.de/fileadmin/user_upload/bilder/2015/04/Projektbericht_KGS_Sittensen.pdf

Kirschner, P.A., Sweller, J. & Clark, R.E. (2006). Why minimal guidance during instruction does not work: An analysis of the failure of constructivist, discovery, problem-based, experiential, and inquiry-based teaching. *Educational Psychologist, 41*(2), 75-86.

Klimmt, C. (2008). Die Nutzung von Computerspielen: Interdisziplinäre Perspektiven. In: T. Quandt, J. Wimmer & Jens Wollring (Hrsg.), *Die Computerspieler*. (S. 57-72). Wiesbaden: VS Verlag für Sozialwissenschaften.

Klimsa, P. (2013). Manfred Spitzer (2012). Digitale Demenz. Buchbesprechung. *Medienproduktion – Online-Zeitschrift für Wissenschaft und Praxis, 3*. Internet-Dokument [11.10.13]: http://www2.tu-ilmenau.de/zsmp/

Klingler, W. (2008). Jugendliche und ihre Mediennutzung. *Media Perspektiven, 12*, 625-634.

KMK [Kultusministerkonferenz] (1986). *Neue Medien und Technologien in der Schule*. Bonn: Sekretariat der Kultusministerkonferenz.

KMK [Kultusministerkonferenz] (2012). *Medienbildung in der Schule*. Beschluss der Kultusministerkonferenz vom 8. März 2012. Internet-Dokument: http://www.kmk.org/fileadmin/Dateien/veroeffentlichungen_beschluesse/2012/2012_03_08_Medienbildung.pdf [27.2.2017].

KMK [Kultusministerkonferenz] (2016). *Bildung in der digitalen Welt. Strategie der Kultusministerkonferenz*. Berlin: Sekretariat der Kultusministerkonferenz. Internet-Dokument: https://www.kmk.org/fileadmin/Dateien/pdf/PresseUndAktuelles/2016/Bildung_digitale_Welt_Webversion.pdf [27.2.2017].

Knaus, T. (2013). Technik stört! Lernen mit digitalen Medien in interaktionistisch-konstruktivistischer Perspektive. In: T. Knaus & O. Engel (Hrsg.), *fraMediale* (S. 21-60). München: kopaed.

Knezek, G. & Christensen, R. (2016). Extending the will, skill, tool model of technology integration: Adding pedagogy as a new model construct. *Journal of Computing in Higher Education, 28*(3), 307-325.

Knobloch, S. (2002). „Unterhaltungsslalom" bei der WWW-Nutzung: Ein Feldexperiment. *Publizistik, 47*, 309-318.

Knoll, B., Fitz, B., Posch, P. & Satlegger, L. (2013). *Ich im Netz. Selbstdarstellung von männlichen und weiblichen Jugendlichen in sozialen Netzwerken*. Bericht zum Forschungsprojekt „imaGE 2.0. Selbstdarstellung und Image-Management von weiblichen und männlichen Jugendlichen in digitalen Medien". Wien: Büro für nachhaltige Kompetenz GmbH. Internet-Dokument: http://www.b-nk.at/images/download/Ich_im_Netz_Bericht.pdf [18.3.2014]

Kobbe, L., Weinberger, A., Fischer, F. (2009). Kooperationsskripts – Drehbücher für das computer-unterstützte kooperative Lernen. In: L.J. Issing & P. Klimsa (Hrsg.), *Online-Lernen. Handbuch für Wissenschaft und Praxis* (S. 159-166). München: Oldenbourg Verlag.

Koedinger, K.R., Corbett, A.T., Ritter, S. & Shapiro, L.J. (2000). *Carnegie Learning's Cognitive Tutor: Summary Research Results*. Internet-Dokument: http://pact.cs.cmu.edu/pubs/Koedinger,%20Corbett,%20Ritter,%20Shapiro%2000.pdf [5.6.2015]

Koehler, M. & Mishra, P. (2009). What is technological pedagogical content knowledge (TPACK)?. *Contemporary issues in technology and teacher education, 9*(1), 60-70.

Konrad, K. & Traub, S. (2001). *Kooperatives Lernen: Theorie und Praxis in Schule, Hochschule und Erwachsenenbildung*. Baltmannsweiler: Schneider Verlag Hohengehren.

Kopp, B. & Mandl, H. (2005). *Wissensschemata*. Forschungsbericht 177. München: Ludwig-Maximilians-Universität.

Kozma, R.B. (1991). Learning with Media. *Review of Educational Research, 61*(2), 179-211.

Kozma, R.B. (1994). A Reply: Media and Methods. *Educational Technology Research and Development, 42*(3), 11-14.

Kozma, R.B. (2008). Comparative analysis of policies for ICT in education. In: J. Voogt & G. Knezek (eds.), *International handbook of information technology in primary and secondary education* (pp. 1083-1096). Boston, MA: Springer.

Krahé, B. (2014). Mediengewalt und Aggression im Jugendalter: Ein Beitrag aus sozialsychologischer Sicht. In: D. Baier & T. Mößle (Hg.), *Kriminologie ist Gesellschaftswissenschaft. Festschrift für Christian Pfeiffer zum 70. Geburtstag* (S. 367-383). Baden-Baden: Nomos.

Krotz, F. (2007). *Mediatisierung: Fallstudien zum Wandel von Kommunikation*. Wiesbaden: VS Verlag für Sozialwissenschaften.

Kübler, H.-D. (2001). Neue Medien – neues Lernen? Perspektiven und Bedingungen des Lernens mit „Neuen Medien". In: K.-D. Felsmann (Hrsg.), *4. Buckower Mediengespräche. Neue Medien – neues Lernen? (S. 17-36). München: kopaed.

Kübler, H.-D. (2003). *Kommunikation und Medien. Eine Einführung*. Münster: LIT Verlag.

Kuhl, J. (1983). *Motivation, Konflikt und Handlungskontrolle*. Heidelberg: Springer.

Kulik, J.A. & Fletcher, J.D. (2016). Effectiveness of intelligent tutoring systems: a meta-analytic review. *Review of Educational Research, 86*(1), 42-78.

Kunczik, M. & Zipfel, A. (2004). *Medien und Gewalt*. Projektbericht für das Bundesministerium für Familie, Senioren, Frauen und Jugend. Mainz: Johannes-Gutenberg-Universität, Institut für Publizistik. Internet-Dokument: https://www.uni-due.de/~hl0028/files/1234790719_medien-gewalt-befunde-der-forschung-sachbericht-langfassung,property=pdf,bereich=bpjm,sprache=de,rwb=true.pdf [22.10.2015]

Kutscher, N. & Otto, H.-U. (2014). Digitale Ungleichheit – Implikationen für die Betrachtung digitaler Jugendkulturen. In: K.-U. Hugger (Hrsg.), *Digitale Jugendkulturen* (S. 283-298). Wiesbaden: Springer.

Kutscher, N. (2014). Soziale Ungleichheit. In: A. Tillmann, S. Fleischer & K.-U. Hugger (Hrsg.), *Handbuch Kinder und Medien* (S. 101-112). Wiesbaden: Springer.

Kuttner, C. & Jünger, N. (2014). Medienpädagogische Forschung im Spannungsfeld von Medienhandeln und Medienwandel. Forschungspraktische Umsetzung im Medienkonvergenz Monitoring. In: A. Hartung, B. Schorb, H. Niesyto, H. Moser & P. Grell (Hrsg.), *Jahrbuch Medienpädagogik 10* (S. 93-107). Springer Fachmedien Wiesbaden.

Kyriakou, A. & Higgins, S. (2016). Systematic review of the studies examining the impact of the interactive whiteboard on teaching and learning: what we do learn and what we do not. *Preschool and Primary Education., 4*(2), 254-275.

Lampert, C. (2014). Kinder und Internet. In: A. Tillmann, S. Fleischer & K.-U. Hugger (Hrsg.), *Handbuch Kinder und Medien* (S. 429-440). Wiesbaden: Springer.

Lang, A. (2000). The limited capacity model of mediated message processing. *Journal of Communication, 50*(1), 46-70.

Larson, R.W. (1995). Secrets in the bedroom: Adolescents' private use of media. *Journal of Youth and Adolescence, 24*(5), 535-550.

Lave, J. & Wenger, E. (1991). *Situated learning: Legitimate peripheral participation in communities of practice*. Cambridge: Cambridge University Press.

Law, N. (2008). In Search of Explanations. In: N. Law, W.J. Pelgrum & T. Plomp (Hrsg.), *Pedagogy and ICT use in schools around the world: Findings from the IEA SITES 2006 study* (pp. 251-262). Hong Kong: CERC-Springer.

Law, N. & Chow, A. (2008). Teacher characteristics, contextual factors, and how these affect the pedagogical use of ICT. In: N. Law, W.J. Pelgrum & T. Plomp (Hrsg.), *Pedagogy and ICT use in schools around the world. Findings from the IEA-SITES 2006* (pp. 182-221). Hongkong: CERC-Springer.

Le, S., Weber, P. & Ebner, M. (2013). Game-Based Learning. In: M. Ebner & S. Schön (Hrsg.), *Lehrbuch für Lernen und Lehren mit Technologien: 2. Auflage (S.* 267-276). Internet-Dokument: http://l3t.tugraz.at/index.php/LehrbuchEbner10/article/download/79/38 [18.7.17]

Lee, J., Cerreto, F.A. & Lee, J. (2010). Theory of planned behavior and teachers' decisions regarding use of educational technology. *Educational Technology & Society, 13*(1), 152-164.

Lehmkuhl, G. & Frölich, J. (2013). Neue Medien und ihre Folgen für Kinder und Jugendliche. *Zeitschrift für Kinder- und Jugendpsychiatrie, 41*(2), 83-86.

Lenhart, A., Arafeh, S. & Smith, A. (2008). *Writing, technology and teens.* Pew Internet & American Life Project. Internet-Dokument: http://files.eric.ed.gov/fulltext/ED524313.pdf [5.6.2015]

Leuchter, M., Pauli, C., Reusser, K. & Lipowsky, F. (2006). Unterrichtsbezogene Überzeugungen und handlungsleitende Kognitionen von Lehrpersonen. *Zeitschrift für Erziehungswissenschaft, 9*(4), 562-579.

Leutner, D. (2011). Adaptivität und Adaptierbarkeit beim Online-Lernen. In: L.J. Issing & P. Klimsa *(Hrsg.) Online-Lernen. Handbuch für Wissenschaft und Praxis (S.* 115-123) München: Oldenbourg.

Lim, C.P. & Chai, C.S. (2008). Teachers' pedagogical beliefs and their planning and conduct of computer-mediated classroom lessons. *British Journal of Educational Technology, 39,* 807-828.

Linebarger, D.L., Schmitt, K.L., Huston, A.C. & Anderson, D.L. (2009). Fernsehen in der frühen Kindheit und seine kognitiven Entwicklungsfolgen in der Adoleszenz. In: A. Schorr (Hrsg.), *Jugendmedienforschung. Forschungsprogramme, Synopse, Perspektiven* (S. 41-62). Wiesbaden: VS Verlag für Sozialwissenschaften.

Livingstone, S., Mascheroni, G. & Staksrud, E. (2017). European research on children's internet use: Assessing the past, anticipating the future. *New Media & Society,* 1-20.

Livingstone, S. & Haddon, L. (2009). *EU Kids Online: Final report.* LSE, London: EU Kids Online. (EC Safer Internet Plus Programme Deliverable D6.5).

Livingstone, S., Haddon, L., Görzig, A. & Ólafsson, K. (2011). *EU Kids Online.* London: Londons School of Economics and Political Science.

LKM [Länderkonferenz Medienbildung] (2015). *Kompetenzorientiertes Konzept für die schulische Medienbildung.* LKM-Positionspapier. Stand 29.1.2015. Internet-Dokument: http://laenderkonferenz-medienbildung.de/files/Dateien_lkm/Dokumente/LKM-Positionspapier_2015.pdf [27.2.2017].

Lo, C.K. & Hew, K.F. (2017). A critical review of flipped classroom challenges in K-12 education: possible solutions and recommendations for future research. *Research and Practice in Technology Enhanced Learning, 12*(4), 1-22.

Lo, C.K., Hew, K.F. & Chen, G. (2017). Toward a set of design principles for mathematics flipped classrooms: A synthesis of research in mathematics education. *Educational Research Review, 22, 50-73.*

Lorenz, R. & Gerick, J. (2014). Neue Technologien und die Leseleistung von Grundschulkindern. Zur Bedeutung der schulischen und außerschulischen Nutzung digitaler Medien. In: B. Eickelmann, R. Lorenz, M. Vennemann, J. Gerick & W. Bos (Hrsg.), *Grundschule in der digitalen Gesellschaft. Befunde aus den Schulleistungsstudien IGLU und TIMSS 2011* (S. 59-71). Münster: Waxmann.

Lorenz, R., Gerick, J., Schulz-Zander, R. & Eickelmann, B. (2014). Computer- und informationsbezogene Kompetenzen von Mädchen und Jungen im internationalen Vergleich. In: W. Bos, et al. (Hrsg.). *Computer- und informationsbezogene Kompetenzen von Schülerinnen und Schülern in der 8. Jahrgangsstufe im internationalen Vergleich* (S. 231-264). Münster: Waxmann.

Lorenz, R., Endberg, M. & Eickelmann, B. (2017). Unterrichtliche Nutzung digitaler Medien durch Lehrpersonen in der Sekundarstufe I im Bundesländervergleich und im Trend von 2015 bis 2017. In: R. Lorenz, W. Bos, M. Endberg, B. Eickelmann, S. Grafe & J. Vahrenhold (Hrsg.). *Schule digital – der Länderindikator* (S. 84-120). Münster: Waxmann.

Ludwig, L., Mayrberger, K. & Weidmann, A. (2011). Einsatz personalisierter iPads im Unterricht aus Perspektive der Schülerinnen und Schüler. In: S. Friedrich, A. Kienle & H. Rohland (Hrsg.), *DeLFI 2011: Die 9. e-Learning Fachtagung Informatik – Poster, Workshops, Kurzbeiträge* (S. 7-17). Dortmund: TUDpress.

Lünenborg, M. & Töpper, C. (2011). Gezielte Grenzverletzungen – Castingshows und Wertempfinden. *Aus Politik und Zeitgeschichte, 3,* 35-41.

Ma, W., Adesope, O.O., Nesbit, J.C. & Liu, Q. (2014). Intelligent tutoring systems and learning outcomes: A meta-analysis. *Journal of Educational Psychology, 106*(5), 901-918.

Maass, A., Klöpper, K.M., Michel, F. & Lohaus, A. (2011). Does media use have a short-term impact on cognitive performance? *Journal of Media Psychology, 23*(2), 65-76.

Maier, W. (1998). *Grundkurs Medienpädagogik und Mediendidaktik*. Weinheim: Beltz.

Malone, T.W. & Lepper, M.R. (1987). Making learning fun: A taxonomy of intrinsic motivations for learning. In: R.E. Snow & M.J. Farr (eds.), *Aptitude, learning, and instruction*. Vol. 3. Cognitive and affective process analysis (pp. 223-253). Hillsdale, NJ: Erlbaum.

Mandl, H., Gruber, H. & Renkl, A. (2002). Situiertes Lernen in multimedialen Lernumgebungen. In: L.J. Issing & P. Klimsa (Hrsg.), *Information und Lernen mit Multimedia und Internet. 3. vollständig überarbeitete Auflage* (S. 139-148). Weinheim: Beltz/PVU.

Mangold, R., Vorderer, P. & Bente, G. (2004). Vorwort und Lesehilfe . In: Dies. (Hrg.), Lehrbuch der Medienpsychologie (S. VII-IX). Göttingen: Hogrefe.

Mares, L.-M. & Pan, Z. (2013). Effects of Sesame Street. A meta-analysis of children's learning in 15 countries. *Journal of Applied Developmental Psychology, 34*, 140-151.

Marotzki, W. & Jörissen, B. (2010). Dimensionen strukturaler Medienbildung. In: B. Herzig, D.M. Meister, H. Moser & H. Niesyto (Hrsg.), *Jahrbuch Medienpädagogik 8. Medienkompetenz und Web 2.0* (S. 19-39). Wiesbaden: VS Verlag für Sozialwissenschaften.

Mästle, T. (2008). Die Lernkiste – ein multimediales Werkzeug für den Unterricht an Schulen für Geistigbehinderte. In: Landesmedienzentrum Baden-Württemberg (Hrsg.), *Neue Medien und Sonderpädagogik* (S. 17-22). Karlsruhe: LMZ.

Mayer, R.E. (2005). Cognitive theory of multimedia learning. In: Ders. (ed.), *The Cambridge handbook of multimedia learning* (pp. 31-48). New York: Cambridge University Press.

Mayer, R.E. (2014). Incorporating motivation into multimedia learning. *Learning and Instruction, 29*, 171-173.

Mayer, R. E., & Moreno, R. (2003). Nine ways to reduce cognitive load in multimedia learning. Educational psychologist, 38(1), 43-52.

Mayerl, J. (2008). *Kognitive Grundlagen sozialen Verhaltens. Theoretische und statistische Analysen zur Modellierung von Einstellungs-Verhaltens-Beziehungen*. Dissertation, Universität Stuttgart.

Mayrberger, K. (2012). Medienpädagogische Kompetenz im Wandel–Vorschlag zur Gestaltung des Übergangs in der Lehrerbildung am Beispiel mediendidaktischer Kompetenz. In: R. Schulz-Zander, B. Eickelmann, H. Moser, H. Niesyto & P. Grell (Hrsg.), Jahrbuch Medienpädagogik 9 (S. 389-412). Wiesbaden: VS Verlag für Sozialwissenschaften.

McCalla, G. (2010). May the forcing functions be with you: The stimulating world of AIED and ITS research. In: R. Nkambou, J. Bourdeau & R. Mizoguchi (eds.), Advances in intelligent tutoring systems (pp. VII-XI). Berlin: Springer.

McCombs, M. E., & Shaw, D.L. (1972). The agenda-setting function of mass media. Public Opinion Quarterly, 36(2), 176-187.

McLuhan, M. (1962). The Gutenberg galaxy. The making of typographic man. Toronto: University of Toronto Press.

McQuail, D. (1994). *Mass communication theory. An introduction* (3rd edition.). London: Sage.

Meder, N. (2008). Die Luhmannsche Systemtheorie und der Medienbegriff. In: J. Fromme & W. Sesink (Hrsg.), *Pädagogische Medientheorie* (S. 37-50). Wiesbaden: VS Verlag für Sozialwissenschaften.

Medien in die Schule (2015). Einführung in den Jugendmedienschutz. Internet-Dokument: http://www.medien-in-die-schule.de/wp-content/uploads/Medien_in_die_Schule_Unterrichtseinheit_Einfuehrung_in_den_Jugendmedienschutz.pdf [9.10.2018]

MPFS [Medienpädagogischer Forschungsverbund Südwest] (1998). *JIM'98. Jugend, Information, (Multi-)Media*. Stuttgart: Landesanstalt für Kommunikation Baden-Württemberg.

MPFS [Medienpädagogischer Forschungsverbund Südwest] (1999). *KIM-Studie 1999. Kinder und Medien – KIM'99*. Stuttgart: Landesanstalt für Kommunikation Baden-Württemberg.

MPFS [Medienpädagogischer Forschungsverbund Südwest] (2011). *FIM-Studie 2011. Familie, Interaktion und Medien*. Stuttgart: Landesanstalt für Kommunikation Baden-Württemberg.

MPFS [Medienpädagogischer Forschungsverbund Südwest] (2012a). *JIM-Studie 2012. Jugend, Information, (Multi-)Media*. Stuttgart: Landesanstalt für Kommunikation Baden-Württemberg.

MPFS [Medienpädagogischer Forschungsverbund Südwest] (2012b). *KIM-Studie 2012. Kinder + Medien, Computer + Internet.* Stuttgart: Landesanstalt für Kommunikation Baden-Württemberg.
MPFS [Medienpädagogischer Forschungsverbund Südwest] (2012c). *miniKIM-Studie. Kleinkinder und Medien.* Stuttgart: Landesanstalt für Kommunikation Baden-Württemberg.
MPFS [Medienpädagogischer Forschungsverbund Südwest] (2013). *JIM-Studie 2013. Jugend, Information, (Multi-)Media.* Stuttgart: Landesanstalt für Kommunikation Baden-Württemberg.
MPFS [Medienpädagogischer Forschungsverbund Südwest] (2014). *JIM-Studie 2014. Jugend, Information, (Multi-)Media.* Stuttgart: Landesanstalt für Kommunikation Baden-Württemberg.
MPFS [Medienpädagogischer Forschungsverbund Südwest] (2015). *JIM-Studie 2015. Jugend, Information, (Multi-)Media.* Stuttgart: Landesanstalt für Kommunikation Baden-Württemberg.
MPFS [Medienpädagogischer Forschungsverbund Südwest] (2016a). *JIM-Studie 2016. Jugend, Information, (Multi-)Media.* Stuttgart: Landesanstalt für Kommunikation Baden-Württemberg.
MPFS [Medienpädagogischer Forschungsverbund Südwest] (2016b). *KIM-Studie 2016. Kinder + Medien, Computer + Internet.* Stuttgart: Landesanstalt für Kommunikation Baden-Württemberg.
MPFS [Medienpädagogischer Forschungsverbund Südwest] (2017). *JIM-Studie 2017. Jugend, Information, (Multi-)Media.* Stuttgart: Landesanstalt für Kommunikation Baden-Württemberg.
Meister, D.M., Sander, U., Treumann, K.P., Burkatzki, E., Hagedorn, J., Strotmann, M. & Wegener, C. (2008). *Mediale Gewalt. Ihre Rezeption, Wahrnehmung und Bewertung durch Jugendliche.* Wiesbaden: VS Verlag für Sozialwissenschaften.
Meister, D. M. (2013). Vermittlung von Medienkompetenz in der Praxis für Kinder und Jugendliche: Schule. In: BMSFJ (Hrsg.), Medienkompetenzförderung für Kinder und Jugendliche (S. 46-52). Berlin: Bundesministerium für Familie, Senioren, Frauen und Jugend.
Meixner, J. (1997). *Konstruktivismus und die Vermittlung produktiven Wissens.* Weinheim: Beltz.
Merz-Abt, T. (2011). Medienbildung braucht eigene Unterrichtsgefäße – ein Plädoyer für einen neuen Weg. *Beiträge zur Lehrerbildung, 29*(2), 272-278.
Meyer, T. (2008). Zwischen Kanal und Lebens-Mittel: Pädagogisches Medium und mediologisches Milieu. In: J. Fromme & W. Sesink (Hrsg.), *Pädagogische Medientheorie* (S. 71-94). Wiesbaden: VS Verlag für Sozialwissenschaften.
Meyer, T. (2011). Medien, Mimesis und historisches Apriori. In: J. Fromme, S. Iske & W. Marotzki (Hrsg.), *Medialität und Realität. Zur konstitutiven Kraft der Medien* (S. 31-52). Wiesbaden: VS Verlag für Sozialwissenschaften.
Miesenberger, K., Bühler, C., Niesyto, H., Schluchter, J.-R. & Bosse, I. (2012). Sieben Fragen zur inklusiven Medienbildung. In: I. Bosse (Hrsg.), *Medienbildung im Zeitalter der Inklusion* (S. 27-57). Düsseldorf: lfm.
Mikos, L. (1997). Vermittlung von Medienkompetenz als Aufgabe der Medienpädagogik. In: Enquete-Kommission Zukunft der Medien in Wirtschaft und Gesellschaft, Deutscher Bundestag (Hrsg.), *Medienkompetenz im Informationszeitalter* (S. 63-75). Bonn: ZV Zeitungs-Verlag Service.
Miller, G.A. (1956). The magical number seven, plus or minus two: some limits on our capacity for processing information. *Psychological Review, 63*(2), 81.
Mishra, P. & Koehler, M.J. (2006). Technological pedagogical content knowledge: A framework for teacher knowledge. *Teachers College Record, 108*(6), 1017-1054.
Mishra, P. & Koehler, M.J. (2007). Technological Pedagogical Content Knowledge (TPCK): Confronting the Wicked Problems of Teaching with Technology. In: C. Crawford & et al. (Hrsg.), *Proceedings of Society for Information Technology and Teacher Education International Conference 2007* (pp. 2214-2226). Chesapeake, VA: AACE.
Mock, T. (2006). Was ist ein Medium? *Publizistik, 51*(2), 183-200.
Möller, I. (2011). Gewaltmedien und Aggression. *Aus Politik und Zeitgeschichte, 3,* 18-23.
Möller, I. & Krahé, B. (2013). *Mediengewalt als pädagogische Herausforderung: ein Programm zur Förderung der Medienkompetenz im Jugendalter.* Göttingen: Hogrefe Verlag.
Monitor Lehrerbildung (2018). *Lehramtsstudium in der digitalen Welt – Professionelle Vorbereitung auf den Unterricht mit digitalen Medien?!* Gütersloh: Bertelsmann Verlag.
Moreno, R. & Mayer, R. (2007). Interactive multimodal learning environments. *Educational Psychology Review, 19*(3), 309-326.

Moser, H. (2006a). *Einführung in die Medienpädagogik*. 4. Überarbeitete und aktualisierte Auflage. Wiesbaden: VS Verlag für Sozialwissenschaften.

Moser, H. (2006b). Standards für die Medienbildung. Ein Standardmodell aus der Schweiz. In: *Computer+ Unterricht, 63*, 49-55.

Moser, H. (2008). Medien und Reformpädagogik. In: U. Sander, F. v. Gross & K.-U. Hugger (Hrsg.), *Handbuch Medienpädagogik* (S. 15-21). Wiesbaden: VS Verlag für Sozialwissenschaften.

Moser, H. (2010). Medienkompetenz und die ‚neue' erziehungswissenschaftliche Kompetenzdiskussion. In: B. Herzig, D.M. Meister, H. Moser & H. Niesyto (Hrsg.), *Jahrbuch Medienpädagogik 8. Medienkompetenz und Web 2.0* (S. 59-79). Wiesbaden: VS Verlag für Sozialwissenschaften.

Moser, H. (2012). Bildungsstandards im Medienbereich. In: R. Schulz-Zander, B. Eickelmann, H. Moser, H. Niesyto & P. Grell (Hrsg.), *Jahrbuch Medienpädagogik 9* (S. 249-269). Wiesbaden: Springer VS.

Moser, H. (2014). Medien in der späten Kindheit. In: A. Tillmann, S. Fleischer & K.-U. Hugger (Hrsg.), *Handbuch Kinder und Medien* (S. 323-334). Wiesbaden: Springer.

Moskaliuk, J. (2010). *Individuelles Lernen und kollaborative Wissenskonstruktion mit Wikis*. München: Meidenbauer.

Mößle T, Kleimann M, Rehbein F. (2007). *Bildschirmmedien im Alltag von Kindern und Jugendlichen: Problematische Mediennutzungsmuster und ihr Zusammenhang mit Schulleistungen und Aggressivität*. Baden-Baden: Nomos.

Mößle, T., Wölfling, K., Rumpf, H.J., Rehbein, F., Müller, K.W., Arnaud, N. & te Wildt, B.T. (2014). Internet-und Computerspielsucht. In: K. Mann (Hrsg.), *Verhaltenssüchte* (S. 33-58). Berlin: Springer.

MSH [Medienanstalt Hamburg/Schleswig-Holstein] (o. J.). Schein und Sein - Inszenierte Wirklichkeit in Reality-TV und Web 2.0. Eine Handreichung für den Unterricht. Modul 2. Internet-Dokument: https://www.ma-hsh.de/infothek/publikationen/schein-sein.html [9.10.2018]

Mueller, J., Wood, E., Willoughby, T., Ross, C. & Specht, J. (2008). Identifying discriminating variables between teachers who fully integrate computers and teachers with limited integration. *Computers & Education, 51*(4), 1523-1537.

Müller, K. (2013). *Spielwiese Internet: Sucht ohne Suchtmittel*. Wiesbaden: Springer-Verlag.

Münzer, M. (2012). iPad-Klassen im integrativen Unterricht der Hauptschule Friedenshöhe Ennepetal: Werkzeuge auf dem Weg zu einer Schule für alle Kinder. In: I. Bosse (Hrsg.), *Medienbildung im Zeitalter der Inklusion* (S. 105-110). Düsseldorf: lfm.

Neuß, N. (2005). Medienpädagogische Ansätze zur Stärkung der Verbraucher- und Werbekompetenz. *medien + erziehung, 49*(1), 31-36.

Nguyen, L., Barton, S.M. & Nguyen, L.T. (2015). Ipads in higher education – hype and hope. *British Journal of Educational Technology, 46*(1), 190-203.

Nieding, G. & Ohler, P. (2008). Mediennutzung und Medienwirkung bei Kindern und Jugendlichen. In: B. Batinic & M. Appel (Hrsg.), *Medienpsychologie* (S. 379-400). Heidelberg: Springer.

Niegemann, H.M. (2009). Instructional Design. In: M. Henninger & H. Mandl (Hrsg.), *Handbuch Medien- und Bildungsmanagement* (S. 356-370). Weinheim: Beltz.

Niegemann, H.M., Domagk, S., Hessel, S., Hein, A., Hupfer, M. & Zobel, A. (2008). *Kompendium multimediales Lernen*. Berlin: Springer.

Niesyto, H. (2010a). Digitale Medienkulturen und soziale Ungleichheit. In: B. Bachmair (Hrsg.), *Medienbildung in neuen Kulturräumen* (S. 313-324). Wiesbaden: VS Verlag.

Niesyto, H. (2010b). Kritische Anmerkungen zu Theorien der Mediennutzung und -sozialisation. In: D. Hoffmann & L. Mikos (Hrsg.), *Mediensozialisationstheorien* (S. 47-66). 2. überarbeitete Auflage. Wiesbaden: VS Verlag für Sozialwissenschaften.

Nikkelen, S.W.C., Valkenburg, P.M., Huizinga M. & Bushman, B.J. (2014). Media use and ADHD-related behaviors in children and adolescents: A meta-analysis. *Developmental Psychology, 50*(9), 2228-2241.

Nikken, P. & Peeters, A.L. (1988). Children's perceptions of television reality. *Journal of Broadcasting and Electronic Media, 32*(4), 441-452.

Nkambou, R., Bourdeau, J. & Miziguchi, R. (2010). *Advances in intelligent tutoring systems*. Berlin: Springer.

Nufer, M. & Santona, F. (2008). *Report zum ePower Umsetzungsprojekt: "Wer hat die beste e-Schule?"* Zürich: IBM Schweiz. Internet-Dokument: http://www-05.ibm.com/ch/e-schule/pdf/report.pdf [28.2.2017].

O'Dwyer, L.M., Russell, M. & Bebell, D.J. (2004). Identifying teacher, school and district characteristics associated with elementary teachers' use of technology: A multilevel perspective. *Education Policy Analysis Archives, 12*(48). Retrieved from http://epaa.asu.edu/ojs/article/view/203 [13.03.2018]

OECD [Organisation for Economic Co-operation and Development] (2015). *Students, Computers and Learning: Making the Connection.* Paris: OECD Publications Service.

OECD [Organisation for Economic Co-operation and Development] (2000). *Measuring student knowledge and skills. The PISA 2000 Assessment of reading, mathematical and scientific literacy.* Paris: OECD Publications Service.

Opaschowski, H.W. (1999). *Generation @. Die Medienrevolution entlässt ihre Kinder.* Hamburg: Kurt Mair Verlag.

Paivio, A. (1986). *Mental representations_A dual coding approach.* New York: Oxford University Press.

Pajares, M.F. (1992). Teachers beliefs and educational-research: Cleaning up a messy construct. *Review of Educational Research, 62,* 307.

Paperlein, J. (2016). Nahbare Videostars. *Horizont, 8,* 81.

Papert, S. (1998). Agents of change. In: C. de Moura Castro (ed.), *Education in the information age* (pp. 93-97). New York: Inter-American Development Bank.

Pariser, E. (2011). *The Filter Bubble. What the Internet is hiding from you.* New York: Penguin.

Peirce, C.S. (1931-58). *Collected Papers of Charles Sanders Peirce.* Cambridge. MA.

Pelgrum, W.J. (2001). Obstacles to the integration of ICT in education: results from a worldwide educational assessment. *Computers & Education, 37,* 163-178.

Pelgrum, W.J. (2008). School practices and conditions for pedagogy and ICT. In: N. Law, W.J. Pelgrum & T. Plomp (Hrsg.), *Pedagogy and ICT use in schools around the world: Findings from the IEA SITES 2006 study.* Hong Kong: CERC-Springer.

Perrotta, C., Featherstone, G., Aston, H. & Houghton, E. (2013). *Game-based learning: Latest evidence and future directions.* NFER Research Programme: Innovation in Education. Slough: NFER.

Petermann, F. & Marées, N. v. (2013). Cyber-Mobbing: Eine Bestandsaufnahme. *Kindheit und Entwicklung, 22*(3), 145-154.

Petko, D. (2008). Unterrichten mit Computerspielen. Didaktische Potenziale und Ansätze für den gezielten Einsatz in Schule und Ausbildung. *MedienPädagogik: Zeitschrift für Theorie und Praxis der Medienbildung, 15,* 1-15.

Petko, D. (2011). Praxisorientierte medienpädagogische Forschung: Ansätze für einen empirischen Perspektivenwechsel und eine stärkere Konvergenz von Medienpädagogik und Mediendidaktik. *MedienPädagogik: Zeitschrift für Theorie und Praxis der Medienbildung, 20,* 245-258.

Petko, D. (2012). Teachers' pedagogical beliefs and their use of digital media in classrooms: sharpening the focus of the ‚will, skill, tool' model and integrating teachers' constructivist orientations. *Computers & Education, 58,* 1351-1359.

Petko, D. (2014). *Einführung in die Mediendidaktik. Lehren und Lernen mit digitalen Medien.* Weinheim: Beltz.

Petko, D. & Döbeli Honegger, B. (2011). Digitale Medien in der Lehrerinnen- und Lehrerbildung. *Beiträge zur Lehrerbildung. Zeitschrift zu Theorie und Praxis der Aus- und Weiterbildung von Lehrerinnen und Lehrern, 29*(2), 155-171.

Philipp, M. (2011). Lesen und Geschlecht 2.0. *Leseforum.ch, 1,* 2011. Internet-Dokument: http://www.leseforum.ch/myUploadData/files/2011_1_Philipp.pdf [abgerufen am 14.1.2014].

Piaget, J. (1964). Part I: Cognitive development in children: Piaget development and learning. *Journal of Research in Science Teaching, 2*(3), 176-186.

Piaget, J. (1972). *Theorien und Methoden der modernen Erziehung.* Wien: Molden.

Pietraß, M. (2002). Die Interdisziplinarität der Medienpädagogik. In: I. Paus-Haase (Hrsg.), *Medienpädagogik in der Kommunikationswissenschaft* (S. 75-84). Wiesbaden: Westdeutscher Verlag.

Pietraß, M. (2006). *Mediale Erfahrungswelt und die Bildung Erwachsener*. Bielefeld: W. Bertelsmann Verlag.
Pietraß, M. (2011). Medienkompetenz oder Medienbildung? Zwei unterschiedliche theoretische Positionen und ihre Deutungskraft. In: H. Moser, P. Grell & H. Niesyto (Hrsg.), *Medienbildung und Medienkompetenz* (S. 121-135). München: kopäd.
Pietraß, M. (2014). Medienbildung als Umgang mit Medienwirklichkeit(en) – ein rahmentheoretischer Ansatz. In: W. Marotzki & N. Meder (2014). *Perspektiven der Medienbildung* (S. 171-185). Wiesbaden: SpringerVS.
Polette, N. & Hamlet, M. (1975). *Reading guidance in a media age*. Metuchen, N.J.: Scarecrow Press.
Porsch, T. & Pieschl, S. (2014). Cybermobbing unter deutschen Schülerinnen und Schülern: Eine repräsentative Studie zu Prävalenz, Folgen und Risikofaktoren. *Diskurs Kindheits-und Jugendforschung, 9*(1), 7-22.
Prasse, D. (2012). *Bedingungen innovativen Handelns an Schulen*. Münster: Waxmann.
Prasse, D., Döbeli Honegger, B. & Petko, D. (2017). Digitale Heterogenität von Lehrpersonen – Herausforderung oder Chance für die ICT-Integration in Schulen? *Beiträge zur Lehrerinnen- und Lehrerbildung, 35*(1), 219-233.
Prasse, D., Egger, N. & Döbeli Honegger, B. (2017). Mobiles Lernen. Auch zu Hause? Ausserschulisches Lernen in Tablet- und Nicht-Tabletklassen im Vergleich. In: Aufenanger, S. & Bastian, J. (Hrsg.) *Tablets in Schule und Unterricht. Forschungsmethoden und -perspektiven zum Einsatz digitaler Medien*. (S. 209-239) VS Verlag für Sozialwissenschaften.
Prasse, D., Hermida, M. & Egger, N. (2017). *Lernen und Unterrichten in Tabletklassen. 2. Zwischenbericht zur wissenschaftlichen Begleitforschung*. Goldau: Institut für Medien und Schule, PH Schwyz.
Prensky, M. (2001). Digital natives, digital immigrants. Part I. *On the Horizon, 9*(5), 1-6.
Pross, H. (1972). *Medienforschung*. Darmstadt: Habel.
Prot, S., Anderson, C.A., Gentile, D.A., Brown, S.C. & Swing, E.L. (2014). The positive and negative effects of video game play. In: A. Jordan & D. Romer (Hrsg.), *Children and media* (S. 109-128). New York: Oxford University Press.

Rack, S. & Sauer, F. (2017). *Always on*. Ludwigshafen. Düsseldorf: klicksafe und Handysektor.
Rack, S. (2017). *Fakt oder Fake? Wie man Falschmeldungen im Internet entlarven kann*. Berlin: klicksafe. Internet-Dokument: https://www.klicksafe.de/fileadmin/media/documents/pdf/klicksafe_Materialien/Lehrer_Allgemein/ks_to_go_Fakt_oder_Fake.pdf *[4.4.2017]*
Redecker, C. & Punie, Y. (2017). European Framework for the Digital Competence of Educators (DigCompEdu). Luxemburg: Publications Office of the European Union.
Rehbein, F. & Mößle, T. (2013). Video game and Internet addiction: is there a need for differentiation? *SUCHT-Zeitschrift für Wissenschaft und Praxis/Journal of Addiction Research and Practice, 59*(3), 129-142.
Rehbein, F., Mößle, T., Jukschat, N. & Zenses, E.M. (2011). Zur psychosozialen Belastung exzessiver und abhängiger Computerspieler im Jugend-und Erwachsenenalter. *Suchttherapie, 12*(02), 64-71.
Reinmann, G. (2005). Innovation ohne Forschung? Ein Plädoyer für den Design-Based Research-Ansatz in der Lehr-Lernforschung. *Unterrichtswissenschaft, 33*(1), 52-69.
Reinmann, G. (2011). Didaktisches Design – von der Lerntheorie zur Gestaltungsstrategie. In: S. Schön & M. Ebner (Hrsg.), *Lehrbuch für Lehren und Lernen mit Technologien*. Internet-Dokument: http://l3t.tugraz.at/index.php/LehrbuchEbner10/article/download/18/27 [19.7.17]
Reinmann-Rothmeier, G. (2003). *Didaktische Innovation durch Blended Learning. Leitlinien anhand eines Beispiels aus der Hochschule*. Bern: Huber.
Reitmeier, N. (2017). *Ist WhatsApp das neue Facebook?* Internet-Dokument: https://www.mebis.bayern.de/infoportal/welten/handy/ist-whatsapp-das-neue-facebook/[27.2.2018]
Rhein, S. (2013). Jugendliche im Netz. Was machen die da eigentlich,warum ist ihnen das so wichtig, und – ist das nicht gefährlich? In: P.M. Thomas & M. Calmbach (Hrsg.), *Jugendliche Lebenswelten. Perspektiven für Politik, Pädagogik und Gesellschaft* (S. 175-198). Heidelberg: Springer Spektrum.
Richardson, V. (2003). Preservice teachers' beliefs. In: J. Rath & A.C. McAninch, (Hrsg.), *Advances in Teacher Education series, 6* (pp. 1-22). Greenwich, CT: Information Age Publishing.

Richter, K. (2014). Das Kinderbuch. Seine besonderes Stellung und Wirkung im Kontext der Medienvielfalt und der kindlichen Mediennutzung. In: A. Tillmann, S. Fleischer & K.-U. Hugger (Hrsg.), *Handbuch Kinder und Medien* (S. 377-391). Wiesbaden: Springer VS.

Richter, T., Naumann, J. & Groeben, N. (2001). Das Inventar zur Computerbildung (INCOBI): Ein Instrument zur Erfassung von Computer Literacy und computerbezogenen Einstellungen bei Studierenden der Geistes-und Sozialwissenschaften. *Psychologie in Erziehung und Unterricht, 48*(1), 1-13.

Rieger, D., Frischlich, L., Wulf, T., Bente, G. & Kneer, J. (2015). Eating ghosts: The underlying mechanisms of mood repair via interactive and noninteractive media. *Psychology of Popular Media Culture, 4*(2), 138-154.

Rogers, E.M. (1995). *Diffusion of Innovations*. New York: Free Press.

Rogers, E.M. & Shoemaker, F.F. (1971). *Communication of innovations: A cross-cultural approach* New York: Free Press.

Rogge, J.U. (1996). *Umgang mit dem Fernsehen. Ein Arbeitsbuch für Erzieherinnen, Lehrer und Eltern*. Neuwied: Luchterhand.

Rosen, Y. & Salomon, G. (2007). The differential learning achievements of constructivist technology-intensive learning environments as compared with traditional ones: A meta-analysis. *Journal of Educational Computing Research, 36*(1), 1-14.

Rothmund, J., Schreier, M. & Groeben, N. (2001a). Fernsehen und erlebte Wirklichkeit I: Ein kritischer Überblick über die Perceived-Reality-Forschung. *Zeitschrift für Medienpsychologie, 13*(1), 33-44.

Rothmund, J., Schreier, M. & Groeben, N. (2001b). Fernsehen und erlebte Wirklichkeit II: Ein integratives Modell zur Realitäts-Fiktions-Unterscheidung bei der (kompetenten) Mediennutzung. *Zeitschrift für Medienpsychologie, 13*(2), 85-95.

Rubin, A.M. (1979). Television use by children and adolescents. *Human Communication Research, 5*(2), 109-120.

Rummler, K. & Wolf, K.D. (2012). Lernen mit geteilten Videos: aktuelle Ergebnisse zur Nutzung, Produktion und Publikation von Onlinevideos durch Jugendliche. In: W. Sützl, F. Stalder, R. Maier & T. Hug (Hrsg.), Medien – Wissen – Bildung: Kulturen und Ethiken des Teilens (S. 253-266). Innsbruck: Innsbruck University Press.

Rumpf, H.J., Meyer, C., Kreuzer, A., John, U. & Merkeerk, G.J. (2011). *Prävalenz der Internet-abhängigkeit (PINTA). Bericht an das Bundesministerium für Gesundheit*. Internet-Dokument: https://bundesgesundheitsministerium.de/fileadmin/dateien/Publikationen/Drogen_Sucht/Forschungs-berichte/Studie_Praevalenz_der_Internetabhaengigkeit__PINTA_.pdf [4.6.2014]

Saettler, P. (1990). *The evolution of American educational technology*. Englewood, CO: Libraries Unlimited, Inc.

Salomon, G. (1984). Television is „easy" and print is „tough": The differential investment of mental effort in learning as a function of perceptions and attributions. *Journal of Educational Psychology, 76*(4), 647-658.

Salomon, G. (2016). It's not just the tool but the educational rationale that counts. In: E. Elstad (ed.), *Educational technology and polycontextual bridging* (pp. 149-161). Rotterdam: SensePublishers.

Sander, U. & Vollbrecht, R. (1987). *Kinder und Jugendliche im Medienzeitalter*. Opladen: Leske + Budrich.

Schachter, S. & Singer, J. (1962). Cognitive, social, and physiological determinants of emotional state. *Psychological Review, 69*(5), 379-399.

Scharinger, C., Kammerer, Y. & Gerjets, P. (2016). Fixation-related EEG frequency band power analysis: A promising neuro-cognitive methodology to evaluate the matching-quality of Web search results? In: A. Cuzzocrea, D. Slesak & X. Yang (eds.), *International Conference on Human-Computer Interaction* (pp. 245-250). Springer International Publishing.

Schaumburg, H. & Issing, L.J. (2002). *Lernen mit Laptops*. Gütersloh: Bertelsmann Stiftung.

Schaumburg, H. (2001). Neues Lernen mit Laptops? Ein Überblick über Forschungsergebnisse zur Nutzung mobiler Computer in der Schule. *Zeitschrift für Medienpsychologie, 13*(1), 11-21.

Schaumburg, H., Prasse, D., Tschackert, K. & Blömeke, S. (2007). *Lernen in Notebook-Klassen*. Bonn: Schulen ans Netz.

Scheiter, K. (2017). Design of effective dynamic visualizations: A struggle between the beauty and the beast? Commentary on parts I and II. In: R. Lowe & R. Ploetzner (eds.), *Learning from D dynamic visualization* (pp. 233-251). Cham: Springer.

Scheiter, K., Eitel, A. & Schüler, A. (2016): Lernen mit Texten und Bildern. *Psychologische Rundschau, 67,* 87-93.

Scheiter, K., Schüler, A. & Eitel, A. (2017). Learning from multimedia: Cognitive processes and instructional support. In: S. Schwan & U. Cress (eds.), *The psychology of digital learning* (pp. 1-19). Cham: Springer International Publishing.

Schelhowe, H. (2007). *Technologie, Imagination und Lernen: Grundlagen für Bildungsprozesse mit Digitalen Medien*. Münster: Waxmann.

Schenk, M. (2002). *Medienwirkungsforschung*. 2., vollständig überarbeitete Auflage. Tübingen: Mohr Siebeck.

Schiefner-Rohs, M. (2012). *Kritische Informations- und Medienkompetenz: theoretisch-konzeptionelle Herleitung und empirische Betrachtungen am Beispiel der Lehrerausbildung*. Münster: Waxmann.

Schmidt, J.-H., Paus-Hasebrink, I. & Hasebrink, U. (2011), *Heranwachsen mit dem Social Web*. Schriftenreihe Medienforschung der LfM. 2. Aufl. Berlin: Vistas.

Schmidt, M.E. & Vandewater, E.A. (2008). Media and attention, cognition, and school achievement. *The Future of Children, 18*(1), 63-85.

Schmotz, C. (2009). *Handlungsleitende Kognitionen beim Einsatz digitaler Medien* Doktorarbeit. Berlin: Humboldt-Universität zu Berlin, Philosophische Fakultät IV.

Schoenfeld, A.H. (1998). Toward a theory of teaching-in-context. *Issues in Education, 4*(1), 1-94.

Scholl, W. (2004). *Innovation und Information. Wie in Unternehmen neues Wissen produziert wird*. Göttingen: Hogrefe.

Scholl, W. & Prasse, D. (2000). *Internetnutzung an Schulen – Organisationsbezogene Evaluation der Initiative „Schulen ans Netz"*. Abschlussbericht für die Initiative „SaN". BMBF: Humboldt-Universität zu Berlin.

Schorb, B. (1995). *Medienalltag und Handeln. Medienpädagogik in Geschichte, Forschung und Praxis*. Opladen: Leske + Budrich.

Schorb, B. (1998). Stichwort: Medienpädagogik. *Zeitschrift für Erziehungswissenschaft, 1*(1), 7-22.

Schorb, B. (2008). Handlungsorientierte Medienpädagogik. In: U. Sander, F. v. Gross & K.-U. Hugger (Hrsg.), *Handbuch Medienpädagogik* (S. 75-86). Wiesbaden: VS Verlag für Sozialwissenschaften.

Schorb, B., Keilhauer, J. Würfel, M. & Kießling, M. (2008). *Medienkonvergenz Monitoring Report 2008*. Leipzig: Universität Leipzig.

Schorr, A. & Zillmann, D. (2009). Gefühle, Musik und paradoxe Stimmungsregulation bei Jugendlichen und jungen Erwachsenen. In: A. Schorr (Hrsg.), *Jugendmedienforschung* (S. 91-140). Wiesbaden: VS Verlag für Sozialwissenschaften.

Schraw, G. & Olafson, L. (2002). Teachers' epistemological world views and educational practices. *Issues in Education, 8*(2), 99.

Schroeder, U. & Spannagel, C., (2003). Implementierung von eLearning-Szenarien nach der Theorie der kognitiven Lehre. In: A. Bode, J. Desel, S. Rathmeyer. & M. Wessner (Hrsg.), *DeLFI 2003: Die 1. e-Learning Fachtagung Informatik* (S. 195-204). Bonn: Gesellschaft für Informatik.

Schulmeister, R. (2002). *Grundlagen hypermedialer Lernsysteme. Theorie – Didaktik – Design*. 3. korrig. Auflage. Bonn: Addison-Wesley.

Schulmeister, R. (2009). *Gibt es eine Net Generation?* Erweiterte Version 3.0. Internet-Dokument [11.10.2013]: http://www.zhw.uni-hamburg.de/uploads/schulmeister_net-generation_v3.pdf

Schulz, I. (2014). Kinder und Handy. In: A. Tillmann, S. Fleischer & K.-U. Hugger (Hrsg.), *Handbuch Kinder und Medien* (S. 419-428). Wiesbaden: Springer.

Schulz-Zander, R. (1998). Current trends in information and communication technology education in the German school system. In: R. Schulz-Zander (eds.). *Information and communication technology – Changing schools and teacher education* (pp. 11-27). Dortmund: IFS-Verlag.

Schwab, F., & Unz, D. (2004). Telemetrische Verfahren. In: R. Mangold, P. Vorderer & G. Bente (Hrsg.), *Lehrbuch der Medienpsychologie* (S. 229-250). Göttingen: Hogrefe.

Schwalbe, C. & Meyer, T. (2010). Umbauten im und am Bildungsraum. In: P. Grell, W. Marotzki & H. Schelhowe (Hrsg.), *Neue digitale Kultur- und Bildungsräume* (S. 27-50). Wiesbaden: VS Verlag für Sozialwissenschaften.

Schweiger, W. (2007). *Theorien der Mediennutzung.* Wiesbaden: VS Verlag für Sozialwissenschaften.

Schweizer, K. & Klein, K.-M. (2008). Medien und Emotionen. In: B. Batinic & M. Appel (Hrsg.), *Medienpsychologie* (S. 149-175). Heidelberg: Springer.

Schwier, B. (2009). Unterricht mit digitalen Medien an Förderschulen. Ergebnisse einer Untersuchung vor dem Hintergrund der Anbindung sonderpädagogischer Forschung an die unterrichtliche Praxis. *Empirische Sonderpädagogik, 1*(2), 5-17.

Scott, T., Cole, M. & Engel, M. (1992). Computers and education: a cultural constructivist perspective. *Review of Research in Education, 18,* 191-251.

Senkbeil, M. & Wittwer, J. (2008). Antezedenzien und Konsequenzen informellen Lernens am Beispiel der Mediennutzung von Jugendlichen. *Zeitschrift für Erziehungswissenschaft, 10,* 107-128.

Senkbeil, M., Goldhammer, F., Bos, W., Eickelmann, Schwippert, K. & Gerick, J. (2014). Das Konstrukt der computer- und informationsbezogenen Kompetenzen in ICILS 2013. In: Bos et al. (Hrsg.), *ICILS 2013. Computer- und informationsbezogene Kompetenzen von Schülerinnen und Schülern der 8. Jahrgangsstufe im internationalen Vergleich* (S. 83-112). Münster:Waxmann.

Sesink, W. (2008). Bildungstheorie und Medienpädagogik. Versuch eines Brückenschlags. In: J. Fromme & W. Sesink (Hrsg.), *Pädagogische Medientheorie* (S. 13-36). Wiesbaden: VS Verlag für Sozialwissenschaften.

Sherry, J.L., Lucas, K., Greenberg, B.S. & Lachlan, K. (2006). Video game uses and gratifications as predictors of use and game preference. In: P. Vorderer & J. Bryant (eds.), *Playing computer games: Motives, responses, and consequences* (pp. 213-224). Mahwah, NJ: Lawrence Erlbaum.

Shulman, L. (1986). Those who understand: Knowledge growth in teaching. *Educational Researcher, 15*(2), 4-14.

Shulman, L. (1987). Knowledge and teaching: Foundations of the new reform. *Harvard Educational Review,* 57(1), 1-23.

Siegert, P.F. (1995). *Bürgerliches Selbstverständnis, Kinoreform und früher Schulfilm.* Internet-Dokument: http://dok.uni-lueneburg.de/texte/Kinoreform.pdf?PHPSESSID=41nu129ar7gls3vi599i0n59pk6pieqr [14.10.2013]

Siemens, G. & Baker, R.S. (2012). Learning analytics and educational data mining: towards communication and collaboration. In: S. Buckingham Shum, D. Gasevic & R. Ferguson (eds.), *Proceedings of the 2nd international conference on learning analytics and knowledge* (pp. 252-254). New York: ACM.

Sitzmann, T. (2011). A meta-analytic examination of the instructional effectiveness of computer-based simulation games. *Personnel Psychology, 64*(2), 489-528.

Skinner, B.F. (1953). *Science and human behavior.* Simon and Schuster.

Skinner, B.F. (1961). Why we need teaching machines. *Harvard Educational Review, 31,* 377-398).

Smith, P.K., Mahdavi, J., Carvalho, M., Fischer, S., Russell, S. & Tippett, N. (2008). Cyberbullying: Its nature and impact in secondary school pupils. *Journal of Child Psychology and Psychiatry,* 49, 376-385.

Smith, S.L. & Wilson, B.J. (2002). Children's comprehension of and fear reactions to television news. *Media Psychology, 4*(1), 1-26.

Sowka, A., Klimmt, C., Hefner, D., Mergel, F. & Possler, D. (2015). Die Messung von Medienkompetenz. Ein Testverfahren für die Dimension „Medienkritikfähigkeit" und die Zielgruppe „Jugendliche". *M&K Medien & Kommunikationswissenschaft, 63*(1), 62-82.

Spanhel, D. (2008). Schule und traditionelle Medien. In: U. Sander, F. v. Gross & K.-U. Hugger (Hrsg.), *Handbuch Medienpädagogik* (S. 505-511). Wiesbaden: VS Verlag für Sozialwissenschaften.

Spanhel, D. (2010). Bildung in der Mediengesellschaft. Medienbildung als Grundbegriff der Medienpädagogik. In: B. Bachmair (Hrsg.), *Medienbildung in neuen Kulturräumen* (S. 45-58). Wiesbaden: VS Verlag.

Spanhel, D. (2011). Medienbildung als Grundbegriff der Medienpädagogik. Begriffliche Grundlagen für eine Theorie der Medienpädagogik. In: H. Moser, P. Grell & H. Niesyto (Hrsg.), *Medienbildung und Medienkompetenz* (S. 95-120). München: kopäd.

Spanhel, D. (2014). Der Prozess der Medienbildung auf der Grundlage von Entwicklung, Lernen und Erziehung. In: W. Marotzki & N. Meder (Hrsg.), *Perspektiven der Medienbildung* (S. 121-148). Wiesbaden: Springer VS.
Spiro, R.J. & Jehng, J.-C. (1990). Cognitive flexibility and hypertext: Technology for the nonlinear and multidimensional traversal of complex subject matter. In: D. Nix & R. Spiro (Hrsg.), *Cognition, education, and multimedia. Exploring ideas in high technology* (pp. 163-205). Hillsdale, NJ: Lawrence Erlbaum.
Spitzer, M. (2012). *Digitale Demenz*. München: Droemer-Knaur.
Spitzer, M. (2014). Information technology in education: Risks and side effects. *Trends in Neuroscience and Education, 3*(3), 81-85.
Standing, L.G. (1973). Learning 10.000 pictures. *Quarterly Journal of Experimental Psychology*, 25(2), 207-222.
Staub, F. & Stern, E. (2002). The nature of teacher's pedagogical content beliefs matters for students' achievement gains: quasi-experimental evidence from elementary mathematics. *Journal of Educational Psychology*, 94, 344-355.
Stiftung Medienpädagogik Bayern (2015). Medien non-stop? Die eigene Mediennutzung reflektieren und Risiken erkennen. Internet-Dokument: https://www.medienfuehrerschein.bayern/Angebot/Weiterfuehrende_Schulen/6_und_7_Jahrgangsstufe/mediabase/pdf/Unterrichtseinheit_408.pdf [9.10.2018]
Sturm, H. (1984). Wahrnehmung und Fernsehen: die fehlende Halbsekunde. Plädoyer für eine zuschauerfreundliche Mediendramaturgie. Media Perspektiven, 1, 58-65.
Subramony, D.P., Molenda, M., Betrus, A.K. & Thalheimer, W. (2014). The mythical retention chart and the corruption of Dale's cone of experience. *Educational Technology, 54*(6), 6-16.
Sung, E. & Mayer, R.E. (2013). Online multimedia learning with mobile devices and desktop computers: An experimental test of Clark's methods-not-media hypothesis. *Computers in Human Behavior, 29*(3), 639-647.
Sung, Y.T., Chang, K.E. & Liu, T.C. (2016). The effects of integrating mobile devices with teaching and learning on students' learning performance: A meta-analysis and research synthesis. *Computers & Education, 94*, 252-275.
Suppes, P., Liang, T., Macken, E.E. & Flickinger, D.P. (2014). Positive technological and negative pre-test-score effects in a four-year assessment of low socioeconomic status K-8 student learning in computer-based Math and Language Arts courses. *Computers & Education, 71*, 23-32.
Süss, D. (2008). Mediensozialisation. In: B. Batinic & M. Appel (Hrsg.), *Medienpsychologie* (S. 361-378). Heidelberg: Springer.
Süss, D., Lampert, C. & Wijnen, C.W. (2010). *Medienpädagogik*. Wiesbaden: VS Verlag für Sozial-wissenschaften.
Suter, L., Waller, G., Genner, S., Oppliger, S., Willemse, I., Schwarz, B. & Süss, D. (2015). *MIKE – Medien, Interaktion, Kinder*. Zürich: Zürcher Hochschule fur Angewandte Wissenschaften.
Sutter, T. (2010). Medienkompetenz und Selbstsozialisation im Web 2.0. In: B. Herzig, D.M. Meister, H. Moser & H. Niesyto (Hrsg.), *Jahrbuch Medienpädagogik 8. Medienkompetenz und Web 2.0* (S. 41-58). Wiesbaden: VS Verlag für Sozialwissenschaften.
Swan, K., Kratcoski, A., Schenker, J. & van't Hooft, M. (2010). Interactive whiteboards and student achievement. In: *M. Thomas & E. Cutrim Schmid (Hrsg.), Interactive whiteboards for education: Theory, research and practice* (S. 131-143). Hershey (NY): Information Science Reference.
Swertz, C. (2009). Medium und Medientheorien. In: N. Meder, C. Allemann-Ghionda & U. Uhlenhoff (Hrsg.), *Handbuch der Erziehungswissenschaft* (S. 751-780). Paderborn: Schöningh.
Tamim, R.M., Pickup, D., Borokhovski, E., Bernard, R.M. & El Saadi, L. (2015*). Tablets for teaching and learning: A systematic review and meta-analysis*. Burnaby, Canada: Commonwealth of Learning.
Tapscott, D. (1998). *Growing up digital. The rise of the Net generation*. New York: McGraw-Hill.
Tergan, S.O. (2002). Hypertext und Hypermedia: Konzeption, Lernmöglichkeiten, Lernprobleme und Perspektiven. In: L.J. Issing & P. Klimsa (Hrsg.), *Information und Lernen mit Multimedia und Internet* (3. vollst. überarb. Auflage) (S. 99-112). Weinheim: Beltz/PVU.

Theunert, H. (2010). Medienaneignung in der konvergenten Medienwelt. In: B. Bachmair (Hrsg.), *Medienbildung in neuen Kulturräumen* (S. 127-140). Wiesbaden: VS Verlag für Sozialwissenschaften.
Theunert, H. & Schorb, B. (2004). Sozialisation mit Medien: Interaktion von Gesellschaft – Medien – Subjekt. *Jugendsoziologische Sozialisationstheorie. Impulse für die Jugendforschung* (S. 203-219). Weinheim: Juventa.
Theunert, H. (2014). Das Kind als Forschungssubjekt: Herausforderung für sinnverstehendes Forschen. In: K.-U. Hugger, A. Tillmann & T. Hug (Hrsg.), Handbuch Kinder und Medien (S. 211-223). Wiesbaden: Springer VS.
Theunert, H. (2015). Medienaneignung und Medienkompetenz in der Kindheit. In: F. von Gross, D.M. Meister & U. Sander (Hrsg.), Medienpädagogik – ein Überblick (S. 136-163). Weinheim: Beltz Juventa.
Tichenor, P.J., Donohue, G.A. & Olien, C.N. (1970). Mass media flow and differential growth in knowledge. *Public Opinion Quarterly, 43*(2), 159-170.
Tiede, J., Grafe, S. & Hobbs, R. (2015). Pedagogical media competencies of preservice teachers in Germany and the United States: A comparative analysis of theory and practice. *Peabody Journal of Education, 90*(4), 533-545.
Tobias, S. (2009). An eclectic appraisal of the success or failure of consructivist instruction. In: S. Tobias & T.M. Duffy (eds.), *Constructivist instruction: success or failure?* (pp. 335-350). New York: Routledge.
Tondeur, J. (2007). *Development and evaluation of a model of ICT integration in primary education.* Doctoral Dissertation. University Gent.
Tondeur, J., Valcke, M. & van Braak, J. (2008). A multidimensional approach to determinants of computer use in primary education: teacher and school characteristics. *Journal of Computer Assisted Learning, 24*, 494-506.
Towne, L. & Hilton, M. (2004). *Implementing randomized field trials in education: Report of a workshop.* Washington, D.C.: National Academies Press.
Treumann, K.P., Meister, D., Sander, U., Burkatzki, E., Hagedorn, J., Kämmerer, M., Strotmann, M. & Wegener, C. (2007). *Medienhandeln Jugendlicher.* Wiesbaden: VS Verlag für Sozialwissenschaften.
Tripp, S. & Bichelmeyer, B. (1990). Rapid prototyping: an alternative instructional design strategy. *Educational Technology, Research and Development, 1*, 31-44.
Tschackert, K. (2013). *Schreibunterricht mit Notebooks – Prozesse, Produkte und Perspektiven.* Norderstedt: BoD – Books on Demand.
Tulodziecki, G. (1997). *Medien in Erziehung und Bildung.* Bad Heilbrunn: Klinkhardt.
Tulodziecki, G. (2007). Was Schülerinnen und Schüler im Medienbereich wissen und können sollen. Kompetenzmodell und Bildungsstandards für die Medienbildung. *medienimpulse, 15*(59), 24-35.
Tulodziecki, G. (2010). Standards für die Medienbildung als eine Grundlage für die empirische Erfassung von Medienkompetenzniveaus. In: B. Herzig, D.M. Meister, H. Moser & H. Niesyto (Hrsg.), *Jahrbuch Medienpädagogik 8. Medienkompetenz und Web 2.0* (S. 81-101). Wiesbaden: VS Verlag für Sozialwissenschaften.
Tulodziecki, G. (2011). Zur Entstehung und Entwicklung zentraler Begriffe bei der pädagogischen Auseinandersetzung mit Medien. In: H. Moser, P. Grell & H. Niesyto (Hrsg.), *Medienbildung und Medienkompetenz* (S. 11-40). München: kopäd.
Tulodziecki, G., Herzig, B. & Grafe, S. (2010). *Medienbildung in Schule und Unterricht.* Bad Heilbrunn: Klinkhardt.

Van Merrienboer, J.J. & Sweller, J. (2005). Cognitive load theory and complex learning: Recent developments and future directions. *Educational psychology review, 17*(2), 147-177.
Vanderlinde, R., Dexter, S. & van Braak, J. (2011). School-based ICT policy plans in primary education: elements, typologies and underlying processes. *British Journal of Educational Technology, 43*(3), 505-519.
Venkatesh, V. & Davis, F.D. (2000). A theoretical extension of the technology acceptance model: Four longitudinal field studies, *Management Science, 46*, 186-204.
Venkatesh, V., Morris, M.G., Davis, G.B. & Davis, F.D. (2003). User acceptance of information technology: Toward a unified view. *MIS Quarterly, 27*(3), 425-478.

Venkatesh, V., Thong, J.Y.L. & Xu, X. (2012). Consumer acceptance and use of information technology: Extending the unified theory of acceptance and use of technology. *MIS Quarterly*, 36(1), 157-178.

Ventura, M., Shute, V. & Kim, Y.J. (2012). Video gameplay, personality and academic performance. *Computers & Education, 58*, 1260-1266.

Vogelsang, W. (2014). Digitale Medien – Jugendkulturen – Identität. In: K.-U. Hugger (Hrsg.), *Digitale Jugendkulturen* (S. 137-154). Wiesbaden: Springer.

Vollbrecht, R. (2014). Mediensozialisation. In: A. Tillmann, S. Fleischer & K.-U. Hugger (Hrsg.), *Handbuch Kinvoder und Medien* (S. 115-124). Wiesbaden: Springer.

Voogt, J., Fisser, P., Pareja Roblin, N., Tondeur, J., & Braak, J. (2013). Technological pedagogical content knowledge: A review of the literature. *Journal of Computer Assisted Learning, 29*(2), 109–121.

Salisch, M. v. (2011). Nutzung und Einfluss von Bildschirmspielen bei Kindern. In: Bundeskonferenz für Erziehungsberatung (Hrsg.), *Generation digital* (S. 65-82). Fürth: Bundeskonferenz für Erziehungsberatung.

Salisch, M. v. & Bretz, H.J. (2003). Ärgerregulierung und die Nutzung von (gewalthaltigen) Bildschirmspielen bei Schulkindern. *Zeitschrift für Medienpsychologie, 15*(4), 122-130.

Salisch, M. v., Kristen, A. & Oppl, C. (2007). *Computerspiele mit und ohne Gewalt: Auswahl und Wirkung bei Kindern*. Stuttgart: Kohlhammer.

Wagner, U. & Eggert, S. (2007). Quelle für Information und Wissen oder unterhaltsame Action? Bildungsbenachteiligung und die Auswirkungen auf den Medienumgang Heranwachsender. *medien + erziehung, 51*(5), 15-23.

Wagner, U. & Theunert, H. (2006). *Neue Wege durch die konvergente Medienwelt*. BLM Schriftenreihe Bd. 85. München: Verlag Reinhardt Fischer.

Wagner, U. (2010). Das Medienhandeln der Jugendgeneration – Potentiale zur Verstärkung oder zum Aufbrechen von Ungleichheit. In: H. Theunert (Hrsg.), *Medien. Bildung. Soziale Ungleichheit. Differenzen und Ressourcen im Mediengebrauch Jugendlicher* (S. 81-96). München: kopäd-Verlag.

Waller, G., Willemse, I., Genner, S., Suter, L. & Süss, D. (2016). *Jugend | Aktivitäten | Medien – Erhebung Schweiz*. Zürich: Zürcher Hochschule für Angewandte Wissenschaften.

Weber, T. (2011). Wissensvermittlung in medialer Transformation. In: T. Meyer, W.-H. Tan, C. Schwalbe & R. Appelt (Hrsg.), *Medien & Bildung*. Wiesbaden: VS Verlag für Sozialwissenschaften.

Wegener, C. (2008). *Medien, Aneignung und Identität. Stars im Alltag junger Fans*. Wiesbaden; VS Verlag für Sozialwissenschaften.

Weidenmann, B. (1988). Der flüchtige Blick beim stehenden Bild: Zur oberflächlichen Verarbeitung von pädagogischen Bildern. *Unterrichtswissenschaft, 16*, 43-57.

Weidenmann, B. (2009). Multimedia, Multicodierung und Multimodalität beim Online-Lernen. In: L.J. Issing & P. Klimsa (Hrsg.), *Online-Lernen. Ein Handbuch für Wissenschaft und Praxis* (S. 73-86). München: Oldenbourg-Verlag.

Weinberger, A., Stegmann, K. & Fischer, F. (2010). Learning to argue online: Scripted groups surpass individuals (unscripted groups do not). *Computers in Human behavior, 26*(4), 506-515.

Weinert, F.E. (2001). Vergleichende Leistungsmessung in Schulen – eine umstrittene Selbstverständlichkeit. In: Ders. *Leistungsmessungen in Schulen* (S. 17-32). Weinheim: Beltz.

Weis, R. & Cerankosky, B.C. (2010). Effects of video game ownership on young boys' academic functioning: A randomized, controlled study. *Psychological Science, 21*(4), 463-470.

Welling, S., Averbeck, I., Stolpmann, B.E., Karbautzki, L. (2014). *Paducation. Evaluation eines Modellversuchs mit Tablets am Hamburger Kurt-Körber-Gymnasium*. Bremen, Hamburg: ifib und Universität Hamburg. Internet-Dokument: http://www.ifib.de/publikationsdateien/paducation_bericht.pdf [5.6.2015]

Welling, S., Lorenz, R. & Eickelmann, B. (2016). Kooperation von Lehrkräften der Sekundarstufe I zum Einsatz digitaler Medien in Lehr- und Lernprozessen in Deutschland und im Bundesländervergleich. In: W. Bos et al. (Hrsg.), *Schule digital – der Länderindikator 2016. Kompetenzen von Lehrpersonen der Sekundarstufe I im Umgang mit digitalen Medien im Bundesländervergleich* (S. 241-268). Münster: Waxmann.

Wendt, H., Vennemann, M., Schwippert, K. & Drossel, K. (2014). Soziale Herkunft und computer- und informationsbezogene Kompetenzen von Schülerinnen und Schülern im internationalen Vergleich. In: W. Bos, B. Eickelmann, J. Gerick, F. Goldhammer, H. Schaumburg, K. Schwippert, M. Senkbeil, R. Schulz-Zander & H. Wendt (Hrsg.), *ICILS 2013 – Computer- und informationsbezogene Kompetenzen von Schülerinnen und Schülern der 8. Jahrgangsstufe im internationalen Vergleich* (S. 265-295). Münster: Waxmann.

Wetterich, F., Burghart, M. & Rave, N. (2014). *Medienbildung an deutschen Schulen. Handlungsempfehlungen für die digitale Gesellschaft.* Berlin: Initiative d21.

Wigfield, A. & Eccles, J.S. (2000). Expectancy – value theory of achievement motivation. *Contemporary Educational Psychology, 25*(1), 68-81.

Wijekumar, K.K., Meyer, B.J.F. & Lei, P. (2012). Large-scale randomized controlled trial with 4th graders using intelligent tutoring of the structure strategy to improve nonfiction reading comprehension. *Educational Technology Research and Development, 60*(6), 987-1013.

Williams, M.D. (1996). Learner-control and instructional technologies. In: D.H. Jonassen (eds.), *Handbook of research for educational communications and technology* (pp. 957-983). New York: Macmillan.

Willius, R. & Beckuis, K. (2011). *Alles, was im Internet steht, stimmt, oder?* Hannover: NLM: Internet-Dokument: http://www.nlm.de/fileadmin/dateien/medienkompetenz/u_materialien_pdf/quelle/Unterrichtseinheit_Quelle_Internet.pdf [4.4.2017].

Wilson, B.J. (2008). Media and children's aggression, fear and altruism. *The Future of Children, 18*(1), 87-118.

Wilson, S., Liber, O., Johnson, M.W., Beauvoir, P., Sharples, P. & Milligan, C.D. (2007). Personal Learning Environments: Challenging the dominant design of educational systems. *Journal of e-Learning and Knowledge Society, 3*(2), 27-38.

Winn, W. & Snyder, D. (1996). Cognitive perspectives in psychology. In: D.H. Jonassen (eds.), *Handbook of research for educational communications and technology* (pp. 112-142). New York: Macmillan.

Winterhoff-Spurk, P. (2004). *Medienpsychologie: Eine Einführung.* 2., überarbeitete und erweiterte Aufl. Stuttgart: Kohlhammer.

Winterhoff-Spurk, P. (2005). *Kalte Herzen: Wie das Fersehen unseren Charakter formt.* Stuttgart: Klett-Cotta.

Witte, E. (1973). *Organisation für Innovationsentscheidungen.* Göttingen: Schwartz & Co.

Wolf, K.D.; Rummler, K. & Duwe, W. (2011). Medienbildung als Prozess der Unsgestaltung zwischen formaler Medienerziehung und informeller Medienaneignung. In: H. Moser, P. Grell & H. Niesyto (Hrsg.), *Medienbildung und Medienkompetenz* (S. 137-158). München: kopäd.

Wouters, P., van Nimwegen, C., van Oostendorp, H., van der Spek, E.D. (2013). A meta-analysis of the cognitive and motivational effects of serious games. *Journal of Educational Psychology, 105*(2), 249-265.

Wygotski, L.S. (1986). *Denken und Sprechen* (1934). Frankfurt a.M.: Fischer Wissenschaft.

Zheng, B., Warschauer, M., Lin, C.H. & Chang, C. (2016). Learning in one-to-one laptop environments: A meta-analysis and research synthesis. *Review of Educational Research, 86*(4), 1052-1084.

Zillien, N. (2009). *Digitale Ungleichheit.* Wiesbaden: VS Verlag für Sozialwissenschaften.

Zillmann, D. (1988). Mood management: Using entertainment to full advantage. *Communication, Social Cognition, and Affect, and affect, 31*, 147-171.

Zillmann, D. (2004). Emotionspsychologische Grundlagen. In: R. Mangold, P. Vorderer & G. Bente (Hrsg.), *Lehrbuch der Medienpsychologie* (S. 101-128). Göttingen: Hogrefe.

Zorn, I. (2011). Medienkompetenz und Medienbildung mit Fokus auf Digitale Medien. In: H. Moser, P. Grell & H. Niesyto (Hrsg.), *Medienbildung und Medienkompetenz* (S. 175-209). München: kopäd.

Zubayr, C. & Gerhard, H. (2008). Tendenzen im Zuschauerverhalten. *Media Perspektiven, 3*, 106-119.

Zubayr, C. & Gerhard, H. (2013). Tendenzen im Zuschauerverhalten. *Media Perspektiven, 3*, 130-142.

Stichwortverzeichnis

3-6-9-12-Regel 129
Ablenkung 53, 207f., 218, 232
Adaptierbarkeit 191ff.
Adaptivität 191ff.
ADDIE-Modell 209f.
Affektfernsehen 65f.
Aggression 72ff., 90f.
Aggressionsprävention 134ff.
Akkomodation 163f.
Allgemeine Didaktik 168
Altersfreigaben der FSK 129ff.
Amount of invested mental effort (AIME) 183
Angst 69ff.
Apersonale Medien 21
Aptitude-Treatment-Interaction 213
Arbeitsmittelkonzept 173f.
ARCS Modell 177ff.
Assimilation 163
Audiovisuelle Medien 20, 61f., 65f., 139, 161, 181ff.
Aufmerksamkeit 56ff., 65, 96, 99f., 159, 161, 177ff., 232ff.
Ausstattung von Kindern und Jugendlichen 42ff.
Ausstattung von Schulen 249ff.

Bausteinkonzept 174
Behaviorismus 154ff.
Beliefs von Lehrkräften 229, 237f.
Bewahrende Medienerziehung 26, 127ff.
Bielefelder Modell der Medienkompetenz 109
Bildungspolitische Vorgaben 120ff.
Blended Learning 194f.
Blog 40, 200f.
Bring-your-own-device (BYOD) 249f.
Bücher 38, 47f., 49f., 55

Castingshows 83f., 140
Cognitive Affective Theory of Learning with Multimedia CATLM 180f.
Chat 19, 44f., 201
Codierung 23f., 160f., 201
Cognitive Apprenticeship 184
Cognitive Flexibility Theory 186
Cognitive Theory of Multimedia Learning (CTML) 182f.
Cognitive Tutor 192f.
Communities of Practice 198
Computer 18ff., 25, 31, 38, 42ff., 87f., 93ff., 96ff., 106ff., 120ff., 131, 150ff., 154ff., 156, 194f., 200ff., 205ff., 213, 217ff., 249ff.
Computer Literacy 106

Computerspiele, Nutzung 46f., 50f., 88
Computerspiele, Nutzungsmotive 53f., 69
Computerspielsucht 93ff.
Computer-supported Collaborative Learning CSCL 200ff.
Curricula 115ff., 120ff., 225
Cybermobbing 90ff., 136ff., 147

Design-based research 214f.
Differenzierung 191ff.
Diffusion von Innovationen 240
Digital Divide 85ff.
Digitale Medien s. Computer; Internet
Digitale Ungleichheit s. Digital Divide
Digitalisierung 25, 39f., 243
Doppelcodierung 160ff.
Drei-Faktoren-Emotionstheorie 67f.

Echokammer 142
Effektstärke 215ff.
Einstellung 228ff.
Eltern 87, 89, 92f., 136, 185, 234, 239
E-Mail 19, 22
Emotion 63ff., 74
Entwicklung, emotionale 66ff.
Entwicklung, kognitive 56ff.
Entwicklung, Medienverständnis 56ff., 78ff.
Empathie 66f., 75, 92, 136ff.
Entwicklungsaufgaben 80ff.
Epistemologische Überzeugungen 237
Erfahrung, mediale 22f., 26, 33ff., 56f., 69ff., 77f., 128, 133ff., 181f.
Erfahrungskegel 181ff.
Erregungsthese 73
Erregungsübertragung 68, 73
Erwartungs-Valenz-Theorie 176f.
Eskapismus 52f.

Familie 59, 75, 79, 87f., 95, 134f., 146
Fehlende Halbsekunde 57f.
Fernsehen 18f., 22, 34, 38ff., 42ff., 52ff., 56ff., 65ff., 69, 71, 87, 96ff., 128ff., 140ff., 181ff.
Film 23, 39, 43, 56ff., 63ff., 82f., 96ff., 129ff., 135f., 139, 156, 167, 174, 177ff., 181ff.
Filterblase 142
Flipped Classroom 184f., 216f.
Frustrations-Aggression-These 73

Game-based learning 175f., 216f., 219
Gefühle s. Emotionen
Gegenöffentlichkeit 139
General Aggression Model 73f.
Geschlecht 49ff., 82, 94

Stichwortverzeichnis | 287

Glaubwürdigkeit von Medieninformationen 141ff.
Group Awareness Tools 204f.
Habitualisierungsthese 73
Handy 42ff., 45, 128, 145ff.
Hypertext 187
Individualisierung 191ff.
Informatik 35, 122ff., 244
Information 17ff., 20ff., 46f., 52f., 56ff., 66, 85ff., 106f., 111ff., 141ff., 149, 158ff., 183, 186ff., 202, 206
Information Literacy 42, 88, 106f.
Informationstechnische Grundbildung 31, 35, 122f., 124
Informationsverarbeitung 56ff., 158ff., 182f.,
Inhibitionsthese 73
Inklusion 196ff.
Innovationsbereitschaft 230f., 238ff.
Innovationsprozess 248ff.
Instructional Systems Design 208ff.
Intelligente Tutorielle Systeme 164, 192f., 216f.
Internet 38ff., 44ff., 55f., 71f., 79f., 87ff., 93ff., 106f., 131f., 141ff., 148f., 166f., 172, 186ff., 206, 250f.
Internetsucht 93ff.

Jugendmedienschutz 129ff.

Katharsisthese 73
KMK-Strategie 120ff., 255, 257
Kognition 56ff., 74, 157ff.
Kognitiv-Affektive Theorie des Lernens mit Medien 180f.
Kognitives Werkzeug 189
Kognitivismus 57ff., 157ff.,
Kommunikation 18ff., 34f., 38ff., 44ff., 80, 89, 107f., 111f., 151, 198ff., 235, 254
Kommunikative Kompetenz 107
Kompetenz 35, 51, 88, 92, 105ff., 115ff., 121f.
Kompetenz-Standard-Modell 115ff.
Konstruktivismus 165ff.
Konstruktivismus, radikaler 166
Konstruktivismus, sozialer 166
Kooperation 117ff., 172, 198ff., 235, 254
Kooperationsskript 203
Kooperatives Lernen 198ff.
Kritisch-konstruktive Medienkompetenz 113
Kritisch-materialistische Medienerziehung 139, 143
Kultivierungsthese 62f.
Kulturelles Kapital 89f.
Kulturwissenschaft 17, 29, 32

Laptop 88, 153, 207, 216f., 218, 250
Lehrkräftebildung 256f.
Lehrmittelkonzept 173

Lehrplan 120ff., 255f.
Lernen 156ff.
Lernprogramm 154ff., 162, 178, 180, 183, 187, 191ff., 213, 217, 251
Lernumgebung 28, 167f., 174, 186f., 196f., 203f., 234
Lernumgebungskonzept 174
Lernwirksamkeit von Medien 193f., 203, 211ff.
Literacy 105

M^3K Modell 243
Massenkommunikation 19, 39ff., 108
Massenmedien 14, 31, 41, 72, 85f., 108, 122, 138
Medialitätsbewusstsein 58ff., 78, 102
Media Literacy 106
Mediatisierung 39, 43
Medienaneignung 41, 50, 77ff., 144, 148
Medienausstattung 42ff., 249ff.
Medienbegriff 17ff.
Medienbezogene Einstellungen von Lehrkräften 228ff.
Medienbezogene Überzeugungen von Lehrkräften 232ff.
Medienbildung 31ff., 114, 115ff., 122ff., 227, 243, 255
Mediendidaktik 28, 30, 154, 158ff., 165ff., 168ff., 191, 201, 209ff., 243
Medienerziehung 29f., 104, 120f., 126ff.
Medienerziehung, aufklärende 138ff.
Medienerziehung, bewahrende 141ff.
Medienerziehung, handlungsorientierte 148ff.
Medienerziehung, reflektierende 143ff.
Medienerziehung, reparierende 133ff.
Medienforschung 30, 41, 42ff., 51ff., 56ff., 63ff., 76ff., 90ff., 143
Medienfunktionen 115f., 174ff.
Mediengewalt 69ff., 135f.
Medienhelden 78, 83, 136f.
Medienintegration 222ff.
Medienklima 225f., 253f.
Medienkompetenz 13, 30, 35, 102, 104ff., 115ff., 120ff., 137, 148, 151, 171f., 220f., 234
Medienkonvergenz 40, 79, 118
Medienkritikfähigkeit 111f.
Medienkunde 30f., 108
Mediennutzertypen 79f., 99, 240
Mediennutzung 37f., 41f., 42ff., 49ff., 51ff., 76f., 90ff., 108, 222f.
Medienpädagogik 17ff., 25f., 28ff., 31ff., 126ff.
Medienpädagogische Kompetenz 12ff., 241ff.
Medienscouts 150f.
Mediensozialisation 36, 55, 76ff., 90, 144
Medientaxonomie 153

Meta-Analyse 215ff.
Mobbing s. Cybermobbing
Modalität 20, 22, 23f., 182f.
Motivation 51ff., 96, 175ff., 219, 232f.
Multimedia 156, 167, 180, 182ff.
Musik 44ff., 69

Nachrichten 46f., 66f., 71, 141
Navigation 187
Nutzen- und Belohnungsansatz 51ff.
Nutzungsdauer 48f., 50f.
Nutzungsmotive 53f., 55f.

Operantes Konditionieren 154f.
Orientierungsfunktion von Medien 82ff.

Paderborner Kompetenz-Standard-Modell 116f.
Paradoxe Stimmungsregulation 69
Partizipation 87, 89, 148, 254
Perceived-Reality-Forschung 59
Personal Learning Environments 196
Personale Medien 21
Personalisierung 66, 193, 196
Plagiate 206
Prävention 134ff., 150
Primärmedien 18
Priming-These 73
Printmedien 46f., 49f., 86f., 139, 183
Problemlösen 158, 165, 192
Programmierte Unterweisung 154ff.
Promotoren 251ff.

Quartärmedien 19

Randomized Field Trial 214
Rahmenplan s. Curricula
Rahmentheoretischer Ansatz der Medienbildung 34
Realitäts-Fiktions-Unterscheidung 113
Reality-TV 60f., 140f.
Rechtfertigungsthese 73
Reflexiv-praktische Medienarbeit 144
Regeln 146f., 208, 250
Reichweite 48f.
Risiken der Mediennutzung 90f.

Schema 60, 162ff.
Schreibfertigkeit 206f.
Schulentwicklung 15, 243f., 246ff.
Schulkultur 253f.
Schulleistungen 96ff.
Schulleitung 251ff.
Schulorganisation, Ebenen 225
Scripted Reality s. Reality-TV

Sekundärmedien 18
Selbstdarstellung 78, 85
Selbstkontrolle, Freiwillige (FSK) 129ff.
Semiotik 20f.
Simulation 156, 166, 192, 217
Sinnesmodalität s. Modalität
Situierte Kognition 166, 186
SÖS-Mainstreaming-Hypothese 87
Soziale Netzwerke 44ff., 84f., 91f., 95, 142f., 198
Sozialisation s. Mediensozialisation
Sprache 18, 21, 107
Standards der Medienbildung 115f.
Stimmungsregulation 68ff.
Stimulationsthese 73
Strukturale Medienbildung 32f.
Subjektive Norm 136, 230
Suggestionsthese 73
Support 249ff.
Systemkonzept 174

Technology-Acceptance-Modell 230
Tertiärmedien 18
Theorie des geplanten Verhaltens 229f.
Theorie des sozialen Lernens 73
TPACK-Modell 244f.

Übungsprogramme 156, 236
Unterhaltung 46, 53, 55, 88, 109, 111f.
Unterrichtsfach Medienbildung 122f.

Verarbeitungstiefe 161f.
Vergleichsuntersuchungen 211f.
Verweildauer 48, 49
Video 44. 46f., 71f., 180, 184f., 186, 217

WebQuest 187ff.
Werbung 59, 111f., 131, 140
WhatsApp 45f.
Wikis 186f., 201f.
Wikipedia 46, 149, 186, 198
Will-Skill-Tool-Modell 227
Wirkungslosigkeitsthese 73
Wissen 34, 60, 85f., 106f., 108f., 118, 140, 162ff., 165ff., 244ff.
Wissenskluft 85ff.

YouTube 46

Zeichen 20f., 57
Zeitschrift 46f., 49f., 55f.
Zeitung 42f., 44, 47, 49f., 55f., 88, 141
Zürcher Kompetenzmodell 118f.
Zwei-Faktoren-Theorie der Emotion 64ff.